나는 나다

나는 나다

2018년 1월 25일 초판 1쇄 발행

글　　　섬휘

펴낸이　이규만
편집　　상현숙
디자인　아르떼203

펴낸곳　불교시대사
출판등록　제1-1188호(1991년 3월 20일)
주소　서울시 종로구 인사동 7길 12 백상빌딩 1305호
전화　02-730-2500
팩스　02-723-5961
이메일　kyoon1003@hanmail.net
ⓒ 섬휘, 2018
ISBN 978-89-8002-155-0 03220

- 값은 뒤표지에 있습니다.
- 이 책은 저작권법에 따라 보호받는 저작물이므로 무단전재와 복제를 금지하며,
- 이 책 내용의 일부를 이용할 때도 반드시 지은이와 본 출판사의 서면 동의를 받아야 합니다.
- 이 책의 수익금 중 1%는 티베트 어린이들을 위해 쓰입니다.

이 도서의 국립중앙도서관 출판예정도서목록(CIP)은 서지정보유통지원시스템 홈페이지(http://seoji.nl.go.kr)와 국가자료공동목록시스템(http://www.nl.go.kr/kolisnet)에서 이용하실 수 있습니다.(CIP제어번호: CIP2018001208)

수필로 읽는 금강경

나는 나다

섬휘 지음

불교시대사
1% 나눔의 기쁨

젖은 사랑을 말리다

여름 문턱의 봄날이었던가? 볕이 말랑말랑 달려드는 늦은 오후. 종로 3가에서 교보문고를 향해 어슬렁 걷다가 간만에 탑골공원에 들렀다. 비가 그친 다음날이라 하늘이 좋았다. 평온한 날씨를 베고 누운 사람, 두 노인 앞에 놓인 장기판을 골똘히 내려다보는 사람…… 자주 보던 장면이다. 오른쪽 중키만한 나무 그늘 아래 두 노인이 무심한 듯 앉아 있다.

한눈에도 노부부다. 할머니 단장이 꽤나 곱다. 부드러운 레이스가 달린 하얀 블라우스로 한껏 몸을 살렸다. 할아버지는 아마 연한 연두색 개량 한복을 입은 것 같다. 말은 거추장스럽다는 듯 할아버지는 별 말 없이 할머니의 손을 끌어당긴다. 할머니는 사람들이 지나칠 때마다 슬그머니 손을 빼곤 했다, 수줍은 새악시마냥. 그러다가도 할아버지가 내미는 손을 못 이기는 척 맡긴다. 가끔 알듯 모를 듯 엷은 미소가 주름을 짓는다.

'딸네 집에 다니러 왔을까? 다붓한 며느리가 바람 좀 쐬고 오시라 입성을 차려 주었을까?'

할머니는 지금 열여덟 예쁜 꽃송이다. 그 꽃길을 살금살금 헤치고 가는 것 같다. 길 어귀에서 살짝 뒤꿈치를 들어 올려 남편을 마중하던 일. 동네 사람에게 들키기라도 하면 죄 지은 사람모양 새색시는 얼굴이 빨갛게 달아올랐다. 어린 남편이 신문지에 싼 인절미 한 토막을 바지춤에서 꺼내 시부모 몰래 건네주던…… 노을빛에 물든 각시의 머리칼이 고와 선뜻 가슴이 먹먹했던…… 사랑은 풋사과보다 시큼했으리라.

그들이라고 왜 살이의 모퉁이가 없었을까? 만만한 마누라한테 짜증을 퍼부어 대던…… 제 성질을 못 이겨 접시라도 내동댕이쳐야 분이 풀리던…… '내가 잘못했어요' 맘에도 없는 소리로 남편을 달래고 부엌에서 몰래 눈물 짓던, 다투고 할퀴고, 파 뒤집어 놓은 흉터가 미안해서 괜스레 '험험' 큰소리치던…… 생의 길모퉁이에서 미워하고, 상처 주고, 그러다가 다시 끌어안고 울던…… 젖은 사랑이 없겠는가?

할아버지는 할머니의 흰머리가 꼭 자기 탓인 것 같아 가슴이 쓰리다. 할아버지는 지금 할머니의 손을 만지작거리며, 젖은 사랑을 말리고 있다.

세월이 흘러감에 흰머리가 늘어가네
모두가 떠나간다고 여보, 내 손을 꼭 잡았소
세월은 그렇게 흘러 여기까지 왔는데
인생은 그렇게 흘러 황혼에 기우는데
……

    사랑이, 따스한 햇살이 내려앉는 노부부의 손등을 파고드는 한때이다. 사랑은 늙을수록 파랗게 돋는다. 인간은 사랑이라는 한때를 캐내는, 캐내어야 하는 도굴꾼이다.

차례

젖은 사랑을 말리다 005

금강반야바라밀경 010

제1 _ 법회인유분　법회를 이룬 연유 012
제2 _ 선현기청분　선현이 법을 청하다 023
제3 _ 대승정종분　대승의 바른 종지 036
제4 _ 묘행무주분　묘행은 머묾이 없다 070
제5 _ 여리실견분　바른 도리를 실답게 보라 085
제6 _ 정신희유분　바른 믿음은 희유하다(드물다) 109
제7 _ 무득무설분　얻을 것도 없고 설할 것도 없다 126
제8 _ 의법출생분　법에 의해 태어나다 143
제9 _ 일상무상분　하나의 상은 상이 아니다 153
제10 _ 정토장엄분　정토를 장엄하다 164
제11 _ 무위복승분　무위의 복이 위대하다 177
제12 _ 존중정교분　바른 가르침을 존중함 189
제13 _ 여법수지분　법다이 받아 지님 199
제14 _ 이상적멸분　상을 여의어 적멸함 220
제15 _ 지경공덕분　경을 가지는 공덕 247
제16 _ 능정업정분　능히 업장을 깨끗이 함 263

제17 _ 구경무아분	마침내 내가 없음	285
제18 _ 일체동관분	모든 것을 한 몸으로 보라	299
제19 _ 법계통화분	법계를 다 교화하다	331
제20 _ 이색이상분	색과 상을 떠나다	341
제21 _ 비설소설분	말이 아님을 설함	354
제22 _ 무법가득분	법은 가히 얻을 것이 없음	365
제23 _ 정심행선분	깨끗한 마음으로 선행을 행함	369
제24 _ 복지무비분	복과 지혜는 비교하지 못함	380
제25 _ 화무소화분	교화하여도 교화함이 없음	385
제26 _ 법신비상분	법신은 상이 아님(법신은 모양에 있지 않다)	398
제27 _ 무단무멸분	단멸이 아님(끊음도 없고 멸함도 없다)	407
제28 _ 불수불탐분	받지도 않고 탐하지도 아니함	415
제29 _ 위의적정분	위의(차림새)가 적정함	421
제30 _ 일합이상분	하나에 합한 이치의 모양	435
제31 _ 지견불생분	지견을 내지 아니함	450
제32 _ 응화비진분	응화신은 참이 아님	459

금강반야바라밀경

　　금강金剛과 같은 반야로 바라밀에 이르도록 하는 부처님의 가르침이라는 뜻이다.(금강은 인드라〔제석천〕 신이 지닌 무기이다. 벼락을 뿌린다고 전해진다. 벼락처럼 내리치는 지혜를 상징한다.) 금강은 다이아몬드이다. 가장 단단하여 무엇이든 깨뜨릴 수 있다.

　　반야般若는 인도어 프라즈냐를 음역한 것이다. 지혜로 번역되지만 보다 근원적인 깨달음에 닿는다. 반야가 무엇인지 그 깊이를 알게 하는 말씀이 이 경에 있다. 금강반야는 금강과 같은 견고함으로 헛됨을 베어 버리는 지혜이다. 생활의 실천 덕목으로 우리에게 내어 놓는 과제이다.

　　바라밀波羅蜜은 파라미타의 음역이다. '이 언덕에서 저 언덕으로 건너가다, 완성하다'라는 뜻이다. 도피안으로 번역된다. 이 언덕은 미망에 갇힌 분별 세계이고 저 언덕은 차별을 떠난 해탈의 경지이다.

　　경經은 길이다. 날실이라는 뜻이다. 인도어는 수트라이다. 날실이 씨실을 만나 천이 되듯, 삶이라는 옷감을 짜나가는 가르침이다. 『금강경』의 내용에 비추어 보면, 금강은 다이아몬드처럼 단단히 뭉쳐진 '나'라는 상(아상我相)을 의미하기도 한다. 반야는 아무리 굳센 금강이라도 능히 자르지 못할 것 없는 지혜가 된다.(능단 금강반야밀경으로 번역되기도 한다. 능단 — 능히 끊다.) '아상我相'은 금강에 비견될 만큼 깨기 힘든 무명이 되겠다.

한편으로 금강반야라 하면 '나'는 반야로 캐내는 금강 광산이 된다. 내 안에 가득한 보석을 파내는 것이 지혜요, 쓰임을 알아 금강을 두루 퍼내니 반야이다. '나'밖에 캘 수 없어서 반야이다. 타자에게도 금강이 있음을 비추어 밝히니 반야이다. 우리는 서로에게 거울이다.

아상으로서 금강은 가장 값진 쓰레기라는 역설이 된다. 깨어 버려야 할 돌멩이로는 쓰레기요, 반야의 깨달음을 불러 오는 단단함이라면 보석이 된다. 무엇이 되었든 나에게는 중요한 두 가지가 있다. 하나는 나를 이루는 것으로서 부수어 버려야 할 무엇이고, 다른 하나는 나답게 하는 것으로서 캐내어야 할 무엇이다.

그 무엇이 무엇인지 깨달음을 주는 『금강경』이다.

제 1 __ 법회인유분
법회를 이룬 연유

이와 같이 내가 들었다. 한때 부처님께서 사위국의 기수급고독원에 계시사, 큰 비구중 1천2백50인과 더불어 함께하셨다. 그때는 세존께서 공양을 하실 때라 가사를 입고 발우를 지니고 사위성에 들어가 밥을 비시는데, 그 성 안에서 차례로 비시옵고 본 곳으로 돌아와 공양을 마치신 뒤 의발을 거두고 발을 씻으신 다음 자리를 펴고 앉으셨다.

'이와 같이 들었다.' 들리어졌다가 바른 역이라 한다. 한문의 '문聞'도, 청聽(적극 듣다)에 비해 수동태라 한다.『금강경』의 제1성부터 고갱이를 파고든다. 들리어졌다 함은 나를 내림이다. 부처님 말씀에 객관성을 부여하는 것을 넘어, 나를 주장하지 않음이다. 아난다 존자의 깨침이 묻어난다.

'한때'는 어느 한 시점이다. 시간을 특정 기준에서 나누는 것은 생활의 방편이자 지혜다. 우리가 태어난 시점으로 나이를 계산하는 것처럼. 그러나 그러한 구분은 시간을 이해하는 우리의 인식을 하나의 갖추어진 틀에 짜 넣도록 하는 데 비해, 한때는 어떤 분별도 두지 않는 시공간이다. 그것은 시간에 관한 우리의 개방된 인식을 요구한다. 한때의 시간은 하나의 공간으로 치환하지 않는다.

부처님의 말씀을 기록으로 대하는 이 시간은 아난존자가 말하는 한때와 동시간이다. 연대기적 시간 개념을 버리면 한때란 현재에 닿는 모든 시간을 이른다. 불법이 닿는 여기는 그때와 같은 시간이다.

하나의 존재에 녹아 있는 공간을 보자. 아득한 우주에서 빛으로 출발하여 전 지구를 수천 번 덮고도 남는다. 존재의 입장에서 공간이란 전 우주가 쌓인 전체다. 거기에 차곡히 시간을 쟁여 놓았다. 진화의 눈으로 보면 이 공간에 이른 사람은 수억의 시간이 합작해서 부려 놓은, 모든 시간의 축약이며 총합이다. 한때는 우주를 관통하는 전 시간이다. 법성계는 이를 무량원겁 즉일념 일념 즉시 무량겁(긴 세월은 한 찰나요, 한 생각이 곧 무량한 세월이다)이라 한다.

겁의 시간 단위에서 보자면 모든 역사는 한때에 불과하다. 부부는 수천 겁 인연이 쌓여서 맺어진다 하니, 겁은 시간을 나타내는 단위라기보다 인연의 질김과 지금 이 순간의 소중함을 보여 주는 공감의 깊이다. 옷깃만 스쳐도 인연이라 한다. 잠시 스치는 한때는 한때가 아니다. 지금 '한때'는 수천 겁 동안 어루만지고 보듬어 놓은 손길로, 다시 없는 유일함이며 기회임을 강조한다. 지금 이 순간의 생명은 오랜 세월이 갈무리한, 수억의 인연이 연마하여 내어 놓은 동맹체이다. 누구도 거부할 수 없는 공감체이며, 모든 존재는 나와 연결하고 있는 나의 연장임을 보여 준다. 찰나는 겁이다. 겁은 찰나에 눕는다.

겁이 한때라면, 한때의 생명 역시 무아('나'라는 실체가 없다. 고정한 자성이 없다)이다. 한때의 생명이 수천 겁을 돌고 돌며, 여러 모양의 생을 거쳐 갈무리해 놓은 목숨이라면, 한때의 생명은 잠시 스쳐 지나가는 겉치장에 불과하다. 빅뱅으로 시작하는 최초의 업에서부터 빛의 삶, 나무의 삶, 곤충의 삶, 동물의 삶, 여자의 삶, 어느 것을 일러 나라 하겠는가? 존재가 '시간적 무아'임을 겁의 시간이 보여 준다.

100년도 못 되는 짧은 일생에서 '내 자식' 하고 추어 올리지만, 수억 겁을 오르내리며 잠시 머물다 가는 '한때의 손님'에 지나지 않는다. 비좁은 시간의 폭에서 내 자식이나, 겁의 광활함에서 보면 그놈, 짐승, 원수이기도 한 그 무엇이다. 그러한 지혜는 모든 아이들을 내 자식으로 품어 안는다. 그 본을 보고 자란 아이는 더 넓은 포용으로 친구들을 감싸고, 어느새 주위에서 우뚝 솟아 있을 것이다. 복이란 그런 것이 아닐까?

부처님은 1천이 넘는 스님과 함께 기원정사에 계신다. 하루 중 사시(9~11시)에 한 끼를 드신다. 기원정사가 사위성과 멀지도 가깝지도 않은(멀면 탁발하기 어렵고, 가까우면 수행하기에 적합하지 않다) 대략 1~2km 정도 떨어져 있음을 감안할 때, 밥때를 맞추어 탁발(밥을 빌다)하자면 어스름이 걷히기 전에 출발해야 할 것이다.

부처님은 어둠 속에서 조용히 깨어, 가사를 입고 선정에 든다. 공양 때가 되자 발우를 들고 사위성으로 향한다. 어둠이 채 가시지도 않은 길을 차례로 스님들이 줄 지어 간다. 들판에 점점이 박히는 선은 고요하여 여명을 재촉하지 않는다. 정면을 응시하는 얼굴은 평안하고 발걸음은 흔들림이 없다. 괴색 가사가 굳이 밀어내지 않으니 어둠은 두 손으로 받쳐 든 발우 안으로 괸다. 새벽 공기를 누르고 찬 기운이 이마를 스친다.

눈동자는 조요照耀하다. 맨발은 새벽빛에 씻기어 푸르다. 발바닥에 흙 알갱이가 감기어 온다. 중생을 품고자 하는 깃에는 고됨이 돋는다. 찬란한 아픔이 스민다. 고되지 않아 고됨이요 아프지 않아 아픔이다. 한 걸음 한 걸음 마음이 숨을 쉰다. 몸 동작을 지켜보는 눈이 깨어 있어 마음은 지금 여기를 따라 걸을 뿐, 밖으로 나돌지 않는다. 나를 알아차림은 헝클어지기 쉬운 마음 가닥을 가지런히 한다.

성에 다다라 앞 줄 스님부터 차례로 골목으로 접어든다. 빈부를 가리지 않고 순서대로 일곱 집을 빈다. 문 앞에 이르러 안에선 밥 익는 소리가 가족을 어여삐 다듬는다. '공양을 베푸소서.' 공손히 두 손을 모아 발우를 내민다. 아낙은 익숙하다는 듯, 밥 한 주걱을 덜어내 발우에 담는다.

걸식은 삶이 그대로를 수행이게 하는 방편이다. 빌어먹는다는 것은 가장 낮은 자나 하는 짓이다. 자신을 낮추지 않으면 할 수 없다. 비럭질에서 오는 망신을 참아야 하는, 인욕바라밀이 함께한다. 참는다 하나 참을 것이 없어서 인욕바라밀이다. 한 끼 밥을 위해 고개를 숙임은 나를 무화無化(내가 사라짐)하는 수행이며, 인연이 주는 고마움을 몸으로 휘감음이요, 그들이 부처임을 알게 하는 생활 방편이다. 성인과 중생이 다르지 않음을 들려주는 춤사위이다. 1천이 넘는 비구 중에는 천민 출신 이발사 우파리와 똥 푸는 전다라가 함께한다.

음식을 탐착하지 않음은 소유로부터 자유로움이요, 나와 내 것으로부터 떠남으로 나 너머의 나, 전체에 있고자 한다. 구걸은 나를 비워 내는 수행이다. 교만해지려는 마음을 다잡는다. 삶을 간단하게 빚음으로 나를 흩뜨리지 않는다. 보시하는 자에게 복 짓는 기회를 주고자 하는 의도도 있다. 가사를 복전의라고도 한다. 그렇게 주고받으며 인연됨의 소중함을 일깨운다.

일곱 집을 빌어 양이 턱없이 모자라도 더 이상 구걸하지 않고 기원정사로 돌아간다. 음식을 모은 다음 골고루 나누어 먹는다. 네가 있어 내가 있다. 입 안에서 음식을 굴리며 인연의 복됨을 되새김한다. 부족하면 부족한 대로 대중의 고달픔을 아파하고, 넘치면 넘치는 대로 이웃의 후덕함을 받들며 스스로 수행의 소홀함을 꾸

짖는다. '이 음식이 어디에서 왔는고 하니 내 덕행으로 받기가 참으로 부끄럽네.……'

순천 선암사 승범스님의 말이 생각난다. "스님이라면 죽을 때까지 놓지 말아야 할 것이 두 가지가 있다. 하나는 가사고 다른 하나는 발우다." 스님이 지녀야 할 물건이 이 둘뿐이라는 것은 무소유의 삶을 체현한다 하겠다.

가사는 구도적 상징을, 발우는 인연의 보배로움을 나타낸다. 걸식은 이 둘을 충족하는 실천행이다. 빌어먹음으로 내 곳간 없음을, '먹음'은 폐쇄적 공간에서 이루어지는 소유행이 되어서는 안 된다는 것을 일깨운다. 음식은 나와 너, 하늘과 땅이 애써서 내어 놓은 인연의 총체다. 이를 '내 것이다' 주장함은 '저 태양의 길을 내가 내었다. 공기가 대지에 숨을 불어 넣음은 내 허락이 있어서다' 하는 것과 마찬가지이다. 탁발에는 이런 교훈이 숨어 있다.

공양을 마치고 의발을 포개어 정돈한다. 나와 주변을 갈무리함이 일의 첫걸음이다. 발을 씻고 자리를 펴고 앉는다. 식후 발을 씻음은 일상을 물리고 마음을 모으려 함이다. 수도하는 곳이 따로 있겠는가? 어디인들 자리를 펴면 공부처가 아니랴? 몸을 정갈히 하고 마음을 흩뜨리지 않으므로 삶은 그대로 수행이다.

금강 같은 진리란 하늘에 묻어 둔 보물이 아니요, 용을 후리는 사람들의 손아귀에 있다는 여의주가 아니다. 그것은 익숙한 일상을 새롭게 눈뜸에 있다. 머리로 풀이하는 관념이 아니요, 깨어 있는 몸짓 낱낱이 진리로 가는 걸음이다. 부처님이 몸소 모범을 보이고 있다.

『금강경』 제1분은 부처님의 생활을 보여 주면서 시작한다. 큰스님과 사부대중 그리고 세간 사람들과의 어울림을 그려 낸다. 인연의 합창이다. 불법의 뼈대가 연기법임을 보여 준다. "연기(인연생기)를 보는 자 법을 본다." "이것이 있으므로 저것이 있고, 저것이 있으므로 이것이 있다. 이것이 사라지므로 저것이 사라지고, 저것이 사라지므로 이것이 사라진다."(『아함경』) 존재의 실체가 있지 않다. 나로 말미암아 세상이 있음이요(일체유심조), 만물이 있음으로 하여 내가 있다.(제법무아) 존재는 주·객관이 걸림 없이 융통하며 변화한다.(제행무상)

연기법은 끈으로 이어 서로 생명을 보듬는, 우주가 맞잡은 손이다. 어느 누구도 단독자로서 한 걸음도 내디딜 수 없다. 무아 평등의 사상적 존재론적 배경이다. '더불어' 맞잡은 손은 초월적인 신이 비집고 들어와, 시시콜콜 간섭할 틈이 애당초 없음을 드러낸다. 우주는 함께 이끌고 의지하면서 원인이 되고 결과를 부른다. 서로 원인이며 결과를 완성하는데 신이 들어설 자리가 어디에 있단 말인가? 당신의 나약한 간절함으로 신이 창조될 수 있어도, 당신이 사라지면 어디에도 당신의 신은 없다. 연기법은 관념이 강요하는 허구를 깨어 부수고, 실제적이며 과학적 접근으로 진실을 말하고자 한다.

연기법은 절대를 부정한다. 존재는 서로 의존한다. 이는 모든 변화 가능성을 차단하는 숙명을 거부한다. 존재는 삶의 변화를 다

그치는 주체다. 가치가 고정되지 않음을 설파한다. 천민이 없다면 귀족은 절로 소멸한다. 불변의 진리로 정착하는 것이란 있을 수 없다.

연기법은 조화와 균형을 지향한다. 존재는 이미 균형을 탐색하는 중도의 길 위에 서 있다. 좋고 나쁨, 옳고 그름으로 의미를 짜기우며, 밀고 당기는 행위는 편견이 만든 폭력이다. 존재는 그답게 마땅함을 일구고 표현하며, 동시에 타자와 대화하고 조절하며 중재하는 생명이다. 표현하는 존재로서 우주의 주인이며, 관계를 연결하는 협상자로선 중간자이다.

연기법은 연대적 상생을 근본으로 한다. 존재는 빛이다. 존재는 빛을 걸터앉고 있다. 나는 타 존재의 조건이며 결과이다. 주고받음이 없는, 관계를 거부하고 온전한 생명은 불가하다. 깨달음은 이의 체득이다. 타 존재가 삐뚤어지면 나는 온전하게 서 있을 수 없다는 것이 연기이다.

연기법은 통합적 안목을 요구한다. 부분과 전체를 꿰뚫는 눈이 있어야 '나'의 본 면목을 본다. 열반은 통합적 식견에서 얻는 지혜이며 균형감이다. 선악을 고정하면서 갈등이 끊이지 않는다. 악은 그 자체로 문제라기보다 악으로 고집하는 태도가 삶을 억압하고, 그곳에서 다시 악이 확장한다. 여성의 재가를 악으로 만들어 강압하면서 남성 우월적 질서를 강제하고, 여성을 도구적 물품으로 착취한다. 여성은 인간의 지위에서 멀어진다.

이것을 저것과 연계해서 바라보지 못하고, 나누어 분별하므로 대립하게 된다. 애초에 높은 자를 설정하지 않으면 낮은 자의 발칙함은 없다. 갑이 없으면 을도 사라진다. 진리는 '있는 그대로 그것'이다. 존재가 스스로를 지탱하는 알맞은 법칙이자 행동이다. 독자적이면서도 타자와 동시적이며, 동지적인 협동으로 생을 꾸려 간다. 존재는 이어짐으로 전체이며 표현하는 주체로서는 하나이다. 부분이며 전체이다. 단독자로서는 아무런 실체가 없는 비존재요, 연기적 연대로는 존재다. 연기법은 존재와 비존재의 경계를 허물고 뛰쳐나간다.

존재가 변화의 연속선상에 있다면, 매 순간 정체성을 하나의 성질로 고정하지 못한다. 이는 존재에 대한 시선을 원천적으로 달리하는 것으로, 존재가 다른 차원에서 이해되어야 하는 성질임을 암시한다.

인연, 인은 내재적 원인이며 씨앗이다. 노력과 행동으로 쌓는 업이다. 자신이 업장을 통제하며 장악한다는 것은, 존재는 자기 계발을 본능으로 하는 가능태라는 사실을 일깨워 준다. 연은 환경적 조건이다. 사회적 환경은 항상 개선의 당위에 있어야 하는 도리를 보여 준다.

"연기법은 내가 만든 것이 아니며, 여래가 세상에 나오거나 나오지 않거나 항상 법계에 머물러 있다."(『아함경』) 부처님은 우주 작용 원리에 맞게끔 삶을 짓도록 하여, 인류가 가야 할 길을 열어 놓는다. 『금강경』은 이에 대해 자세히 설하고 있다. 차근차근 살펴보도록 하자.

(『금강경』을 풀이하며 불화佛化(윤회+진화)를 자주 올리는 것은 '한때'와 닿아 있다. 『금강경』은 윤회를 거론하지 않는다. 제16분에서 조그만 단초를 제공하고 있을 뿐. 다들 제1분의 '한때'를 별스럽지 않게 스쳐 지나친다. 그러나 한때가 시공간의 한 지점을 이르는 것이 아닌, 생이 쌓여 이룬 층계, 층계에 포개어진 켜를 나타낸다면 '한때'는 생의 순간순간이 겹쳐진 통을 말한다. '한때'는 시공을 관통하는 전 시간에 미친다. 과거 현재 미래. 일직선으로 이어지는 시간 관념으로는 불화를 이해하기 어렵다. 마디마디 포개진 켜로 생을 들추다 보면 생은 오고 감이 없는 지금 여기에 머문다. 마치 탑골 공원 할아버지 할머니가 지긋이 손을 잡고 사랑을 틔워 올리듯. 불화는 생의 켜를 이어 주는 신호등이다. 인생이란 찰나 생, 찰나 멸한다. 생은 찰나 찰나가 해탈한 모양이다. 죽음도 켜에 쌓이는 한 찰나에 불과하다. 불화를 통과하면서.)

용어 풀이

『금강경』: 대승 경전(반야부, 법화부, 열반부, 정토계 경전) 반야부 600권 중의 577권임. 부처님이 열반에 드시고 500비구가 모여 경전을 편집함. 마하가섭이 사회를 보고, 부처님을 시봉했던 아난다 존자가 '나는 이렇게 들었다'라고 초안을 내면 500비구가 승인하는 형식으로 결집. 구마라집이 400년경에 한문으로 번역했다. 나는 용성진종대사님의 한글번역본을 모본으로 채택함.

사위국 : 인도 16국 당시 가장 강성했던 코살라국의 수도. 쉬라바스티의 음역.

기수급고독원 : 부처님이 35세에 성도하시고 80세까지 설법을 하셨

는데, 주로 마가다국의 죽림정사와 사위성의 기원정사에서 하심. 기수는 수닷타라는 거상이 기타 태자의 숲을 금을 깔아 사서 정사를 지었다 하여 붙인 이름. 급고독은 수닷타의 별명으로 '외로운 사람을 돕는 자.' 기수급고독원을 줄여서 기원정사라 함.

비구 : 출가하여 구족계를 받은 남자 스님.

세존 : 여래 10호의 하나. 응공 ― 공양 받을 만한 덕이 있는 자. 정변지 ― 진리를 깨달은 자. 명행족 ― 지혜와 행이 원만한 자. 선서 ― 미혹의 세계를 건넌 자. 세간해 ― 온갖 일을 모두 아는 자. 무상사 ― 더 없이 높은 자. 조어장부 ― 중생을 바르게 인도하는 자. 천인사 ― 천상과 인간계의 스승. 불 ― 부처(깨달은 자). 세존 ― 널리 존경 받는 자.

발우 : 스님의 밥그릇.

가사 : 승려가 왼쪽 어깨에서 오른쪽 겨드랑이 밑으로 걸쳐 입는 겉옷.

겁 : 인도어 갈파의 음역. 한없이 긴 시간을 개자겁 또는 반석겁으로 비유하여 나타냄. 반석겁은 사방 40리나 되는 바위산을 백 년에 한 번씩 비단 옷으로 스쳐 그 바위가 닳아서 사라지는 시간. 개자겁은 사방 40리 안에 가득 채운 개자를 백 년에 한 알씩 집어 내어 개자가 모두 없어지는 시간.

제2 ─ 선현기청분
선현이 법을 청하다

그때에 장로 수보리가 대중 가운데 있더니, 곧 자리에서 일어나, 바른쪽 어깨에 옷을 벗어 메고, 바른쪽 무릎을 땅에 꿇으며 합장 공경하면서 부처님께 말씀드렸다.

"희유하옵니다, 세존이시여. 여래께서는 모든 보살들을 잘 호념하시며, 뭇 보살들을 부촉하시옵니다. 세존이시여, 선남자 선여인이 아뇩다라삼먁삼보리심을 냈다면, 마땅히 어떻게 머물며 어떻게 그 마음을 항복받으오리까?"

"옳다 옳다(선재 선재라), 수보리야, 참으로 네가 말한 대로 여래는 모든 보살들을 잘 호념하였으며, 뭇 보살들을 부촉하였느니라. 너는 자세히 들거라. 이제 마땅히 너를 위하여 설하리라. 선남자 선여인이 아뇩다라삼먁삼보리심을 발하였으면 마땅히 이와 같이 머물며 이와 같이 그 마음을 항복받을지니라." 부처님께서 말씀하시었다.

"그러하옵니다. 세존이시여. 바라옵건대 듣고자 하옵니다."

　　장로는 덕이 높고 수행이 깊은 출가자를 칭한다. 바른쪽 어깨에 옷을 벗어 메고, 바른쪽 무릎을 땅에 꿇음은 상대를 우러르고 자신을 낮추는 인도의 전통 예법이다. 바른쪽은 성스러움을 나타낸다.
　　합장은 여러 의미가 있다. 청정한 연꽃 봉오리를 형상한다. 흩어진 마음을 모음이요, 더럽고 깨끗함을 하나로 합쳐 자신을 솔직하게 드러내 보이는 공경의 예이다. 불이不二, 둘 아닌, 무분별의 지혜를 표현하는 몸가짐이기도 하다. 대게의 예법이 그러하듯, 오른손을 보임은 '당신의 처분에 맡기겠습니다,' 무기와 적의가 없음을 나타내고 화합을 청하는 예식이다.
　　희유는 '아주 드물다'라는 의미로 부처님의 행동이 쉽지 않은 일로서, 거룩하다는 뜻이다. 부처님이 자리에 앉아 늘 사마타나 사념처관 같은 소승 수행에 몰두한다면 수보리가 특별히 법열(법을 깨쳤을 때의 기쁨)을 일으키거나, 이례적인 의문을 가졌을 리 없다. 수보리는 부처님의 일거수일투족을 꿰뚫고, 그 행동에서 이미 불법(부처의 가르침)을 깨친다.
　　부처님은 아난다를 시자로 두었으나, 시봉이나 받으며 생활하시지 않는다. 다른 수행자들과 똑같이 일어나 새벽에 발우를 들고 걸식한다. 비가 오나 바람이 부나 한결같다. 우리가 염두에 두어야 하는 것이 있다. 수보리는 아라한도에 오른 비구다. 초기 출가자이며 대부분 소승의 선정 수행으로 일과를 보낸다. 숲속에서 고요히 결가부좌하고 앉아 자기를 들여다보며 참구함으로 수행을 삼는다. 오로지 마음 알아차림에 집중한다.

그런데 어느 날 부처님이 항상 해 오시던 탁발을 보고 문득, 온몸을 흔들어 깨우는 전율이 일어난다. 익숙함에서 한 걸음 물러서서 새로움에 눈뜬다. 일어나서 가사를 걸치는 것부터 발우를 받쳐 들고 탁발 나가는 일, 밥을 비는 모양이며, 대중을 공손히 받드는 일, 공양하고 손수 의발을 정리하는 것. 행동 하나하나가 몹시도 엄숙하고 간절하여 일상적으로 지나치고 말 것이 아니었다. 수보리는 부처님의 행동을 깊이 들여다보고, 인연의 긴함을, 연기법의 참된 이치가 어디에 닿고 있는지 몸소 체험한다. 불법의 수행은 곧 일상생활임을 안다. 그 환희를 감추지 못하고 일어나서 부처님 앞에 고개를 숙이고 법을 청한다. 부처님도 그의 법열을 단번에 알아보고 맞장구치신다.

수보리의 질문은 자신을 위해서라기보다, 깨침을 이끌어 준 부처님의 행동을, 이제 보살과 대중을 위해 말씀으로 풀어 주십사 부탁 드림이다. 소승에서 대승으로의 대전환이다. 『금강경』은 대승경전 중에서도 초기에 해당한다고 볼 수 있다. 선재라(옳다 착하다), 부처님이 의도한 바에 알맞게 그 계기를 마련하고 있는 수보리에게 칭찬을 아끼지 않는다.

선현은 수보리를 이른다. '수부티'의 의역이다. '잘 드러난 사람'이다. 해공제일, 공의 이치를 가장 잘 아는 자이며 지혜를 갖춘, 알에서 깨어난 성인이라는 뜻이다.

수보리는 저 언덕이라는 절대 진리를 쫓아 쉼 없이 구도하는 수행승이다. 고집멸도 사성제의 가르침을 받들어 팔정도를 열심히 갈고 닦는다. 해탈하여 영원한 행복에 들고자 한다. '고'를 멸하고 궁극의 열반에 도달하기 위한 자리自利(자기 이로움)의 수도다.

그러나 보살은 다르다. 그들은 부처님의 행각과 가르침을 본질에서 관통하고 있다. 보살이라는 말이 그러하듯(보살은 보디사트바[보리살타]의 음역이다. 보디는 깨달음, 부처를 뜻하고 사트바는 중생을 나타낸다. 부처를 지향하는 중생. 중생을 구제하며 도를 구하는 자다) 열반이 삶을 여의고 멀리 떠남이 아니요, 저 언덕이 이 언덕을 벗어나야 다다르는 세계가 아니다.

해탈은 윤회의 고리를 끊고서 가는 절대계가 아니다. 지금 여기에서 구현해야 할 생활 원리임을 밝힌다. 여기가 곧 진리의 세계다. 보살은 부처와 중생이 함께하는 자다. 부처란 깨어 지혜를 실천하는 자다. 그것은 중생이 숨쉬는 이 세계에서 구체화할 수 있다. 부처는 사바를 딛고 서 있는 보살이다. 중생을 떠나 따로 부처가 있을 수 없다.

보살은 죽음을, 삶과 분리하지 못할 생의 이면으로 받든다. 죽음은 불화(윤회+진화)로 잇는 다음 생의 건널목이다. 다음 생이란 이전의 생활양식을 뒤엎는 새로운 삶이다. 죽음이 생명의 한 면이라면 죽음과 윤회는 극복 대상이 아니다. 죽음이 제대로 이해되고 생의 다른 얼굴로 수용될 때, 삶은 근본에서 설득된다. 둘이 아니다. 이것이야말로 삶을 설명하는 고갱이다.

보살의 실천운동은 당연히 사회에 뿌리를 내리고 있다. 함께 어우러져 잘 살아 보겠다 마음을 내면 선남자 선여인이다. 보살이다. 선남자 선여인은 '젊음'을 상징한다. 새로움을 두려워하지 않는다면 젊은이다. 젊음은 열려 있고 늙음은 닫혀 있다. 선남자 선여인은 '본디 착한 마음이 심어져 있기에 사람이다'라는 뜻을 내포한다.

대승이 젊은이들의 운동이라기보다, 젊음을 상징할 만한 싱싱하고 혁신적인 운동이라 할 것이다. 낡은 것을 뜯어 내고 갈아엎는, 새로운 생명이 용솟음하는 푸르름이다. 부처님은 그 시작으로 무아를 들고 '나의 혁명' '의식의 변혁'을 역설한다. 사회의 밑동을 밀어 올리는 힘은 젊음의 파릇함이다. 그 순수함과 생동하는 기운은 늙고 노화한, 몸을 조금 뒤척이는 것조차 위험 신호를 보내기 일쑤인 괴물 덩어리를 들어 올린다. 사회의 건강은 젊음이 불어넣는 생기에 달려 있다.

대승, 큰 수레는 불법佛法이 사회 실천으로 확장하며 자연스레 얻은 이름이다. 이는 소승(작은 수레)에서 강조하는 '인因'이, 대승에서는 개인의 노력(인) 못지않게 사회적 환경, '연緣'을 개선하여 '인'을 바로잡을 수 있다는 자각을 불러 온다. 개인의 업(별업)은 공동의 업(공업)과 연기한다. 불법의 핵심이다.

존재는 전체와 필연적으로 얽혀 있는, 함께 운명을 도모하는 한 몸이다. 수보리가 소승의 알에서 깨어남이요. 아라한도의 좁은 울타리를 날려 버리는 순간이다. 불법의 무한히 뻗어 가는 능력을 확인한다. 부처님이 선재라 함은 수보리 스스로 깨달음의 최고 과위라는 아라한도를 허물고 나오는 용기 때문이다. 수보리가 소승의 껍데기를 깨고 나올 수 있었던 것은 자기 부정이라는 망치로 자신을 과감히 두드렸기에 가능하다.

"여래께서 보살들을 잘 호념(보살피다)하고 부촉(당부, 격려하다)하십니다." 수보리가 부처님을 찬탄함은 그의 눈뜸에 기인한다. '불법은 이제 보살에 이르도록 잘 익어 한층 도약하고 있다. 그동안 나를 다잡는 일에 진력하며 작은 수레에 머물렀다면, 이젠 다 함께 행복으로 가는 큰 수레를 짜야 한다. 불법이 여기에 있음을 알아야 한다.' 부처님을 대신하는 수보리의 외침이다. '부처님이 보살을 잘 호념한다.' 대중과 동떨어져 자기 수행에만 매진하는 아라한에 대한 반성의 몸가짐이다.

'선남자 선여인이 최고의 깨달음을 발하여 참되게 살고자 하오니, 그 마음을 어떻게 머물며 항복받으오리까?' 수보리는 확신에 차 있다. '참되게 살고자 마음을 내는 자가 보살이다.' '마음 하나 일으킴이 해탈이요, 피어나는 초심이 열반이로다. 저 선남자 선여인이 아니라면 누가 있어 부처이겠는가? 부처님이시여, 저들의 마음 씀을 잘 여물게 하소서. 헛된 망상일랑 너그러이 잠재우도록 가르침을 주시옵소서.' '머문다' 함은 마음을 잃지 않음, 깨어 있음이다. '어떻게 하면 사람답게 사는가?' 스스로 질문하고 대답을 궁구함이다. 마음에 머물러선 안 된다. 삶을 쏟는 몸짓이라면 무엇이 되었건 되짚어 보아야 한다.

'항복'이라는 표현이 의미심장하다. 새로움을 받든다는 것은 예전의 생각과 경험을 털어 내는 용기가 필요하다. 자기를 고집하지 않는 부드러움이다. 항복은 투쟁과 직선적으로 연결된다. 사람의 마음이라는 것이 부박하여 가만히 있지를 못한다. 스스로도 말끔하고 질박하면 바보 취급한다. 고뇌하고 대결하여 얻은 마음이 참되나 위로한다. 욕심, 질투, 비교, 분노는 마음이 싸움으로 일어난다. 인류의 전쟁은 내 안에서 일어나는 투쟁을 밖으로 융기시킴이다. 개인의 조그만 욕심이 모이고 뭉쳐 부풀려진 것이다. 인류의 모든 비극이 마음의 대결에서 비롯됨을 이야기한다.

잘나고 못남, 옳고 그름, 이것과 저것으로 나누어 충돌이 끊이지 않는 마음을 적당히 어르고 주물러 둘 것이 아니라 확실하게 항복받아야 한다. 자신의 마음조차 항복받지 못한다면 어디서 평화를 구하겠는가? 항복은 전면적 내림으로 전부를 얻는 적극적인 승리이다. 최상의 용기요, 대승의 사랑이다. 자신을 애써 설명하려 들면 변명거리만 만든다. 자신을 방어하기 위한 성곽을 높일수록 커다랗게 구멍이 나는 법이다. 허물어진 성곽을 수리하는 방식이 주장이며 공격이다.

'너 자세히 들거라.' 머리를 낮추고 마음을 곧추어 듣는 자, 지혜로운 자다. '자세히,' 사실 이 말은 부처님 법에 어울리지 않는다. 제6분에서 '나의 설법은 뗏목과 같다. 법도 버려야 하거늘'이라 한다. 그런데 왜 '자세히'를 강조하며 주의를 환기시키는가? 까닭이 있다. 부처님은 가르침에 있어 일대 변혁을 예고한다. 수보리는 이미 그 의취를 간파하고 있겠으나 다른 비구에겐 경천동지할 사건이다. 그동안 주를 이루었던 소승적 수행을 부수어 버리는, 지관수행이 중심이던 공부 방향을 바탕에서 뒤엎는 중대한 사태임을 암시한다. '이와 같이' 두 번이나 반복함도 같다. 수보리가 즐거이 받들겠다 한다. 깨달음은 즐거움이다.

(대승에서 새로이 내세운 부처가 보살이다. 중요한 사실은 부처를 인간과 분리하지 않는다. 대승의 부처란 인간을 뛰어넘는 특별 계위이거나 도달해야 할 최종 지점에 있지 않다. 승僧(스님)이란 특수한 위치에서 인간과 격리되어 수행하는 자가 아니다. 관계 속에서 도를 실행하는 자다. 출세간이란 세간 안에서의 출이다. 세속으로 빚어진 '나'라고 하는 집(아집)을 떠난다는 것이 세간으로부터 벗어남을 의미하지는 않는다. 탐진치 3독을 다스려 부처로 나아간다 함은 세상과 적극적으로 소통하며 관계 맺음이다. 부처란 밖에서 구하는 것이 아니라, 인간 본래로 갖추어진 청정함을 회복함으로 복구된다 하겠다.)

☸ 마음을 '항복'받다. 곱씹을수록 파고든다.

이제는 고등학생은 말할 것도 없고, 초등학생마저 화장을 한다. 일률적인 검정 교복에 머리카락 길이까지 자로 재 가며 단속하던 우리 때는 상상도 못 하던 일이다. 아이들은 유독 입술을 빨갛게 칠한다. 할 말을 하겠다는 듯. 입술은 여성성을 상징한다. 먹음, 섹시, 키스, 앵두, 돌출, 붉음, 민감. 입술 하면 떠오르는 단어들이다. 도발적이고 원초적이다. 정열적이다. 입술은 젖먹이동물에게만 있다. 본능적이며 지성적이다. 우월성과 권력 지향의 공격성을 동시에 갖고 있다. 영화에서 보더라도 마릴린 먼로는 성적 섹시함과, 상대를 쟁취하고자 하는 권력 욕망에 불이 오르면 입술을 돋보이게 하기 위해 열을 올린다.

아이들은 어른이 되면 특권을 많이 누린다고 생각한다. 잔소리를 듣지 않아도 된다. '화단에 물 주렴.' 다른 사람을 시켜 먹을 수도 있다. 마음만 먹으면 달랑 봇짐을 둘러매고 세계를 유랑한다. 자유를 만끽하리라 여긴다. '나도 이젠 알 건 안단 말이에요.' 빨간 입술은 더 이상 아이 취급 말란다. 아이가 아닌 여성으로, 어른 대접해 달라 대든다.

비바람을 맞고 서서 우산을 받쳐 주는, 아이에게 그늘을 만들어 주기 위해, 상사의 욕됨과 아랫사람의 눈짓쯤은 거뜬히 소화시키는, 엄마 아빠의 강철 같은 위장이 눈에 들어올 리 없다. 내가 그늘에 있자면 누군가 비를 맞아야 한다는 것. 아이가 누리는 자유에는 진한 우수가 서려 있음을. 우산 아래 포근함은, 부모가 흔적만 남은 꼬리뼈를 마저 잘라 주고 사들인 눈물임을 알 턱이 없다. '그래서 어쩌라구요.' 자기도 지금 충분히 잘할 수 있다 으스댄다. '나도 다 컸단 말이에요.' 혼자 하는 건 일도 아니라는 양, 빨간 입술은 자기를 놔 달라 아우성이다.

'잠깐이다.' 젊은이들한테 늘상 퍼붓는 어른들의 넋두리다. '세월 잠깐이다. 젊다고 깝치지 마라'는 소리다. 힘만 믿고 마구 머리를 들이대지만, 며칠 못 가서 이빨 빠지고 무릎에 금이 간단다. 정력을 주체하지 못해 게걸스레 먹고 마시고 싸대지만, 곧 씹는 것초자 아프고 힘에 부친다. 골이 시려 걷는 것도 마음대로 되지 않는단다.

옛날엔 그저, '시간은 쏜살같다. 옆구리로 새지 말고 앞을 잘 살펴 단도리하거라.' 빠른 시간의 속도를 경계하는 말이겠거니 했다. 그런데 자세히 돌이켜 보면 삶의 부피나 질량에 관한 충고다. 삶이라는 게 젊음을 함부로 써도 될 만큼 관대하지 않단다. 젊음을 낭비한 만큼 시간의 복수를 피할 길 없다. '세월 무서운 줄 모르고 깝죽대다가 내 꼴 나기 십상이다.' '너도 나 모양 요런 꼴로 늙을래?' 자조 섞인 체념이다. 젊음은 마음껏 뽐내도 빛이 바래지 않을 보석이라 하지만, 철모르고 뿌려대는 젊음은 노쇠한 당나귀 하품만큼이나 보잘것없단다.

'삶이란 게 별것 없다'는 소리로도 들린다. 다 살아 본 듯한 관조랄까. 이리저리 날뛰어 봐야 그게 그거다. '아무렴, 덧없고 말고.' '늙고 병들긴 마찬가지야.' 뼈까번쩍 폼나게 달려 봐야 금방 구멍 나고 녹슬고 고장 나게 마련이지. 인생이 차와 같다. 누구라도 다를 것 없다. 그러니 우쭐하지 말거라. 얼마 못 가서 삶이라는 게 겸손이라는, 좀스런 선물을 안겨 주리라. 강요되는 겸손은 꾀죄죄한 법이다.

젊음은 꿈꾼다. 가 보지 않은 세상은 그대로 꿈 덩어리다. 그래서 특별한 것은 항상 공상 속에 있다. 젊다고 아픔이 없는 건 아니다. 현실은 늘 차다. 그럴수록 잡히지 않는 그곳은 더욱 특별하다.

늙음은 짓궂다. 사납다. 누릴 것 다 누려 보고도 아쉬움만 더한다. 세상을 달관한 듯하면서도 욕망으로 부푼 고무풍선에 귀를 쫑긋 세운다. 풍선을 터뜨릴 뾰족함을 버리지 못한다. '세월 무상하다' 객관적 평면에 나를 올려놓고 담담한 체하지만 젊음이 너무 부럽다. 늙음한테 젊음은 지나온 세월이 아니라, 가지지 못하는 시간이다.

립스틱 짙게 바른 아이, 젊음을 질투하는 노년. 공통점이 있다. 투정이다. 젊음은 젊음을, 늙음은 늙음을 투정한다. 아이는 가 보지 못한 시간을 가불하며 젊음이 못마땅하다. 늙음은 지나온 시간이 신경질적이게 딱딱하다. 살아 봐도 못 살아 봐도 떫다. 젊음은 더 많이 남은 시간이, 늙음은 지나 온 더 많은 시간이 아쉽다. 파묻혀 있기 때문이다.

젊음에 푹 빠져 젊음을 보지 못한다. 늙음에 잠겨 '늙음'이라는 숙성을 음미하지 못한다. 항복이 무엇을 가리키는지 알 만하다. 간격이다. 항복은 마주 보는 사람 사이에서 일어난다. 마주하기. 항복은 거리 두기이다. 자기에게 빠지면 투정만 는다. 내게서 나오기. 나를 멀찍이 세우기. 항복은 나를 지켜보기이다. 바르게 알지 못하고 '자기를 받아들이기'란 가식에 불과하다. '마음을 항복받는다'는 것은 나를 참되게 수긍함이다. 한 발 떨어져 자기와 대면할 것, 행동을 물을 것, 그리고 굴복시킬 것. 내가 수긍할 때까지. 진정 자기와 화해하는 길은 마음을 항복받는 일이다.

키가 큰 사람이 작은 사람 곁을 큰 보폭으로 지나치며 반칙이라는 생각을 하지 못하듯.

용어 풀이

여래 : 타타가타(그렇게 간 자), 타타아가타(그렇게 도달한 자)라 하여 깨달음에 이르는 길을 가르치는 자. 모든 사람에게 갖추어져 있는 불성을 나타냄.

수보리 : 부처의 10대 제자 중 하나. 기원정사를 기증한 수닷타의 조카. 해공제일, 다투지 않아 무쟁제일, 용모가 수려해서 색상제일.

아뇩다라삼먁삼보리 : 아뇩다라 - 위없는 더 높음을, 삼먁 - 올바름. 삼 - 두루 넓게 평등한. 보리 - 깨달음. 아뇩다라삼먁삼보리는 무상정등정각, 더없이 높고 평등한 깨달음. 정변지(바르고 넓은 지혜)로 번역한다.

사마타 : 삼매, 고요함을 개발하는 명상법. 지관수행의 지에 해당.

위빠사나 : 지관의 관수행법. 호흡을 집중 관찰하는 좌선과, 걸어가며 발바닥의 움직임을 집중하는 행선이 있다.

사념처 : 팔정도의 정념에 해당하는 수행법. 몸, 느낌, 마음, 법(신수심법)을 집중적으로 통찰하는 수행법.

사성제 : 고집멸도. 고통, 고의 원인, 고의 소멸, 고의 소멸에 이르는 길 - 네 가지 진리.

팔정도 : 정견(바로 봄), 정사유(바른 생각), 정어(바른 말), 정업(바른 행동), 정명(바른 생활), 정정진(바른 노력), 정념(바르게 깨어 있음), 정정(바른 집중).

사바 : 고통 가득한 인간계.

제3 _ 대승정종분
대승의 바른 종지

부처님께서 수보리에게 이르셨다.

"모든 보살 마하살은 응당 이와 같이 그 마음을 항복받을지니라. '있는 바 일체 중생의 종류인 혹 알로 생기는 것, 혹 태로 생기는 것, 혹 습으로 생기는 것, 혹 화하여 생기는 것, 혹 형상 있는 것(유색), 혹 형상이 없는 것(무색), 혹 생각 있는 것(유상), 혹 생각이 없는 것(무상), 혹 생각이 있는 것도 아니고(비유상) 없는 것도 아닌 것(비무상), 이들을 내가 다 남김 없이 무여열반으로 인도하여 멸도하리라. 이와 같이 한량없고, 셀 수 없고, 가없는 중생을 멸도하나, 실은 멸도를 얻은 중생이 없다' 하라. 어떠한 까닭이랴. 수보리야, 만약 보살이 아상과 인상, 중생상과 수자상壽者相이 있으면 이는 곧 보살이 아니니라."

마하살은 마하사트바, 큰 중생이다. 보살을 높여 부르는 말이다. 마하는 크다, 위대하다. 테두리가 없는 초월적인 크기. 크기를 따질 수 없는 큼이다. 마하살은 대사로 불린다. 이타(남을 이롭게 함)의 대원을 세워 큰 행을 하는 자다. 부처님은 '모든 보살 마하살'이라 높여 부른다.

'모든'은 남김없이, 무여와 연결된다. 부처님이 보살 마하살로 공대함은 '큰 원을 세워 행하는 자가 곧 부처다'라는 선포라 할 만하다. 부처가 저 언덕에 절대적 표상으로 걸려 있는 모범이 아니다. 수행을 해서 도달해야 할 목표가 아닌, '깨어 행동하는 여기에 부처가 있다' 각성시킨다. 살이가 바로 부처다. 『금강경』의 고갱이는 이것이 전부다. 보살, 바르게 알고 실천하는 선남자 선여인이 부처다. 부처를 관념적 명제에서 내린다. 개념으로 파악하는 신을 부수고, 행위의 집 지음으로 바꾸어 놓는다. 마음을 항복받는 순간 보살, 부처다.

중생(사트바)은 유정이다. 지각 활동을 하는 생물이다. 9류 중생으로 나타낸다. 태어나는 방식으로 난卵, 태胎, 습濕, 화化, 4가지(4生)이다. 파충류, 양서류, 조류가 난생, 사람을 비롯한 포유류, 엄마 자궁을 빌려 태어나는 태생, 어류나 곤충 등 물에 의지해서 습생, 귀신이나 신, 지옥 중생 등 어미 몸을 의지하지 않고 화현하여 나타나는 화생이다. 바이러스도 화생이라 하겠다. 일체 중생은 우주 모든 존재다. 비존재까지 포함하는 전체다.

난·태·습·화생은 인간의 발생 계통을 모두 포함한다. 정자·난자는 난, 탯줄로 태, 양수에서 습, 세포 분열은 화생으로 꿰어진다. 인간은 오랜 세월 난·태·습·화생으로 단련하고 발전시켜 이루어 낸 생명이다.(나는 이를 불화佛化라 표기한다. 윤회와 진화를 거듭하는 생명의 순환이다.) 인간은 생명성의 총체이며 꼭지다. 생명성이란 물질뿐만 아니라 무형의 존재까지 포함한다. 그러므로 인간은 탄생과 동시에 그만한 책임 또한 피할 수 없는 존재라는 함의를 담고 있다. 『금강경』 제3분부터 이에 대한 내용을 구체화한다.

유상, 무상, 비유상, 비무상, 그리고 유색과 무색까지 아울러 수자상에 해당하고, 4생의 생명은 중생상, 사람은 인상과 아상으로 대응된다.

다음 형상의 유무로 나눈다. 보고 듣고 맛보고 감촉할 수 있는 존재─풀, 나무, 돌, 흙, 쇠 등 모양과 색이 있는 것과, 공기, 허공 등 형상이 없는 것이다. 특성에 따른 인간의 작위적 분류도 이에 해당한다. 사람과 짐승, 남과 여, 황인종 백인종, 악마와 천사 등.

세 번째 범주가 지각의 유무에 따른 분류이다. 생물과 무생물 그리고 그 중간자(생각이 있는 것도 아니고 없는 것도 아닌, 마음으로 치면 좋지도 나쁘지도 않은)이다. 식물이 생물에 속하지만 의식 활동을 기준으로 보면 중간자로 볼 수 있다. 그러나 부처님 법으로 보자면 식물도 엄연히 고독하고 사랑하고 아파하는, 지각 활동을 하는 생물이다. 인간의 생각 형태로 나누는 것도 포함된다. '가'라는 생각을 가진 자, '나'라고 생각하는 이. 가도 나도 아닌 자 등의 구분이다.

열반은 니르바나의 음역이다. 불을 불어 끄다. 혹은 꺼진 상태를 이른다. 멸도는 제도, 구원을 이른다.(멸-불을 끄다. 도-건너다) 고통의 불길이 꺼진 평화의 세계. 저 언덕으로 건넘이다. 유여열반은 모든 번뇌를 끊었으나 신체가 남아 있는 열반이요, 무여열반은 몸을 떠난, 죽음으로 완성하는 열반이다. 죽음 이후의 불화(윤회+진화)까지 아우르는 열반이다. 그러나 무여란 반드시 죽음을 의미하는 것은 아니다. '모든 보살 마하살' '내가 남김없이' 무여열반으로 인도하여 ― 모든, 남김없이, 무여로 이어지며 그 뜻을 새겨 볼 수 있다.

'모든'은 인간 전부다. 나·너·모두는 이미 부처다. 부처를 행진하는 공동체다. 모든은 남김없이에 닿는다. 일체 중생(살아 있는 것에서 생명 없는 존재에 이르기까지)을 남김없이 제도한다는 것은 현실적으로 어렵다. 그런데 부처는 분명히 남김없이를 강조한다.

이는 1) 부처란 끊임없이 행동을 갈고 닦아 완성해 가는 존재다. 어떤 안온한 상태에 들어 부처라 하지 않는다. 해탈, 번뇌 망상을 물리친 적멸의 경지란, 멸도의 길, 행위에 있다. 인생이 목표 지점에 도착함으로써 완성되는 것이 아니라, 순간의 행동은 이미 완성에 미치고 있음을 나타낸다. 생은 종착역에서 평가받는 성질이 아니라, 지금 하나의 행동으로 완전하다 한다. 열반을 최종 목표로 정진하는 소승 수행을 완전히 뒤엎는다. 마지막 하나까지 구원하겠다는 의지는, 인간이 모든 존재에서 비롯되고 연결되어 있다는 자각에서 출발한다. 중생 제도는 나의 존재성에 대한 깨침을 행동으로 일으킨 것이다. 한순간도 멈출 수 없는 일이다.

　2) 저 언덕에 이른다 해서 이 언덕을 떠난 외딴 섬이 아님을 말한다. 모든 중생이 구원되는, 구원하고자 손을 내미는 곳. 동행하는 걸음에 불토가 있다. '남김없이 멸도하리라' 멸도의 참여에 있다. 전체적 시야에서 자기를 조망하는 능력이 요구된다. 나와 이웃하고 있는 모든 존재가 불국토를 구현하는 동반자다. 도반, 진리를 여행하는 친구다. '남김없이'가 품고 있는 속뜻이다. 이 땅을 떠나서 찾을 수 있는 진리란 없다 한다. 이 땅의 공기, 흙, 풀, 지렁이, 모기는 나의 존재에 대해 분명하고 반듯한 대답을 주지만, 밖의 신은 어떤 해답도 내놓지 못한다는 것을 보여 준다.

　공기가 다치면 인간이 병든다는 것은 명확하나, 신이 뿔따구 났다고 개미허리가 부러지거나, 당신의 코가 석 자 되는 일은 없다. 세상을 엎지르는 불한당 짓거리는 인간이 마음을 불 질러서다. 신이 눈을 부라려서가 아니다. 마음을 저 곳에 묶어 두고 나를 구원하겠다는 것은, 나무에 목줄을 걸고 살겠다 발버둥치는 꼴이다. 불법에 비추어 보자면 신도 내가 무여열반에 넣어 멸도해야 할 중생에 불과하다.

　3) '남김없이'의 다른 의미는 변화와 창조다. 하나의 사실은 불변하는 영속성을 지니지 않는다. 존재는 탈을 뒤집어 성격을 유지하기도 하고, 변화에 복속하며 실상을 보존하거나 잃기도 한다. 우리는 진실을 찾아 탐색하고, 보다 알맞은 법칙을 얻기 위해 머

리를 맞대야 한다. 상황을 개선하기 위한 노력은 인류의 영원한 숙제이다.

그리고 무여無餘에 이르고 있다. 완전 연소. 찌꺼기가 남지 않음이다. 찌꺼기가 남는다 함은 무엇일까? 과거에 얽매여 헤어나지 못하거나, 미래를 불러 와 불안하고 두려워한다면 찌꺼기가 남음이다. 고통을 흘러가도록 두지 않고 움켜잡고 있다면. '돈만 있다면' 로또를 거머쥐고 행운의 신을 노리거나, '내가 힘이 있다면' 환상으로 줄곧 빠진다면 찌꺼기가 남음이다. 행운에 불어넣는 바람의 1할만 나에게 부어도 생은 빵빵하리라. 아쉬움과 그리움에 내가 미워지면. '내 알바 뭐람, 될 대로 되라지' 자포자기의 패배에 주저앉거나, '너만 아니었어도' 탓하는 힘으로 생을 날카롭게 모서리에 세워야 버틸 수 있다면 찌꺼기가 남음이다. 죽음을 앞두고 '그때 나는 왜 그리 모질었지?' 후회로 눈물짓는다면 찌꺼기가 남음이다. '신이시여, 저를 불쌍히 여기소서,' 동정을 구걸해야 할 만큼 마음이 무겁다면. '그 정도는 부처님이 눈감아 주실 거야,' 스스로를 위로해야 마음이 놓인다면. '다음 생은 돼지로 나진 않을까?' 조바심친다면 찌꺼기가 남음이다.

이제 무여열반을 알리라. 죽어서 몸과 마음을 벗는 열반이란 찌꺼기가 남지 않는 삶이다. 죽음이 캐물어도 뒷걸음치지 않을 당참. 고통을 뉘고 이 순간을 달리는 걸음. 과거의 집을 불사르고 여기로 옴. 분노, 질투, 미련의 몸뚱이를 때려눕히고 지금 여기를 회복하는 용기다. 나폴 나폴 뛰어오르는 나비의 바람을 막지 않겠다는 마음이다. 늘어지는 유월 들꽃의 졸음을 방해하지 않음이다. 지금 여기를 밟 떼는 한 걸음으로 해탈한다. 여기는 삶과 죽음의 분별이 없고, 번뇌와 열반의 나눔이 없다. 무여열반이 가리키는 것은 죽음이 아니라 삶이다. 삶을 세우는 건 죽음이다. 고통을 빚지 않고 기쁨이 없다.

유전자는 앞서간 자들이 남긴 유물이다. 그들의 생활이다. 산 자는 죽은 자이고, 죽은 자는 산 자이다. 죽은 자는 죽지 않는다. 불화는 생명의 연속이라는 면에서 유전자와 같다. 하지만 유전자는 죽음을 거치지 않는 바톤 이어가기라면, 불화의 재생은 죽음으로 본질적 삶을 이야기한다.

유전자의 생물학적 계승은 표면적 부활이고, 불화의 재생은 근본적 부활이다. 다시 곤충으로 나든 나무, 두꺼비, 오리, 사람으로 태어나든 불화는 생명을 달성함으로써 죽음을 놓는다. 불화가 무여열반, 찌꺼기가 남지 않는 재생이냐는 그 업식이 어떠한가? 지나온 삶의 여정이 말해 줄 것이다. 업, 곧 살이는 완전한 해탈로 가는 태반이다. '남김없이'가 이를 말한다.

죽음이 죽음이 아닌, 죽음의 눈총에서 자유로운 자는 찌꺼기를 남기지 않는 완전함이다. 언제 찾아올지 모르는 손님을 미루어 두지 않아도 좋은, 준비가 되어 있는 자. 죽음을 투과시켜 삶을 여과하는 자는 무여열반으로 인도하는 자다. 죽음의 장대비를 맞지 않고서 삶은 견고한 집을 짓지 못한다. 흔들리며 흔들리지 않음이다. 무여열반은 죽음을 밀쳐 내지 않음으로 삶을 자기 것으로 한다. 불화의 징검다리. 업의 씨앗으로 새 생명이 돋듯, 빛 알갱이를 모두어 해바라기가 벙긋거리듯.

삶과 대치하는 종착역으로서의 죽음이 무여열반이라면 그것은 단멸(끊어져 없어짐)이다. 죽음은 살이의 마침표이고 이별이다. 그곳엔 신과 같이 말라비틀어진 관념만이, 공허한 절대의 메아리가 쭈그리고 있다. 이 세상과 걸음하지 않는 무여열반이라면 '사라짐'이다. 존재의 실종을 열반이라 하진 않을 것이다. 지금 여기에 닿지 않는 얼굴, 죽음은 부재다. 그야말로 죽음이다. 이 세상과 벗하지 않는 숙음이라면 우리가 알 바 못 된다. 무여열반은 우리들의 의지를 폐하고 한 발자국도 옮기지 않는다. 무여열반은 내 손가락이 작동하는 쪽에 있다.

불가능에 가까운, 그러나 모든 생명을 무여열반으로 인도하여 건지라 함은, 우리는 모두 연결되어 있기 때문이다. 멸도 행은 멈출 수 없는 업이다. 무여열반은 과정 그 자체다. 작게는 한 걸음에서 완성되고, 크게는 죽음으로 다시 생명을 완성하는 창조다.

죽음을 납득하는 방식을 달리하면 삶도 달라진다. 죽음이 존재와 비존재를 가르는 담장이 아님을 — 나(아상)를 죽이면 너(인상)의 경계가 사라지고, 중생(중생상)이라는 울타리를 걷으면 존재와 비존재(수자상)의 구획이 없어짐을 보여 주며 — 드러낸다. 죽음은 곧장 우주 끝까지 확장하는 삶이 된다. 죽음은 나(아상)를 내려놓음이다. 정리하면 '모든 남김없이 무여열반'으로 드러내고자 하는 것은 다음과 같다.

1) 나를 우주적 차원에서 헤아려야 삶이 제 길을 찾는다. 나는 우주다. 우주적 삶이란 거창한 무엇이 아니라, 나 하나만 내리면 달려가는 길이다. 나를 드높이면서 삶은 요상한 미로를 짠다. 우주의 일원으로 안식을 얻는 법은 우주인으로 사는 것이다.

2) 단독자로서 나란 없다. 서로 관계하며 한 자리를 차지하는 존재는 타자의 숨구멍이다. 하나를 떼어 놓고 보면 돌이지만, 연결로서 돌은 바람, 흙, 물기, 생명이 걸쳐진 통로다. 나와 각별한 무엇이다.

3) 삶의 질서로 세우는 제도, 규범은 우주 원리에 합치하는가 항상 질문을 던져야 한다. 인류는 의문보다는 확신을 앞세우고 속박한 역사다. 투쟁이 끊이지 않는 이유다. 질문을 가운데 두고 둘러앉는 곳엔 평화가 문법이 된다.

4) 목적적 삶. 삶 그것으로 목적이다. 행복을 위한 삶이 아니라, 삶이 행복이 되는 살이이다. 어떤 모양이냐의 문제가 아니라, 어떤 모양으로도 허용하는 열림. 멸도, 곧 나누어 가지는 행복과 평화는, 고통과 슬픔이 없어서가 아니라, 그럼에도 삶을 받쳐 주는 응원이 있어서다. 틈새로 새는 물을 당장 막을 순 없어도, 물동이를 받쳐 주는 자를 올려보는 고개 짓으로 살이는 힘을 얻는다. 그것이나마 다행으로 여기는 마음 귀퉁이에 행복이 문을 달아 놓고 있으리라 짐작뿐.

나를 내리면 비존재의 영역까지 뻗으며 존재를 우주 전체로 확장시킨다.(수자상을 버려라 함이 그것이다.) 가능성으로 열려 있는 존재로서 살이가 어떤 표정을 지어도 볼품없지 않음을 보인다. 삶의 아득함이요, 더 넓음이다. 살이의 평등이다. 살이 그보다 아름다운 집이 없다. 삶의 받침돌로 평등과 창조가 있다. 어떤 모양이든 삶을 온전히 내 것으로 한다면, 그것이면 완전한 평등이다. 폭력이란 다름을 구박함이다. 타자에게 밀어 넣는 나의 생각. 바꾸어 말하면 타자로부터 흔들리는 내 마음이 곧 폭력이다. 가장 큰 폭력이 나를 가격하는 가해자가 나인 경우이다. 연기법은 참견이 아니라 소통이다. 삶을 일렬로 줄 세우는 유치함은 타자의 시선에 압도당한 나의 폭력이 만든다. 일상의 따분함을 벗어나는, 톡톡 튀는 사람이 많은 곳일수록 건강하다.

5) 우주는 끊임없이 돌고 돌며 생명을 돌기시킨다. 업은 잠시도 멈출 수 없는 재생 에너지다. 업은 개인적이며 집단적이다. 집단은 별업으로 집을 짓고, 개인은 공업(공동의 업)으로 옷을 맞춘다. 삶은 내 것이며 동시에 네 것이다. 우리는 같은 숨구멍으로 호흡하는 한 몸이다.

"셀 수 없는 중생을 멸도하나 멸도를 얻은 중생이 없다 하라." 내가 누구를 제도했다 내세워서는 안 된다 한다. 멸도되어야 하는 중생 이전의 우주 생명, 모두 부처다.『금강경』의 핵심이자 불교의 골자이다. "아상, 인상, 중생상, 수자상이 있으면 보살이 아니다." 보살, 부처를 한 문장으로 풀어 놓는다. '상'이란 존재가 지닌 형상(니미따), 겉모양이나 성질(락사나), 존재에 관한 표상 작용(산냐)까지 포괄한다. 존재론과 인식론이 함께한다. 연기법도 존재의 상태를 규명하는 존재론과, 존재가 있기까지 과정을 탐구하는 인식론을 내포한다.

'아상'은 나다. 내가 나인데, 내가 옳다 하는 자기 중심, 자기 몸에 대한 애착이다. 2600년 전 인도는 베다 신앙, 브라만교가 모체가 되어 질서를 유지했다. 브라만교가 내세우는 범아일여(신과 내가 하나 되어 해탈함) 사상은 '나(아트만)'를 전제로 한다. 소멸하지 않고 영원히 존속하는 나의 실체에 대한 환영에서 깨어나지 못한다. 내가 해탈하는 조건으로, 전생의 업력에 따라 부여받은 카스트(신분)의 업무를 잘 수행하는 일이다. 계급 이동은 원천 차단된다. 민중을 억압하고 탄압하는 장치로 종교가 동원된다. 생의 기쁨을 저 세계에 이월해 놓고, 신분에의 복종만 남는다. 부처님은 자아 개념을 깨트린다. 영원히 나의 실체를 구성하는 물질이나 정신은 없다.

'인상'은 너와 차별되는 나를 내세움이다. '나,' '우리'라는 울타리를 쳐서 너를 금 밖으로 내모는 개아 관념이다. 우리 집, 우리 동네, 우리 회사, 우리 종교, 우리 민족. 너와 다른 나를 추어올린다. 너는 너고 나는 나다. 인도어는 뿌드갈라인데 소승의 한 부파인 독자부에서 윤회의 고리를 이어가는 실체, 한 생이 끝나고 다음 생을 뚫고 나가는 힘으로 설정된다. 무언가 주체가 있어야 그것을 벗겨 내고자 하는 수행의 노고가 인정된다 생각한다. 아상에 견줄 만한 완전한 자아 개념은 아니다. 그렇다고 무아도 아닌, 그 중간의 어정쩡한 자아 관념이다.

불교 초기 해결하지 못한 난제 중의 하나가 윤회의 주체에 관한 부분이다. 부처님의 핵심 교설이 '제법무아'이다. 법이란 존재를 이르거나, 부처의 가르침을 말한다. 제법은 모든 존재이다. 모든 존재는 '나'라는 실체, '이것이다'는 고유성이 없다는 것이 부처의 깨달음이다. 자기 동일성을 유지하는 본체가 없다는 뜻이다. 그런데 불교는 윤회의 원리를 수용하고 있다. 내가 없는데 윤회한다는 문제에 혼란스러웠을 것이다. 상식적으로 제기되는 모순이다. 그에 대한 해법으로 초기 불교의 독자부에서 윤회의 인격 주체로 뿌드갈라를 설정한다. 이것이 유식사상으로 가면서 아뢰아식으로 발전한 것으로 보인다.

불교 초기엔 윤회를 생산하는 힘이 '업'이라는 사실을 이해하지 못한 듯하다. 이것은 중요한 차이가 있다. 인격적 주체가 윤회한다는 것은 자기 동일성을 유지한다는 뜻이다. 윤회는 생명 창조의 법칙이 되지 못한다. 같은 그릇에 담기는 내용물이 바뀔 뿐이다. 그에 비해 행동의 결과로 쌓인 업이 윤회한다 하면, 업은 새로운 생명과 짝하는 탄생의 재료가 된다. 그릇 자체가 바뀐다. 업의 윤회로 우주는 다양하고 풍성한 생명의 물결을 이루며 진보의 힘을 축적한다.

업은 습관이다. 습관은 돌고 돈다. 존재에 대한 편견은, 물질만이 윤회한다는 생각에 갇힌다. 존재는 비존재라는 통시적 안목이 있다면, 윤회는 자기 정체성을 영속하는 존재의 운동이 아니라, 새 생명을 돌기시키는 에너지의 순환임을 본다. 내가 있어서가 아니라 씨앗을 지어 놓았기에 윤회한다. 부처님은 이미 우주적 통찰로 에너지가 생명으로 움트는 도리를 알아차린다. 현대 과학이 밝히듯 모든 생명의 출발은 빛이다. 빛은 에너지이며 업이다. 이에 대한 이해가 없다 보니 부처님의 가르침이 왜곡되고 변질된다. 윤회의 재생 법칙으로 업이 수용되면서 인간은 비로소 온전한 주체성을 회복한다. 존재는 업을 주관하는 주인됨으로, 다음 생을 의지대로 낚는 능력을 갖춘다. 바꾸어 말하면 어느 누구도 존재 고유의 업 쌓음에 개입할 근거가 없다 하겠다. 두 가지 원리에서 윤회는 윤리적 호소를 앞지른다.

'업'은 속성상 타인이 지을 수 없다. 나의 뜻과 행동의 결과로 업이 축적되는 만큼 오직 자신만이 업의 원료가 된다. 타자가 파고들 만한 틈새는 애초에 없다. 둘째, 누군가 타인의 업력을 방해하거나, 자신의 욕심대로 조정하려 들면 그의 업장은 무거워진다. 다음 생은 자신이 바라는 대로 얻기 힘들다. 타인을 지시하고 통제하는 그대로 자기 업력으로 되받기 때문이다. 업의 원리에서 무아는 궁극적인 '나'의 창조를 향해 달려간다. 업은 반드시 어떤 모양으로든 다음 목숨을 내어놓기 때문이다. 업의 이치에서 나는 무엇이든 될 가능성이다.

업은 나를, 새로운 생명을 직접 창작하는, 삶을 관장하고 책임지는 존재로 위상을 올려놓는다는 면에서, 불화는 윤리적 태도 이전의 근원적인 삶의 법칙이다. 누구나 자기 책임이라는 동일한 조건을 가진다는 점과, 자기 책임(능력)의 순수성이 훼손되지 않는다는 점에서 평등하다. 자유로운 존재의 도리를 이끌어 낸다. 이것이 부처님이 들고 있는 우주 작용 원리이다. 무아법은 우주에서 자연스럽게 끄집어 낸 이치이다. 부처님이 인상(뿌드갈라)을 내던 짐은 당연하다.

중생상은 생명 의식이다. 생명 없는 것을 가벼이 여기는 우월 의식이다. 녹색 환경운동은 중생상에 대한 각성으로 좋은 본보기이다. 돌, 흙, 물과 같은 무생물을 생명과 차별하며, 생명이 그것과 이어져 있다는 사실을 망각한다. 중생상은 부처와 대별하는 열등 의식이기도 하다. '이 어리석은 중생이 무슨……' 불교는 자신을 낮잡는 퇴굴심을 엄히 경계한다. 중생의 인도어는 사트바이다. 소승은 깨달은 자, 부처에 견주어 중생을 엄격하게 구분한다. 부처가 된다 함은 중생을 벗음이다. 그러나 대승은 중생상을 깨트리며 도약한다. 부처에 대한 뜻 매김을 획기적으로 승화한 것이 보살이다. 부처가 정적인 추상에서 동적인 실제로, 관념에서 행동으로 이동한다.

보살은 지혜(부처, 보리)와 무명(중생, 사트바)이 함께하는 자이다. 중생은 이미 부처를 타고난다. 중생을 떠나서 부처가 없다. 중생을 어루만지는, 중생에게 손길을 뻗으며 부처를 이룬다. 여기를 벗어나서 다른 세계에 부처를 세운다면 그것은 당신이 만들어 낸 상상임을 말한다. 부처의 무한한 능력은 중생의 끝없음에 연유한다. 보살은 중생상을 깨뜨림으로, 중생이 부처와 둘 아님을 선언한다. 부처님이 보살을 마하살타, 최상격으로 높여 부르는 뜻을 눈치 채야 한다.

수자상은 수명 의식, 존재 의식이다. 모든 존재는 수명을 보전하고 있다. 지각하는 존재와 그렇지 못한 비존재로 나누어, 존재만이 가치 있다는 사고와 행동이다. 오래 살고 싶다, 영원히 살고 싶다는 바람은 존재를 기반하는 인식이다. 죽음은 끝이다, 나쁘다, 홀대하는 것은 수자상에 대한 집착 때문이다. 부처님은 우주적 더 넓음으로 나를 비추어 보라 한다. 소멸은, 우주 숨결로 존재와 비존재를 통과하는, 생명의 통과 의례라 한다. 소멸은 죽음이 아니라 탄생이다. 존재이며 비존재인 무아를 바로 본다면 소멸은 소멸이 아니다. 그래서 소멸이다. 비존재는 존재의 그늘에서 숨 쉰다. 생명에 대한 올바른 이해는 살이를 순전한 원형으로 돌려놓는다.

수자상의 원어는 지바이다. 명아(지바아트만), 영혼으로 번역된다. 자이나교에서 모든 생명의 본성, 살아 있는 실체로 상정하고 있는 순수 영혼이다. 무한한 지혜와 기쁨을 구비하고 있다 한다. 그러나 지바가 업 물질에 의해 속박된다는 데 비극이 있다. 육체와 영혼이라는 이원론이다. 이원론은 대결적 구도를 확장시킨다. 영혼은 순수하지 못해서 윤회하게 된다.

윤회의 굴레에서 벗어나 해탈하려면, 업에 끄달린 아지바(지바가 아닌 것)를 지바 상태로 되돌리기 위한 금욕과 고행을 해야 한다. 육체의 학대를 통해 영혼이 구원된다 한다. 업 자체를 부정한 것으로 보아 오염된 업 물질을 제멸하고, 새로운 업 물질이 달라붙지 못하도록 방지해야 한다. 일상은 더러운 영혼을 씻어 내기 위한 고행 이외에는 아무 쓸모가 없다. 부처님은 이를 파괴한다. 고행은 망상이라 한다. 생과 사, 시공간을 초월하는 절대 세계, 영원한 안식, 불변의 존재는 거짓이라 한다. 열반이 절대 세계에 다다름을 이른다면, 영원에 대한 환상으로 불 지른 탐욕에 불과하다.

아상, 인상, 중생상, 수자상은 비존재를 포함하는, 우주 모든 존재를 이른다. 이것을 거꾸로 들여다보면, 비존재 〉 존재 〉 생명 〉 사람 〉 나로 연결된다. 나는 비존재에서 출발하여 모든 존재와 이어져 있음을 볼 수 있다. 연기법이 우주적 통찰임을 여실히 느러낸다. 부처님이 보여 주고자 하는 얼굴이 고개를 내민다. 공에서 시작하여 빛, 공기, 물, 균체, 곤충, 물고기, 개구리, 토끼, 사람에 이르기까지, 생명은 모양을 달리하는 층계마다 생식 작용이라는 우주 생명운동이 끼어 있다. 불교는 이것을 윤회라 한다. 불교의 윤회는 진화라는 자기 개선의 창작 활동을 포함한다. 업의 내달림이다.(나는 이것을 불화〔佛化〕라 한다.)

불교에서 불살생을 표방하는 도리가 달리 있지 않다. '나'라는 목숨은 모든 존재를 거쳐서 도달한 생명성의 총체다. 인류의 모순은 거기에 있는지도 모른다. 모든 생명을 지나며 익혀 온 습성, 특히 먹이 활동은 오늘날 잡식성의 딜레마에 빠뜨리고 있다. 녹이쇠를 갉아먹듯, 지렁이가 흙을 파먹듯 무엇이든 양식으로 덩치를 키워 온 생명이, 현재에 다다라 무엇을 먹고 무엇을 먹지 말아야 하는지 난감한 고민거리가 아닐 수 없다. 마치 고슴도치의 딜레마와도 같다.

추위에 떠는 고슴도치가 온기라도 나누려고 두 마리가 가까이하면 서로 가시에 찔려 고통만 주고, 떨어져 있으면 추위를 견디지 못한다. 최선은 상처를 주지 않으면서 최대한 가까운 거리를 유지하는 것이다. 인간은 생명 활동을 지속해 오던 습관으로 다른 목숨을 해치지 않을 수 없지만, 업의 원리에서는 제 살을 베어 내는 것과 같다. 무엇을 먹어야 하고 먹지 말아야 하는가? 어느 선이 알맞은지, 그 타협을 누가 무엇으로 인가해 줄 것인가? 어디까지 살생이고, 무엇이 생명을 살리는 것인지, 불법을 아는 자라면 이 문제가 모든 것을 관통하는 핵심임을 눈치챌 것이다. 『금강경』은 이 물음에 대해 스스로 되묻고 진지하게 고뇌할 것을, 부처님이 풀이하고 있는 해법이 타당한지, 다시 따져서 의심하고 방편의 꾀를 낼 것을 요구한다.

부처님이 내어 놓은 해법, 우주 원리가 무아이고 연기다, 나는 부분이며 전체다, 늘 깨어 있으라 함은 이를 잊지 말라는 주문이다. 그 실천 지침으로 '모든 남김 없이 무여열반'을 던진다. 부처님이 내어 놓은 해법이라기보다 우주가 차린 제 생김새대로 돌아갈 것을 호소한다. 타당한 객관적 타협점과 모범은 없다. '이것이 무여열반으로 인도하여 멸도하는 것인가?' 스스로 묻고 답할 수밖에 없다.

무여열반은 객관적 기준으로 내건 푯말이 아니다. 내 업식으로 비추어야 할 거울이다. '이것이 적절한가' 하는, 몸가짐을 업식의 거울에 비추어 보아야 한다. 업은 피할 수 없다 함은 삶이 온전히 자기 것임을 말한다. 책임이다. 생은 내가 짊어지는 도리에서 죽음이 내 것으로 완전하다. '모든 남김 없이 무여열반'으로 들려주고자 하는 우주 원리란, 저 하늘의 어떤 신도 당신의 삶과 죽음엔 관심 없다는 것이다. 다시 본문으로 돌아가 보자. 부처님은 왜 아상, 인상, 중생상, 수자상을 깨부수라 역설하는가? 이것부터 질문해 보자. 위의 4상은 아상의 다른 말이다. 부처님의 혁명성은 '무아,' 이 한 마디에 있다 해도 과언이 아니다. 나를 고집하면서 무엇이 잘못되었나? 이것이 질문의 요지이다. '무아'가 우주적 이치에서 발견한 과학적 입장임을 이미 설명한 바이다.

내가 있다는 사실, 나의 실존을 의심하는 자는 아무도 없을 것이다. 그런데 이것으로 만족시켜 주지 못한다는 데 문제가 있다. 인간은 존재를 항구적으로 지속하고자 한다. 존재는 변하고 소멸하여 사라지지만 불변하는 본체가 있어 나를 영원히 보존하리라 기대한다. 수자상에 대한 집착이다. 내가 형체도 없이 꺼진다는 것은 상상만으로도 두렵다. 나의 실체를 담보하고 지지하는 존재가 신이거나 영혼이다. 그것은 인간이 문을 열고 들여다볼 수 없는 곳에 있어야 한다. 신의 존재는 나의 믿음으로 보증하면 될 일이다.

수자상에 대한 집착은 인간을 극단적이고 절대적 지위를 도모하는 관념(종교)의 노예로 추락시킨다. 불멸의 수명을 신에게로 투사하여, 지금 여기에서 삶은 잠시 스쳐가는 나그네, 대수롭지 않아도 좋다. 오히려 여기를 의미 있게 만들고자 매달릴수록 신에게서 멀어진다고 떠든다. 그들은 신과 내통한다 주장하는 이들이다. 신의 언어를 오직 자신들만이 풀어 낼 수 있다는 증표로, 특별한 형상으로 언어화한 제식과 기도법을 수행한다. 종교 의식을 높이 들어 권위를 세우고 이득을 낚아 올린다. 종교의 중력에 깔려 민중은 한없이 낮은 자로 엎드린다. 오로지 '영원하리라' 한 가닥 믿음으로 자신을 위로한다. 신을 — 영원한 수명(수자상) > 생명의 삶(중생상) > 사람(인상) > 나(아상) — 사람의 형상으로 빚어 이질성을 드러내고, 내게 닿아 불멸을 완성하고자 한다. 상주론(생멸 변화 없이 그대로 있음)에 빠진다.

반대의 경우도 있다. 수자상(존재)에 대한 집착은, 존재가 소멸함으로 모두 끝난다는, 상실감으로 밀어뜨린다. 생명(중생상)이 다하게 되면 사람(인상)으로의 삶도 끝이요, 나(아상)는 스러지고 만다. 허무와 공포를 버무려 극단으로 빠뜨린다. 어떤 것도 진실일 수 없다는 회의론. 관습을 유지하는 도구로써 도덕에 대한 부정. 운명을 개량하는 것은 부질없다는 숙명론. 한번 뿐인 인생, 쾌락을 쫓는 유물론. 고행만이 영혼을 깨끗하게 한다는 고행주의가 그것이다. 온통 삶을 보잘것없게 만든다. 과학적 통찰로써의 접근이 아니라 일방의 독단이며 주장이다.

부처님은 이것들이 아상에 대한 애착으로 말미암는다 한다. 아상의 집착은 전체적 연결을 무시하고 개체성을 파고든다. 살이를 엉뚱하게 몰아가며 탐(탐욕)·진(분노)·치(어리석음)로 물들인다. 무아는 무작정 없음이 아니다. 실재에 있어서 존재요. 실체가 없으므로 비존재이다. 현실적 존재요, 궁극적 비존재이다. 실존이 실체 없음을 뛰어넘으므로 유이고, 실체가 실존을 구성하지 않으니 무이다.(실존은 인연의 결합이다.) 무아는 존재와 비존재를 뛰어넘는다. 존재로서 물질은 시간을 파먹으며 흩어진다 — 존재로서 비존재이다. 비존재로서 공은 존재를 겨냥하고 있다. 공은 불화이고 가능태이며 에너지다 — 비존재로서 존재이다. 존재이며 비존재로서 시간에 대항적이고 지배적이다. 나는 존재도 아니며 존재 아님도 아니다. 이를 중도라 한다. 무아의 중도적 창조로 존재와 비존재를 뛰어넘는 초월적 지위를 지닌다 하겠다.

이는 생명에서도 마찬가지다. 우리는 매 순간 태어나며 죽는다. 암이라는 질병은 세포의 죽음에 고장이 생겨서 발생한다. 생명은 죽음이 제대로 기능할 때 생명이다. 죽음이 사라진 생명은 광적으로 분출하며 자폭한다. '살고자 하면 먼저 죽어라.' 생활의 지혜로 발동해도 좋을 격언이나 이는 생명의 물리적 법칙이다. 생명은 삶과 죽음, 존재와 비존재의 담을 넘으며 발아하는 중도의 창작물이다. 생명의 숙명이라면 부활이다. 불화는 부활이다. 존재와 비존재를 걸쳐 가는 무아의 월담이다. 소홀히 해서 될 살이가 아니며, 두려워할 까닭이 없는 죽음이다. 삶을 뭉쳐 죽음의 항아리에 담는 것이 업이고, 불화는 새 생명을 구우며 열반에 든다. 삶이 곧 열반인 도리이다.

중도는 양극을 배격하는 것이 아니라 포섭한다. 양단을 창조적으로 수용하며 쏠림을 극복한다. 중도는 생물적 균형이다. 양단의 배격은 물리적 균형이며 죽은 수평이다. 생명의 맹렬한 기세가 없다. 생물적 균형은 치열한 조화이다. 화합을 향하여 질주한다. 시소가 평형을 고집하면 아무런 움직임이 없다. 움직임이 없다면 시소가 아니다. 죽음만이 괸다. 기계적 균형이다. 공감이 아니라 덜어냄이다. 애초에 물리적 수평이란 없다. 나는 나로서 기욺이다. 남자는 남자로서 편중이다. '기울어짐'을 알 때, 반대쪽을 누르고자 하는 동기, 화합하고자 하는 생명의 촉수가 살아 숨 쉰다. 시소의 균형을 향한 움직임, 중도다. 공감 능력이다. 상극의 배격은 대결로 치닫고 포용은 상생을 일군다. 중도는 화해를 요청한다. 활력으로 민첩하다. 무아는 중도의 몸통이고 연기緣起는 중도의 손발이다. 남자의 중도는 여자다. 남녀의 중도는 아가의 미소다.

"음욕보다 더한 불길이 없고 성냄보다 더한 독이 없다.

내 몸보다 더한 고통이 없고 고요보다 더한 즐거움이 없다."(『법구경』)

인간의 몸이 더럽다는 것을 알게끔 하는 부정관 수행이라든지, 음행하지 말라는 것을 극단적 배격, 무조건적인 금욕으로 받아들이면 안 된다. 탐욕을 다스리는 수행의 방편으로 절제의 도이고, 초월성을 강조하는 중도적 실천 지침이다. 마치 사자가 누를 잡아먹는 것이 자연을 파괴하는 야만의 횡포가 아니듯. 이는 끼니의 해결로서 우주의 질서, 생명의 균형을 세우는 치열한 중도적 화합이다. 배격으로 오히려 역습을 받아 홍역을 치른 예로 중국의 홍위병이 있다. 곡식을 지키려고 꽹과리와 북을 울리며 참새를 쫓아

냈지만, 결국 참새와는 비교도 안 될 벌레의 공습으로 최악의 흉년을 맞는다. 배격이 부른 대전쟁(벌레와, 기아와의 전쟁)이며 충돌이다.

나는 네가 일으킨 중도다. 네가 있으므로 내가 있다. 나는 네가, 사람은 뭇 생명이, 생명은 무생물이, 존재는 비존재가 곁을 내어 준 생명이다. 아상＜인상＜중생상＜수자상＜비물질로 뻗어가며, 전체의 업은 나를 떠받치는 버팀목임을 보여 준다. 나는 무아다. 인연의 도움으로 싹이 돋는다. 공공의 업은 삶의 중요한 화두가 될 수밖에 없다. 이웃은 나와 떼어 놓을 수 없는, 중도적 창조 역량을 투입해야 하는 내 연장이다. 불법의 이웃은 수자상까지, 우주 전체로 확장한다. 불교는 홀로 성불을 추구하지 않는다. 공업-'연'을 가꾸어, 별업-'인'을 생육한다. 튼튼한 매듭으로 받쳐 낙오자를 방지함으로 나를 구제한다. 이를 거스른다는 것은 불화를 돌고 도는 생명의 순진함을 오염시키는, 맑은 생명으로 올라서는 기회를 팽개치는 어리석음이요, 암흑의 불구덩이로 던져 넣는 무명이다.

무아 중도는 사랑이다. 자비는 도덕적 각성에서 터지는 연민이 아니다. 불이不二, 너와 내가 둘 아님을 깨침으로 돋는 연결 의지이며, 나의 복구를 격려하는 자연 호르몬이다. 중도는 마음의 빗장을 끌러, 안에 웅크리고 있는 적막한 군중─내적 모순·갈등·번민─을 드러낸다. 내 안의 적막한 군중을 노출시키는 솔직함으로 해결의 실마리를 찾는다. 새로움에 눈뜬다. 새로움은 용기로 일어선다.

중도를 양단의 수용이 아닌, 상극을 배격하며 내쳤기에, 선불교가 사회(공업)로 뛰어들지 못하고, 마음(별업)으로 주저앉는다. 조화로움을 캐내기 위한 행동을 모으지 못하고 버림의 도에 안주한다. 실천적이지 못하고 관조적 앉은뱅이가 되었다. 흙탕물을 파헤치고 드는 뿌리의 꿈틀댐은 사라지고, 흙탕물을 비껴 앉은 연꽃만이 달빛 아래 괴괴하다. 치열함으로 일어나지 못하고 무기력한 수평 위에 눕는다.

방거사: 만법과 함께 짝하지 않는 것이 무엇이오?(경계, 대상과 짝하지 않는 감각기관(6근)이 무엇인가요? — 만물은 감각기관과 접촉하여 형상을 짓는다. 눈으로 빛깔과 모양을, 코로 냄새를 맡는 격이다. 그런데 대상과 감관이 짝하지 않는 것이 있는가 묻는다.)

마조: 서강의 물을 한 입에 마셔 버리면 말해 주마.

방거사: 이미 다 마셨습니다.(물을 모두 마셨다는 것은 '드디어 알겠습니다'라는 대답이다. 깊고 넓은 서강이라 하나 모두 내 마음의 작용이요, 마음이 지어 낸 것임을 알겠습니다. 이미 마셨다는 것은 — 강물. 마시다는 한낱 언어. 실제가 아닌 관념, 마음의 장난에 지나지 않음을 알겠노라 함이다. 그러니 다 마셨다 한들 무엇에 틀림이 있으랴. 그 역시 관념이며 마음의 장난인 것을.)

부처가 무엇입니까?

운문선사: 마른 똥막대기니라. — (눈에 보이는 그 놈이 부처다.

무엇인들 부처가 깃들지 않은 것이 있으랴. 또는 부처를 따로 분별 짓는 마음을 꾸짖는 의미로 똥막대기가 읽히지만, 역시 종지는 '마음'이다. 똥막대기라는 말을 들을 때〔그것을 볼 때〕 마음에서는 똥막대기의 모양을 만든다. 일으키는 그 마음이 부처라는 말이다. 선불교의 종의는 이렇듯 대개가 마음으로 가라앉는다.)

무아는 빔이다. 빔은 채우는 내용으로 모양이 정해진다. 무엇을 어떻게 채우느냐는 삶의 차림새를 벌이는 일이다. 행위가 내 것이 되지 못하고 눈치가 된다면 불행한 일이다. 빔은 채움을 이끄는 도이다. 채움의 결정을 나에게 미룸이 빔의 자비이다. 내가 채운다. 곧 무아의 빔은 나의 선택과 의지를 기다리는 어여쁜 신부다.

부처님이 설한 자등명 ― "너 자신을 등불로 삼아라"(『아함경』) ― 에도 잘 나타난다. 타자가 나의 삶을 규격 짓도록 놔 둘 텐가? 빔은 삶을 채우는 다양한 방식이 있음을 말한다. 타자가 신념으로 세운 질서에 무턱대고 복종한다면 비틀어진 옷을 입는 것과 같다. 내 옷은 내 몸이 입자. 비움이 말한다. '알맞은' 이것은 언제나 당신의 재량과 열정을 위해 옷을 벗는다. 의미는, 열정이 마련해 둔 빔이다. 의미를 쫓을 것 없다. 정열을 불사른다면 제 발로 달려온다. 행복은, 용모를 빚는 살이가 미루어 둔 빔이리라. 살이의 용모를 빚음이 곧장 행복이다. 나는 무아가 채워 넣는 빔이다. 빔은 그것으로 목적에 닿는다.

행주좌와行住坐臥(가고 머묾, 앉고 누움) 어묵동정語默動靜(말과 침묵, 움직임과 고요)이 그대로 수행이다 함은, 나는 채움으로 빔이기 때문이다. 채움을 소유하지 않음으로 빔이다. 비움으로 나는 무한하다. 투쟁의 건더기로 행복이 있다 여긴다면, 당신의 삶은 많이 전투적이다. 삶을 지배하는 것이 불안과 공포임을 의미한다. 투쟁과 맞대고 있는 행복은 피 냄새와 같은 비릿함이 묻어난다. 소유로 머무는 채움은 늘 고통이 따르게 마련이다. 대결과 경쟁을 윽박지르는 사회에서 행복이란 불안을 감추는 미소에 지나지 않는다. 생명이 달아난 매미 허물이다. 승리는 상대를 굴복시켜 얻는 것이지만, 늘 다음 도전을 대비해야 하는 긴장이다. 승리는 언제나 패배 주머니를 차고 다닌다는 것이 대결에서 피가 멈추지 않는 이유다. 승리를 비운다는 것은 다툼을 다투지 않음이다.

"승리는 원한을 가져오고 패한 사람은 괴로움에 눕는다. 이기고 지는 마음을 떠나 다툼이 없으면 스스로 편안하다."(『법구경』)

무아로써 행복에 닿는다면 끝없는 빔, 나를 조각하는 즐거움일 것이다. 빔은 무엇을 채우라 투덜대지 않는다. 빔의 덕목은 내용이 아니라 채우는 행위 그것이다. 빔은 채움을 재촉하지 않는다. 어떻게를 명하지 않는다. 단지 채우는 모양이 내 얼굴임을 조용히 주시한다. 턱쪼가리가 덜덜거리도록 증오를 집어넣겠는가? 미소를 보고자 하면 '무엇'을 고민하지 않아도 좋다. 채우는 정열 그것이면 족하다. 빔은 우주 최고의 성형 의사다. 집도의는 채움이라는 열정. 나다.

빔은 다음 생의 얼굴까지 그려 준다. 불화는 앞뒤 두 생에 걸쳐 있다. 선후가 있음은 원인과 결과를 나타낸다. 생을 채우는 모양이 뒤에 오는 생명의 얼굴이다. 아무렇게 채워서 될 일이 아니다. 그래서 빔은 자유이고 구속이다. 자유는 구속으로 완성한다. 구속 없는 자유는 나를 구속하는 족쇄다. 빔의 너그러움은 자유의 엄격함이다. 생명을 함부로 갈겨 놓고 불화에서 깨끗한 목숨을 바랄 수 없다. 선한 삶 다음에 오는 맑은 생명은 당신을 자유롭게 한다. '토론을 잘하기 위해 살면서 많은 것을 포기했다,' 자유는 구속이 만든다는 것을 터득했기에 노무현은 대통령에 오를 수 있었다.

무아는 삶을 질주시키는 불쏘시개다. 무아는 변화이고 즐거움이다. 그리고 탐색적이다. 이는 호기심이 생을 뒤적이는 중요한 호미임을 보여 준다. 호기심이 풍부한 당신은 왕성한 생명으로 넘친다. 호기심이 줄어든 만큼 당신은 죽어 있다. 나른하고 게으르다. 권태로 따분하다. 신비는 호기심이 긁적이는 낙서다. 기적은 '응당 그러함'에서 호기심이 들추어 낸 '그렇지 않음'이다.

'있을 때 잘해,' 나는 이 말의 절실함을 미국에 가서야 알 수 있었다. 처음 정착한 곳이 유타주 남쪽 씨다 시티라는 조그만 마을이었다. 한국 사람이라곤 나를 포함해서 학생 세 명이 전부였다. 어쩌다 스쳐 지나는 동포라도 만나면 그렇게 반가울 수 없다. 만약 달나라에 가게 된다면 미국인이 어디랴. 풀 한 포기라도 큰절을 올리고 싶을 거다. 익숙함은 우리들 눈을 형편없이 무디게 한다. 기적의 적은 친숙함이다.

무아는 나 아님이 없는, 나를 떼어 낼 수 없는 전체에 미친다. 다겁생래多劫生來(여러 겁을 거치며 많은 생을 지나온)의 진화는 존재의 발생 계통을 짚어 이를 증명한다. 무아는 과학이다. 한 줄기 햇살에서부터 공기, 풀포기와 벌레, 물동물 땅동물을 밟아 이른 인간의 몸까지 무엇이 나이고 무엇이 나 아님인가? 몸은 지수화풍, 우주의 모든 구성 요소를 담고 있다. 빛·공기·광물·잠자리·개구리·독사·공룡·사슴·호랑이·여자로, 장군으로서의 나. 기억 안에 웅크리고 있는 그들이 튀어나와 지금 이 순간의 나를 만든다.

나무라면 진득이 뿌리를 박고 버티고자 할 것이요, 독사라면 한 방의 갈김을 위하여 몸을 움츠리고 독을 다듬질할 것이다. 어머니라면 새끼를 품고자 치마 자락을 드리운다. 폭군이라면 완력에 기대어 칼을 간다.

독사가 자주 얼굴을 내민다면 업은 독을 쌓아, 다음 생은 뱀의 허물을 짓기 십상이다. 에너지의 법칙이 그러하다. 청정법신 비로자나불이라 한다. 비로자나는 광명이다. 태초의 울음, 탄생의 빛으로 돌아가는 몸짓이 청정법신이다. 무아로서 나만이 그것을 가능케 한다. 무아는 순수하다.

'참나'를 찾고자, 토굴에서 궁둥이에서 곰팡내 나도록 눌러 있을 게 아니다. 수행은 세상과 대화하며, 빛으로 꿈틀대는 '무수한 나'를 발견하는 일이다. 존재는 빛을 쏘는 청정법신이다. 수행은 관계, 인연의 짜임에서 내 마음의 생김새를 알아차림이요(화내고 있구나, 기뻐 출렁이는구나, 무관심하구나, 신음하고 있구나, 싸움을 걸고 있구나) 날뛰는 마음을 붙들어 말뚝에 묶임이요, 마음을 고요히 비움이다. 참선이 그렇다. 생명의 빛을 고요히 응시한다. 수행은 다가섬이다. 부처님이 출가하여 보여 주고자 한 것은, '너는 빛이요 생명이요 부처다'라는 사실이다. 청정법신 비로자나불이 그것을 말해 주고 있다.

　아상 < 인상 < 중생상 < 수자상 < 비존재, 전체로 나아가는 무아로서 나는 우주다. 첫 번째 질문에 대한 부처님의 대답이다. '아상,' 나를 버림으로 채울 수 있는 이 많은 것들을 당신이라면 포기하겠는가? 부처님이 나에게 묻고 있다. 답변이 여의치 않다면 다시 묻고 답을 구하자.

　🌀 무아 중도의 원리를 현실에 적용해 보자. 괴롭힘을 당하는 친구와 괴롭히는 친구가 있다. 어떻게 그들을 무여열반으로 인도하여 멸도하며, 멸도를 얻은 중생이 없다 하겠는가? 일단 나는 행동을 해야 한다. 외면은 멸도가 아니다. 양극을 배격한다면 괴롭힘 당하는 친구에겐 저항을, 괴롭히는 친구는 함께 밀어내면 되겠지만 이는 길이 아니다. 두 친구를 있는 그대로 받아들여 보자.

　당하는 친구는 자신을 잘 표현하지 못하는 성격이거나(내성적 또는 외상후 스트레스 장애 등), 반대로 과잉 자아 노출증일 수 있다.(잘난 체 하든 주변머리 없이 나서든.) 과도한 열등감이 친구들을 밀어낼 수도 있다. 괴롭히는 친구는 애정 결핍이거나, 가정 불화로 억압된 감정을 분출하는 방식으로 분노를 배설한다. 또는 인정 결핍을 보상받고자 완력을 사용하거나, 자기 과시 아니면 인내심이 부족하거나, 특정한 느낌에 예민하게 반응하는 무조건 반사 등 다양한 원인이 있다. 양쪽 다 면밀히 살펴 정확한 원인을 찾으면 해결하기 수월하다.

본디 선과 악이 정해져 있지 않다. 마음이 입은 옷이 조건과 환경에 따라 선하게 보이기도 악하게 보이기도 한다. 애정 결핍이거나 인정 결핍이 본질이라면 친구의 폭력은 선악 이전에, 자기를 드러내는 '표현'이다. 친구를 악으로 단정하면 그가 갈구하는 '구애 열망'을 놓친다. 폭력만이 부각되어 나의 도덕 감정을 자극하고 일방적 행동을 부추긴다. 선악으로 나누어 구별 짓는 것부터 극복해야 한다. 이것이 모든 문제 해결의 열쇠다. 무엇보다 우선되어야 할 것은 이것과 저것으로 나뉘지 않는 유연함이다.

남성들(어쩌면 여성들도), 특히 꼰대라 일컬어지는 자의 가장 큰 질병이 단정이다. '이게 맞아' '그건 아니야' 언어 폭력으로 칼끝을 겨눈다. 단정과 믿음은 한 얼굴의 다른 표정이다. '믿어라'는 '믿지 못하더라도 따르면 편하다'라는 협박이다. 단정은 '내가 옳다'로 내리 찍는 불통의 도끼다. 극단적 믿음이 선사하는 불관용이다. 악이 본디 있지 않다. 열려 있느냐 닫혀 있느냐, 시선이 가르는 편견이다. 다름을 용납한다는 것은 선악의 편견으로부터 자유로운 영혼임을 보인다.

우리는, 못해도 비슷해야 한다는, 기계적 '평균치의 강박'에

너무 주눅 들어 있다. 자폐 증세가 있는 아이에게 다른 사람과 똑같은 공감 능력을 주입시키고자 한다면 폭력이다. 사회성은 공감 능력이다. 다른 사람의 형편을 내 처지로 받아들이는 마음 나눔이다. 범죄는 공감 능력의 결핍이라는 면에서 질병이다. '사기를 당하면 얼마나 마음이 아플까?' 한번만이라도 이렇게 생각한다면 범죄를 저지르지 못한다.

그러나 자폐아는 공감의 입장에서 질병이 아니다. 최소 타인에게 피해를 주진 않는다. 교정해야 할 장애로 다가가는 자가 평균치의 강박에 신음하고 있음을 본다. '평균치의 공감'은 그것을 강요하는 자의 자폐증이다. 자폐아에게 중요한 것은 혼자 서는 공간이다. 그의 내면 세계를 노출시켜, 장기를 계발하면 자기만의 사회성을 창조한다. 자폐아 바이올리니스트. 자폐증이라는 딱지를 떼면 음악은 훌륭한 사회성이다.

평균치의 강박은 질병이다. 남들과 비슷하지 않으면 큰 잘못이라도 되는 양 호들갑이다. 체면이 그렇다. 체면은 남의 시선, 평균치의 평가를 이탈하지 못하도록 단속한다. '남들처럼……' 거기에 답이 있으리라 하지만 그것은 함정이다. 기침한다고 다 감기일 수 없다. 누구에게는 가벼운 재채기지만 다른 이에겐 무서운 폐암이다.

무아의 자비로움은 편견으로부터 해방이다. 선악으로 나눔은 대결을 부추기고 굴복을 종용한다. 폭력적이고 배타적이다. 핵심과 동떨어져 자기 주장을 개입시킨다. 나의 옳음이 끼어들며 두 친구의 문제에서 세 사람의 격투가 된다. 멸도는 멀어지고 대결만 확대된다. '넌 나빠' 단정이 가져오는 무서운 가학성이다.

문제는 친구의 표현 방식이 일방적이다. 자기 집중은 문제를 더욱 어렵게 한다. 자신을 대상화시켜 관계 속에서 바라보는, 연기의 눈을 뜨게 하면 좋겠으나 쉽지 않다. 방편을 동원해야 한다. 폭력적인 친구에게는 욕구 불만을 발산하는 분출구를 마련해 주는 게 급선무다. 당하는 친구에게도 자신을 드러내는 적절한 기법을 익히도록 도와준다. 그 역시 에너지를 발산하는 방식으로 자신을 표현하게끔 이끌 수 있다. 물론 그의 개성을 존중하는 것은 기본이다.

두 친구에게 에너지를 발산시킬 수 있는 완충 지대가 필요하다. 공통분모의 발견은 접근을 쉽게 한다. 법보시가 함께하면 더욱 좋다. 관계의 소중함, 자신을 어루만지는 인연의 보이지 않는 손을 자각하게끔 유도한다.

설득의 최전선에 있어야 하는 것이 공감이다. 편견이 만들어 내는 도덕 감정을 앞세우지 않는다면 어려울 것도 없다. 우리가 가장 미숙한 것 중의 하나가 대화다. 옳음을 내세우거나 생각을 주입하는 것은 대화가 아니다. 공감과 이해의 바탕에서 '내 생각은 이러해' 또는 '네가 이렇게 해 주면 고마워' 한 마디 말로도 문제를 수용하는 태도를 얻을 수 있다. 아니면 '난 이런 건 싫어' 분명한 표현으로도 충분히 설득을 충족한다.

사태 해결의 공감을 이끌어 낸다면 방편은 다양하다. 주먹치기로 자장면 내기, 또는 다른 운동으로 두 친구를 묶어 줌으로써 서서히 벽을 튼다. 최소 적대의 시선에서 떼어놓는 것으로 관계의 복구는 시작된다. 두 친구가 같은 것에 시선을 준다는 건, 같은 방향을 바라본다는 뜻이다. 길은 시선을 공유하면서 생겨난다. 마음이 넘나들며 이해의 단초를 마련한다. 두 친구를 포용함으로써 새로운 놀이가 만들어진다. 양단의 배제로는 어림도 없는 창조다. 행동이 얽히면 마음이 설키기 마련이다. 나·너를 넘어 우리, 힘 있는 관계의 다리가 탄생한다. 갈등의 극단적 해결이 전쟁이다. 스포츠는 전쟁을 순화한 창조적 생명이다. 초월적 중도다.

두 친구의 화합에 '나'를 드높이지 않음으로 그들은 '교화'의 열등감에서 벗어나, 자기를 찾아가는 탄력을 받는다. 어느 시점에 가면 '내가 언제 그랬나?' 자신도 믿기지 않을 만큼 변화된, 본디 그대로의 존재를 만난다. 처음부터 중생과 부처가 어디 있겠는가? 마음 하나 뒤집으면 부처인 것을. 멸도를 얻은 중생은 없다. 나는 좋은 친구와 함께하니 이 또한 즐겁지 않으랴? 환경을 개선하고 고양함으로써 즐거움을 누려 봄직하다.

한때 미국은 신자유주의를 부르짖으며 제조업을 방치하다시피 했다. 금융업이 전능한 신인 양 매달렸으나, 몇 해를 넘기지 못하고 붕괴하고 만다. 그러나 금융업을 배타적으로 내몰지 않고 창조적으로 수용하며, 대안으로 첨단 산업과 로봇 기술을 집중 육성한다. 그 결과 미국은 첨단산업에 의지하여 전통 제조업이 부활하고, 고용을 증장하며 경제를 이끌고 있다. 무아 중도의 도리가 생활 속에서 기운차게 작동한다. 상류층이 본이 되어 봉사활동과 기부가 일반적이다. 무아 중도는 관계성을 회복하는 끈이며, 지혜의 열매를 이루는 창조다.

　우리가 분명히 알아야 할 것이 있다. 불법은 종교적 언설에 앞서 삶에 관한 근원적이고 포괄적인 가르침이다. 우리 남북문제도 배격이 아닌 포용으로, 무아 중도의 원리에서 새 생명을 탄생시키는 지혜를 모은다면 풀지 못할 문제는 없다. 노사 문제도 마찬가지다. 네가 있음에 내가 있음을 안다면, 쌈박질 않고도 얼마든지 길을 놓으리라.

용어 풀이

대승 : 마하야나, 큰 수레. 더불어 열반의 길로 나아가는 것을 목적으로 한다. 부파불교의 대중부에서 발전한다. 자기 완성을 목표로 하는 상좌부나 여타 부파불교를 소승(히나야나, 작은 수레)이라 폄하하며, 중생 제도라는 불교 본래의 순수성으로 돌아가자는 부흥운동이다.

삼법인 : 제법무아(존재는 고정한 자성이 없다), 제행무상(존재는 항상함이 없고 변화한다), 적정열반(번뇌의 불을 불어 끄다) (일체개고 — 일체는 괴로움이다).

아뢰아식 : 제7식 말나식 밑에 자리하는 8식이다. 윤회의 주체라 한다. 6식(안식·이식·비식·설식·신식 — 전5식+의식)은 표층적 마음이고 7식은 자아의식이며, 8식은 근본의식이다. 본원적이고 무한한 마음이다. 전5식에서 8식까지 마음 작용을 분석하고 설명하는 것이 유식 사상이다.

윤회는 어리석음의 반복, 무지한 습관을 반복한다는 의미를 포함한다. 존재의 실상-무아 연기를 알지 못하는 데서 탐진치와 같은 어리석음을 되풀이하고, 그 결과 불미한 생명을 돌고 돈다. 그에 비해 불화는 업을 가다듬는 지혜, 진취적 생명을 불러오는 의지와 능력이 일으키는 초월성, 해탈을 나타낸다. 불화를 가능케 하는 선한 의지와 노력이 불성이리라.

법 : 존재를 법이라 하는 것은 실체적 자성이 없기 때문이다. 객관적으로 있음이 아니라, 주관적으로 감각기관의 지각에 의해 드러나는 것이다.

관념 : 존재의 실상이 아닌 모든 것은 관념이다. 언어·이름·명제·개념 등. 득히 부처님은 '~는 이름이다' '~ 이름 하여' 사물을 지시하는 이름은 단지 이름일 뿐, 실제가 아님을 강조하며 관념의 허상을 짚는다.

제4 _ 묘행무주분
묘행은 머묾이 없다

"그리고 또 수보리야, 보살은 마땅히 법에 머문 바 없이 보시를 행할지니라.(응무소주 행어보시) 이른바 색에 머물지 않는 보시를 하며, 성·향·미·촉·법에 머물지 않는 보시를 하여야 하느니라. 수보리야, 보살은 응당 이와 같이 보시하여 상相에 머물지 않느니라. 어쩌한 까닭이랴? 만약 보살이 상에 머물지 않고 보시하면, 그 복덕을 가히 생각으로 헤아릴 수 없느니라. 수보리야, 어떻게 생각하느냐, 동쪽 허공을 생각으로 헤아릴 수 있겠느냐?"

"못 하겠습니다. 세존이시여."

"수보리야, 남서북방과 사유四維와 상하 허공을 가히 생각으로 헤아릴 수 있겠느냐?"

"못 하겠습니다. 세존이시여."

"수보리야, 보살의 상에 머물지 않는 보시의 복덕도 또한 이와 같아서 생각으로 헤아릴 수 없느니라. 수보리야, 보살은 마땅히 가르친 바와 같이 머물지니라."

제3분이 '진정 사람으로 살고자 하면 어떻게 마음을 써야 하겠습니까?'에 대한 부처님의 말씀이라면, 제4분은 '어떻게 살아야 합니까?'에 대한 대답이다. 실천 지침으로 가장 먼저 보시를 든다. 종교적 진리란 우주 작용에 부응하는 삶을 가리킨다. 바른 이치에 눈뜸이고 깨어 있음이다. 거기에 불법이 있다.

'무아 연기의 으뜸 살이로 왜 보시인가?' 두 번째 질문으로 부처님의 풀이를 쫓아가 보자. 보시는 물질 나눔, 따듯한 말, 마음 씀을 이른다. 불교가 재물에 초연함을 장려한다고 하면 그것은 오해다.

도리어 『잡아함경』은 재화 생산을 격려한다. 인간의 활동이 놀자고 하는 것이 아닐 바엔, 노동은 반드시 재화의 귀속을 가져와야 한다는 입장이다. 일한 만큼 몫이 따라오지 못함이 문제다. 무소유란 소유하지 않음이 아니다. 소유를 무화無化하는 지혜다. 소유의 속박으로부터 자유로움이다. 재화에 서려 든 인연의 은혜와 공덕을 독점 않겠다는 헤아림이다.

재물이 물질로서 실재라면, 그 실체 없음은 비존재이다. 온전히 내가 이룬 창작물이라기보다, 인연이 합치고 도와 이루어 낸 성과다. 인연이 결합해서 일군 수확이다. 보시는 재물의 존재와 비존재를 아우르는 중도적 초월이다. 노동의 대가로 얻은 존재, 인연이 얽힌 성과물로서 비존재를 다시 재생산하는 창조행이 보시다. 이것이 무아 연기법에 알맞은 '제1의 지혜다'라고 부처님이 말한다.

'법에 머문 바 없이 보시하라.' 법은 대상을 이른다. 색(형상) ─ 생김새와 빛깔이 좋고 나쁨을 가리지 않는, 성(소리) ─ 듣기 좋고 싫음을 분간하지 않는, 향(향기), 미(맛), 촉(감촉), 법(뜻)에 옳고 그름을 분별 않는 보시다. 상에 머물지 않음은 요모조모 따지지 않음이요, 내 생각에 견주지 않음이다. '저이는 주고 너는 안 돼' 하면 안 된다.

머물지 않는다 함은 아까워하지 않음, 티내지 않음, 바라지 않음이다. 유·불리를 계산하지 않는, 하되 함이 없는 함이다. 손바닥으로 하며 손등으로 감춘다. 보시가 나의 의도를 주입하는 수단이어서는 안 된다.

3륜 청정이라 한다. 보시하는 자(시륜)·받는 자(수륜)·보시하는 물건(물륜), 세 가지 상 없이 나누는 보시다.(륜은 법 바퀴를 굴린다는 뜻이다.) 내가 준다. 네게 준다. 이것을 준다 해서는 안 된다. 그러한 보시는 허공을 가늠하지 못할 만큼 한량없는 복덕이 있다 한다. 떠나는 뒷모습이 웃는 자는 아름답다.

'어떻게 머무는가?' 수보리의 물음에 "상에 머무는 바 없이 머물지니라." 몸가짐의 도리를 밝힌다. 앞의 머묾은 분별, 내세움이고 뒤는 실천을 이른다. 주되 줌이 없이 주라. 나를 들어 올리지 않는 보시다. 제4분에서 새겨 보아야 할 것이 시방 허공으로도 헤아리지 못할 보시의 복덕이다. 십 방위는 전 우주다. 윤리적 응보라기보다 우주 섭리가 제공하는 무량한 복덕이다. 우주 인연의 보살핌이다. 이는 살이의 세포가 제자리를 잡도록 하는 공동체, '공업'의 증진을 이른다. 허공의 비유는 우주 전반을 관통한다. 걸음이 크면 족적도 크다. 불화의 창조에 닿고 있음을 암시한다. 생명의 재탄생과 맞닿는다. 불화의 씨앗이 몸가짐으로 기른 업이기 때문이다. 최상의 업으로 보시가 있다.

자식에게 훗날을 기대하고 돌봐 준다면 거래다. 성장한 자식의 얌체 행위로 불공정 거래라 여겨지면 허망함이 남으나, 애초에 바람이 없다면 잘 자란 것만으로도 감사할 따름이다. 아들이 거래물이 아니기 위해서는 독립심을 키워, 스스로 삶을 개척하게 해 주어야 한다. 독립심은 거래와 희생의 양단을 극복하는 중도의 초월이다.

남편이니까, 아내니까 응당 이러해야 한다 함은 바람으로 생겨난 '상'이다. 되받을 것을 약정하고 빌려주는 돈은 사고가 나지만, 그냥 주는 돈은 탈이 없다, 큰 복덕으로 돌아올지언정. 가벼운 인사, 따뜻한 말 한마디라도 큰 보시임을 잊지 말라 한다.

소현태자는 보시를 묘행으로 묘사한다. '묘'는 깊이를 짐작하기 어려울 만큼 크다. 헤아리기 어려울 정도의 아름다움. 기막히게 적절하다. 또는 진공묘유(공한 가운데 묘하게 있다)에서 보듯 중도의 지혜를 눈짓한다. 묘행은 머묾 없는 보시의 거대한 복덕을 드러낸다. 간밤, 찢어지게 궁핍한 집 마루에 쌀 한 자루가 놓여 있다면 참으로 묘행이 아닐 수 없다. 불교가 지향하는 것은 아름다운 삶이다. 살이가 곧 수행이다. 작은 보시라도 지혜를 살펴 한다면 깨어 있는 삶으로 값지다.

보시의 또 다른 귀띔은 적극적인 살이다. 온 우주가 나를 위해 애쓰고 있는데 어찌 주저앉을 텐가 하는 질책이 서려 있다. 삶을 짐으로 들고 있는 자는 '어디에 부릴까?' 고민이겠지만, 짐 그대로를 삶으로 받드는 자는, '얼마나' 양을 욕심내기보다 '어떻게' 자신의 분수부터 대중한다. 과욕이 앞서면 삶은 부대끼기 마련이다.

보시는 주인으로서 가능하다. 종이 어찌 보시하겠는가? 보시가 들려주는 말은 '나는 우주의 주인이다. 주인으로서 마땅히 몸가짐하라'이다. 주인으로서 마땅한 행위가 보시다. 보시가 메마른 사회는 주인 의식이 결여되어 있음을 보인다. 우리의 주인 의식은? 반면 눈치 의식은 어떤가? 똑같은 아웃도어 복장, 개성이라곤 찾아볼 수 없는 매무새. 눈치는 집단 의식이라기보다 배격 공포다. 다름은 조직에서 떨어져 나가는 낙오 불안이다. 눈치는 종놈 근성이다. 죽은 수평이다.

존재에 대한 근원적이고 과학적인 성찰로서 보시를 내놓는다. 먼저 나, 내 것이라는 착각에서 벗어날 것을 주문한다. 우주가 매만지는 손길 없이 어떻게 내가 있으랴? 살이는 수자의 안팎(존재 그리고 비존재), 중생의 안팎, 사람의 안팎, 나의 안팎, 이러한 것들이 어르고 구슬려 연출해 낸 서사시임을 알라 한다. 한 송이 꽃을 피우기 위해 천둥은 빗속을 헤매고, 번개는 빗방울을 비튼다. 햇빛은 묵상하는 바위를 노린다. 모기가 풀잎의 낮잠을 어지럽히고, 물고기가 한 모금의 하늘을 떼어 문다. 토끼가 독수리의 눈동자를 가로질러 뜀박질한다. 상관없어 보이는 저들의 생기가 나의 뼈대를 이루는 바탕임을 깨닫는 것이 지혜의 날렵함, 보시로 돌아보는 반성이다. 토끼의 달음질부터 물고기의 호흡, 천둥소리에 이르기까지 불성 아님이 없다. 우주의 살림살이로 '나'라는 꽃이 피어난다. 꽃은 꽃에 있지 않다. 꽃 바깥을 달려오는 무수한 저 꽃들. 꽃은 단지 배달꾼이다. 보이지 않는 꽃 소식을 물어 놓는.

부처님이 왜 사람에게 한정하지 않고 뭇 중생과 수자상까지 아우르는 멸도를 말씀하셨는지 이제 알 것 같다. 보시는 윤리적 선택이 아니라 나의 생존을 결정 짓는 일이다. 존재됨을 설치하기 위해 긴급하게 요구되는 식량이다. 주위가 망가지면 나 또한 무너진다. 보시는 존재를 제 위치로 돌려놓는 유일한 선택이다.

"모든 중생을 제도한다 하나, 하나도 멸도함이 없다 하라"는 뜻이 명확해진다. 고통은 나를 고집하는 아상에서 비롯한다. 나는 우주와 연기로 일어난다. 내가 나에게 닫히면 생명으로부터 단절, 죽음이다. 꽃은 꽃이 아니다. 몸뚱이의 팔이 자기만 좋자고 다리나 머리를 외면하면 결국 팔은 성하지 못함과 같다. 홀로로서는 존재할 수 없다. 그래서 꽃이다. 보시는 나를 지탱하기 위해 주변을 갈무리하는 것이다. 누가 누구를 멸도한단 말인가?

가르친 바와 같이 머물지니라. '머문다'는 잘 살펴서 보살핌이다. 물이 필요한 자 옆에서 불을 피워서는 안 된다. 몸놀림은 지혜의 등을 달아야 한다. 무분별의 도. 분별을 재차 분별함이다.

◉ 업은 행위다. 생각으로 말로 몸으로 하는 행동이다. 업은 동태, 움직임이다. 행동은 나의 세력을 넓힘이다. 자기 확장이다. 우주 대폭발, 내달리는 빛은 가장 원시적인, 근본적인 업이다. 가장 광범위하고 힘이 크다. 업은 우주와 함께 발아한 생명이다.

우주는 자기 확장으로 몸부림치는 존재들의 업으로 연결한다. 햇빛이 흙이나 물로, 흙과 물이 자기 확장을 꾀하면서 풀이 탄생한다. 풀은 자기 확장을 위해 다시 햇빛, 흙, 물과 손을 잡는다. 풀벌레와 대화를 나누고, 나비와 벌, 수많은 곤충과 살을 섞는다. 심지어 염소와 같은 초식동물에게 자기 몸을 통째로 바치며 끊임없이 확장을 시도한다. 씨앗을 퍼뜨리기 위해 몸까지 내어 놓는다. 우리가 감정을 고양시켜 슬픔이나 기쁨을 짜는 것도 자기 확장이다.

업은 연결이다. 스며듦이다. 스며듦은 전략이다. '어떻게 하면 누이 좋고 매부 좋을까?' 행동은 생각이고 언어이며, 감정이고 이성이다. 불법은 이를 일러 마음이라 한다. 마음은 자기 확장을 위한 업의 전략으로 이해하면 쉽다.

업은 존재의 생김새를 밝히는 존재론이고, 몸동작으로 휘젓는 더듬이를 추적하는 연결론이다. 우리는 태생에서 이미 한 손에 존재를, 다른 손에 관계를, 두 가지 고민을 쥐고 나온다. 존재 의존

(자신에 기댐)과 관계 의존(사회에 기댐)은 필연이다.

　칭찬을 보자. 칭찬은 상하관계에서 발생하는, 윗사람이 아랫사람에게 '영향 주기' '조종하기'로 생각하기 쉽다. '잘했어' 아버지가 아들을, 상사가 부하를, 선생님이 학생을 칭찬한다. 의도한 대로 이끌기 위해 칭찬이라는 '동기부여제'를 사용한다고. 그러나 칭찬은 수직관계에서만 이루어지지 않는다. 자녀가 부모를, '과장님 오늘 너무 멋져요' 부하가 상사한테 자연스럽다.

　단정한 인상이 돋보이는 어느 여배우는 공개적으로 '구두닦이하는 우리 아빠가 세상에서 제일 훌륭해요' 한다. 그 말을 들은 아버지는 세상을 다 가진다 해도 딸아이가 가져다주는 행복에는 비할 바 못 된다. 칭찬은 가까울수록 폭발력이 크다. 칭찬의 생김새는 자리이타. 자신을 위하고 남에게도 이익을 준다. 업이 채택한 전략, 태생에서 갖춘 본능이다.

　자리自利는 이익이다. 욕망을 채움이다. 이타利他는 기여다. 타자를 유익케 함이다. 타자에게 이바지함으로 보다 용이하게 자기 확장을 달성한다. 자리는 존재성으로, 이타는 사회성으로 나아간다. 평등·정의·공감·나눔·봉사가 이에 해당한다. 집·직장·놀이·사회에서 모두 자기 확장을 위한 행위, 업이 있다.

　산다는 건 자리이타행이다. 가게에서 사과를 하나 사는 일조차 그렇다. 내 이익과 농부를 비롯한 많은 이들의 이익이 함께한다. 존재와 관계를 더듬는다. 살이는 칭찬 위에 지은 집. 잘 사는 게 최고의 칭찬이다.

갈채를 보냄으로 아빠에게 용기를, 아빠의 열정은 나의 안전과 성장을 담보한다. 아빠에게 딸의 칭찬은 자기 안정감과 긍정감을 높여 주는 보약이다. 업의 균형감을 보호한다. 전혀 모르는 남이라 해도 '선생님 인상이 참 좋으세요' 하면 멋쩍어 하면서도 씩 웃는다. 타자와 나에게 활력을 북돋는 행위 모두 칭찬이다. 다정한 눈빛·감사·미소·박수·포옹·입맞춤·심지어 놀이와 섹스도 칭찬의 하나다. '꽃이 아름답다'도 칭찬이다. 가져올 열매에 대한 기대와 고마움. 꽃에게 주는 격려가 담긴다.

칭찬은 연결을 진하게 하고, 이익을 주고받는다. 정의는 사회 연결감이 빚어낸 칭찬이다. 공동체의 안녕은 나의 안녕이다. '과장님 오늘 감각 있으시네요.' 칭찬은 그에게 용기를 줄 뿐 아니라, 스스로도 자신감으로 충만해진다. 칭찬은 너의 발견이고, 나의 창조다.

'믿음'은 성격을 달리한다. 모르는 사람에게, 또는 데면데면한 사람이 다짜고짜 '난 당신을 믿습니다' 하면 '무슨 꿍꿍이지?' 경계부터 한다. 오히려 의심이 존재의 원형에 가깝다. '사람을 자극해서 괜히 손해나 보지 않을까?' '해를 입히진 않을까?' 의심으로 행동을 가다듬는다. 부정적인 인식이 앞서는 건 태생에서부터 내려온 자리이타의 의심 전략이 깔려 있어서다.

의심은 불신이 아니다. 불신의 꼬롬한 밀어내기를 넘어선다. 의심은 손님으로 기다림이 아니라, 주인으로서 손질하게 한다. '긍정적으로 보라' 하기 전에 '제대로 의심하라'가 옳다. 의심은 환경에 다스림 받지 않고, 가장 걸맞은 행동을 찾아내는 칭찬이다. 의심은 질문한다. 질문은 최선의 긍정이다.

'영자는 왜 뚱뚱할까?' 의심은 '그녀는 뚱뚱한 것이 아니라, 뚱뚱하기 위함이다' 답을 얻었다면, 자신의 쓰임을 올리기 위해 뚱뚱함도 마다않는 그녀의 배짱을 응원한다. 의심으로 찾아낸 영자의 칭찬. '자기 계발'은 나를 배움으로 이끈다. '영자는 뚱뚱해서 푸근해' 긍정적으로 본다고 개선할 수 있는 건 한정된다. 뚱뚱한 자신을 위로한다고 해도, 날씬한 여자에게 질투의 시선을 뿌려 댄다면 글쎄다. 가장 큰 의심이 '나는 누구인가'다. 존재에 대한 의문은 삶 전체를 장악하게 한다.

믿음은 관계의 산물이다. 업이 오고 간 결과다. 마음이 다닌 길 위에 돋는, 의심의 발자국으로 단련한 알통이다. '믿어라'는 윽박이다. 억지다. 우린 믿음을 만들기 위해 노력한다. 칭찬과 악수가 그렇다. 믿음을 쌓은 양으로 존재가 평가되고, 오고 가는 이익의 덩치가 결정된다.

믿음은 자산이다. 믿음이 없으면 최악의 조건에서 최소의 이익을 두고 마주해야 한다. '가장 큰 재산이 믿음이다.' 믿음을 강조하는 곳일수록 주고받는 재화가 빈약함을 나타낸다. 믿음은 장려해야 할 덕목에 앞서, 다져야 하는 밑천이다. 시작은 칭찬에서부터, 눈높이를 맞추며, 단단하게 해야 한다. 따듯한 미소, 보시를 앞세워.

햇빛은 자기 확장을 위해 열기를 사용한다. 따스함은 햇빛이 주는 최대 칭찬이다. 흙의 칭찬은 단단함이다. 견고함이 없다면 뼈대와 같이 몸통을 고정하기 힘들다. 바람은 형태 없음으로 어디든 왕래한다. 무형이 최대의 칭찬이다. 바람을 타고 날아가는 송화 가루. 호흡으로 내뱉는 공기가 바람의 덕이다. 물은 촉촉함으로 덩어리를 실어 나른다. 혈관에 물이 없다면 영양소를 운반하지 못한다. 촉촉함은 물의 칭찬이다.

"칭찬에도 비난에도 흔들리지 마라."(『숫타니파타』)

"바라문이여, 어떤 사람이 선물을 가져왔다. 내가 받지 않으면 그 선물은 누구의 것인가?" 욕을 퍼붓는 바라문에게 부처님이 물었다.

"그야 선물을 주는 자가 도로 가져가야겠지요."(『아함경』)

부처님에게 쏟은 욕은 당연히 뱉은 자의 것이 된다.

칭찬과 비난에 개의치 말라. — '칭찬하지 마라' 오해해선 안 된다. 존재와 관계. 서는 자리를 적절히 이동하는 지혜로 나와 너, 함께 이익이 되는 자리이타의 중도를 찾는다. 욕은 나와 너의 관계에 걸친다. 관계에 머물면 욕이 되지만, 존재에 서면 선물로 되돌림이 가능하다. 두 사람에서 한 사람의 것이 된다. 나눔으로 이익이 되지 않는다면, 무시하거나 포기함으로써, 즉 관계에서 존재 쪽으로 움직임으로 화를 무마한다. 때론 자리自利에 서는 것이 이타가 된다.

관계와 존재. 답은 언제나 그 사이에 있다. 어디에 서느냐. 태도는 관계와 처세라는 기술적 고민에서 놓아 준다. 자리이타의 지혜는 칭찬과 비난을 초월하는 곳으로 올려놓는다. 자리이타 행은 존재와 관계를 뛰어넘는 창조다.

업은 기억에 의존한다. 우리 행동에는 빛으로 내달림, 따스함, 물의 촉촉함, 개구리의 공포, 악어의 과단성과 공격성, 원숭이의 교활함과 협동성, 저 깊은 마음의 기억, 유전자에 아로새겨진 경험(선험)이 함께한다. 지난 경험을 되밟음은 업의 고질적인 습관이다. 향기로웠던 꽃그늘은 코를 파묻도록 하고, 벌에 쏘인 고통은 벌을 쫓아낸다. 기억의 검증을 통과해서 안전을 도모한다.

기억이 단조로우면 행동도 단순하다. 기억의 양이 방대하거나, 정보 통로가 다양하면 행동으로 옮기기까지 복잡한 뇌의 설명을 거친다. 행동은 그만큼 복잡하다. 하나의 행위를 이해하기 위해서는 다양한 계통의 정보 습득 통로, 기억에 이른 과정까지 살펴보아야 한다.

정보의 양이 많거나 복잡하면 오류가 발생한다. 지구상의 모든 생명 중에서 인간의 행동 오류가 가장 심하리라는 것은 어렵지 않게 짐작할 수 있다. 대표적 행동 오류가 전쟁이다. 기억의 양이 많고 복잡하면 감지하기 편리한 방식, 도움이 큰 쪽으로 편집하고 왜곡한다. 기억 조작이다. 기억이 저장되는 것이 아니라, 제작된다. '친구들이 타박한 것은 내가 잘못해서가 아니야. 나를 질투한 거야.' 기억 왜곡은 자기를 과대 포장하고, 망상에 빠뜨린다. 행동을 왜곡하는 요인이다.

업, 자기 확장은 근본적으로 '창조'라는 개발 의지를 가진다.

행동은 기억의 연장이다.(기억을 살아야 하는 운명. 이것이 비극의 단초인지도 모르겠다. 기억을 맹신하며 새 길을 잃는다. 늙을수록 보수화된다는 것은 안전을 희구하는 기억을 놓치지 않으려는 절박함 때문인지도 모른다.) 왜곡된 기억에 맞추어 행동도 조작된다. 존재를 비튼다. 자리 쪽으로 치우치면 탐욕·화냄·소유·시기·배척·대결·폭력으로 자기를 날조한다. 부처님은 이를 어리석음이라 한다. 12연기의 시작은 무명이다. 무지가 모든 죄악의 근원이다. 깨달음이란 '나는 무지하다'의 발견이다. 인간의 가장 빛나는 능력이 생각 바꾸기이다.

'어떻게 살아야 합니까?' '어떻게'는 선업을 해치지 않는 방도다. 그중 제일로 보시를 든다. 보시란 타자를 유익케 함으로 내가 돌려받는다는 '받음'을 포함한다. 언어의 정형성(일정한 형식과 틀)은, 보시를 '준다'는 의미로만 한정 짓는다. 언어의 한계다. 보시는 자리이타에 알맞은, '주고받음'이다. 연결 고리를 튼튼히 엮어 나를 안녕케 한다.

행동은 기억의 연장, 행위는 앎이다. 앎은 기억이다. 기억이 동반하지 않으면 어떤 앎도 가질 수 없다. 치매는 기억이 도망가는 노환성 질환이다. 기억이 파괴되면 학습이 불가하다. 행동 교정이 안 된다. 불행하게도 존재는 행위에 대한 가치 판단을 잃으면 주인됨을 상실한다. 존재 의존성을 잃는다. 관계에 의존할 수밖에 없다. 이타의 사회성은 돌봄이라는 '관계 가치'를 생산해 냈다. 가족 또는 사회는 존재 의존성을 잃은 치매자를 돌본다.

깨달음은 기억의 오류를 짚는다. 잘못된 정보를 바로잡아서, 존재 원형질에 알맞게끔 행동하도록 한다. 엉뚱한 앎은 이상한 짓거리를 충동질한다. 탐진치다. 나와 내 것. 소유에 몰두하는 자리의 극단이다. 보시야말로 나에게 다가가는 최상의 힘이라 한다. 보시는 욕망 쪽의 치우침을 자기 확장으로 이동하는 중도의 치유이다.『금강경』은 보시가 최고의 칭찬임을 증명한다. 보시하며 그것에 연연치 않음은 더 높은 차원으로 나를 데려다 놓는다.

용어 풀이

6바라밀 : 보시·지계·인욕·정진·선정·지혜 바라밀.

6근 : 안·이·비·설·신·의.(눈·귀·코·혀·몸·생각) 감각 기관.

6경 : 6진. 색·성·향·미·촉·법.(형상·소리·향기·맛·감촉·마음의 대상) 6근의 외부 대상.

6식 : 6근이 6경을 만나 생겨나는 6가지 인식 작용. 안식·이식·비식·설식·신식·의식.

12처 : 6근과 6경을 합쳐 12처라 한다.(안처·이처……색처·성처)

18계 : 6근·6경·6식을 합한 것이다.(안계·이계……색계·성계…… 안식계·이식계……의식계) 부처님은 6근·6경·18계가 나와 세계라 한다. 나와 세상은 대상을 지각하고 식별하는 과정에서 '드러남'이다.

오온 : 5가지의 쌓임, 색·수·상·행·식. 나와 세계를 이루는 다섯 가지 요소. 색―물질(몸), 수·상·행·식, 정신일반. 수―느낌, 상―표상, 행―의지, 식―분별. 사람은 색·수·상·행·식 5가지를 취함으로써 나와 세계라 착각한다. 몸과 생각·분별·감정을 나라고 여기며

행동하지만, 색·수·상·행·식은 6근과 6경이 서로 접촉하여 연기함으로써 나타나는 것이지, 실체로서 존재하지 않는다. 6입처로 대상을 보고 듣고 냄새 맡고 맛보고 감촉하고 지각함으로써 촉이 일어나고 촉으로 말미암아 수상행식이 나타나는 것으로 본디부터 있는 것은 아니다. 존재는 자성(변하지 않는 본성)이 없음으로 무아다. 오온을 나라고 하는 잘못된 생각을 내세워 분별을 일으키고 집착하면 망상이라 한다.

사유 : 동서남북 4방의 사이를 가리키는 방위, 동북·동남·서북·서남.(4방+4유+상하를 합쳐 10방이다. 10방을 시방이라 읽는다.)

제 5 — 여리실견분
바른 도리를 실답게 보라

"수보리야, 어떻게 생각하느냐? 너는 몸의 형상으로써 여래를 볼 수 있겠느냐?"

"못 보겠습니다. 세존이시여, 몸의 모양으로 여래를 볼 수 없습니다. 왜냐하오면 여래께서 말씀하시는 몸의 형상은 몸의 형상이 아니옵니다."

부처님께서 수보리에게 이르셨다. "무릇 있는 바 상은 모두 허망한 것이니, 만약 모든 상이 상아님을 보면 곧 여래를 보리라."(범소유상凡所有相 개시허망皆是虛妄 약견제상若見諸相 비상비상 즉견여래卽見如來)

제3, 4분이 '어떻게 살아야 하는가?'에 대해, 우리가 우주 이치에 호응하도록 이끌고 있다면, 제5분은 그 이유와 실천 준칙을 말씀한다.

　　미국의 부자들은 자본주의에 기대 기회를 얻고 부를 축적하였다면, 그것을 유지하기 위해서라도 다시 베풀어야 한다 믿는다. 제도 유지가 목적이 될 수 없다. 문명을 발전시키고 기회 평등을 보장하는 도구로 불가피하게 선택한 제도라면, 그것이 잘 돌아가게끔 하는 것 또한 자신들의 소임이라 여긴다. 공동선을 지향하는 태도. 책임을 당연시하는 윤리 의식이다. 기부, 보시는 나를 있게 해준 인연, '공업'의 헤진 부분을 깁는다.

　　'몸으로 여래를 보느냐?' 5분의 주제는 이 질문에 다 들어 있다. 잡식성의 딜레마에 관한 해답이 될지도 모르겠다. '이 몸뚱이가 부처라고 할 수 있겠느냐?' 인식의 부조리함을 지적하며 화두를 던진다.

　　형상은 감각기관이 감지하고, 기억의 도움을 받아 의식이 조합한 표상이다. 우리는 형상을 보고 대상의 특질이나 성격 등, 전체를 하나의 통일된 생김새로 구성한다. 문제는 그 모양이 전부인 양, 진실인 것처럼 믿는다는 데 있다. 고정관념, 편견이다. 육체 — 색신을 보고 부처를 본 양 하지 말고, 법신을 보라 한다. 법신, 법의 몸 — '있는 그대로 그것'이다. 수보리가 '몸의 모양은 곧 몸 모양이 아니옵니다'라고 한 것은, 부처님이 의도하신 바 뜻이 육신이 아니라, 진리의 본체인 법신에 있음을 알겠습니다 하는 대답이다. 눈에 비친 몸의 모양은 가짜다. 법신이 아니다. 법신은 무아·연기·중도다. 존재는 무아·연기·중도의 작동으로 실상을 보존하고 이어 간다. 고정된 자성이 없어 변화한다. 소현태자가 이 분의 자리매김을 '바른 도리를 여실하게 보라' 한다. 실제를 바로 살펴서 부처의 진면모를 보라 한다. 부처 — '존재의 참모습'을 제대로 알아야 삶이 어떠해야 하는가 요량할 수 있다.

『반야심경』은 '색불이공 공불이색 색즉시공 공즉시색'이라 한다. 색은 우주 만물이다. 공은 무아다. 완전하게 빈 것이 아니라 가능태로 살아 있는 빔이다. 무아를 '나는 허망한 거짓이다' 하면 단멸에 머문다. 극단적 단정이라는 점에서 '나는 나다'는 상주론과 다르지 않다. 무아는 중도의 개척 질료, 가능성으로 아름다움이 있다.

흙으로 비유해 보자. 흙이 물길을 막으면 둑이 되고, 씨를 품으면 곡식을 키우는 밭이 된다. 흙으로 담을 치거나 집을 지을 수도 있고, 흙을 구워 도자기를 만들 수도 있다. 둑·밭·담·집·도자기는 중도 작용으로 일어난 '색'이다. 공즉시색의 색이다. 흙은 중도적 창작을 이끌어 준 존재. 색즉시공의 색이다. 흙이 밭이나 도자기를 가능하게끔 하는 빔의 성질이 공이다. 물리학에서 입자와 파동을 넘나드는 빛 알갱이, 쿼크 미립자와 같다. 창조를 구성하는 요소로서 빔이 담고 있는 에너지다. 흙이 빔의 성품이 없다면 흙은 흙으로만 있으며, 어떤 변화도 가져오지 못한다. 흙의 아름다움은 변화하는 생명성에 있다.

존재는 중도적 활동에 의해 생명이 살아난다. 그래서 모든 창조는 초월적이다. 창조는 색을 초극하여 새로운 생명을 내어 놓는다. 도자기처럼. 법신의 탄생이다. 색은 실체 없음으로 빔이다.(색즉시공) 빔, 공은 자기만의 세계에 머물지 않는다. 다시 색으로 살아난다.(공즉시색) 공즉시색의 색은 공의 현신으로서 열반이다. 이 관점에서 모든 존재는 중도적 생명으로 피어나는 꽃이다. 색즉시공의 빔이 다시 공즉시색으로 꽃 피운다. 그 꽃이 '있는 그대로 그것,' 법신의 꼬투리다. 모든 존재는 바탕의 색을 뛰어넘는 창조적 움직임으로 숨 쉰다.

색은 유有가 아니다. 있음은, 없음의 있음이다. 공은 무無가 아니다. 없음은, 있음의 없음이다. 유를 여의어 무로 돌아가고, 그리하여 다시 유를 일으킨다. 열반이 꽃핀다.

업은 살이로 생사를 초월한다. 우주는 업을 창조하며 자기를 초월한다. 이것이 자기 확장이다. 나무가 몸에 햇빛을 가두어 덩치를 키운다든가, 물고기가 먹이를 먹는 것이 그렇다. 행동은 욕망과 의지의 표현이므로 근원에서 창조적이며, 자기를 확장하여 나간다. 이것은 적극적 중도다.

가령, 죽음은 죽음(색)이 아니다. 새 생명으로 거듭하는 탈바꿈이다.(공) 그러나 탈바꿈은 애별리고(사랑하는 사람과 헤어지는 아픔)라는 죽음의 사건과 함께한다. 죽음이 곧 새 생명의 잉태다. 색즉시공이다. 불화는 죽음이며 동시에 탄생이다. 생이 쌓은 업이 해탈하며 다시 태어난다. 공즉시색이다. 생은 생이 아니요, 사는 사가 아니다. 생과 사가 둘이 아니며, 생과 사를 초월하는 출생이다. 업은 새 생명의 탄생이라는 중도적 창조로 생사를 초월한다. 생사를 극복하는 것은 생사의 창조이다. 생사를 초월하는 도라 해서 생과 사를 떠나 절대계로 이월을 뜻하지 않는다. 또는 마음의 어떤 경지를 들여다봄으로 생사를 넘는 도가 있지 않다. 중생의 굴레로써 윤회란, 생사의 근본을 알지 못한 채 고통에 얽혀 헤어나지 못하는, 어리석음이 돌고 돎이다. 생사의 심층을 관통하는 앎은 고통에 꺼다리지 않고, 자기 창조, 업식을 다듬어 나를 넘는다. 생사를 초극하는 열반이 여기에 있다.(존재론의 중도)

중도라 해서 무조건 양변을 버리지 않는다. 상황에 따라 한쪽을 취하기도 하는 자유자재함이다. 사업에 실패하여 의욕을 잃고 쓰러진 자에게 욕망의 불꽃을 지핌이 중도요, 책임감 없는 사람에게 생활의 짐을 지우는 게 중도다. 중도는 창작의 불꽃이다.

소극적 중도는 존재와 비존재, 유무의 양변을 떠나는, 상견(항상함, 실체 있음)과 단견(끊어져 없음)의 한쪽으로 치우치지 않음이다. 상극을 떠나는 중도이다.

불행을 당해 억압받는 마음이 고통이나, 고통이 실체로써 어떤 모양을 갖추고 있는 건 아니다. 공이다. 없다고 해서 고통이 완전하게 해체된 절대의 세계가 따로 있는 것도 아니다. 고통의 모양 그대로가 공의 실상이다. 집착을 털어 내면 공의 다른 표현으로서 고통(색)을 본다. 굳이 고통을 억누르거나 떨쳐내려 애쓰지 않고, 숨김없이 그것을 마주하는 용기를 갖는다. 고통에 부림을 당하지 않는 고요함, 고통과 떨어져 있는 고요와 만난다. 고통에 잠기면 상견에 기욺이요, 무에 빠지면 단견에 쏠림이다. 고통에 빠지지 않는 가운데, 그 실체 없음을 알아차림. 그러면서 고요히 고통을 들여다보는 경지. 유와 무, 어느 쪽에도 치우지지 않으므로 초월적이다. 그 점에서는 적극적 중도관과 다르지 않다.

사람을 살해하고 재물을 강탈해 간 자가 있다 치자. 피해자의 자식에게 '나라고 하는 것은 본디 있지 않다. 망상이 부른 가짜다. 네 부모라는 것도 허상이다. 세상에 나 아님이 없다. 원수가 어디 있으랴? 다 부질없으니 내려놓아라' 하는 것이 불법의 전부일까? 아니다. 이는 자기 완성을 으뜸으로 삼는 소승적, 도식적 불법에 지나지 않는다.

우주의 이치, 무아의 입장에서 '원수가 공하다'는 옳다. 그러나 살인자를 응징하여 또 다른 살인을 막을 것인가, 그의 사정을 감안하고 이해해서 용서하고 받아들일 것인가, 문제는 그가 아니라 사회 제도에 근본 모순이 있으므로 제도를 고치기 위해 분투할 것인가. 나의 무관심과 배척으로 관계의 불찰이 부른 범죄인가— 무엇이 정의일까 고뇌한다면, 사회 정의를 달성하기 위해 어떻게 행동하는 것이 바람직한가? 번뇌하는 것은, 정의의 차원에서 살인자가 공하기 때문이다.(이 또한 무아의 입장에 있다.)

즉 나·네가 없는데 원수가 어디 있단 말인가? 원수로 여기는 마음이 있을 뿐, 증오하는 마음이 머물며 원수가 만들어졌다. 그 마음을 내려놓는다면, 원수는 아무 실체 없는 허상임을 들여다본다. 색불이공을 알아챔으로 원수는 사라진다. 그의 문제가 나의 문제로 옮아 오고, 나를 내림으로 번뇌는 해소된다. 분별이 일으킨 망상에서 벗어나 해탈한다.(존재론적 중도) 그렇더라도 정의의 문제가 남는다. 살인자가 옳다 그르다, 더럽다 깨끗하다는 모양에 빠져 있는 것이 아니라, 내가 어떻게 하는 것이 과연 정의에 합당한가, 그의 행위(업)는 나의 질문 위에 올라타 있다. 새로운 가능성으로 사회의 길을 묻는다.

살인이라는 행위가, 내가 생각지 못한 사회정의라는 질문을 가져왔다면, 그의 행위는 정의의 측면에서 또 다른 공에 놓인다. 법무아이다. '모든 존재(의식의 행위인 관념까지)는 실체 없는 공이다'는 이를 이른다. 공하다는 것은 어떤 모양이든 나의 판단과 행동을 손짓한다. 공에 눌러 앉는 것은 결코 불법이 아니다.(관계론적 중도)

여기에 팔정도가 소용된다. 정견은 바른 분별이다. 무아·연기의 도리에서 어떻게 몸가짐해야 하는가? 무엇이 부처인가, 행동을 결정해야 한다. 응징이든, 제도를 고치기 위해 앞장서든, 관계 복원을 위해 애쓰든, 또는 그가 뉘우치도록 방편을 구사하든, 나를 내려놓고 수긍 가능한 옳음, 최상의 방편, 정의를 만들어 가야 한다. 공에서 찾아내는 색. 공불이색이다. 번뇌가 곧 열반이다. 지혜가 나르는 자비요, 자비가 불러들인 지혜다. 이것이 적극적 중도다. 중도는 본질적으로 창조적 열정, 번뇌하는 욕망을 요구한다. 대부분 팔정도의 적극적 중도를 놓치고 있다. 소극적 중도에 머물러 있으니 안타까운 일이다.

색'불이'공. '불이,' 둘이 아니다, 다르지 않다. 언젠가는 같아진다. 격차가 사라진다는 의미로 '시간적 무아'다. 제행무상이다. 항상함이 없으니 움켜쥐지 마라. 한순간일지라도 소중하지 않은 때가 없으니 순간의 복됨을 알라는 뜻이 함께한다. 책상이 시간의 점령군에 의해 형체도 없이 썩는 것과 같다.

색 '즉시' 공. '즉시, 바로 곧'은 공간적, 존재론적 무아다. 색이 곧 공이다. 존재는 실체가 없다. 제법무아다. 책상은 형체로써 공간을 점유한다 하지만, 판때기와 다리 모양을 이어 붙인 것에 불과하다. 가운데를 쪼개 버리면 나무토막에 지나지 않는다. 사람이라 하지만 육신은 지(광물)·수(물)·화(체온)·풍(공기, 활동성)으로 인연이 모여서 모양 지은 것이다. 인연이 붕괴하면 무엇이 남을 텐가? 젊음은 고대광실처럼 보이겠지만, 늙으면 가랑비조차 막지 못하는 누옥임을 알게 되리라.

색즉시공. 색은 공하다. 색은 부정된다. 공즉시색. 공은 다시 색으로 살아남으로 색이 긍정된다. 두 번째 색은 이전의 색(존재)을 무아의, 비움에서 다시 채워 일으킨 중도의 생명이다. 반야이다.

색불이공 공즉시색, '불이 > 즉시'로 표기하는 중요한 함의는 따로 있다. 작용이다. 색이 다르지 않고 곧 공이다 ― 색과 공 사이에서 일어나는 맹렬한 운동이다. 하나의 상태나 존재는 유와 무 사이에서 벌어지는 활동에 의해 그 성과를 드러낸다. 존재를 발생하고 지탱케 하는 힘은, 색과 공 사이를 끊임없이 넘나들며, 생하고 멸하는 운동이 살아 있기 때문이다. 진리는 '움직임'이다. 진리는 행위, 업에 있고, 그것을 가능케 하는 열림에 있다. '불이 > 즉시' — 작용이 나타내는 것은, 존재는 스스로를 만들어 가는 창조자임을 드러낸다. 단순히 'A=B, B=A,' A와 B가 일치함을 나타내는 수식이라면, 색이 공이고 공이 색이어서, 내가 개입하지 않아야 공이 색으로 현현하며, 세계가 온전함을 드러낸다. 나는 산속에 묻혀 가부좌나 틀고 있어야 한다. 무아가 나의 배제를 의미한다면 불교는 한낱 똥찌꺼기다. 물리적 수평이고 죽은 도다.

부처님이 설한 무아·연기 중도는, 존재를 일으키는 창조 법칙, 보이지 않는 손이다. 부처의 다른 말이다. 색과 공, 존재와 비존재가 어우러지며 중도로 이끈다. 불이 > 즉시는 우주의 창조 활동이다. 인연의 결합, 생명의 이치, 불화의 법칙이다. 우주가 존재와 비존재를 재배치하는 힘, 탄생의 에너지가 무아·연기·중도다.

이것이 간단해 보일지 모르나 무서운 진리를 담고 있다. 1) 존재는 누구나 할 것 없이 우주를 본받아, 자기 창조라는 중도적 가치를 달성하는 부처다. 2) 그러므로, 존재는 살이, 몸짓으로 자기 생명성을 불사르는 주인이며 3) 모든 존재는 태생에서 '공'의 가능태를 생명으로 하는, 자기 결정권자임을 공표한다.

모두 부처라는 점에서 자유와 평등은 우주법으로 유효하다. 내 똥을 내가 싼다면 배를 채우는 것도 내 몫이다. 내가 주인으로 우뚝 섬으로써, 색과 공의 작용을 완성한다. 연기법은 이것을 받쳐주는 그물이다. 번뇌를 놓고 도망친다고 부처일 수 없다. 이것이 우주의 근본 입장임을 부처님이 말한다.

『금강경』은 이를 '범소유상 개시허망 약견 제상비상 즉견여래'라 한다. 『금강경』의 대표적인 사구게(4마디로 이루어진 게송)다. 부처님이 밝히는 우주론이다. '있는 바 상'이란 모든 존재, 색이다. 허망하다는 것은 존재론적 무아, 공이다. 상이 상 아님을 보는 것이다. 이는 우리의 인식을 완전히 뒤바꾸는 혁명이다. 육신, 형상의 겉모습을 보고 모든 진실을 아는 양 하는 허세를 꾸짖는다. 우리가 본다고 하나, 존재의 진실(법신)을 알지 못한 체 제 눈에 안경 식으로 헛것을 본다는 말이다.

허망은 주·객관을 총망라한다. 인식 작용뿐만 아니라 그 대상까지도 헛됨을 이른다. 엄격히 말해 객관은 없다 — 절대성을 부정한다. 허망을 허무로 받아들이면 안 된다.

진리는 '상이 상 아님'을 알아차림으로 시작한다. 감관에 잡히는 형상을 무화하여 바라볼 때 존재의 진실, 여래를 볼 수 있다. 분명한 것은 상을 끊을 것을 주문하지 않는다. 상이 헛됨을 알아야 진실을 찾아 나선다. 그 발걸음이 견여래이다. 상을 끊는다는 것은 있을 수도 없을 뿐더러, 상을 끊어 냄으로 열반을 구하는 것이 아님을 분명히 한다. 열반이 아무 생각이 없는, 썩은 통나무와 같다면 우습지 않은가? 우리가 존재를 마주하여, 부처를 발견하는 눈을 떠야 함을 이른다.

부처를 찾아 내는 것이 목적이라기보다, 그렇게 함으로써 나와 세계를 바로 이해하고, 삶을 거짓되게 꾸미지 않는 지혜 행이 가능하다. 혜능 스님은 '상 없음'을 『금강경』의 종지로 삼는다 한다. 이는 잘못이다. 무상을 종지로 하는 배움은 안으로 파고들며 마음 조율에 진력하게 한다. 『금강경』의 종지는 '견여래'이다.

'어떻게 살아야 하는가?' 최일성으로 보시를 들고 있음을 보아야 한다. 색불이공에서부터 시작하여 공즉시색에 도달하는 '색'이다. 초월적 창조에 있다. 인연을 향해 뛰쳐나가는 기개이다. 여래(진리로부터 온 자. 진리에 다다른 자)가 보여 주듯, 자기 생명성을 창조하는, 모든 존재가 부처임을 알아차림은 나 또한 부처라는 진실, 부처로서 몸가짐을 해야 한다는 사실과 맞닥뜨린다.

존재는 인연줄이 엮어 놓은 생명의 교차로에서 한 가닥을 맡고 있는 부처다. '나' '내 것'만 챙기려 들면, 자신이 감당해야 하는 인연 끈은 꼬이고 병든다. 전체 생명줄마저 위태롭게 하여 결국 끊어지고 만다. 내게 주어진 인연의 소임을 팽개치면 모두가 앓게 되고, 그것은 다시 나를 친다. 무아·연기로서 나는 부분이며 전체인 까닭이다.

'범소유상'은 제상, 모든 상이다. 허망은 비상, 상 아님이다. 견은 진실에 다가감이다. 여래는 중도의 탄력으로 피어나는 꽃이다. '범소유상 개시허망'은 색불이공 공불이색, '약견제상 비상 즉견여래'는 색즉시공 공즉시색이다.

이 우주는 눈에 보이지 않는 바람부처부터 인간부처에 이르기까지, 온갖 부처가 인연의 다리를 놓음으로 굴러간다. 정적 상태가 아니라, 동적 연동 작용을 그려 보인다. 상이 상 아님을 본다 함은 상을 배제하고 보라는 뜻이 아니다. 상을 고정된 가치로 규격 짓지 않아야 숨겨진 얼굴을 볼 수 있다. 존재를 떠나 진리가 따로 있지 않다. 색불이공, 공즉시색이다.

『금강경』은 'A는 A가 아니다. 그래서 A이다'의 변증법적 논리 구조로 되어 있다. 상에서 상 아님을, 상 아님에서 상을, 존재와 비존재를 넘나드는 중도의 과정으로 꾸리는 진리를 밝혀 보라는 말이다. 이렇게 보면 부처님의 행복론은 행동 그 자체다. 행위로 존재가 드러나는 무아의 원리에서 당연하다. 씨를 심는 밭갈이 그것이면 족하다. 기대되는 열매는 열매의 것으로 남겨 놓아라 한다.

존재는 중도의 창작으로 극단을 넘는다. 불이 > 즉시는 대결 구도를 뛰어넘는 생산 활동이다. 이제 눈치채었는가? 잡식성의 딜레마를 어떻게 극복하는지. 답을 얻었다면, 당신의 고민은 역시 연기법으로 귀결될 것이다. 대결을 누르고 범소유적으로 이익을 얻는 길이란? 인간의 먹이 활동이 다 함께 이익을 얻는 중도적 창조에 달려 있다. 이는 소유에 대해 초월적 시선을 건넬 것을 속삭인다.

부처를 만나기 위해선 예리한 관찰과 과학적 시선을 동원해야 한다. 자기를 고집하지 않는 무아관은 과학이다. 사적으로 추구하는 삶, 공적으로 건설하는 제도와 인습, 사회 체제가 거짓일 수 있다는 가정은 항상 '참'이어야 한다.

소유가 '부'라는 당착에 빠지며, 소유는 재산의 확대에서 멈추지 않는다. 존재는 실체가 항상하는 양 착각을 부른다. 소유라는 상이 가져오는 자기 확장성은 같은 방향으로 계속하여 부풀려 간다. 가짜가 가짜를 낳는다. 상 하나에서 뻗어 가는 질서는 밑바탕을 왜곡하고 비틀면서 우리 삶을 완전히 바꾸어 놓는다. 부-권력-계급-대립-전쟁으로 이어지는 흐름은 소유라는 상이 만든 횡포다. 불합리한 인식이 부른 폭력이다. 한계이다.

어떤 '상'을 중심으로 엮은 규칙이 제도다. 제도의 뒷면엔 가치를 고정한 상이 자리한다. 상이 상 아님을 보는 무아의 빔으로, 제도는 가치 검증의 장으로 살아나고 변화의 실마리를 놓는다. 견여래로 나아간다. 따라서 견여래는 확정적이고 절대적인 가치 형태가 될 수 없다. 불이 > 즉시가 보여 주듯, 견여래는 움직임으로 잠시 드러나는 불꽃. 불이 > 즉시는 '상이 상 아님'을 짚어 가는 운동, 답을 찾는 여로다.

부처님 법에서 '이 뭐꼬' 의심과 질문은 당연한 구도 방편이다. 일만의 부처가 있다면 일만의 진실이 있다. 엄밀히 일만의 거짓이 앞에 있다. '상'이 부처, 법신, '있는 그대로 그것'을 가리기 때문이다. 따라서 여래를 보기 위해선 최소 일만의 질문을 가져야 한다. 보살은 일만을 위한 일만의 부처(개인, 별업)와, 만인을 위한 만인의 부처(공업)를 함께 고민하는 자다.

고통을 해결하는 법은, 무아·연기·중도의 우주 원리를 삶으로 옮기는 것이다. 존재가 실체가 아니라면, 존재의 성품은 구체적 행위, 표현으로 드러난다. 행위가 연기법과 같이, 고유한 양식에서 일어나는 법칙을 깔고 있다면, 그런 면에서 부처도 하나의 원리이다. 인간 안의 우주를 일으켜 존재를 제 위치에 올려놓는다. 부처님은 인류가 우주의 무아 연기에서 멀어짐으로, 소유를 계발하고 강화해서, 이익을 기준으로 행동하는 습성을 굳힌 것으로 본다. 소유에 머묾으로 이익은 자리自利를 넘는 탐욕으로 뒤틀어진다. 존재를 개척하는, 중도의 초월적 창조 질료로서 이익은, 본래 성질이 파괴되고 굴절된다. 이것이 '상'이며, 상의 위험이고, 고정관념의 뿌리이다. 인류의 비극은 득실을 따지는 얄팍함으로, 체온을 유지하는 두터운 외투, 연기법을 외면하면서 비롯한다.

색과 공, 제상과 비상—창조적 중도는 비판적 안목을 요구한다. 삐딱하게 보라 함이 아니다. 비판적이란 환경의 강압에 주저앉음이 아니요. 환경의 핍박으로부터 도망치지 않음이다. 부정을 통한 대긍정이요, 아상을 분해하여 재조립함이다. 뒤에서 '불법佛法은 불법이 아니다. 그래서 불법이다' 한다. '아니다'는 비판적인 눈, 상에서 상 아님을 보는 시선이다. 그리고 다시 '불법이다'는 초월적 창조, 견여래이다. 비판은 과학이다.

당연하게 보는 관성에서 부처를 놓친다. 환경의 박해에 굴복하지 않음으로 나를 극복한다. 가능성은 눈 뜬 자가 거두는 열매다. '공'이기에 채움이 있고, 채움은 다시 비움으로 완성된다. 채움은 나의 집을 지음과 같으나, 소유를 뜻하지 않는다.

이는 우리의 지각활동, 이성과 감정은 애초부터 결함이 있음을 인정한다. 생각과 감정이 불변적 실체로써 진실이 아니라, 조건과 인연으로 나타나는 상태이기 때문이다. 따라서 결함을 치료하기 위한 작업이 필요하다. '불이＞즉시'가 그 지혜와 의지 작용을 나타낸다. 공즉시색의 창의력으로 완결된다 할 것이다.

　불이〉즉시는 비워서 채움이고 채워서 비움이다. 삶을 우주에서 이탈시키지 않는 부처 행이다. 나를 보는 자는 보고 싶은 대로 보지만(상을 보지만), 너를 보는 자는 보이는 대로 본다.(상 아님을 본다.) 법을 보는 자는 보이지 않는 것을 함께 본다.(견여래다.) 부처를 발견하는 것이 곧 중도의 창조적 초월이다.

　금수저, 흙수저라는 말이 아무런 부끄럼 없이 돈다. 주어짐으로 머무는 사회 시스템이 응고되고 있다. 새로움을 야기하는 움직임이 차단되고, 생기가 죽고 변화는 무뎌진다. 인연 고리가 썩고 있다는 반증이다. 그러나 흙수저에 앞서, 존재를 일으키고자 얼마나 편견 없이 중도의 삽질을 퍼 올렸는지 반성해 볼 일이다. 기존 질서에 아무런 의심 없이 안주하고 있는 자신의 무신경과 게으름을 꾸짖을 일이다.

　"상이 상 아님을 봄으로 여래를 본다." 예를 들어 보자.(아＜인＜중생＜수자의 순서로) 한 여자가 있다. 자신을 여자·사람·생명·존재라는 틀을 짓는 순간 진실은 달아난다. 특히 여자라는 선입견은 한 생명의 진실을 모조리 파괴할 수 있다. 무아의 입장에서 그녀는 남자가 못 될 것도 없다. 남자가 하지 못하는 일도 능히 해낼 수 있는 가능성의 합체이다. 중도의 창조성이 발휘되면 놀라운 성과를 이루어 낸다.

　몸짓으로 존재를 드러낸다. 존재는 행위의 산물이다. 활동이 곧 부처다. 자신을 완성하는 행동을 개발하고, 이룩한 생산은 타인에게 새로운 기회로 제시된다. 이러한 원리가 무시되면 여자는 여자, 남자는 남자로 고정하며 여성 차별, 신분 차별, 언어 차별이라는 죄악이 벌어진다. 생명이라는, 존재라는 편견마저 버리고, 비존재까지 아우르는 여유라면 삶은 기꺼이 죽음까지 껴안으며 더욱 활발하고 폭넓은, 다양한 선택으로 풍요로우리라. 무외시는 죽음의 공포마저 불살라, 삶을 살찌우는 불법이다.

여자는 여자이며 아니다. 생명이며 아니고, 존재 아니며 존재 아님도 아니다. '영자' 하고 이름을 불러 주면 그는 영자가 아니게 된다. '영자는 영자다' 또는 '영자는 여자다' 하는 견해의 색안경에 포획된다. 그래도 이름은 그의 연속성과 정체성을 드러내는 특질이지 않느냐 반문할 수 있으나, 그게 앎의 함정이다.

영자는 남편의, 조그만 바람에도 꼬리를 치켜드는 가벼운 촉각 앞에 선 여우, 절망에 지친 남편에겐 신의 너른 품이 된다. 자식의 잘못 앞에선 잡초보다 낮은 자이다. 가족의 균형추로서 남녀의 초월자, 결단의 순간엔 용맹한 사자, 냉정을 지를 땐 장군이다. 심장의 따듯함을 잃으면 바위와 다를 바 없다. 의식의 나들이에서 멀리 떠나면 존재도 존재 아님도 아니다.

'약한 자여, 그대 이름은 여자이다' 이것이 아름다운 시가 되기 위해선 '여자여, 그대는 이름이 여자다'라는 진리가 선행되어야 한다.

모기가 풀섶을 휘젓는 바람을 타고 작은 풀꽃들은 재빠르게 사랑을 나눈다. 꽃가루에서 곤충·물고기·새·사람에 이르기까지 수많은 목숨이 모기에게 기대고 있음을 안다면, 경이를 바치지 못할 것도 없다. 목숨 걸고 곡예 비행하는 모기와 대치중인 신경줄을 타일러, 먼저 오만하게 차고 오르는 마음을 항복받자. 한 마리 모기를 죽이는 것도 달리 보이리라. 소가 풀을 뜯음은 모기의 힘에 의지한 바 크다. 어머니의 모성 본능은 죽음을 무릅쓰고라도 피를 빨고자 하는 모기의 용기에서 비롯한지도 모른다. 새끼를 위해 목숨까지 던지는 모기의 모험이 없었다면 오늘날 생명 질서는 형편없이 낮은 차원에 머무르거나, 인간으로의 불화까지 닿지 않았을지도 모른다.

모기의 새끼를 향한 사랑이 불러일으킨 과감함과 무모함은, 불화에서 더 높은 차원의 생명으로 발돋움하는 업, 불성이 아니겠는가? 목숨을 내놓고 피를 빠는 모기의 행동이 고등 생명으로 진화하는 계기였다면, 어찌 신성에 비하지 못하겠는가? 당신 눈에 하찮게 보일지 몰라도 피를 향해 막무가내로 내리꽂는 모기의 질주는, 오늘의 당신을 있게 해 준, 생명성을 높이 이끄는 대해탈, 생명 역사상 가장 위대한 창조행일 수 있다.

모기가 인간의 항체를 키워 수명 연장에 기여하고 있다면 그역시 보살이다. 그러나 병균을 옮김은 다른 방향에서 진리에 접근하는, 기술적 고민을 남긴다. 방법론적인 재주가 요구되는 부처다. 모기라는 상이 상 아님을, 모기를 응시하는 나의 적대적인 눈이 잘못됨을 안다면 모기는 모기가 아니게 된다.

'옳다 그르다, 선하다 악하다'라는 구분에 해탈이 있지 않다. 부처님이 살생을 금함은 이렇듯 단편적 윤리의 문제가 아니다. 존재의 고향을 찾아가는 여정이 숨어 있다. 모두는 나와 다를 바 없이, 중도의 생명 창작으로 자기를 초월하며, 보시하는 부처라는 평등 원리에 있다. 어떻게 살아야 하는가? 일성으로 가장 먼저 보시를 내어놓는 이유는, 존재의 보편적 특성이 그러하고, 응당 마땅한 행위이기 때문이다. 잡식성의 딜레마를 쓰다듬는 창조적 성취가 보시다.

　'산은 산이요, 물은 물이로다.' 산은 산이기 위해서 풀과 나무를 키워, 뿌리를 얽고 흙을 붙잡는다. 무생물의 산도 가만히 있는 것이 아니라, 자신을 지지하는 법칙, 창조의 손길을 부지런히 놀린다. 실체 없음—무아를 채우는 몸놀림으로 스스로의 생명을 불어넣는다. 물은 대지를 적시고, 무릇 몸뚱이에 길을 트는 것으로 생명성을 완성한다. 산과 물이 그대로 부처다.

　색불이공, 제상비상의 도리에서 번뇌가 곧 보리, 깨달음이요, 윤회 즉 열반이다. 불화로 개간된 생명은 중도로 창조한 최상의 선물이다. 번뇌가 그 실체 아니다 함은 그곳에 열반이 숨어 있음을 뜻한다. 내가 캐내지 않으면 열반은 없다. 고통을 떠나 열반이 있을 수 없다. 열반은 저곳의 딴 세상이 아니다. 번뇌의 중앙을 뚫고 얻는 생명이 열반이다.

　위 원리에 비추면 천당이라는 신의 울타리는 허구임이 밝혀진다. 절대 세계에선 어떤 생명도 활기를 입지 못한다. 절대 안정은 절대 평형·고정됨·곧 죽음이다. 절대 고요는 움직임을 박제한다. 생명의 박제를 천국이라 하겠는가? 다시 말해 절대 선, 절대 평화는 주검과 구별되지 않는 암흑이다. 변화가 상실되면 삶은 즐거움과 고통의 유의미한 차이를 가지지 못한다. 움직이는 동기를 유발하지 못한다. 생기는 파묻어야 하는 불편함이다. 그래서 절대이고 박제이며 죽음이다. 절대 행복은 절대 고통의 다른 이름이다. 행복은 번뇌 안에 있다. 행복은 고통을 주무르는 손길을 스쳐 지난다. 고통은 고통이 아니다. 별은 어둠을 뚫는다 — 하늘을 올려보는 내가 있다면. 일체개고를 외치는 부처님은 행복의 문법에 대해 설한다.

불법의 열반은 역동적 고요다. 결코 죽어 있는 안정이 아니다. 중도의 생명성은 양단, 즉 불균형에 있다. 이는 모든 존재는 자기창조의 질료로서, 태생에서 불균형으로 조우한다는 사실을 알려준다.

완벽하지 않음을 감사하라 한다. 부족함을 즐기는 것이 채움이고 몸짓이다. 흔들리지 않는 행복은 행복이 아니다. 젖지 않은 사랑은 사랑이 아니다. 미움은 미움이 아니다. 그래서 미움이다. 미움이 미움이라면 생은 얼마나 비참하겠는가? 미움 속에 튼 사랑이 없다면 얼마나 삭막하겠는가? 행복의 곁방에 아픔이 없다면 어찌 행복을 알아보랴? 행복은 불행의 짐칸에서 발견된다. 행복, 그 뒤통수가 시려서 나는 또 움직인다. 아픔으로 뒹구는 낙엽에서 주워든 그것이 행복이겠거니 하며. 행복은 나만의 색깔이면 된다. 내 행동을 요청하는 그것이면 된다.

색즉시공 공즉시색. 작용은 언제나 미완이다. 아름다움은 미완의 도화지에 놓인 붓이다. 존재는 '기울다'로 생명을 얻는다. 일어서는 의지로 생명이다. 선다는 건 도화지에 찍는 발자국이다. 빔은 충격 없이 채워지지 않는다. 그래서 극락은 아프다. 극락의 옷자락은 늘 반쯤 젖어 있다. 살아 있는 모든 것은 아프다. 아프니까 살아가야 한다. 열반은 번뇌한다. 물기를 머금고 행복이 가라앉아 있어서다. 극락의 무한한 복덕은 '살아감'이다. 산다는 건 스스로 햇살이 되어 젖은 옷을 말리는 일이다.

연아한 등잔불처럼

장날 ―아, 어머이

서릿재를 돌아
길은 끊어졌다

저녁 어스름이 무서워
아이는 눈물 자국
검불 같은 손으로 또
쓰―윽

30마장 울진장
달그림자가 앞서기도 전
휴우, 휴우,
날숨 길 장단이 산처럼 휘어져 오면
녀석의 입술은 감꽃이다

와 인자 온가?

집에 가 있으마
강냉이 튀밥 사 온다 안 했나

어머이 손
손을 잡아 끄는 걸음마다
톡, 톡,
달이 튄다

저것,
따뱅이 괸 가난이 가벼웁다
여울에
달 소리 녹풀지듯

…………나 돌아갈래!!!!!!!

어릴 적, 광에서 몰래 빼어먹던 배고픈 씨감자 하나는……

(따뱅이; 똬리. 여인이 동이나 물건을 머리에 일 때 고이는 받침대. 짚을 틀어 만든다. 경상도 사투리.)

[이 시는 큰어머님이 들려주신 저의 다섯 살 때의 이야기입니다. 어릴 때부터 제 고집이 유별났다네요. 아침 일찍 어머니와 큰어머님이 감이라도 이고 장을 나서면, 앙탈 맞은 꼬마 손이 어찌나 옹골지게 엄마 치마 자락을 말아 쥐는지…… 어머니는 동구 밖 가파른 서릿재 아래에서 울고 콧물까지 불어대는 꼬맹이를 겨우 떼어 놓고 내달렸죠. 늦게라도 감이 안 팔린 날엔, 허름한 시장 모퉁이에서 겨우 5원짜리 허여멀건 국수 한 사발로 넘기고, 2시간 걸음을 재촉하면, 검시레한 늦저녁에야 겨우 닿는…… 그때까지 꼬마는 기다림으로 배고픔을 채우고 심통 맞은 물장구나 퉁기며 종일 엄마를 찾았다죠. 감꽃 아시죠? 떨떠름한, 그래도 주전부리로 배고픔을 채울 만했던, 뒤끝에 감도는 달싸롬한…… 달빛에 부서지는 여울의 잔별이 엄마 손을 잡아 끄는 꼬마의 얼굴일 겁니다.]

전 아주 깡촌 출신입니다. 국민학교 5학년 한겨울에 전신주가 놓이고 — 그땐 시골에서 보기 힘든, 낯선 사람이 신기해서, 전기가 들어온다는 것이 마냥 기뻐서, 콘크리트 기둥을 땅에 박을 때마다 신이 나 추위도 잊고 쫓아 다녔던 기억이 납니다. 돌이켜보면 등잔불 아래서 빛인지 어둠인지 분간이 안 되는 어렴풋한 세상이 그립기만 합니다. 그 속에선 너와 나의 헐벗은 입성이 묻히고, 잘남도 못남도 굳이 드러내지 않고, 모두를 감싸 안아 주었죠. 동무의 허물도 어슴프레한 등잔불의 다독거림에 다 잊을 수가 있었죠.

제가 연아 양을 사랑하게 된 것은 아름다운 춤사위가 먼저겠죠. 그런데 그녀를 보면 볼수록 등잔의 온화한 불빛 같아서 참으로 좋았습니다. 아리랑 가락이 꼭 등잔불의 너울이에요. 연아 새김이 포근한 등잔불 눈길 같아서……

등잔불은, 세상을 다 품어 주고 모두 내어 주고도, 웃음 한 자락이 입가의 주름을 타고 흐르는 어머니의 모습이랄까요? 탓이래야 동무가 문을 들어서면 휘영청 몸을 흔들어, 어두움을 안고 넘어지는 등잔불 정도. 동무의 입김에 까르르 자지러지는 등잔불 정도……

전등 불빛 아래에서 나는 무엇 하나 여유로움이 없네요. 소소한 티끌조차 그림자와 구분 지으니 말이에요. 두리뭉실 뭉쳐진 그것이 사랑이겠거니 했었죠. 전등 불빛은 그 속에서 미움마저 발기어 그림자 붙여 놓아야 직성이 풀리나 봅니다.

"타이타닉" 영화가 가끔씩 떠오릅니다. 싫증나면 옷 갈아입듯이 갈아 치우는, 한번 침 뱉고 돌아서면 그만인 싸구려 사랑이 난무하는 이 세기에 닿도록 여전히 혼자라는 사실이 차라리 괴롭습니다. 그토록 고결한 사랑이 많은 사람들의 심금을 울렸다니 조금은 아이러니컬합니다. 역설적이게도 싸구려 사랑의 시대이기에 더더욱 절실한 사랑을 갈구하게 된 것은 아닌가 합니다. near or far wherever you are I believe that my heart does go on······you are safe in my heart(가까이 또는 멀리 그 어디에 그대 계시든 내 사랑은 영원함을 믿습니다.······그대 항상 내 사랑 안에서 온전하듯이) 타이타닉 송 "my heart will go on"의 한 구절처럼 누구나 한번쯤 꿈꾸었을 사랑이기도 할 겁니다.

겨울이네요. 이마가 시려 오네요. 어머니의 입김이 그리워지는 계절이죠. 연아가 아리랑 춤사위를 풀어, 온 누리에 아라리(축복 사랑)를 헤쳐 놓아요. 소원해진 동무이거나, 오래 묵힌 된장 같은 마누라, 또는 힐끔 스쳐간 낯모를 사람이면 어때요. 사랑이다 하고 한 점 떼어 건네 보아요.

간간히 흩날리는 눈발마냥 사랑 한 닢이라도 흘겨 있으면 모른 채 주워, 주머니에 넣고 꼼지락거려 보아요. 당신의 미소가 시름 잔 이마를 짚고, 등잔불같이 거뭇이 웃어 보일 거예요.

제 6 ― 정신희유분
바른 믿음은 희유하다(드물다)

"세존이시여, 어떤 중생이 이와 같은 말씀의 글귀를 보고, 자못 실다운 믿음을 낼 자가 있겠습니까?" 수보리가 부처님께 말씀드렸다.

"그런 말을 하지 말지니라. 여래가 멸도에 든 뒤, 후오백세에 이르러 계율을 지키며 복을 닦는 자가 있어서, 능히 이 글귀에 신심을 내며 이로써 실다움을 삼으리라. 마땅히 알라. 이 사람은 1불이나 2불, 3·4·5부처에게 선근을 심었을 뿐만 아니라, 이미 한량없는 천만 부처님께 온갖 선근을 심었으므로, 이 글귀를 듣고 일념으로 청정한 믿음을 내는 자이니라. 수보리야, 여래는 이 모든 중생들이 이와 같이 한량없는 복덕을 얻는 것을 다 알며 다 보느니라. 어떠한 까닭인가? 이 모든 중생은 아상도 없으며 인상, 중생상, 수자상도 없고, 법상도 없으며 또한, 법 아닌 상(비법상)도 없기 때문이니라. 어떠한 까닭인가 하면, 이 모든 중생들이 만약 마음에 상을 취하면, 곧 아상과 인상, 중생상과 수자상에 집착함이 되며, 만약 법상을 취하더라도, 아상과 인상, 중생상과 수자상에 집착하는 것이다. 어떠한 까닭이랴? 만약 법 아닌 상을 취하더라도 이는 아상과 인상, 중생상과 수자상에 집착함이 되느니라. 이런 까닭으로 마땅히 법을 취하지 말아야 하며, 법 아님도 취하지 말아야 하느니라. 이러한 뜻인고로 여래는 항상 말하기를, '너희 비구는 나의 설법이 뗏목으로 비유한 바와 같다고 아는 자는, 법도 마땅히 버려야 하거늘, 하물며 법 아님이랴' 하느니라." 부처님께서 수보리에게 이르셨다.

'이와 같은 글귀를 보고 믿음을 낼 자가 있겠습니까?' 글귀는 제3분~제5분의 '중생을 멸도하나 하나도 멸도에 든 자가 없다 하라. 머묾 없는 보시를 하라. 상이 상 아님을 보면 여래를 보리라'이다.

다시 한 번 우리는 물음을 던져야 한다. 수보리는 왜 그와 같은 질문을 했을까? 그렇다. 만약 부처가 '나를 믿지 않는 자, 천국에 들지 못하리라,' '너는 내 품에서 영원한 안식을 얻으리라' 했다면 수보리는 저런 질문을 하지 않았을 것이다. 너무나 확연한 절대계, 의탁할 만한 천국을 눈앞에 펼쳐 보이기 때문이다.

후오백세를 1) 해탈견고 — 불 입멸 후 첫 500년. 정법이 성하여 해탈하는 이가 많은 때. 2) 선정견고 — 다음의 500년. 선정을 닦는 이가 많은 시기. 3) 다문견고 — 제3의 500년. 실천은 드물고, 법을 많이 듣고 읽는 시기. 4) 탑사견고 — 제4의 500년. 수행은 없고 사찰과 탑을 많이 건립하는 시기. 5) 투쟁견고 — 제5의 500년. 불열반 후 2500년으로 오늘날에 해당한다. 시비만 일삼는 시대다. 또는 정법시 — 가르침과 수행, 깨달음이 원만한 시기. 상법시 — 가르침과 수행은 있으나 증득하는 이가 없는 시대. 말법시 — 교教만 남고 수행과 증득이 없는 시대로 나누기도 한다. 대승이 흥기하던, 불교가 여러 부파로 갈라져 분열하던, 불佛 멸후 500년으로 보기도 한다.

그러나 특정한 시대적 분류라기보다, 하나의 '교'가 융기하여 왕성하게 일어나서 점차 소멸해 가는 현상을 빗대어 후오백세라 한다. 또는 으뜸 가르침으로 교가 무시되고, 이익을 염탐하기에 분주한, 쾌락을 쫓아 희번덕거리는, 천박한 의식이 지배하는 시대다. 어느 때나 혼란한 틈을 파고들어 민중의 불안을 먹이 삼아, 말세적 냄새에 불을 지펴 이득을 취하는 무리가 있게 마련이다. 삿된 법이 판치는 때를 비유한다. 현실에서 절망이 깊을수록, 공포가 극대화할수록 말세론적인 유혹에 끌리기 쉽다. 대게의 말세론은 현세를 부정하게 취급하도록 하며, 내세의 선명성을 부각시켜 정신을 현혹한다. 희망이 요원한 이 세상에서 탈출을 약속하는 대가로 순종과 재물을 요구한다.

따르지 않으면 지옥의 고통을 맛보여 주겠다는 양, 상상조차 힘든 저주의 말을 퍼부어 댄다. 이탈자를 막는 협박 장치로 불구 덩이니 독사의 아가리니 갖은 재앙이 설치된다. 이런 시기에 삿된 법을 물리치고 불법이 살아남을 수 있겠냐는 수보리의 염려다. 아상의 집착에 물든 사람은 영생으로 욕심이 깊게 옹이져, 절대계에 대한 환상을 버리지 못한다. 영원을 보장하는 말을 듣고자 목마르다. 그런데 불법은 구제의 길로 무아를 내세운다. 존재의 실체 없음을 알아, 나와 남을 구별하지 말고 하나가 되어, 서로 격려하며 살아갈 것을 해법으로 내놓고 있다. 불화의 공정에서 피어나는 다음 생명도 이 세계에서 할 나름이다 한다. 어디에도 의지할 바가 못 된다. 구원은 오직 자기 몫임을, 자기 창조에 의지해, 스스로를 극복하는 초월성으로 해탈이 있음을 보여 준다. 인연을 조율하는 연주 실력에 구원이 달려 있다 한다.

불법은 '내가 천국이다' 한꺼번에 존재를 낚아채는 '단정'의 홀가분함이 없다. 기대며 파고드는 마음을 보듬어 주기는커녕, '다 네 할 탓이야' 더욱 무겁게 누른다. 절대 신을 추켜올리며 구원을 약속하는 이들을, 그런 우주 원리나 들고 있는 불법이 당해 낼 수 있겠는가 하는 걱정이다. 꼭 오늘날 우리를 보는 듯하다. 수보리의 질문은 불법을 구하는 자세를 보여 주기도 한다. 불법은 의심하고 궁리함으로써 체득하는 절실함이다. 이제 부처님의 대답을 보자.

"아무리 말세라 해도 계율을 지키고 복을 닦는 자가 있어서, 이 글귀를 만나게 되면 바른 믿음을 내리라." 부처님의 저 자신감은 무엇일까? "이 사람은 1불에서 2불, 나아가 천만 부처님께 선근을 심었기 때문이다." 여기에 비밀을 숨겨 놓고 있다. 위의 1불 2불 부처는 진리로 존재하는 법신, 만물을 의미한다. 천만 불은 모든 존재이다. '선근을 심었다'는 인연을 아끼고 귀히하여 정성을 다 했다, 공덕 쌓기를 멈추지 않았다, 보살행을 하였다는 뜻이다. 이는 하나의 부처에서 시작한다. 불법이 어느 날 문득 석가모니 부처가 깨달음으로 돋아난 것이 아니라, 우주가 열리면서 함께하여 온 우주 법칙임을 말한다.

인간은 우연적 소생이 아니다. 누군가의 창조로 지어진 생명이 아니다. 빛으로 개화한 1불에서부터 우주 작용을 따라 영겁의 세월을 지나며 복을 닦고, 무아 가능성을 창조적으로 설계하는 법을 익혀, 스스로 의지와 능력을 개발하여 온 결과다. 존재의 도리를 거스르지 않았다는 함의를 담고 있다. 이는 무아 중도의 법칙에서 자연스럽다. 불법이 달리 있지 않다. 오랜 불화를 거치면서 업력을 가꾸어 자기를 경작하고 키워 옴이다. 계율을 지키고 복을 닦음이다. 부처의 계율을 말한다기보다 '우주 섭리에 따른다'는 뜻이리라. 인연법으로 서로 나누고, 무아 도리에서 나를 물고 늘어지지 않고, 중도의 이치에서 나를 부단히 깨우침이다. 복덕이란 선근을 심는 기회를 저버리지 않음, 인연의 힘을 빌려 자기 개척에 열정을 쏟음이다. 나는 태초의 빛이다.

여래가 '다 알며 다 본다' 함은 전지전능이 아니다. 여래는 우주다. 얼기설기 엮은 인연줄이다. 한 군데 고장 나면 전체가 뒤틀리게 마련. 모두 알며 다 볼 수밖에 없다. 세상은 연기의 손끝으로 대화하고, 불화의 결집으로 응답한다. 불화법은 스스로 짓고 스스로 받음이다.(자작자수) 이러한 존재 원리, 생명 이치를 깨닫게 된다면 불법으로 귀의하지 않을 수 없다. 불법은 우주 법칙이다. 사라질 수 없는, 대체할 수 없는 원리이다. 내가 거부한다고 피해가지 않는다. 6분의 제목이 '바른 믿음은 드물다'이다. 드물다는 '거룩하다, 반야로다'이다.

절대 세계로의 갈망은, 아상·인상·중생상·수자상의 애착이다. 우주 법계의 질서를 벗어난다. 특히 '나'에게로 집중되는 자기애(아상)와, 영겁의 시간을 누리고자 하는 수명욕(수자상)은 불화의 지음을 모르는 근본 무지다. 법상과 비법상도 떠나라 말씀한다. 법상이란 '존재의 참모습은 이것이다,' '불법은 이러하다,' '내가 옳다' 함이다. 고정된 진리의 됫박을 들고 다니며 중량을 재는 고집이다. 비법상은 부처의 가르침에서 벗어난 것을 진리로 삼거나, 세간에서 중요하게 여기는 것을 섬기는 행위다. 돈, 명예, 권력 등이다. '공'을 파고들며 허무에 잠기는 것. '부질없도다' 또한 비법상이다.

실체 없음을 잡고 매달리는 것 역시 집착의 한 형태다. 무아를 '절대'로 섬기는 것. '없음'을 모양 지어 잣대를 들이미는 것이 '공'병, 악취공이다. 불법이 '공'을 설한다 하여 아무것도 하지 않은 채 허공이나 쳐다보겠는가? 소승은 '있음으로 있다'라면, 대승은 '없음으로 있다'이다. 소승은, 번뇌가 있어 소멸이 있다. 대승은, 실체 없음으로 실존을 짓는 몸놀림이 있다. 소승의 열반은 '끊어서'인반면 대승은 '이어서'이다. 소멸(부정)에서 멈추어선 안 된다. 다시 생(긍정)하여 살려야 한다. 색즉시공에서 공즉시색으로. 내 손에 '나' 있다.

'만약 법의 상을 취하더라도'에서, 법의 상이란 존재의 실체, 설일체유부에서 '아공법유'의 법유에 해당되는, 객관적 대상의 요소를 나타낸다.(법유는 존재를 구성하는 최소 단위이다. 설일체유부는 존재를 이루는 기초가 실재한다 여긴다. 당연히 법의 상을 취하면, 아상·인상·중생상·수자상에 집착함이 된다. 대승은 설일체유부를 비판하며, 상좌부를 떠나 진보적인 대중부를 잇고 있다.)

종교는 보통 법상(~하라)과 비법상(~하지 마라)의 대결로 교리를 세운다. 배격의 도이다. 거짓을 쫓아 '참'을 일으키고, 참을 걸어 거짓을 몰아낸다. 그런데 어쩌랴. '참'이 잠들면 거짓은 흔적조차 없는 것을. 신이 눈을 감으면 어디서 사탄을 찾으랴? 나를 지우면 누가 있어 너라고 하겠는가? 나와 밖을 분리하는 습성 때문에 투쟁이 멈추지 않는다. 그 경계만 무너뜨리면 우주는 한 송이 꽃으로 피어난다. 마치 바다가 파도를 품듯이. 바닷물 어디에서 괴로움의 꼭다리를 도려내겠는가? 파도가 바다이면 바다는 나침반이 필요 없다. 자기가 길이기 때문이다.

종교를 문자로 풀면 '으뜸 가르침,' '근본이 되는 진리'인데 '믿으면 천당, 믿지 않으면 지옥' 너무 쩨쩨하지 않은가? 신의 이름으로 숭배되는 칼은 너무 살벌하지 않은가? 대결은 늘 승리에 목마르다. 신은 싸움을 불 지르기 위해 끌려 나온다. 성화를 구실 삼아 목이 타들어 가도록 승리에의 조갈을 불 지핀다. 그리곤 한방에 펑펑 샘물을 터뜨리는 신공을 발휘한다. '믿습니다!' 나를 옭아매는 신앙이라면 항상 조바심친다. 종말을 애타게 부르짖는다. 옴짝달싹 못하도록 묶는 '법상'으로 종말만한 게 없다. '상'은 경험과 학습이 지어 낸 기억의 착각이며 응고된 생각이다. '절대'로 굳은 법상은 대결을 지르는 칼이다. 상을 깨고 나올 것을 호소하는 부처님의 간절함을 알 것 같다.

다음 문장을 보면 부처님께 고개가 숙여지지 않을 수 없다. "나의 설법은 뗏목과도 같다." 인류에 대한 한없는 사랑이 아로새겨진다. 이는 부처 스스로 당신의 가르침을 부정하는, 그리하여 교설의 위대함이 드러난다. 뗏목은 강을 건너는 기물이다. 그 자체로 목적이 아닌 하나의 도구로 소용된다. 뗏목이 유익하고 안락하다 하여 그 위에 머무르면 목적지를 잃는다. 방향을 잃고 강물 위를 떠다니는 살이는 미궁이 된다. 배는 정박지가 어디인지 알지 못한 채 망망대해를 표류한다. 밀고 가는 바람은 삶을 따스하게 매만지지 못한다. 오랫동안 바다에 머무르며 익숙해진 채로 육지가 있음을 잊어버린다.

불안한 물결에 흔들리는 배에 가장 먼저 올라타는 것은 음흉한 혓바닥이다. 파도의 공포 위에 '곧 종말이 오리라' 말세의 낌새를 퍼부어, 가시 박힌 혓바닥은 멀쩡한 배를 말로써 침몰시켜 버린다. 고래가 뿜는 분수나 고래등 같은 파도에 겁먹은 눈동자를 위로한답시고 몇몇은 하늘의 별을 따라 가자 속삭인다. 영원히 물결이 잠든 극락의 전설을 쥐어 주며 '나를 따르라. 여기에 천국이 있다. 배를 저어라' 주먹을 치켜든다. 사람들의 밑바닥에 쭈그리고 앉은 육지의 기억을 지우려 안달이다. 배는 바다에 가라앉는 것이 아니라, 알 수도 없는 저 하늘의, 말의 폭풍우 한가운데로 잠긴다. 사람들의 영혼을 '믿습니다. 하늘을 따자' 이곳에 담아 놓는다면, 혓바닥을 무기로 휘두른 자들은, 잡아채고자 한 특권을 언제나 누린다. 오늘도 위로받지 못한 바람은 쓸쓸히 내 귓가를 스쳐간다. 바닷물같이 알 수 없는 깊이가 저 멀리서 사람들의 공허한 눈동자를 노려본다. 바다는 더욱 멀리 나를 육지에서 밀어낸다. 아, 땅을 버린 뗏목이여.

◉ 생명은 의존이다. 연기법이 이를 잘 보여 준다. 이것은 저것에 기대어 있고, 저것은 이것에 걸치고 있다. 아기는 엄마에게 기대 성장하고, 엄마는 아기한테 의지해서 삶을 퍼 올린다. 사랑은 의존을 승화한 나눔이다. 내리 사랑이라는 말도 엄마가 아기에게 기대는 것이 많음을 이른다. 짝을 찾아 눈을 희번덕대는 젊음은 당연하다. 혈기왕성한 피를 나눔으로 존재를 확인하고자 하는 의존 본능이다. '너만 괜찮다면 나는 좋아.' 무아로서 새로움을 탐색하는, '나를 내려놓음'이 아니다. 너를 위해 내 욕심쯤은 무시하겠다는 양보 같아 보이지만, 의존을 노골화함으로 밀착감을 전달하려 한다. 네가 곧 나임을 공표함이다. 의존은 자기 확장의 본능 전략이다. 사회 역시 의존 본능이 조직한 생명체다. 친구도 그러

하다.

　칭찬이나 동의를 받으면 기분이 좋아지는 것은 의존 감정을 충족해서이다. 의존을 통해 자아 만족감을 얻는다. 그런데 의존에는 한계가 있다. 기댄다고 다 채워지지 않는다. 오히려 채워지지 않는 것이 더 많다. 항상 긍정적인 보상을 받지도 않는다.

　외따로 떨어져 있는 자신을 발견한다. 자신에게서 멀어져 있는 익숙하지 않은 나를 본다. 고독이 밀려온다. 문득문득 '나는 혼자다' 의존에 지쳐 있는 자신을 확인한다. 더욱 외로움이 엄습한다. 변하지 않고 언제나 나를 응원해 주는, 절실한 무엇. 신은 그렇게 의존 본능을 타고 내려온다. 의존은 뗏목이다. 자기만족을 얻는 기물이다. 신에게 의존한 나는 말씀의 세찬 비바람 한가운데에 가라앉는다. 의존에 의지하며 나를 잃는다. 가물거리는 육지의 기억을 잡으려 손을 뻗어 보지만 꿈결과 같이 아득하다. 꿈을 깨지 않으면 영원히 바다를 맴돈다. 자아에 도취해서 뗏목에 눌러 있다면 영영 육지를 만나지 못한다.

　의존은 홀로 서는 힘으로 기댄다. 아기가 홀로 서는 힘은 울음이다. 의존은 의존이 아니다. 그래서 의존이다.

　육지 — 나다. 부처님은 끝까지 기대어야 할 존재는 '나'임을 말한다. 혀끝을 찌르는 고독의 아릿함을 삼키며, 밤을 외로이 지키는 촛불을 꺼야 하는 것도 나임을 상기시킨다. 마지막 결정권자가 '나'라는 사실이야말로 우주가 내린 축복임을 받아들여야 한다. 삶이란 내가 둘러멜 수밖에 없다는, 차가움을 감수하는 일이기도

하다. 행복은 그 냉정함을 직시하는 눈동자만이 건져 올리는 능력이다. '번뇌 즉 열반'—아픔을 아파하는 능력이야말로 기쁨을 만드는 힘이다. 네 행복을 내가 결정해 줄 수 있다는 오만. 내 행복을 누군가 지핀 곁불로 쬘 수 있다는 나약함이 살이를 분탕치는 요인임을 알아 한다. 육지에 오르지 않고선 거센 파도를 떼어 놓지 못한다. 나에게 의탁한다는 것은 업의 빈틈없음을 똑바로 주시함이다. '자기는 자기 지음으로 되돌려받는다'는 우주 법칙을 거스를 자는 어디에도 없다. 신조차도 예외 없이.『금강경』은 궁극에 기대어야 할 대상이 왜 자신인지, 어떻게 기대어야 하는지, 이유와 방도를 설한다.

강을 건네준 뗏목을 귀히 여겨, 둘러메고 갈 수 없는 노릇이다. 강을 건넜으면 응당 뗏목은 버려야 한다. 져야 할 짐 대신 뗏목을 메고 언덕을 오르다간 그 무게에 압사하거나, 진짜 살이를 놓친다. 당신의 설법은 진리에 도달하는 방편으로 유용하면 족하다 한다. 강을 건너는 뗏목처럼.

부처님 법 그것으로 절대가 아니다. 불법 어느 구석에도 종말을 들이대며 겁을 주거나, '나를 따르라' 윽박지르지 않는다. 오히려 종말론을 당하여 두려워 말고, "너 자신을 등불로 삼아라"(『대반열반경』) 눈을 치켜뜨라 한다. 시선을 잃지 않는다면, 발을 내디딤으로 길을 찾게 되리라. 희망을 노래한다.

부처님은 법도 마땅히 버려라 일갈한다. 뜻을 구했으면 거추장스런 껍데기는 버려라. 법이 법이기 위해서는 법이 아니어야 한다. 법이 법으로 묶이면 기진맥진 땅바닥에 뻗어 버린 저울이다. 법이 가는 길목에 감시꾼만 아니라 구경꾼이 함께하지 않으면 죽은 법이다. 무엇이 되었건 절대로 굳는 가르침은 뻣뻣하게 굳은 시체에 지나지 않는다. 진리의 가변성과 상대성이다. 진리가 이렇게도 저렇게도 왔다 갔다 한다는 뜻이 아니다.

1) 아상을 떠나, 상황에 적당한 진실을 그때그때, 때에 알맞도록 자리를 찾아야 하며 2) 하나로 확정해서는 안 될, 다른 용모로 얼굴을 내미는 진리를 알아보도록, 항상 가능성의 주머니를 차고 있어야 한다. 진리는 단출하지도 물렁하지도 않다.

가령, 영자의 살집은 식탐의 게으름이 아니라 존재를 빚는 유머다. 영구가 신발을 벗어들고 책상을 뛰어오름은 꼴값을 나댐이 아니요, 친구의 손길을 기다리는 외로움이다. 똑같은 짓거리를 창수가 한다면 촉각을 집중해야 하는 긴장이다. 느닷없이 욕지거리를 뱉으며 달려드는 친구는 열등감이란 독배를 들고 신음하고 있음을 보아야 한다.

스님이 지극 정성으로 공양을 올리던 목불을, 추운 겨울날 잠시 들른 객승이 군불 때는 불쏘시개로 쓴다. 주인이 돌아와 '부처님을 태웠다' 난리 치자, 객승이 부엌으로 들어가 부지깽이로 재를 헤친다.

"지금 뭐하는 짓이냐?"

"사리를 찾고 있소."

"야, 이놈아, 목불에 사리가 가당키나 하냐?"

"그래요? 그럼 나머지를 마저 태워도 되겠지요?(부처가 아니라 나무토막에 불과하니)"

이 소리를 듣고 주인 스님이 깨쳤다는 이야기다.

법당에 앉아 있으면 부처고, 아궁이에서 활활 타면 나무토막이랴? 밥 짓고 아이들 뒤치다꺼리하면 집사람이고, 어여쁘게 단장하고 커피숍에 앉아 있으면 저 여인이랴? 매양 염불하며 섬기던 부차라도, 불을 지피는 나무토막으로 우선순위를 내어 주어야 할 때도 있다. 부처냐 나무토막이냐 가르는 것은 마음이다. 부처는 공하다. 부처는 부처에 있지 않다. 어디에도 걸림 없는 '열림,' 바로 불법의 더 큰 발자취다.

불법은 진리를 고정하는 나의 눈알부터 뽑아라 한다. 법을 버려야 하는 이유로 법이 뗏목임을 든다. 진리는 진리에 있지 않다. 강을 건너 당도해야 할 곳은 저 언덕이다. 열반이다. 불화다. 중생제도와 보시는 그곳에 이르기 위해 저어 가는 뗏목이다. 저 언덕이 이 언덕을 벗어난 외딴 곳이 아니다. 씨앗을 건졌으면 법이니 따질 것이 아니라, 외투를 벗고 곡괭이를 들어야 한다. '행'이 없는 불법은 눈물 없는 울음이다. 탐구하고 점검하고, 함께 고민하며 나누는 땀방울에 저 언덕이 있다.

불법은 실천이다 — '계율을 지키다, 복을 닦다, 선근을 심다' — 몸짓에 지혜가 곁들면 깨달음이요, 완성이다. 관념의 찌꺼기, 이념이라면 법상이다. 강을 건넜으면, 무아 연기의 실상. 살이의 옷차림새가 어떠해야 하는지 알아챘다면, 걸리적거리는 부처의 핀잔을 걷어 차고 땅을 파 뒤질 일이다. 강을 건넜으면 뗏목은 버릴 일이다. 뗏목을 둘러메고 산을 오르겠는가? 마음을 들고 앉아 있겠는가?

'길에서 부처를 만나거든 부처를 죽여라.' 이것이 부처님의 대자대비요, 창의적 혁신, 자유의 울부짖음이다. '내가 부처요, 내가 길이다' 하는 자는 당신의 안주머니나 노리는 어릿광대에 불과함을 알라. 곡괭이를 들고 흙을 파헤치는 당신의 손을 떠나 어디에도 부처는 없다. 길에서 부처를 만난다면, 그는 필시 흉내 내는 것으로 목구멍을 데우는 광인이거나, 말세적 낌새를 재빨리 낚아 한탕 채우고자 하는 모리배다. 법상이든 비법상이든 신의 형체를 든 자는 당신의 옷을 한 꺼풀씩 벗겨 엄동설한에 알몸으로 던져 놓는다.

젊은이들이여, 사랑하라. 뜨겁게 사랑하라. 생명의 용광로가 되어라. 무아의 도리로 행진하는 걸음은 이미 완성에 닿는다. 무엇에 걸리겠는가? 부처의 잔소리에 귀가 아프다면 부처를 패대기쳐라. 나를 위한 탐진은 악도에 떨어질 무명이나, 나를 넘는 분노는 사랑이다. 젊은이여 야수가 되라. 길들이지 않은 사나움이어라. 젊음은 아집으로 날 세운 창끝에서 부러진다. 거창한 이념이 되지 마라. 조그만 실천이라도 좋다. 하다못해 투표지에 도장을 찍어 누르는 당신의 손끝은 어떤 이념의 죽창보다 날카롭다. 천하를 가로지르는 장강도 옹달샘에서 발기한다. 나를 창조하는 자유는 자유를 창조함으로 얻는다.

*무명 — 깜깜한 암흑, 어리석음, 무지를 나타낸다. 암흑세계가 따로 있는 것이 아니라, 사물의 원리를 밝게 알지 못함, 마음의 움직임을 알아채지 못함, 내 마음을 놓친다면 무명이다. 고통의 근본 원인으로 내세우지만, 형이상학적 세계가 아니다.

한 소녀의 힘이란

(내가 나이고자 하는 이유)

여왕 연아가 손을 뻗으면 세상은 돈다.
감동의 눈물이 돌고
희망으로 세워진 용기가 돌고
선한 의지가 돌고
훈훈한 인정이 돈다.

여왕 연아가 얼음판을 미끄러지면
세상은 장단을 두드리며 함께 돈다.
내가 너에게 돈다.
원초적 자유가 안주한 마음이 돌고
영혼의 끝이 맞닿아 돌고

지성이 맑은 힘을 되찾아 돌고
흥취가 여유를 채워 돌고
돈은 또한 낮고 고단한 처지를 찾아 돌아든다.

여왕 연아가 미끄럼을 돌며
손가락 끝을 살짝 비틀어 털어내기라도 하면,
세상은 그저 ― 아, 하고 돌아간다.
애국가의 선율이 세상을 휘감아 돌고
태극기가 중심축을 이루어 우주가 돈다.

여왕 연아가 빙판에서 고개를 갸웃 하며 속도를 빚으면
세상은 잠시 정신줄을 놓고
호박만한 눈동자들이 빠르게 돈다
괜스레 달마저 배시시 웃음을 흘리며
하루에도 몇 바퀴나 도는지 모른다.
미국의 달은 엄청 크다.
큰 땅덩이만큼. 여자들 굵은 엉덩이에 걸맞게 크다.

여왕 연아가 세상을 아름답게 굴리면서
대한민국의 달이 가장 커졌다.
여왕 연아가 21세기 신한글을 창조했다. 그 기호는 감동이다.
새로움이 주는 열정이다. 기계의 이성에 매몰되어, 갇혀 있던 나로부터 뛰쳐나와 더불어 소통하게 한다. 잃어버렸던 마음을 되찾아 기록하게 한다. 낡고 헤진 심사를 샘물로 씻어서 표시하게끔 만든다. 세상을 돌아드는 저 달마저 푼수 끼로 만든다.
누구나 그저 그렇게 바라보았던 달이건만
이젠, 너무나 크고 우렁찬 코리아의 달이 한없이 부럽다.
달의 표정 하나하나가 다 보여서 대화하는 법도 알게 되었다. 그래서 고맙다.

여왕 연아는 이제
세상의 명제가 되었다.
우리네 삶은 어떠해야 하는지
세상을 돌면서 버려야 할 것이 무엇인지
결코 놓아선 안 되는 것이 무엇인지
무엇을 말하기 전에 무엇을 갖추어야 하는지……

나의 꿈 또한 여왕 연아와 다르지 않다.
하릴없이 달을 향해 던지던 돌멩이를 거두고 싶다.
큰 달이 되고 싶다.
세상 사람들이 말을 걸어오는 달이 되고 싶다
나의 표정을 보고 웃음 짓는 달이 되고 싶다.
모자라고 험한 곳을 찾아 드는 돈 같은 달이고 싶다.

제 7 _ 무득무설분
얻을 것도 없고 설할 것도 없다

"수보리야 어떻게 생각하느냐? 여래가 아뇩다라삼먁삼보리를 얻었느냐? 여래가 설한 바 법이 있느냐?"

"제가, 부처님께서 말씀하신 바 뜻을 이해하옵기는, 아뇩다라삼먁삼보리라 할 정한 법이 없사오며(무유정법) 또한 여래께서 가히 설하신 정한 법도 없사옵니다. 무슨 까닭인가 하오면, 여래가 설하신 바 법은 다 취할 수도 없고, 말할 수도 없사오며, 법도 아니며 법 아님도 아니기 때문입니다. 이유를 말씀드리면, 일체 성현이 모두 무위법을 쓰시어 차별이 있기 때문입니다." 수보리가 말씀드렸다.

불법에 이르는, 『금강경』 풀이의 또 다른 관문을 7분에 걸어 놓고 있다. '여래가 최상의 법을 얻은 바도, 설한 바도 없다.' 최상의 진리라 할 만한 정해진 법이 없다. 6분에서 진리의 가변성과 상대성을 구체화한다. 존재는 변화다. 제도와 규범은 변화를 담는 그릇으로, 뚜껑이 열려 있을 때 생명을 가진다. 그렇지 않다면 존재를 묶는 족쇄다. 고정된 틀은 곧 절대다. 물살을 치받는 물고기의 비늘이 박제된 붙박이 그림이다. 틀에 갇힌 진리는 진리가 아니다. 독초다.

'절대'로 들어가는 문이 좁아야 하는 것은, 신이 한 손에 들고 있는 채찍의 비범함을 높이기 위해서다. 입구에 경비를 세우고 지켜야 하는, 채찍의 도움을 필요로 하는 '절대'는 그래서 가짜다. 옳음을 드러내기 위해 맞은편을 적으로 세워야 한다면 그것은 주장에 불과하다. 안과 밖을 구분 짓는 벽은 아상의 조무래기다. 벽은 대치한다. 대결적이고 폐쇄적이다. 고정된 법은 배타한다.

절대는 존재의 펄떡이는 심장을 세척하여, 벽장에 널어놓은 옷과 같다. '~이다' '그러해야 한다'는 자기를 파묻는 '절대'의 무덤이다. 절대는 절대적 허구이다.

가림 없는 터짐. 활기로 넘치고, 입체적이고 풍부하며, 유연하고 무한한, 울고 웃는, 아리고 시원한 표정이 있는 여기가 천국이다.

우두에 감염된 사람은 천연두를 피해 갔다. 혈색증을 앓는 여자는 유럽 인구의 1/3을 앗아간 흑사병에서 무사할 수 있었다. 건장한 청년들도 속수무책으로 쓰러진 무시무시한 병마에서 그들을 구해 준 것은, 건강이 아니라 우두라는 병이다. 그 병이 훗날 치료제인 백신으로 개발된다. 건강은 건강이 아니고 병은 병이 아니다.

인류는 농약을 먹기 시작하면서 건강과 수명을 키웠다. 농약으로 병충을 잡고 일구어 낸 많은 소출은 몸에 충분한 영양을 공급하여, 곡식에 묻은 농약의 해로움을 상쇄하고도 남는다. 그러나 농약은 무수한 곤충을 죽이고 생태계를 파괴하며 인류를 위협한다. 농약으로 목숨을 늘렸으나, 늘어난 수명은 거꾸로 생존 자체를 협박받고 있다. 피할 수 없는 대립이다. 그래서 대결의 장을 극복하는 중도의 외침은 항상 '참'이어야 한다.

진리의 가변성이란 역동성이다. 다쳐야 살 수 있다는 역설. 건강이 죽음이고, 병이 생명이라는 모순이 걸쳐 입은 옷. 거기에 열반이 있다. 번뇌 즉 열반. 어긋나는 아픔을 안고 숨결을 불어넣어 생명을 입힌다. 열반은 고통을 딛고 서는 것이 아니라, 고통을 안고 신음한다. 비로소 고통은 고통이 아니다. 가변성을 품는다는 것은 '절대'로 고정하는 '분별'의 쇠사슬을 끊음이다. '답은 정해져 있지 않다'는 숨통으로 열반이 숨 쉰다. 불법은 모순마저 끌어안고 대화하며 화해를 요청한다.

정한 법, '이것이 진리다' 하면 저것은 진리 아님이 된다. 헤어날 수 없는 절대의 대립이다. 맞서는 상대가 있다는 것은 스스로 온전하지 못함을 인정한다. 절대의 진리란 속임수, 배제의 독침이다. 배제는 결국 스스로를 밀폐시키는 고립이다. 벽을 높일수록 안으로 밀려난다. 그래서 부처님 법은 법도 아니며 법 아님도 아니다. '법 없음'이 아니다. 분명 진리의 길, 우주가 작동하는 법칙이다. 그러나 그곳에 미치는 경로는 하나로 고정하지 않는다. 열려 있음의 풍요다. 불법에 '절대'는 없다. 절대는 적대적 죽음이다. '법이다' 하면 법 아님이 있게 되고, '법 아니다'는 '아니다'가 틀렸음을 말한다. 고정하는 진리는 죽은 법이다.

열기를 삼켜서 몸에 익힌 풀나무는 봄에 봉숭아꽃을 게우고, 열기를 토하는 습관을 길들인 꽃나무는 가을에 코스모스를 피운다. 그렇다고 봉숭아가 코스모스는 잘못되었다 손가락질하지 않는다. 황새는 황새 걸음이 있고 종다리는 종종 내달린다. 부자는 나눔이 아름답고, 가난한 자는 저축이 삶의 힘으로 값지다.

소유에 결박당하지 않고, 궁기에 핍박받지 않으면 중도의 해탈이다. 무소유와 욕망은 중도의 개척 질료로써 동일한 언어다. 욕망이라는 전차에 집착의 짐칸이 제거되면, 욕망은 삶을 실어 나르는 좋은 바퀴다. 중도는 양단을 버림으로 수평을 고정하지 않는다 했다. 경우에 따라 상극을 취하며 화목한다. 무유정법의 극치이다.

'무유정법' ─ 정해진 것은 아무것도 없다. 어떤 것도 진리 밖으로 내치지 않는다. 낱낱이 모두 부처의 눈짓이다 ─ 부처의 혁명적 통찰이요, 변증법적 진화의 요체다. 비판적 안목은 필수이다.

    법(색·상·이다) ──── 비(공·비상·아니다)
         │
               융(법: 공색·견여래·이다) ──── 비
                                          │
                                          융(법)

법이 움직임으로 있다면 '비(아니다)'의 냉철한 망막을 투과해야 한다. 고정함이 없기 때문이다. 이 뭐꼬? 성찰의 질문을 던져야 한다. 비판적이라 해서 어깃장을 놓는 것이 아니다. 꼭 이것이어야 할까? 다른 방도는 없을까? 무엇이 어떻게 잘못되고 있을까? 새로운 길을 모색하고 좀 더 증진된 방향을 탐색하고자 하는 의심이며 물음이다. 모두 변화한다는 사실에 새로운 희망을 담는 용기다. 다르게 보면 다름을 얻는다는 열림이다. 공즉시색 — '비'로 점검하여 '융,' 창조적으로 극복하는 것이 해탈이다.

습관이라는 말은 종종 부정적 의미, 나쁜 버릇을 가리킨다. 뻔질나게 드나든 길을 아무런 비판 없이 반복하기 때문이다. 무명의 반복, 윤회다. 비판의 고갱이는 사랑이다. 당연 비판의 출발은 나로부터 시작한다. 내 생각과 행위는 적정한가 되묻고 대답할 준비가 되어야 한다.

조선시대 여성의 재가는 악이요, 비법非法이었다. 오늘날 시선으로 보면 황당하기 그지없는 남성들의 억지이며 테러다. 수컷의 번식 욕망이 아무런 제재 없이 사정되며 여성의 자궁을 한 집안, 한 남자의 장식품으로 적출한다. 여자의 재가는 왜 악인가? 모든 중생이 불성을 지녔다는, 부처님의 무유정법으로 찔러 본다면 저런 생떼는 진작에 사라졌을 것이다.(관계론)

이 뭐꼬? 질문은 불법의 기둥이다. 이 지점에서 간화선(화두를 드는 참선)을 다시 보자. 화두를 들고, 언어의 넝쿨을 걷어 내고자 하는 자세는 아름다우나, 최종 답을 구하고자 한다면 다시 생각해 볼 문제다. 무유정법을 안다면 확정적이고 부동한 답이 있을 리 없다. 살이를 살피는 걸음걸음이 모두 화두다. 불법의 진리는 절대의 답에 있지 않다. 깨달음은 도달점이 아니다. 완성형이 아니라 현재 진행형이다. 마음의 어떤 정형을 꿰뚫어 보았다 하여 깨달음이 아니다. 마음에 붙박고 있는 믿음을 깨뜨리고 터지는 의문과, 그 부름에 대꾸하는 냉철한 눈초리에 있다. 흔들림으로 마음이다. 마음은 동사다. 달(실천, 실제)을 보자면 손가락(관념, 언어, 관습적 관성)에 시선이 머물러선 안 된다. 불법은 움직임이다.

"이유를 말하면, 일체 성현이 무위법을 써서 차별이 있기 때문입니다." 문자를 풀어 보면, 모든 성현은 진리의 성품, 무위법을 쓰므로 범부와 차별된다. 갖가지 차별적 모양으로 드러나지만 '함이 없는 행'을 하기에 성현이다. 즉 차별적 현실에서 가지가지 차별로 법을 나타내지만, 근원에서 평등한 무위법을 쓰기에 보살이라는 말이다.

무위법은 함이 없는, 조작이 없는, 조건에 의해 결합된 것이 아닌, 무차별의 평등한 진리의 세계다. 유위법은 함이 있는, 만들어진, 인연이 모여 모양 지어진, 생성 소멸하는 현상 세계다. 무위 진여 — 차별이 없는 진리의 본체를 '절대'로 여겨, 마치 현실을 벗어난 이상 세계로 설정하면 잘못이다. 그렇게 되면 저 언덕은 '절대'의 닫힘이 된다. 이 언덕과 양립하는 별천지인 양 호도한다. 이원론이다. 불법은 현상 일원론임을 잊지 말자.

'일체'에 중심을 두면 성현은 석가모니 이전의 모든 부처, 진리 그대로의 법신, 생명이 활동하는 우주 전체가 된다. 무위법은 진리의 세계다. 차별은 현실적 '다름,' 차이다. 따라서 "모든 존재는 우주적 진리에서 '다름'으로 드러난다"이다. 다시 말해 차별적 유위법은 진리의 모양 그대로 무위법의 나툼이다. 부처의 법계, 진리의 세계에서.

불법은 지혜의 서이다. 언어 밖의 언어를 보아야 한다. 중도적 창조의 세계에서 '다름'은 당연하다. 자신이 지은 대로 받는 불화의 고리에서 보더라도 차별은 피할 수 없다. 인연법을 잘 재배한 사람은 내생에서 복 있는 사람으로 날 것이요, 그렇지 못하면 낮은 생명을 지을 것이다.

유전자로 내림하는 생식작용이 껍데기라면, 업식으로 태어나는 불화는 알맹이라 할 만하다. 그러나 현실적 차별이 차별된다면 유위법이요, 차별로써 차별되지 않으면 무위법이다. 차별적 모양을 보이지만 그러하므로 차별되어선 안 될 부처다. 평등의 기초는 다름과 개성이라는 것을 말하고 있다.

벼랑 위에 선 소나무가 기름진 비탈의 나무와 같을 수 없다. 무턱대고 몸뚱이를 불렸다간, 바위틈을 겨우 잡고 버티는 뿌리가 감당하지 못한다. 바위 위의 소나무를 기름지게 하는 것은 자기다운 자태다. 몸을 구부리고 비틀어 키를 낮춤은 제 몸쓸 병이 아니다. 인연에 화답하는, 존재를 '다움'으로 만드는 최상의 춤사위다. 정한 법이 없기에 벼랑의 소나무는 자신만의 화법으로, 제 몸을 뽐내는 그림을 그려 낸다. 곧고 우람한 나무는 재목으로 베이나, 굽은 나무는 선산을 지키는 법이다. 곧은 나무가 굽은 나무보다 뛰어나다, 쓸모 있다 할 수 없다. 무아 연기 중도법은 남들과 같은 모양을 흉내 냄이 아니라, 이렇듯 스스로 서는 몸을 기른다.

정업난면이라 한다. 심은 업은 피하기 어렵다. 그러나 지은 업이 있기에 살아갈 힘 또한 얻는다. 지은 업을 만회하려는 용기는 생명에 활기를 더한다. 정진바라밀이 달리 있겠는가? 절대계가 따로 없다 함은, 존재를 개발하는 의지로 나를 위로하는 기회가 아직은 남아 있음, 중도의 창조 법칙이 똑같이 보장되어 있음을 나타낸다. 우주는 누구에게나 자신의 천국을 지을 기회를 공평하게 나누어 놓고 있다. 그것이 차별과 개성이다.

이곳에서 천국을 개척하지 못하면 어디에도 나의 천국은 없다. 남과 다른 나. 무유정법 — '정해진 것은 없다. 정답은 없다.' 달리 말하면 '내가 정한다' '내가 정답이다' '나다움'이다. 그런 자신감이라면 세상은 눈빛을 달리하며 내게 다가온다.

나는 이미 다름으로 초월한 존재. 천국을 가질 만한 능력을 갖춘 자 — 무위법이 가리키는 것은 이것이다. 좋다 나쁘다, 옳다 그르다는 분별. 즐기지 못하는 개성이 열등감이다. 열등감은, 남의 붓을 빼앗아 내 얼굴을 까맣게 칠하는, 어이없는 유머다. '나는 못생겨서 나빠' '절대'의 주먹으로 나를 가격하는 자학이 분별이다. 분별이라는 절대 포장지로 나를 말아 버리는 순간, 괴로움에서 헤어날 길 없다.

나는 키가 작다, 눈이 찢어졌다, 나는 뚱뚱하다? 그게 정답이다. 그래서 어쩌라고! 뚱뚱함을 누리는 총명함이라면 따로 천국을 구할 일이 없다. 날씬함은 편견이 지어 놓은 '절대'의 지옥일 뿐. 지옥에 기어들지 못해 안달하는 살이. 얼마나 우스운가? 천국을 사느냐 지옥에 머무느냐, 나'다움'을 즐기느냐 눈치코치로 헤매느냐 차이다. '절대'의 감옥에서 결코 누릴 수 없는 관용. 무유정법의 아름다움이다. 못생겼어? '내가 누린다'면 그게 정답이다. 아름다움이 '날씬함' '잘생김'에만 있는 건 아니다. '못생겼다'를 어디서 찾겠는가? 장미에 가시가 돋기도 하고, 가시 덩굴에 장미가 피기도 한다. 다시 보니 장미에 돋아서 가시이고, 가시에 피어서 장미다. 가시는 가시가 아니라 빈틈없는 손이고, 꽃은 꽃이 아닌 잠시 들른 심부름꾼이다.(존재론)

인과법은 자신이 따먹는 열매는 스스로 심는 씨앗에서 얻는 도리다. 결과를 부르지 않는 원인은 없다. 지은 만큼 거두는 것. 이보다 아름답고 확고한 진리가 있는가? 오는 생의 결실을 보고자 한다면, 현재 살이를 돌아볼 일이다. 내생의 과일이 실과인지 독과인지는 이 순간 나의 행동이 말해 줄 것이다. 불법의 준엄함을 안다면, 다음 생의 열매를 썩히고 싶지 않다면, 당장 삶을 빗질하여야 하리라. 나와 너, 이것과 저것, 경계를 허물고 가슴을 내밀어 보자.

우주는 창조 활력으로 해탈된 세계다. 존재는 이미 부처다. 존재는 극복해야 할 원죄가 아니다. 입김을 불어넣으며 체온을 나누는, 어울림으로 옷을 덥히는 생명이다. 삶은 경이다. 행위의 음표

마디마다 새로운 소리를 담는 신비다. 매순간 당신의 선택으로 옮아 오는 결과가 기적과도 같지 않은가? 그 순간 다르게 행동했다면 어떻게 내용이 미쳤을까? 솔깃해져 온다. 극히 짧은 찰나의 선택이 한 생을 완성한다.

불법은 일순도 놓치지 않고, 나의 것으로 만끽하는 행복을 선사한다. 내가 나의 주인으로서 갖는 행복이다. 행복, 내가 나를 전체적으로 장악하는 집중이다. 무아는 개성이다. '나다움'의 강력한 후견자다. 무엇이 되었건 나는 행위로 창조하는 전위 예술가다. 행복은 답이 없다. 행복은 무위법에서 차별적이다. 갖가지 모양이 미소의 트림이다. 단지 알아차리지 못하는 내가 있을 따름이다. 정한 법이 없다 ─ 내 하기 나름이다. 한 덩이의 주먹밥으로도 활짝 갠 자, 고대광실에서 한숨으로 웃음을 내쫓는 자.

"병이 없는 것이 가장 큰 은혜요.

만족을 아는 것이 가장 큰 재산이다.

친구의 제일은 후덕함이요. 즐거움의 제일은 열반이다" ─
『법구경』

중도의 만족이란 채우는 몸짓 그것이다. 창조적 초월보다 앞서가는 즐거움이 어디 있을까? 보통 천 원을 가진 자라도 만족하면 천의 행복을 얻지만, 만 원을 쥐고 있더라도 만 원을 더 가지려 하면 마이너스 일만으로 행복은 달아난다 한다. 이는 버림의 도, 수평의 도에서 이야기다. 중도의 만족이란 짓거리가 내 것일 때이다. 행복은 결과를 묻기 전에 행위를 걸터앉는다. 천 원이니 만

원이니 하기에 앞서, 그 행동을 누린다. 행위의 결과를 내 것으로 주저앉히는 것, 천 원, 만 원으로 값을 모양 짓는 것이 탐욕이요, 불행을 뚫는 송곳이다.

차별로 귀히 됨. 다양성은 존귀하다. 가치적 존재로서 나의 발견이다. 차별은 죽은 평형을 깨는 균열이며, 균열을 봉합하는 틈. 시소의 운동이다. 구르는 바퀴가 쓰러지지 않듯이. 개성 즉 불균형. 차별―비대칭, 미확정, 불안, 결핍은 동그라미의 한 귀를 담당하는 생명이다.

중도는 차별로 조형하는 예술이다. 차별은 옹달샘과 같은 원시성이고, 언어 이전의 야수성이며 생명성이다. 법신은 가장 나다운 차별이다. 차별로써 우열을 초월하는 것이 평등의 본질이다. 차별되는 나만의 세계, 곧 부처이다. 눈치 보기는 자기를 거세하는 야만이다. 절대 행복. 차별 없는 행복은 죽음에 깃든다. 창조하되 간섭하지 않음. 무위법의 천국이다.

색불이공, 공즉시색을 다시 보자. '불이)즉시'의 작용은 중도의 창작으로 노출되는 욕구의 세계이다. 업식이 돌출하는 의지이다. '공'은 자유이며 평등이다. 욕망하는 차별이다. 우주의 주인으로 살아가는 정법이다. 연기법은 관계의 실타래이다. 서로 의지하되 독립적이다. 독창적 주인의 자리를 지킨다.

'무유정법'은 우연도 하나의 정칙임을 가리킨다.(그 원리는 제30분에서 밝힌다.) 떨어진 낙석에 친구의 다리가 부러진 것이 우연이라면, 내가 멀쩡한 것도 우연이다. 우연은 가능성의 하나다. 삶은 셈법에서 우연을 대비해 두어야 한다. 불쑥 뛰어드는 우연. 당황할 틈도 주지 않고 생의 한 부분으로 끼어든다. 자기 확장으로 거미줄처럼 얽혀 있는 업의 인과로 보면 우연도 모두 필연의 연장이겠으나, 직접적인 인과와 떨어져 있거나, 예기치 않은 일은 우연으로 보자. 존재와 관계. 예기치 않은 관계가 존재를 치고 들어오기도 한다. 갑자기 내린 폭우로 집이 물바다가 된다. 폭우는 우연이다. 그것은 다시 인과법으로 제련되어야 할 원석에 불과하다.

느닷없이 닥친 우연일지라도 늘 대비하고 있다면, 이미 불순물이 걸러진 필연이 된다. 폭우에 대비해 집 둘레에 수로를 파 놓았다면 물난리에서 해방된다. 그렇지 않더라도 마음은 벌써 갈무리하며 준비하고 있다. 예정은 예정되어 있지 않기에 예정이다. 산사태를 만나면 돌아갈지, 산을 깎아 새로 길을 내야 할지 정하면 된다. 요건은 삽을 준비해 놓았냐는 것이다.

◉ 미국에 가기 전, 민방위 교육장에서 어느 교수의 강연을 비디오로 보았다. 미국에선 남자가 빨래나 요리하는 것이 자연스럽단다. 한국 남자들은 집안일을 거들떠보지 않는다. 가부장적 권위 의식에 똘똘 싸여 있다 한다. '남자들이여, 이젠 변하자' 열변을 토한다. 그 강연을 들으며 '나도 장가가면 그러리라' 결심했던 기억이 새롭다.

미국 남성들이 집안일을 많이 도와주는 것은 사실이다. 당연하다. 대부분 여성들이 직장을 다닌다. 맞벌이하며 집안일을 여자에게만 맡겨 놓는다면 야만이요 재앙이다. 가사노동을 분담하는 것은 필수다. 해야 할 자기 몫이다. 하지만 한국의 사정은 달랐다. 결혼한 여자들은 가정을 돌보는 일에 매진한다. 한국은 주부에게까지 일자리를 내어 줄 만큼 경제가 여유롭지 않았다.

다 같이 저녁을 맛나게 먹은 후, 남편은 배를 두드리며 티브이를 보고, 아이들은 공부한다며 제 방으로 쪼르르 달려간다. 그래도 아내는 별 불평 없이, 기꺼이 설거지를 한다. 청소까지 끝내 놓고서야 한숨 돌린다. 그뿐이랴? 남편 어깨가 처져 보이진 않을까 살펴, 정성스레 차를 끓여 올린다.

집안일은 내 몫이라는 '자기 받아들임'이 있어서다. '자기 설득'이라는 이성과 감정을 녹이는 작업이 있다. 불평을 녹이고 욕망을 누르며 자기 절제가 가능하다. 즐겁게 일을 맞아들인다. '이걸 왜 내가 하지?' 수긍하지 못한다는 것은 평등감이 침해받고 있음을 보인다. 자기를 설득하지 못하는 가장 큰 요소 중에 하나가 불공정이다. 무아가 최상의 자기 설득임은 두말할 나위 없다. 자기 비움은 양보가 아니라 나를 설득하는 사랑이다.

가족을 위한 희생도 있다. 그러나 자기 이익 없이 타인을 위한 헌신만으론 자기를 이해시킬 수 없는 것이 모든 생명의 공통된 자질이다. 희생으로 보이는 것도, 지금 당장은 아닐지라도 미래의 이익을 염두에 두거나, 위로받음, 기쁨이라는 보상이 있다.

가족을 나의 연장으로 받드는 가치 습관이 몸에 배인 탓도 있다. 그래도 설명이 안 된다. 존재 근본인 자리이타의 형질에 어울리지 않기 때문이다.

부처님이 '설한 바 법이 없다' 하는 뜻이 이와 같다. '설한다' 함은 '내가 옳다. 나를 따르라'이다. 법이 '없다' 함은, 누가 아무리 옳음을 내세우더라도 나로부터 점검되지 않는다면 다 가짜다. 따르기에 앞서 먼저 자기에게 질문하고, 충분히 납득할 만한 답을 얻을 때까지 재차 의심하라는 말이다. 나를 살펴 이해시키지 못한다면 진리가 아니다.

직장에서 수고하는 남편 몫을 인정함으로, 집안에서 일하는 자기를 용납하듯, '자기 설득'이 되지 않는 관용을 허락한다는 것은 위선이다, 죄악이다. 죄악이라 함은 자기에게도 남에게도 해를 가하는 것을 이른다. 몰래 바람을 피운다거나, 툭하면 남편을 걸고 넘어지는 것이 이에 해당된다.

'내가 다 책임져 준다,' '신이 모든 것을 해결해 준다. 당신은 믿으면 된다.' 일단 자신의 모든 운명이 남의 손에 있다 하는데도 '자기 설득'이 가능하다면, 그는 상식적이지 않은 사람임이 분명하다. 자신의 명운을 남이 좌지우지해도 좋다고. 그렇게 쥐고 흔들어도 결과는 무조건 대박이라는 믿음. 바늘구멍으로 코끼리가 지나가는 것보다 더 황당함. 그 어이없음을 아무렇지 않게 받아들이는 과감함이 섬뜩하다.

그런데도 저런 엉터리에 넘어가는 것은 이익 쪽으로 치우친 망상 때문이다. 노다지 · 떼돈 · 횡재 · 대박 · 영생 · 탐욕에 저린 마음이 마비되어 일어난다. 탐욕이란 원인을 지음 없이 바라는 이익이다. 자기를 '거짓 설득'하는 가장 큰 장애가 탐욕이다. 탐욕에 눈이 멀면 쉬 화냄을 불러오고 황당한 결과를 부른다.

끔찍하리만치 이성이 틀어지는 것은, 업의 무게를 털어 내고자 하는 어리석음도 있다. '다 해결해 준다'는 것은 네 책임마저 가져갈 테니 '넌 아무 걱정 하지 않아도 된다'는 소리다. 자기를 설득하지 못하는 무조건적인 믿음, 거짓 설득하는 무명이 광신이다. 이 나라에 유독 사기가 설쳐대는 것도, 탐욕으로 광신에 휩싸인 자가 많다는 것을 드러낸다. 탐욕은 눈만 멀게 하지 않는다. 삶을 고장 시킨다. 세뇌가 파고드는 것이 인간의 탐욕이다.

오늘날 맞벌이 가정에서 남성들이 스스럼없이 집안일에 나서는 것이 권위 의식을 벗어서가 아니다. 그렇게 하지 않으면 자기 설득이 불가하기 때문이다. 밖에서 일하느라 파김치가 된, 더구나 아이가 눈에 밟혀 잠시라도 마음 편치 못했을 아내에게 집안일까지 떠넘기고 숨이라도 쉬겠는가? '자기 설득' 없는 권위는 위조품에 불과하다. 온갖 품위 있는 말들로 치장한 성직자가 돈에 굶주리면서도 자기 설득이 가능한 사회는 얼마나 소름 끼칠까?

파자소암, 고목선이라는 화두가 있다. 노파가 20년 정성을 쏟아 선객을 거둔다. 선객의 수도가 어느 정도 익었다 생각되어 딸을 보내 시험한다. 딸이 스님을 껴안고 아양 떨며, 기분이 어떠냐 묻는다.

"엄동에 고목이 찬 바위를 기대어 섰구나." 고목은 딸을, 찬 바위는 스님을 나타낸다. 스님 자신은 수행이 깊어 아무런 마음의 동요가 일어나지 않는다는 뜻이다. 이 말을 들은 노파는 '20년이 도로아미타불이구나' 선객을 내쫓고 토굴을 불사른다. '어찌 답해야 스님이 쫓겨나지 않겠는가?' 하는 것이 화두다.

스님의 대답은 판에 박은 소승의 시늉이요, 머리로 꾸며 낸 거짓이다. 할미의 욕심이 수행에 있든, 더 먼 곳을 바라보는 도에 있든 스님이 그것을 충족하고자 했다면 애초에 글러먹었다. 남이 바라보는 시선에 내가 있다면 그것은 흉내에 불과하다. '나는 도 닦는 자'라고 규정짓는 것은 이미 편견으로 깊숙이 빠져든다. 껍데기를 깨고 나와야 할 사람이 오히려 껍데기를 만들어 쓰는 꼴이다. '불이 > 즉시,' 중도의 활달함을 안다면, 삶을 수행의 방편으로 다듬는다면 스님이 어찌 찬 바위로 남아 있겠는가? 도는 도에 있지 않다.

"따스하구나, 공양을 마쳤으니 나뭇짐이라도 해 와야겠구나."

이것이 내 대답이다. 창조적 중도는 모든 열림에서 시작한다. 수행을 따로 구분 짓는 것은 이미 번뇌다. 살이가 곧 수행이다. 자기를 설득할 수 있다면 스님이 딸의 남자로서 최상이 못될 것도 없다. 딸의 남자로서 자기 설득이 되어 있다면, 삶 전반이 수행의 도임을 깨쳤다는 뜻이다.

도를 구합네, 두 여인의 노고를 뜯어 먹는 무위도식이야말로 수행의 가장 큰 걸림돌임을 보아야 한다. 할머니가 보고자 하는 도는 스님이라는 이름에 있지 않다.(할미는 딸이 스님을 껴안음으로 수행의 뜻을 묻고 있다. 도가 살이와 다르지 않음〔둘 아님〕을 알겠느냐는 물음이다. 성과 속을 나누는 분별심을 깨뜨린다. 따듯함을 '따듯하다' 못 하는 위선은 '도'가 따로 있는 양 여기기 때문이다. 따듯함조차 모르는 자가 무슨 도랴?) 생명으로서 약동하는 순수성에 있다. 객관적 척도로 걸려 있는 도가 아니라, 한 인간이 뿜어 올리는 생명의 진정성에 있다.

제8 _ 의법출생분
법에 의해 태어나다

"수보리야 어떻게 생각하느냐. 만약 어떤 사람이 삼천대천세계에 가득 찬 칠보로 널리 보시하면, 이 사람이 얻는 복덕이 얼마나 많겠느냐?"

"심히 많사옵니다, 세존이시여. 왜냐하오면 이 복덕이 곧 복덕성이 아닌 까닭에 여래께서 복덕이 많다 말씀하십니다." 수보리가 말씀드렸다.

"만약 다시 어떤 사람이 있어 이 경 가운데서 4구게만이라도 받아 지니고, 다른 사람을 위해 말해 주면 그 복덕이 저보다 나으리라. 수보리야, 왜냐하면 일체 모든 부처님과, 모든 부처님의 아뇩다라삼먁삼보리법이 다 이 경으로부터 좇아 나오기 때문이다. 수보리야, 이른바 불법이라 하는 것도 곧 불법이 아니니라."

제8분은 7분을 부정하며 다시 통합한다. 불법은 '~는 ~가 아니다. 그래서 ~이다'라는 변증법적 논리 구조로 되어 있다. 이는 1) 불법이 어떠한 격자 속에 틀 지어진 고정된 진리가 아니라, 긍정과 부정을 아우르는 열림에 있고 2) 언어가 지닌 정형성(~이다)은 운동과 작용으로 드러내는 우주 원리를 담아 내기 어려움이요 3) 사물을 하나의 언어로 대응시켜 '상'을 짓는 인간의 습성 때문이다.

7분은 무유정법으로 다양한 짜임새를 구사하는 존재의 성품을 보여 준다. 존재는 '공'의 대지에서 돋아나는 새싹이다. 콩을 틔웠으면, 콩다움을 보람으로 즐겨 봄 직하다. 콩은 존재를 차별화하여 이루어 낸 칠보다. 열매를 소유로 가두면 아상의 어둠에 빠진다. '고'의 무명에 떨어진다. 그러나 결실을 이루게끔 해 준 대지와 땅속의 부스러기, 햇빛과 나비에게 되돌려 줌으로 칠보이리라. 삼천대천세계를 연결하며 칠보다. 보시다. 내가 걸치고 있는 인연은 삼천대천세계를 거두어들일 만한 은혜임을 나타낸다.

부처님은 그 공덕이 얼마만큼 되겠느냐 묻는다. 심히 많다는 수보리의 대답은 당연하다. 자기를 내어놓는 일인데 어찌 작을 것인가? 칠보를 재물로 보아도 좋지만, 인연의 도움으로 존재가 차별화하여 거둔 수확으로 보면 칠보의 의미가 선명해진다. 칠보가 칠보인 이유는 삼천대천이 합심하여 이루어 낸 자취를 껴안고 있어서다. 상에 머물지 않는 보시이니, 허공으로도 가늠하기 어려운 복덕이다.

수보리는 한 번 더 변주한다. '복덕성이 아니므로 복덕이 많다.' 물질 보시를, 법보시의 무궁한 무루복과 비교하여, 언젠가 끝이 다하고 마는 유루복으로 이해하면 안 된다. 불법은 유루복을 무루복으로 승화하는 지혜와 깨침을 준다. 복덕성이란 복덕의 성품이다. '복덕은 복덕의 성품이 아니다.' 복덕성은 공하다. 반드시 '복덕이라는 어여쁜 생김새'로 드러나지 않는다. 복덕의 모양은 때론 아픔으로 보여지기도 한다. 또는 내가 복덕으로 간주하면 복덕 아님이 없다.

가령 교차로 앞에서 바나나 껍질을 밟고 발목을 삐었다. 이것이 신호를 무시하고 달려드는 차를 피하게 된, 죽음에 이르는 재앙을 막아 준 것이었다면, 발목을 삠은 얼마나 큰 복덕인가? 독감에 걸려 중요한 약속을 지키지 못한 불상사가 발생했다. 다행히 계약을 서두르지 않은 탓에 큰 손해를 막았다면 독감은 복덕이 아니랴? 전화위복, 화가 복이다. 돈이 굴러 떨어져야, 귀인을 만나 일이 술술 풀려야 복덕이라 여기는 자는 저런 복을 알아채지 못한다.

'액땜했다'는 말은 복덕의 다른 이름이다. 복덕이라는 고정된 상을 만들면 복덕은 복덕으로 다가오지 않는다. 위에서 보듯 죽음에서 건져 준 복덕이 '발목 삠'으로 나타났다면 누가 복덕이라 여기겠는가? 함이 없는, 무위의 보시는 '한량없는' 복덕이 있다. '한량없는'이 뜻하는 바를 이제 알 것이다.

복덕은 공하다. 복덕이라는 실체가 없기에 복덕이다. 내게 다가오는 모든 것은 복덕의 다른 형상일 수 있다. 나눔으로 삼천대천의 환경이 좋아지면 그 혜택은 골고루 미친다. 무엇을 따로 떼어 복덕이라 부를 것인가? 복덕을 복덕이라 여기지 않는 대승의 마음. 너와 나의 구분을 지우면 복덕이라 할 만한 것이 따로 있지 않다. 나를 세우면 나에게 이익되는 것을 복덕이라 모양 짓지만, 나와 네가 없다면 네 복 또한 나의 복덕이다. 복덕 아닌 것이 없다. 복덕이 따로 없다.

수입의 절반을 기꺼이 책임 비용으로 지불하여, 모자라고 고단한 처지를 돌보는 사회. 사람과의 간격이 날 서지 않아서, 멀수록 허전한 공동체. 내 욕심을 채우고자 남을 짓밟지 않는 곳에서 누리는 평화는 큰 복덕이 아니랴? 그곳에서 따로 복을 구할 일이 없다. 아무도 복덕이라 생각 않지만, 살이 그대로가 큰 복을 누린다.

사회주의의 장점을 많이 채택하고 있는 서구유럽을 떠올리면 알 것이다. 아무도 복됨을 의식하지 않는 것은, 복덕이 복이냐 비복이냐를 초월해 있어서다. 모두의 이익이 나의 이익이기 때문이다. 공기가 옳고 그름을 벗어나 있기에, 아무도 옳다 그르다 따지지 않는 것과 같다.

복덕을 무화하면, 나에게 다가오는 이득을 중심으로 복덕을 셈하는 버릇을 바꾸면, 이 세상은 그 자체로 크나큰 복덕 아니랴? 경이에 눈뜨는 새로운 시선을 가져다 준다. 햇살의 꺼풀을 통겨 보는 두근거림으로도 생은 맛난다. 왁자지껄 떠벌리며, 서로 잘난

체 앞을 다투는 햇살을 언제 잡아 보랴? 그 복덕을 감당하기에도 벅차다. 그것이 복덕인 줄 안다면. 내가 '복이다' 하면 다 복이다.

8분의 화두는 삼천대천세계이다. '인연의 어울림'을 삼천대천세계로 뭉뚱그려 놓는다. 부처님은 『금강경』 4구게라도 전할 것을 당부한다. 법을 전하는 것이 무엇보다 소중하다. 보시의 이치를 일깨우고, 보시를 우주적 부피로 완성하는, 보시를 보시답게 해 주는 것이 불법이기 때문이다. 길벗으로 마음 쏨·고통을 다독이며 다 같이 행복한 세상을 만드는 원리가 『금강경』에 담겨 있다.

모든 부처와 최고의 깨달음이 이 경으로부터 나온다. 존재의 본디 생김새가 어떠한지 알게 한다. 모든 존재가 나눔으로 부처다. 우주의 이치를 알아 무아·연기·중도의 지혜로 산다면 불법이 어디에 소용되랴? '깨달음' 그 궁극은 삼천대천으로 공명이고, 그 출발이 지혜의 샘, 『금강경』이다. 보시는 인연의 복됨을 확인하는 깨침이다. 칠보의 열매가 삼천대천에서 비롯함을 알기에 삼천대천으로 되돌림이요. 삼천대천세계가 인연으로 굳세니 나의 복덕이다.

'나는 삼천대천이요, 삼천대천이 나다.' 나의 성취는 모든 포도송이를 채운다. 나는 하나이며 전체인 까닭이다. 『금강경』은 이러한 도리를 갖추어 사람답게 살도록 이끈다. 전체의 생김새를 걱정하는 사회는 개인의 추함을 미루지 않는다. 몸에서 나온 체온이 제 몸을 데우듯. 인연 연기의 복덕이다. 인연의 끈끈함으로 손 잡은 사회는 정의가 패배하지 않는다. 4구게라도 전해야 하는 도리는 깨달음으로 독려하는 동참에 있다. 삼천대천에 너와 내가 따로 없듯, 쌀 한 톨에 농부의 걸음이, 바람의 노련함이, 지렁이의 뒤척임이, 가끔 햇살의 짜증이, 의사의 왕진이, 정치인의 고뇌가, 쥐의 넘봄이, 아내의 근심이, 싸리꽃의 비릿한 내음이 뒤엉켜 있음을 본다면, 걸음의 폭을 훔치기 위해 염탐하기보다 '얼씨구' 걸음 장단에 흥취를 돋우는 추임새를 넣으리라. 4구게 전법을 강조하는 부처님의 간절함이 묻어난다. 4구게는 불법의 골자를 담고 있는 문구라면 다 좋다.

부처님은 또 한번 반전의 합일을 꾀한다. 불법은 불법이 아니다.(그래서 불법이다.) 불법이 절대의 규칙으로 정지하면 스스로를 질식시키는 올가미가 된다. 법의 밖은 아님, 틀림이 되어 내친다. '절대'의 함정이다. 우주의 비애는 진리와 거짓, 신과 사탄, 선과 악, 옳고 그름, 좋고 나쁨, 길고 짧음을 나누는 방자함에 있음을 보게 한다. 존재는 모두 진리를 구동하는 생명이다. 불법은 배척하지 않는다. 중도의 날렵함으로 초월하며 상생으로 나아간다. 선악, 길고 짧음은 아상이 배설한 오물. '절대'의 오만한 삿대질이다.

나는 여자다 하면 여자 밖은 나 아님이 되어 몰아낸다. 여자라는 틀에 찌그러진 탱자다. 절반을 소실한다. 남는 것이라곤 낡고 병든 생각이다. 탱자가 있기까지 가시와 잎사귀에 싸여, 조그만 섬이 된다. '나는 탱자가 아니야' 탱자를 흔들어 버리는 순간 귤·사과·배·감·소나무·오동잎 무엇이든 건드리는 바람이다. 제 몸을 흩날리는 뿔따구가 아니고선 바람은 나무를 흔들지 못한다.

복덕은 복덕이 아니다. 그래서 복덕이다. 영구는 영구가 아니다. 그래서 영구다. 바보는 바보가 아니다. 그래서 바보다. 채우는 방식으로 반드시 채움만이 있지 않다. (는 ~아니다) 해체. 생각을 허묾. 편견으로 묶어 놓은 생각의 줄을 끌러 냄으로 더욱 크게 채우는 지혜다. 욕망이 반드시 채움으로 이루어지지 않듯. 붕괴, 놓아 주는 것. 모든 것을 받아들이는 아량으로 채우는 욕망은 욕망을 초월하는 거대함이다.

'나는 보잘것없다'는 생각으로 분을 찍어 바르며 거울로 시간을 때우기보다, '나는 내가 아니다' 작은 키, 못생긴 얼굴에 내가 있지 않아. 그런 것 따윈 아무래도 좋아.(그만하면 인류를 구하고도 남을 미모니까. 호호호.) 내게 소중한 것은 오직 내 인생, 씩씩한 내 인생. 편견을 분지르는 것으로 '생' 전부를 가져온다.

❂ 제8분은 공감에 관해 생각하게 한다. 무릇 만물은 공감한다. 공감은 인간만의 능력이 아니다. 자기 확장, 행동은 공감의 다른 말이다. 공감이란 읽고 받아쓰기이다. 공감은 타자를 독서하는 해독 능력이고, 내 마음으로 옮겨 적는 능력이다. 열매는, 꽃이 태양을 읽고, 바람과 벌과 나비를 진심으로 받아 쓴 성과이다.

전철에 흔들리는 몸을 던져 놓고 졸고 있는 노인의 검게 그을린 주름살을 보고 '쯧쯧 노인네 하고는' 무례함을 읽는 사람에겐 교양이 복덕이다. 그는 무엇보다 교양에 민감하게 반응하는 사람이다. 교양 있는 사회가 많은 의미를 가져다 줄 것이다. '아들한테 다니러 왔군' 농부의 고됨을 읽는 자는 도시의 안락함이 복덕이다. '저토록 편안하게 생을 기대다니' 온화한 마음을 들여다보는 자는 편안한 휴식이 그립다. 여유를 잃은 마음은 늘 열등감으로 자리 잡는다. 노인에게서 초라함을 읽는 자는 자신의 경제적 능력이 뿌듯하게 치고 오른다. 가련한 마음에 설렁탕이라도 사 주고 싶다. '역시 촌사람이 얼굴이 빛나는군' 건강을 읽는 사람은 심하게 아파 본 사람이다. 허기진 고독을 읽는 사람은 친구가 그립다. 푸근하지 못하고 까탈스런 성미가 자신의 아픔임을 받아쓴다. 자기 성깔을 삭이지 못하고 떠난 친구가 몇이었던가 곱씹는다. 꼰대의 억지를 읽으면 반항심을, 아버지의 고단함을 읽으면 가슴에서 눈물을 받아 적는다.

　자기와 같은 처지를 느끼는 자도 있고, 전혀 다른 세상을 기웃거리는 사람도 있다. 그러나 읽고 받아쓴다는 점에서 모두 공감한다. 읽기 능력이 심하게 떨어진 자를 난독증이라 한다. 부처님이 '복덕은 복덕이 아니다. 그래서 복덕이다' 우리들의 난독증을 일깨운다. 난독증이면 아무래도 받아 적는 연필이 빗나갈 수밖에 없다.

　바른 앎이 난독증을 치료한다. 앎은 아집이 만든 선입관을 깨부수고 나온다. '횡재라도 해야 복덕이라 할 만하지.' 선입관에 물들어 있다면 복덕을 손에 쥐고도 알지 못한다. '공부를 잘해야' 아이가 주는 복덕이라 여기는 자는, '건강하게 웃는' 것이 얼마나 큰 복덕인지 공감할 턱이 없다. 부처님이 4구게만이라도 열심히 전하라 하는 것은 '믿음'을 퍼뜨리는 전도일 리 없다. 바른 앎을 가지도록 한다. 아픔과 기쁨을 감지한다는 뇌신경 세포, 거울 뉴런에게 미루어 둘 일이 아니다. 읽기 능력을 높이자면 제대로 아는 것이 중요하다.

전철에서 보면 농아들은 말을 많이 한다. 쉴 새 없이 떠든다. 혀가 아니라 손과 표정으로. 바라보면서도 불쾌한 생각이 들지 않는다. 시끄럽지 않아서라기보다 간절함에 이끌려서다. 예민하다는 것은 해당 기능을 많이 쓰고 있음을 나타낸다. 피부가 예민하면 촉감을 집중하여 쓰고 있다. 언어에 예민하면 읽기와 받아쓰기 능력을 쏟아 붓는다.

그들의 대화를 자세히 보면 건성으로 지나치는 게 없다. 예민하다. 표정과 손짓을 유심히 읽고 받아 적는다. 그렇다. 공감은 집중이다. 관심을 모으는 일이다. 인간은 언어에 대한 지나친 오만으로 집중하는 능력을 상실해 간다. 어디에 관심을 두어야 하는지 '관심 능력'을 잃고 있다. 껍데기만 대충 훑고 스쳐 지나친다. 네게 집중이 곧 나에게 관심을 쏟는 것임을 모른다. 네 형편을 살펴봄으로 내 처지를 헤아리고 행동을 삼간다.

'말을 닫는다. 경청한다. 베껴 쓴다.' 내 모자람을 받아들일 때 겸손하다. 받아쓰기에 열중한다. 귀의 부족함을 시인함으로, 온갖 표정과 찬란한 손놀림을 동원하며, 상대방을 내 안에 옮겨 놓으려 안달이다. 표정 하나라도 놓칠 새라 세밀하게 읽고 받아 적는다. 공감을 잘한다는 것은 '있는 그대로' 앎이요. 치켜들려는 모가지를 누르고 나를 비워 냄이다. 복덕이 뭐 별거랴? 마음이 오가는 길이 시원하게 뚫려 있으면 복덕이다. 네게 달려가는 마음이라면 다 나인 것을.

    나는 저 시끄러운 농아들의 대화를 느긋하게 바라보며 저들은 세상에서 누구보다 행복한 사람 중에 하나일 거라 장담한다. 저토록 절절하게 베껴 쓰는 자는 얼마나 사무치게 그리울까?

용어 풀이

삼천대천세계 : 불교의 우주론이다. 1세계(수미세계)는 수미산을 근간으로 이루어진다. 수미산은 9산 가운데 하나로, 하나의 수미계의 중심에 있는 산이다. 1세계가 천 개 모여 소천세계, 소천세계가 천 개 모여 1중천세계, 중천세계가 천개 모여 1대천세계를 이룬다. 삼천대천은 1천이 3번 중첩(천의 3승)되었다는 뜻이다. 삼천대천세계는 10억의 세계가 된다. 여기서 끝나는 것이 아니라, 삼천대천이 중중무진(무한히 얽히고 섞켜 일체화되어 있음. 인연 연기의 관계적 세계관을 나타낸다)으로 펼쳐져 있다.

칠보 : 금·은 등의 7가지 보물.

무루복 : 새어 나가지 않는 복. 변하지 않고 끝없는 복을 일컫는다.

유루복 : 새어 나가는 복으로 언젠가는 끝이 다하게 된다.

제9 — 일상무상분
하나의 상은 상이 아니다

"수보리야, 어떻게 생각하느냐? 수다원이 능히 '내가 수다원과를 얻었다' 하는 생각을 가지겠느냐?"

"아니옵니다, 세존이시여. 왜냐하오면 수다원은 이름이 '성인의 흐름(성류)에 든다' 하오나, 실은 들어간 바 없습니다. 색(모양)이나 성(소리) · 향(냄새) · 미(맛) · 촉(촉감) · 법(뜻)에 들어가지 아니하오니, 이를 수다원이라 이름 하옵니다." 수보리가 말씀드렸다.

"수보리야, 어떻게 생각하느냐? 사다함이 능히 '내가 사다함과를 얻었다' 하는 생각을 가지겠느냐?"

"아니옵니다, 세존이시여. 왜냐하오면 사다함은 이름이 '한번 갔다 오는 자(1왕래)'이오나, 실은 오고 가는 바가 없사오니 이를 사다함이라 이름 하옵니다." 수보리가 말씀드렸다.

"수보리야, 어떻게 생각하느냐? 아나함이 능히 생각하기를 '내가 아나함과를 얻었다' 하겠느냐?"

"아니옵니다, 세존이시여. 왜냐하오면 아나함은 이름이 '오지 않는다(불환)' 하오나, 실은 '오지 아니함'이 없사옵니다. 이 까닭에 아나함이라 이름 하옵니다." 수보리가 말씀드렸다.

"수보리야, 어떻게 생각하느냐? 아라한이 능히 생각하기를 '내가 아라한도를 얻었다' 하겠느냐?"

"아니옵니다, 세존이시여. 왜냐하오면 실로 '아라한이라 이름할 만한 법이 없음'을 일러 아라한이라 하옵니다. 세존이시여, 만약 아라한이 생각하기를 '내가 아라한 도를 얻었다' 하면 곧, 아상·인상·중생상·수자상에 집착함이 되옵니다. 세존이시여, 부처님께서 저를 무쟁삼매를 얻은 사람 가운데 가장 으뜸이라 말씀하셨습니다. 이는 욕심을 여읜 제일의 아라한이라 하심입니다. 세존이시여, 그러하오나 저는 욕심을 여읜 아라한이라는 생각을 하지 않사옵니다. 세존이시여, 제가 만약 '내가 아라한을 얻었다'고 생각한다면 세존께서는 수보리에게 '아란나 행을 즐기는 자'라고 말씀하시지 않으셨을 것이지만, 수보리가 실로 행하는 바가 없기에 '수보리는 아란나 행을 즐기는 자'라고 이르셨습니다." 수보리가 말씀드렸다.

제2분에서 묘한 긴장감의 정체가 9분에서 밝혀진다.『금강경』이 대승으로 비상하고 있다. 설법을 듣는 대개는 출가승이다. 소승의 수다원에서부터 아라한이다. 부처님은 거침없이 깨달음의 계위라 하는 소승 4과를 파괴한다. 부처의 권위주의, 형식주의, 절차주의를 무너뜨린다. 소승 수행은 대승으로 가는 방편임을 선언한다. 소승의 부처는 아라한이다. 이전의 3과(수다원·사다함·아나함)와 차별하여 아라한을 '도'로 표기한다.

아라한도의 해탈은 브라만교가 주창하는 범아일여(우주의 근본원리인 브라만과 내가 궁극에서 하나로 합치하다)와 같이 '절대'로의 탈출이다. 삼계(욕계·색계·무색계)를 생과 사로 넘나드는 윤회를 벗고, 이상향의 열반에 드는 것이다. 부처님은 지금, 가사 걸친 스님이 수다원에서 아라한으로 수행의 층계를 밟고 올라가야 도달한다는, '절대'로서 부처를 허물어 버린다. 소승을 부정하여 통합하는 대변혁이다. 초발심시 변정각이다 — 처음 마음을 내는 순간이 곧 깨달음이다. 마음 하나면 누구나 다를 바 없는 부처다. 생각 한번 고쳐 먹으면 열반이다.

이상향의 '절대'는 '고(괴로움)'가 부른 환각이다. 고통이 직접적이면 '절대, 부처(신)'는 피부로 감촉하는 당장의 현몽이 되어야 하고, 고통이 아득히 두려움의 장막에서 가물거리면, 이상 세계는 삶의 끝자락에 희미하게 매달린다. 현실의 고통을 던져 주는 시늉을 하며 '절대'의 환상을 애무한다.

'절대(신)'는 여기를 멸시한다. 현재를 단념하여 나를 개선하는 의지를 조롱하고, 이웃과 결속을 쓸모없는 짓거리로 여기게끔 한다. 오직 신의 품만이 해답인 양 하지만, 이 세상을 죄악으로 몰아야 설 자리가 마련되는 신이라면 이는 한낱 가공된 제품임을 나타낸다. 현세를 좌절해야 긍정되는 천국. 천국의 무자비한 몰인정을 잘 보여 준다. '고'의 상 하나가 신을 부르짖으며 삶을 엉망진창으로 뭉갠다. 삶을 쌍스럽게 구박한다.

무고집멸도. 부처님이 '고'의 실체 없음을 선언하는 도리이다. 반야심경에 '조견오온개공 도일체고액'—5온이 다 공함을 뚫어 보고 일체의 괴로움에서 벗어났다 한다. 오온이 공하다는 것은, 감관으로 끌어들여 제멋대로 구성한 세계(상)가 헛됨을 본다는 뜻이다. 망상에 속아 넘어가지 않는다면 괴로움에 몸부림칠 일이 없다. 달리 말해 고통에 몸부림치는 그것이 생을 건너는 징검다리다. 눈을 떼어선 안 될 천국의 불씨다. 나를 방치해선 안 될 이유를 일깨우는 소중함이다.

천국의 상을 떨쳐 내는 용기라면 내가 선 자리에서 천국을 세운다. 망상에 불려 다니는 잰걸음이 지옥이다. 상 하나에 천국과 지옥이 거리낌 없는, 이 어이없는 생의 가벼움. 상 하나에 걸려 꼬꾸라지는 삶이라니. 생을 조각내는 것은 사탄이 아니라, 탓이라도 돌려야 나를 설득할 수 있는 나약한 마음. 마음이 만든 몹쓸 허깨비다. 생이 절뚝거린다 느껴지면 밖으로 고개를 내밀지 말고, 당신을 휘어잡고 놓지 않는 그 생각 덩어리를 끄집어내야 한다.

잡히지도 않는 신에 기대고 있는 나를 아무 부끄럼 없이 마주한다면, 당신은 이미 제정신이 아니거나 인정하고 싶지 않거나이다. 부처님은 중생이 속절없이 붙들려 해롱거리는 그 몽상을 깨우고자 '공의 등불'을 든다. 절대의 상을 쫓아, 자기를 방치하는 것은 가학이고, 생을 날치기하는 범죄다. 존재가 실체 없다는 건 내가 하기에 달렸다는 뜻이다. 나를 무너뜨리는 건 나다. 나를 건지는 건 나다. 고는 고가 아니다. 그래서 고다. 고통을 신으로 반죽하는 것. 나를 잡고 발버둥치면 고가 펄떡인다. 나를 내리고 조용히 응시하면 신은 가련한 입술을 닫는다.

　살펴보듯 상은 '절대' 의식이다. 생각이 굳으면 깨뜨릴 수 없는 신이 된다. '영자는 나빠' 하면 영자를 멀리한다. 상은 내가 어떻게 행동해야 하는지 조종하고 명령한다. 부처님이 열반, 행복으로 가는 길에 오로지 '상의 타파' 하나를 내놓는 까닭이다. 절대는 호전적이다. 상을 깃발로 올리는 순간 쌈박질은 시작된다. 이와 저, 참과 거짓은 그 때깔을 아랑곳 않고 전쟁의 명분으로 끄집어낸다. 애초에 참·거짓은 없다. 어느 쪽에 서느냐이다. 그것을 알면 깨달음이다.

　영자가 '나는 여자다' 하면 여성성으로 존중되지 않는 것은 이물질이 되고, 다투어 밀어낸다. 자신을 여자라는 틀에서 스스로 검열하고 제한한다. 존재는 마음이 투과하여 그려 놓은 상. 경험과 생각으로 짜깁기한 가짜다. 이것을 눈치채는 순간 존재는 다 수행의 짐짝이 된다. 살이는 상이라는 보따리를 끄르는 과정이다. 보고 냄새 맡는 저것이 진짜가 아닐 수 있다는 의문은 자기를 밑바탕에서 다시 돌아보게 한다. 지혜의 실천 지침으로 '상의 파괴.' 상은 곧 가짜로써 잡고 있는 '나'라는 성찰을 가져온다.

누구에게 맛난 사과가 다른 이에겐 눈물이다. 곰팡이 핀 옥탑방 모서리에 힘없이 누워 있는 임신한 아내가, 그토록 먹고 싶어 하는 사과조차 사 줄 수 없는 못난 녀석에게 사과는 찌그러진 바가지모양 알밉다. 세상 모든 사과를 훔쳐서라도 감추고픈 만큼 사과가 아프다. 사과를 유달리 좋아한 여인에게 이별 통보를 받은 남자는 사과가 쓰라리다. 먹지도 않는 사과를 매일 사들고 그녀를 품어 본다. 사과를 깨물며 첫 키스의 풋풋함을 나눈 녀석의 사과는 천사의 입술이다. 잠결에라도 사과를 한입 베어 물고 그녀의 옷소매를 들추어 본다. 새콤달콤한 사과 역시 혓바닥이 만든 속임수다.

상은 이렇듯 존재 위에 군림하며 가격을 매기고 행동을 지시한다. 존재는 상이다. 상은 고통이다. 나를 장악하고 지배하는 상. 그것은 실재하지 않는 도깨비, 꿈이다. 사과는 아프지도 쓰라리지도, 천사의 입술도 아니다. 사과는 사과일 뿐. 다만 내가 꿈을 꾸고 있을 따름. 꿈속을 걸으며 그렇게 믿고 소리치고 주먹을 내지른다. '나는 한심해' 생각한다면, 너무 깊이 잠들어 있다는 의미다. '꿈 깨고 나오시오' 보내는 신호를 알아채지 못하면 고의 수렁이다.

끊어야 할 것은 윤회의 사슬이 아니라, 적과 아군, 이것과 저것을 나누는 '절대' '상'이다. 마음을 전장으로 휘몰아 넣는 '고의 고리'다. 상을 풀어 헤치면 오간 데 없는 고통이고 보면, 고통의 원인이 밖에 있음이 아니라, 상을 지어 보관하는 나의 무지에 있다. 재물이 부족해서 불행한 자는 '재물이 곧 행복'이라는 상을 지어

꼭꼭 숨겨 놓았기 때문이다. 그 꿈속을 '웃음이 주는 행복' 따위는 들어서지 못한다. 꿈을 깨면 행복은 지척이다. 붙잡고 있는 상을 놓아 주면 해탈, 자유인이다. 스스로 타이를 줄 아는 자가 자기를 내려놓는 법이다.

수다원·사다함·아나함이니 '내가 아라한도를 얻었다' 함은 상에 결박당해 앓고 있음이다. 아라한도(저 언덕)라는 대상. 그것을 탐하는 내가 나뉘어 다툰다. 도를 얻었다 하면, 도에서 배제되는, '도 얻음'에서 물러나 있는 세상은 가짜이고 쳐부수어야 할 사탄이 된다. 아라한도가 곧 나와 세상임을 모른다. '절대'가 부리는 마술이라곤 싸움뿐.

'영자가 여자임을 깨달았다' 하면, 여자로서 지니는 일반이 아닌 것은 영자가 되어선 안 된다. 또는 영자가 가진 남성성이나 특별한 것들은 모두 여성성으로 타협되어야 한다. 영자는 '여자가 아님을 알았다' 하면 영자의 고유한 성품들은 모두 여성성에서 몰아내야 한다. 여자가 지니는 일반적 특성들은 영자에게선 재조정되거나 배제되어야 한다. 진리는 '있는 그대로 그'이다. 차별로 차별되지 않는 '나'만의 세계로 높이 된다. 영자의 모든 것은 영자로 존중되는 법신이다.

수보리가 부처님 질문의 뜻을 알아, 곧장 '깨달음'이라는 '상'을 깨뜨린다. '절대'를 동경하며 수행에 진력하는 아라한은 실체 없는 '허상'임을 선포한다. 아상의 집착일 뿐이다. 중생과 부대껴 생을 개간하는 보살이 부처다. 자비가 무르녹지 않은 부처는, 꿈결을 걸터 놓은 사다리를 타고 오른다. 중생 제도에 나를 구제하는 길이 있다. 부처의 길이다. 보살은, '윤회를 자처한다' 할 정도로, 윤회마저 적극적으로 타고 넘어와 생을 개척한다. 도의 종착은 지혜로 키워 가는 이 언덕의 복리다. 이 언덕에서 어떻게 하느냐가 곧 저 언덕의 모양이다. 여기에 구원이 있다. 다시 돌아오지 않는다는 불환, '절대의 허영'이 아니라, 환생에 있다.

고의 실체가 집착이 붙잡은 상, 공임을 알아차린다면 저 언덕에 기웃할 일이 없다. '내가 못났다'가 망상임을 안다면 잘난 사람을 올려보지 않아도 된다. 고가 고 아님을 깨친다면 이 언덕은 그저 스쳐 지나는 임시의, 또는 한 방울 눈물로도 주저앉는 애환의 옷소매일 수 없다. '내가 못났다' 하는 이 언덕이야말로 무엇으로도 흉내 내기 어려운 아름다움, 칠보다.

절대로 도포하는 저 언덕은 감옥. 내게로 집착이 빚은 가장 무서운 질병이다. 저 언덕의 천국은 이 언덕을 눈 뜨지 못한 자의 무지다. 열반적정은 깃대가 꽂혀 있는 저 언덕의 목표점이 아니라 이 언덕, 푸르른 생이 뜀박질하는 '고'다. 이것이 제9분의 변증법적 합일이다.

'일상一相은 상이 아니다' 제목이 가리키듯, 하나로 귀착된다 생각하는 깨달음의 궁극, 부처는 도통해서 얻는 어떤 형상이 아니다. 천국과 같은 절대계를 상상하겠지만 '고'가 부리는 농간이다. 집착이 꾸며 낸 도피처다. 부처는 아무 모양이 없다. 다 부처다, 눈을 뜨면.

수보리는 '함이 없는 행'을 하므로 어디에서도 아란나행을 즐긴다 한다. 아란나행이란 조용한 숲속에서 망상을 잠재우는 삼매 수행이다. 시끌벅적한 장터에 있다 해도 숲속처럼 고요히 정진한다는 의미다. 성속(부처와 중생)의 상이 없으니 어디서건 부처를 본다.

'즐긴다'는 많은 뜻을 담고 있다. 무쟁삼매(분별과 나눔이 없어서 다투지 않는 경지. 안과 밖, 경계를 텀)가 뿜어 내는 생동이다. 자기를 완전히 장악하는 집중이요, 내가 사라짐으로 채우는 무아다. 너와 나, 대결을 초월하는 활력이요, 하늘과 땅, 시간과 공간이 내게로 눕는, 전체가 하나의 불꽃을 사르는 해탈, 무아지경이다. 즐김은 자기를 완성하는 최상의 수행이다.

'피할 수 없다면 차라리 즐기자.' 극도의 훈련으로 임계점에 다다라, 고통에 신음하던 김연아 선수가 자기를 다잡으며 한 말이다. 자신의 연기를 보고 박수를 보내는 관객을 그리며, 훈련을 즐길 수 있었다 한다. 자기를 토닥이는 한 손을 준비해 두자. 매무시하는 손이 있어, 험상궂은 생을 가지런히 한다. 무쟁이란 그런 것이다. 그녀의 작품을 본 사람은 알겠지만, 그것은 단순한 얼음지치기 경기가 아니다. 영혼이 잦아들며, 물결이 등대에 부딪고, 순박한 빛이 먼 바다를 훑으면, '처얼썩 쏴아' 꾸물거림이 소리를 차고 오른다.

연아 선수의 꿈결같이 우아한, 순결한 몸짓이 긋는 감동은 어디서 오는 걸까? '아란나행을 즐기는 자' 이것이 답일 것 같다. 피겨가 연아고 연아가 피겨다. 바람이 다투면 바람을 쥐고 오르고, 허공이 밀치면 허공을 감고 내린다. 심장이 갈라지는 쓰라림을 '참자, 이겨내야 한다' 인욕에만 의지했다면 김연아가 되지 못했을 것이다. '반드시 금메달을 따야 한다. 아사다를 이겨야 한다' 강박에 사로잡혔다면 발목이 휘어지도록 얼음을 지칠 수 없었을지 모른다.

등에서 내려놓은 아기가 흙을 파먹도록, 고무줄놀이에 빠진 계집아이, 저녁도 잊고, 달 구멍이라도 뚫을 듯 자치는 녀석, 잘 논다는 것은 무념으로 고요한 숲길을 거닒과 같다. 고행을 견디며 몸을 괴롭히는 것이 도가 아니다. 나마저 잊고 빠져드는 뜨거움. 무쟁삼매요, 도다. 즐긴다는 것은 잘 노는 일이다. 흠뻑 젖음이다. 도가 놀이가 되고, 삶이, 일이 놀이일 때 도가 된다. 잘 논다는 것은 무아지경, 나를 홀음이다.

피아노·영어·미술학원으로 쫓겨, 그 나이에 다다르는 도의 완성, 놀이를 즐기지 못한 아이들이 어른이 되어서도 길을 잃고, 컴퓨터 게임 따위에 젖는다. 엄마와 접촉의 도를 완결하지 못한 사람이 스마트폰의 촉감에서 손을 해방하지 못하고, 허전함을 달래는지 모른다. 정신적 포말을 손끝의 감촉으로 채우는 청년. 욕구에 즉각적으로 응답하지 않으면 아이처럼 떼를 쓰는 것이 충동범죄이다. '아이의 도'를 건너뛴 부작용은 주먹부터 내지르는 어른이 된 것은 아닌지 돌아봐야 한다. 그 나이를 통과해야 하는 해탈은 있기 마련이다. 자기를 잃고 자기 그림자를 밟고 신음한다.

용어 풀이

수다원 : 소승 4과중 첫째 과위. 입류, 예류라고 한다. 깨달음의 길, 흐름에 든 자라 하여 성인의 무리에 합류한 사람.

사다함 : 일래라 한다. 한 번 더 돌아오는 자. 욕계에서 한 번 더 태어나서 깨달음을 얻는다.

아나함 : 불환, 되돌아오지 않는 자. 색계에 태어나 그곳에서 깨달음을 얻는다.

아라한 : 더 이상 배울 것이 없는 무학위. 웅당 공양받을 만한 자라 하여 웅공이라고도 한다. 더 이상 태어남이 없어 윤회하지 않는다.

욕계 : 지옥·아귀·축생(3악도)과 아수라 인간 천상(3선도).

색계 : 탐욕은 여의었으나 완전한 정신적인 것이 되진 못한 중간 세계. 욕계의 상층.

무색계 : 정신적인 세계. 비상비비상천·무소유처천·식무변처천·공무변처천이 있다.

제10 — 정토장엄분
정토를 장엄하다

"수보리야 어떻게 생각하느냐. 여래가 옛적 연등부처님 회상에 있을 때 법에 얻은 바가 있었느냐?" 부처님께서 수보리에게 이르셨다.

"아니옵니다, 세존이시여. 여래께서 연등부처님 처소에 계실 때 법에 있어 얻은 바가 없사옵니다."

"수보리야 어떻게 생각하느냐. 보살이 불국토를 장엄한다 하겠느냐?"

"아니옵니다. 세존이시여, 왜냐하오면 보살이 불국토를 장엄함은 곧 장엄이 아니오니, 이를 이름 하여 장엄이라 하옵니다."

"이 까닭에 수보리야, 모든 보살마하살은 마땅히 이와 같이 청정한 마음을 내어야 한다. 마땅히 색에 머물러서 마음을 내지 말며, 성·향·미·촉·법에 머물러서 마음을 내지 아니하고, 응당 머문 바 없이 그 마음을 낼지니라.(불응주색생심 불응주성향미촉법생심 응무소주 이생기심) 수보리야 비유컨대 만일 어떤 사람이 있어 몸이 수미산왕만 하다면 네 생각에 어떠하뇨. 그 몸을 크다고 하겠느냐?"

"심히 크옵니다, 세존이세여. 왜냐하오면 부처님께서는 몸이 아님을 말씀하시어, 이를 큰 몸이라 이름 하셨습니다." 수보리가 말씀드렸다.

제10분은 다시 9분의 변증법적 종합이다. 9분에서 수행의 결실로 달성했다 하는 소승 4과가 상에 지나지 않음을 말한다. 얻을 법이 없다. 생각 하나 바꾸면 해탈이다. 부처를 증득했다 함은 허구다. '부처를 이루리라' 전생에 연등부처의 수기(예언)에 힘입어 부처를 이룬 것이 아님을 들어 이를 증거한다. 이는 현생이 전생이 던져 놓은 올무가 아님을 이른다. 불법이 전생까지 끌어와서 증빙해야 할 만큼 억지스럽지도, 과거세의 부처를 동원하여 권위를 다져야 하는 허약한 독단도, 저 언덕의 신비로 치장하여 사람을 홀리는 천국론도 아님을 보여 준다. 불법은 우주의 운행 원리임을 알라 한다.

'보살이 불국토를 장엄함은 장엄이 아니다. 이를 이름 하여 장엄이라 한다.' 불국토는 정토다. 천국이다. 장엄은 공들여 건설하다, 아름답게 꾸미다이다. 천국은 장엄함으로, 내 손길이 닿아야 하는, 이곳을 비껴나서 있지 않다 한다. 9분의 보살은 아라한의 반정립을 거쳐 탄생한, 새로운 부처로 뜻을 매긴다. 아라한은 궁극의 저 언덕, 절대 천국에 도달해서, 윤회의 가시덩굴을 맴돌지 않기를 소망한다. 그들에게 윤회는 절망이고 공포다. 사바는 고통의 덤불, 끈덕지게 달라붙는 옴과 같이 부정한 땅(예토)이다. '고의 상'은 저 언덕을 애타게 부른다.

반면, 보살은 이 언덕에 나기를 염원한다. 인간의 몸 받음으로 복을 삼는 것에서 나아가, 해야 할 도리로 마땅함을 정하니 부처라는 뜻이다. 보살은 과거생을 지나 온 부처라는 데 핵심이 있다. 연등부처님 회상, 부처의 전생을 끌어 온 맥락이 거기에 있다. '존재의 연속.' 이것이 천국의 문고리를 잡는 열쇠다. '단절' 어디에도 천국은 없다 단언한다.

연속성은 존재에게 책임을 귀속하는 우주 법칙이다. 종이 아닌 주인으로서 하나의 우주임을 알려 준다. 한번으로 끝나는 않는다는 데 생명의 비밀을 숨겨 놓는다. 다시 돌아와야 한다면, 그것이 지난 살이의 업보로 얻은 열매라면, 생을 빚어 내리는 손이 가벼울 수 없다.

극락은 영원불멸하는 천당이 아니다. 생의 연장선에 숨어 있는 한때다. 존재는 생사로 생사를 초월한다. 생은 멸이고 멸은 생의 어깨를 짚는다. 존재는 생멸에 두 다리를 걸치고 생명성을 지속한다. 탄생과 파괴, 맺고 흩트리며 중도의 자궁에서 재결합한다. 불화다. 물이 수증기로 바뀌었다 해서 물이 소멸하지 않듯, 생성과 소멸로 존재의 유무를 나누는 것은 불가하다. 생명의 변화. 생하고 머물고, 무너지고 소멸하는, 변화무쌍한 생명. 시간을 잇는 이음매로서 자신의 천국을 짓는 기회를 가진 행운아. 나의 천국은 내 손을 떠나지 않는다. 보살은 그것을 알려 준다. 존재는 보다 풍부한 상상을 요구하는 다면체다.

부분에 넘어지지 않는, 전체를 아우르는 눈을 가져라 한다. 생의 상, 사의 상에 빠지지 말고 끝없는 시공을 포개는 나를 보라 한다. 부처님은 '이것이다 저것이다' 가름으로 자기를 윽박지르지 말고, 좀 더 커다란 앎의 지평으로 나아가기를 당부한다. '단절하지 않는 존재.' 유무로 교차하는 나의 실상이며, 삶의 이유를 캐묻는 우주의 설계다.

다음 목숨이 보다 나을 수 있다는 희망. 향상된 나를 직접 빚는다는 것보다 성스러운 진리는 없다. 무아의 궁극이다. 천국은 그것을 가능케 하는, 나를 등불로 밝히는 곳. 여기 살이다. 중도의 창작 모험이 훼방 받지 않고, 서로 손잡고 보살피는 이 세상, 사바가 천국이다.

'나는 내가 아니다. 그래서 나다.' 무아는 무엇이든 될 수 있는 가능태를 제공한다. 전생의 지음 크기로 지금의 내가 있다. 현생의 지음으로 다음 생의 크기가 결정될 것이다. 연속성은 나의 의지가 진리임을 증명한다. 나의 천국은 내가 만든다는 맞춤의 원리다. 주어진 형편을 상승하는 내 발심이 존중되므로, 살이는 부지런히 움직인다.

연속은 이어감이다. 이번 생은 음표의 한 소절에 불과하지만, 이 순간은 다시 오지 않을 낱내다. 그 찰나가 내 손길을 거쳐 시공간을 초월하는 열반을 낳는다. 연속은 영원과 단절을 창조적으로 재생하는 중도, 부활의 도다. 나의 개선을 떠받치는, 인연이 넝쿨져 허리를 감는 곳. 여기가 천국이다. 이 땅은 우연의 산물일 수 없다. 복을 갈고 덕을 닦는 보살이 들고나며 애쓴 흔적이다. 태초의 보살, 가장 웅장한 보살이 빛이리라. 햇빛을 의지하지 않는 생명이 없는 것을 보면, 우주를 덮는 빛은 그 너른 마음의 크기이기도 하다.

복을 가꾸어서 불국토인데 '내가 장엄한다,' 나를 드세움은 어디에 소용 되랴. '나'라는 바이러스로 독감을 앓는다면 지옥이다. 불토는 결국, 사람으로 귀일한다. 사람이 천국이다. 천국은 사람의 손끝에서 조각된다. 몸을 녹이고자 신의 입김을 빌리려 하기보다, 인연의 집을 수리하고 구들을 놓아 불을 데우는 사람과 사람 사이. 연등불이 상징하듯, 등을 켜고 길을 비추는 '내가' 있어서 천국이다. 이익을 쫓아 너를 멀리 떨어뜨리는 곳. 공업이 혼탁하여 사업을 맑히지 못한다면, 불화의 아궁이에서 다시 사람의 몸을 쬐겠는가.

무엇 하나 빠지지 않는, 완벽한 세계가 천국일 수 없다. 변화와 이동이 끊긴 수평은 생명성이 닫힌 단절. 연결이 막힌 고립이다. 우주는 살이의 씨앗을 변모라는, 자기 극복 의지에 심어 둔다. 생명의 모든 활동은 결핍의 조형이다. 결핍 생산자로서 생명의 자격을 얻는다. 모자람은 물을 끌어올리는 갈증. 비를 부르는 여름날의 천둥이다. 결핍은 결핍이 아니다. 그래서 결핍이다. 결핍은 소망한다. 가난하고 혼침한 사바가 불토이며, 불토는 가꾸어야 할 밭이다. 결핍은 천국의 원리다. 까치발을 들고 안달하는 보살의 눈이다. 내가 살 만한 이유는, 모자람을 탓하지 않는 용기로 생기가 꽃 피고, 채움을 부르는 빔의 설득이 있어서다. 무엇보다 결핍을 인정함으로 주눅 들지 않는 내가 있기 때문이다. 수기를 받아서 부처가 아니듯, 천국은 결핍을 동행하는 발자국에 서린다. 모자란 곳에 장엄이 있다.

9분에 이르러 이생기심—그 마음을 내다(6조 혜능이 출가 연을 맺은 문구로 유명하다)에 중심이 실려야 한다. 항구에 정박한 배는 돛에 바람을 모으지 않는다. 이쯤이면 응무소주는 응당한 섭리가 되리라. 색성향미촉법에 머물지 않는 응무소주의 아라한에서, 이생기심으로 팔을 펴는 보살이다. 믿는 자에게 천국은 아라한의 꿈속이요. 가꾸는 자에게 천국은 보살의 사바다.

◉ 결핍은 욕망한다. 생명의 폭발음. 불꽃이다. 나무에게 결핍이란 꽃을 내어야 하는 신호다. 가난을 편잔하고 타령이나 읊조리며 시들기엔 생명은 너무 간지럽다. 결핍은 절박함으로 껴안는 완성이다. 결핍은 열매를 기억하는 꽃이다.

꼭 한해씩 건너뛰던 감나무가, 올해는 어쩐지 작년보다 더 많은 감을 빈틈없이 달았다. 감꽃은 하얗고 삐죽거려 한대 쥐어주고 싶은데, 가지마다 노랗게 익은 감은 어찌나 구성지고 포근한지 모른다. 올 고향은 물 한 방울이 모가지에 걸릴 만큼 가물었단다. 감나무는 물 한 방울의 간절함으로 해거리의 쉼도 잊은 채 무아경에 빠졌다. 결핍은 가장 왕성하고 아름다운 열매를 이루었다.

궁기를 채우는 건 배 고픔이 초대하는 열망이다. 그러나 결핍이 오래 묵으면 좌절한다. 너의 결핍을 우리의 감꽃으로 부풀려, 열매가 단물을 채우도록 애쓰는 당신은 보살이다. 마른 논에 물을 대기 위해, 힘을 합쳐 강을 막고 보를 쌓아 물길을 내는 것같이.

젊은이들이 직장이 없다고 난리다. 욕망을 채워 줄 돈뭉치가 안 보인다는 건지, 남에게 자랑할 만한 상표를 못 찾은 건지. 학력이라는 상품이 일정 수준 교환가치가 되어야 한다는, 자기 포장지를 뜯어 내지 못하는 건 아닌지 모르겠다.

그러나 우리 사회가 그들을, 일자리가 없어서가 아니라, 할 만한 일이 없다 타령이나 읊조리는, 결핍의 부름이 긴급하지 않은 철부지로 미루어 놓고 있는 건 아닌지 돌아볼 일이다. 봇물이 어느 논에도 빠뜨리지 않고 흘러야 불법이다.

◉ 법法이라는 한자는 '물(水)이 가다(去)'이다. 물 흐르듯 순리와 이치를 나타낸다. 그러나 순리라 의심치 않는 확고한 방향이 다른 이에겐 역리일 수 있다. 상놈은 양반에겐 응당 순리이나 노비에겐 역리다. 낮은 곳으로 내달리는 물이 순리가 되려면, 땅이 만든 높고 낮음이 순리로 받아들여져야 한다. 땅의 굴곡이 역리라면

낮은 곳으로 흐르는 물을 순리라 할 수 없다. 물이 낮은 곳으로 흐른다는 것은 당신의 착각일 수 있다는 말이다. 물은 단지 땅의 굴곡에 기대고 있다. 물이 높은 둔덕을 만나면 제 몸을 불려 넘는다. 낮은 곳으로만 찾아가는 것이 아니라, 장벽이 앞을 가로막으면 덩치를 키워 정복하는 무자비한 폭군이다. 옳음은 나에게서 옳음이요, 이편에서 옳음이다. 가진 자, 권자의 순리란 옴 켠 주먹을 감춘 주머니 안쪽에 마련해 두기 예사다. 순리가 수단으로 주장일 수 있다는 의심은 그래서 옳다.

부처님 법은 순리를 따지기에 앞서, 비가 양반과 상놈을 가려 내리지 않듯, 모두에게 물길을 내는 일이다. 모든 사람에게 순리라 해도 소나 닭에게는 역리라면? 불법은 인간으로 물길을 넘어 생명 우주로 물길을 낸다. 현생과 내생, 삶과 죽음을 통관하는, 오고감이 없는 그자리가 생명의 자리이기 때문이다. 문명과 제도는 생명을 잇는 물길이어야 한다는 당위에 이른다. 물길을 터 주는 것으로 법칙의 뼈대가 만들어진다. 물길을 막아 놓고 생명의 도를 말하겠는가?

개인의 추수는 전체의 수확이다. 중도의 통합으로 소리 높은 합창이라면 공동의 욕망은 대결적 투쟁일 수 없다. 결핍은 결핍이 아니다. 그래서 결핍이다. 결핍은 초월적 생명으로 부활하며 창조의 모태, 지혜의 산실이다. 사회가 고기 투쟁의 장이 되면 수치심부터 몰수 해 간다. 대결의 창은 무명의 어두운 터널 속으로 수치심을 밀어 넣는다.

◉ 땅의 굴곡이 있어야 흐르는 물이라면, 살이 또한 굴곡이 있음으로 흘러가리라. 좋다 나쁘다, 기쁘다 슬프다는 생각이 지은 고물일 뿐, 고인 물이 썩는 것과 같이. 굴곡은 삶이 썩지 않도록 흘려 보내는 강이리라.

사랑하는 사람을 만들지 마라
미워하는 사람도 만들지 마라
사랑하는 사람은 못 만나서 괴롭고
미워하는 사람은 만나서 괴롭다
근심과 걱정 속에 착한 마음이 사라진다
진실로 자기를 사랑하거든
스스로 단속하여 악에 물들지 않게 하라. ―『법집요송경』

사랑과 미움, 굴곡이 없다면 어찌 생을 견디랴?
사랑하라. 미워하라.
사랑과 미움, 살이를 돋구는 굴곡으로 하여 생은 흐른다. 그리하여
사랑하지 마라. 미워하지 마라.
사랑에 갇히고, 미움이 고여 삶은 곪는다. 사랑도 미움도 집착이 만든 남루함일 뿐, 사랑에 파묻히지 마라. 미움에 물들지 마라. 아집의 웅덩이에 기쁨과 고통을 괴지 않는다면, 살이는 도도한 강물되리라. 사랑으로 아깝지 않고, 미움으로 할퀴지 않는다.

사랑에 좁아지지 않고, 미움에 심지를 달구지 않는다. 사랑은 빽빽하지 않고, 미움은 뾰족하지 않다. 그러므로 사랑하라. 미워하라. 사랑은 사랑이 아니요, 미움이 미움이 아니다. 살이를 흘러 보내는 굴곡일 뿐.

물결을 비추는 거울이 물에 젖지 않듯, 비추이는 물결은 거울을 출렁이지 않는다. 비춤은 잡지 않는다. 비춤은 쌓지 않는다. 비춤은 배지 않는다. 마음은 거울. 머물지 않음으로, 살이는 바다로 간다. 분별을 떠나서 무심이요, 흐름으로 무심이다. 흐름으로 청정이요. 흐름으로 고요하다. 참나는 명사가 아니라 동사다. 나의 천국은 흐른다. 참선이 그러하다. 그러하다.

청정한 마음이란 '상' 없는 행동이다. 머물지 않는 마음이다. 나·너, 좋다·나쁘다, 칭찬과 비난에 흔들리지 않음이다. 집착은 차별을 차별하는 분별심이다. 마음이 머묾이다. 나를 결박하는 족쇄가 분별이다. 감옥은 내 안에 있다. 넘어서지 못할 벽은 내가 친 상이다. 크다 작다 상에 머물면서 살이를 조그만 서덜밭에 가둔다. 마음을 내리다, 하심이란 내 고집의 비릿함을 알아챔이다.

혜가: 답답하여 견딜 수가 없소. 마음을 편히 해 주십시오.
달마: 누가 묶어 놓았더냐? 그 마음을 가져오너라.
혜가: ……없습니다.
달마: 됐다. 내 그대를 편안케 하였노라.

답답한 것은 스스로 괴롭다는 상을 만들어, 마음을 가지고 논 탓이다. 자기가 묶고 있는 줄을 놓으면 오간데 없이 사라지는 마음이고 보면, 무명줄은 잡고 마음을 조으는, 불안을 핥고 있어야 마음이 마음인 것 또한 아상의 고집이 불러온 습관이리라. 아상을 내려놓는다는 것은, 존재의 불안을 날려 버리는 일이리라. 머물지 않으니 해탈이요, 그 마음을 부려 놓으면 열반이다.

수미산왕이 실체라면 크다 할 수 없다. 아무리 크다 한들 삼천대천에 비하면 먼지 조각만하다. 그러나 '있는 그대로 그것'— 법신, 진리의 몸이라면 크다 할 만하다. 법신의 크기는 측량할 수 없다. 스스로 떠받는 행위가 거룩하여 부처다. 차선 변경 문제로 목숨이 오가는 시비를 일삼는다. 화내는 마음을 저 언덕으로 옮기는 순간 수미산왕이다. 수미산왕을 움직일 만한 큰 됨됨이이다. 법신 그것으로 인격이며 복덕이다.

수미산왕은 인간의 '상' 지음이 그만큼 크고 견고함을 이르는 비유다. 한편으로, 상에 머물지 않는 보살행은 수미산왕만큼이나 거대한 공덕임을 보인다. 덩치가 커서 큰 몸이 아니라, 지혜 행을 하므로 큰 몸이다. 풀 한 포기도 진리를 굴리는 몸, 법신으로 수미산왕만 하다 하겠다. 한 포기의 풀이 부처가 되는 도리이다. 풀포기의 공덕이 어찌 나만 못하다 하겠는가? 풀은 갖가지 목숨을 먹여 살리고 뭇 짐승이 기댄다. 뿌리는 작은 벌레의 안식처가 된다. 법신의 크기를 어찌 내 작은 분별로 크다 작다 말하겠는가.

'크다'는 작다에 상반된 크기가 아니다. 가슴을 요동치는, 한

없는 울림이다. 명예가 아무리 높고 우람한 사람이라도, 천국에 나기를 소원하며 열심히 기도하는 자가 모래껍질만 하다면, 배고픈 나그네에게 따뜻한 한 끼 밥을 나누는 당신은 수미산왕만 하다. 이토록 큼을 일러 법신이라 한다. 불토를 장엄하는 공덕이 수미산왕과 같음을 보여 준다. 수미산왕의 숨은 뜻이 또 있다. 존재가 구체적 대상과 대화하며 몸을 구동하고 있다면 (풀이 햇볕과 공기와 물과 흙으로 몸을 일구듯), 수미산왕은 전우주적 통찰, 우주적 연기로 존재를 움직이는 안목이다.(풀이 태양 달 별 구름과 무관하지 않듯)

나는 가족, 사회, 자연, 존재 밖, 무형의 일속으로 자리매김 한다. 먼지 한 톨에서 저 하늘의 태양, 은하수에 이르기까지 나 아님이 없다. 정토 장엄, 보살행은 선택일 수 없다. 연기가 장만해 둔 필연이다. 미시는 거시의 구체화이고, 거시는 미시의 추상화이다. 인연연기는 우주적인 수미산왕으로써 추상화이며, 세세한 손길로써 구체화이다.

(비대칭 — 도덕적 질량과 비례하여 반드시 삶이 보상해 주는 것은 아님을 비대칭으로 표현한다. 거기엔 운이라 하는 우연의 참견도 한 몫 한다. 삶의 비대칭을 완결하는 것이 불화의 대칭이리라.)

용어 풀이

연등불 : 전생의 석가모니인 선혜보살에게 부처가 되리라 수기를 준 부처. 선혜보살이 구리라는 선녀에게 다음 생에 부부의 연을 맺기로 약속하고, 일곱 송이의 꽃을 어렵게 구해 연등불에게 공양한다. 연등

부처님이 진흙 위를 지나게 되자, 선혜보살이 머리를 풀어헤치고 엎드려 부처님이 건너도록 한다. 연등불은 '지혜의 등을 켠 자'가 부처라는 상징을 담고 있다.

수미산 : 하나의 수미산을 정점으로 1세계이다. 섬부주(인간이 산다) 등 4대주와 9산 8해가 있다. 외각에 철위산이 둘러싸고 있다.

12연기 : 무명(무지) — 행(행위) — 식(인식) — 명색(정신과 물질) — 육입(지각) — 촉(6근·6경·6식의 화합 접촉) — 수(느낌) — 애(갈애) — 취(집착) — 유(존재, 업작용) — 생(생명) — 노사(늙음, 소멸).

제11 _ 무위복승분
무위의 복이 위대하다

"수보리야 항하(강)에 있는 모래수와 같은 항하가 또 있다면 어떻게 생각하느냐. 저 모든 항하에 있는 모래를 얼마나 많다 하겠느냐?"

"심히 많습니다. 세존이시여 저 모든 항하만이라도 너무 많아 셀 수 없사옵대, 하물며 그 모래 수이겠습니까!" 수보리가 말씀드렸다.

"수보리야 내가 이제 진실한 말로 너에게 이르노니, 만약 선남자 선여인이 있어 저 항하의 모래수의 3천대천세계에 가득 찬 칠보를 가지고 보시에 쓴다면 얻을 복이 많겠느냐?"

"심히 많습니다. 세존이시여." 수보리가 말씀드렸다.

"만약 선남자 선여인이 이 경 가운데서 4구게만이라도 받아지니고, 다른 사람을 위하여 말해주면(수지4구게 위타인설)그 복덕이 앞에서 말한 복덕보다 나으리라." 부처님께서 수보리에게 이르셨다.

제11분은 10분의 정토 장엄에 대해서 구체적으로 설한다. 8분과 내용은 같으나 변증법적으로 증폭하여 거듭난다. 표면적으로는, 언젠가 그 복이 다하는 유위복에 비해, 다함이 없는 무위복이 위대하다로 읽힌다. "상이 허망함을 알아, 상이 상 아님을 알면 부처를 보리라.(견여래)" 견여래의 주체를 나로 바꾸어 보자.

시골 동무의 남편이 아예 딴살림을 차려 살다시피 하는데, 친구는 정말이지 개의치 않아 한다. 남편이 가끔 집에 오면 자기한테도 잘해 준단다. 처음엔 무척 속상했지만 아예 신경을 끊으니 그렇게 편안할 수 없단다. 오히려 남편이 고맙게 느껴지기도 한다. 남편이라는 관습에서 놓여난 자유인. 고통을 들어내고 부처를 이루었다. 남편의 '상,' 바람 피움의 '상'에서 해탈하여 온전히 자기를 누리는 주인이다. 공의 도리, 마음 깨침이 칠보를 보시하여 얻는 복덕보다 뛰어나다 할 만하다—11분을 이렇게 이해해도 나쁠 건 없다. 그러나 비교우위, 재물보시보다 법보시의 공덕이 더 크다는 뜻으로 받아들여선 곤란하다.

머문 바 없는 보시의 공덕은 법을 깨우침으로 얻는 지혜다. 뿐만 아니라 무아 연기 중도의 존재 실상을 알아야 삶을 구부러뜨리지 않는다. 삼천대천에 가득한 보물을 보시할지라도, 아상, 분별,

집착 없는 무위로 할 때 그 복덕이 한량없다. 보시를 완성하는 것이 불법이다. 불법을 전하는 일은 아무리 강조해도 지나치지 않다. 수지(받아지님)를 머리에 새김으로 끝내서는 안 된다. 지혜로운 행. 가르침을 몸으로 옮김이 수지다. 타인이 본받아 함께 동행할 만한 모범을 이른다. 승단, 출가 수행자는 좋은 본보기다.

변증법적으로 증폭하면 칠보는 문명을 이야기한다. 항하는 갠지스강이다. 강 역시 문명을 상징한다. 문명은 인류의 본능이다. 11분은 문명에 대한 설법이고, 사회 변혁에 관한 가르침이다. 10분의 마지막이 수미산왕을 말하고, 이어 11분은 항하의 모래를 들어 설법을 진행한다.

수미산왕은 웅장한 세력을 나타내는 추상 개념이다. 개인 또는 생각이 모이고 뭉쳐 이룬 '군중 권력 이념 제도 사회 관습 문명 국가, 정신의 총체로써 신'에 비견된다. 그에 비해 수많은 모래는 '개체 구체적 실존, 생명 살이, 문명의 주체'다. 따라서 이 분의 칠보는 인위적이고 계획적으로 실현된 문명을 나타낸다.

8분의 칠보가 삼천대천 인연의 도움으로 일어난 과실이라면, 11분의 칠보는 좀 더 세밀한 작위 의도 작용 건축 살이가 일으킨 문명을 일컫는다. 이는 유위법(작위적 행위)의 정수에 해당된다.

가장 큰 주안점으로 수미산왕을 관념화하여, 그 실상을 '부정하여 종합하는' 변증법적 어법을 쓰고 있는 데 비해, 모래는 '있는 그대로의 그것'을 묘사하고 있다는 점이다. '수미산왕의 몸은 몸이 아니다. 그래서 몸이다'에 반해 '항하의 모래는 셀 수 없이 많다'라는 직설로 이야기한다. 8분의 삼천대천은 거시적 우주, 인연연기의 세계를 포괄하고 있다면, 이 분의 삼천대천은 항하의 모래수에 상응하는, 수 없는 개개의 생명이 자아내는 살이다. 구체적이고 즉물적인 실존을 일구는 세계다.

수미산왕 — 이념·권력·제도·관습·국가·신은 그 뿌리를 알 수 없다. 욕망을 밑동으로 하여 지어 올린, 집단의 이해를 동원해서, 인위적으로 건설한 공중누각이다. 그에 비해, 개인·생명·살이는 실존을 구성하는 생생한 현장이다. 그런데 기이하게도 인간은 주인으로서, 있는 그대로의 모양으로 사는 게 아니라, 수미산왕의 통제와 관리 아래에서 신음한다. 추상적 관념이 직접적 실존을 지배한다. 관념적 허구가 구체적 실상을 통제하는 기괴한 상태.

부처님이 수미산왕과 항하의 모래를 들어 보이는 것은 이 어이없는 대립적 당착이다.

우주 질서를 깔아뭉개고, 이념과 제도, 신의 탈을 쓰고 폭력이 당당하게 안방을 차지하고 있는 당황스러움, 이 기막힌 사태를 불법, 우주 작용의 도리로 되돌려 놓고자 하는 것이 『금강경』 제11분의 교설이다. '불법은 불법이 아니다. 그래서 불법이다.' 왜 변증법적 말본이 동원되는가에 대한 답이다. 주장과 사상은 도그마에 빠질 수밖에 없는, 함정이다. '이것이 불법이다,' 절대로 붙박는 진리는 난폭하다. 독단이 주먹을 걸고 내지른다. 주장은 압제다. 배척과 대결을 부르는 화마다. 양자역학의 권위자도 '확실한 것은 아무 것도 없다.' 어느 것도 진리라 주장할 만한 것이 없다. 불확정성의 원리를 든다. 부처의 가르침. 우주 작용 원리. 그 외엔 삶을 제자리에 올려놓도록 설득하지 못함을 확인한다. 불법이기 위해선 불법이 아니어야 한다. 길 안내판은 길을 가리키는 것으로 족하다. 그 자신이 길이고자 하면 푯말은 암흑의 미로를 짠다. 길은 부서진다.

수미산왕은 큰 몸이 아닐 때 큰 몸이 된다. 신은 신이 아닐 때 신이다. 신이 신이면 그는 악마다. 신이 푯말로써 말을 잃고, 스스로 길이고자 하면 어둠을 파먹는 동굴이 된다. 권력은 권력이 아니다. 그래서 권력이다. '국가의 모든 권력은 국민으로부터 나온다.' 부처의 말은 이것과 다르지 않다. 권력이 구성원에게 귀속함으로 국가는 국가가 된다. 목적으로 수미산왕이 있다. 그것을 이끌고 가는 것은 구성원이다. 수미산왕의 목줄을 국민이 틀어쥘 때 권력은 권력이 된다.

생각을 쏘아 올린 이념이 수미산왕으로 군림하면, 국가·제도·관습·신은 무지막지한 폭력이 된다. 큰 몸을 자랑하는 수미산왕. 수단으로써 수미산왕이다. 미세한 촉수를 두드리며 삶을 걷는 모래에게 채찍을 갈겨대고 복종을 강요한다. 인간은 도구로 전락한다. 삼천대천에 비견되는 법신으로 모래는 그야말로 모래처럼 작아진다. 비곗덩이로 살집이 뚱뚱해진 수미산왕이 살이의 신경줄을 틀어쥐면서 인간은 헐고 너절해진다. 섬세한 촉수를 잃고 관념으로 무너진다. 살이는 이파리가 떨어진 탱자나무처럼 성긴 가시로 바람이 숭숭 샌다. 바람을 엮는 강가의 모래와 같이 꼬물거림은 숨소리를 잃는다.(관계론) 사사로이는 목표니 미래니 하는 것들이 수미산왕이 되기 쉽다. 소똥구리가 미래라는 소똥으로 경단을 말지 않듯, 뜬구름 같은 목표에 눌려 신음한다면 수미산왕이라는 괴물이 덮치고 있음을 알아야 한다.(존재론)

모래의 총체가 삼천대천이라면, 우주가 낳고 기른 생명으로 주인이다. 권력이라면 주인에게, 본질적 생명에 있어야 마땅하다. 수단으로 가공된 수미산왕, 국가가 지배 권력을 의미한다면 생명을 베어 가는 칼이다. 존재의 흔들리는 살이는 어두운 허공으로 흩어진다. 수미산왕의 머리털이라도 잡고자 중앙은 권력 투쟁으로 들끓는다. 중심에서 멀어질수록, 외곽으로 쫓겨나는 모래일수록 짐승 울음에 가깝다.

힘의 초점이 가장 크게 뭉친 것이 추상화된 수미산왕, 신이다. 수미산왕은 구세주로 떠받들어지며 무시무시한 회초리를 휘두른다. 변두리의 생은 의지에서 멀어지고 '믿습니다' 수미산왕의 발굽 아래 기어든다. 노여움을 거둔 신의 아량으로 삶을 위무하면 그나마 좋을 축복이다. 종은 결정하지 않을 자유로 은혜롭다 한다. 고민하지 않아도 될 심판을 기다리면 그뿐. 그리하여 생은 대책 없이 암흑의 문고리를 열어젖힌다.

'오래 살아 가족을 만나게 된 것도 다 원수님 덕분이요.' 이산가족 상봉 현장에서, 80이 되도록 허옇게 세월을 훑어 온 노인이 한 말이라 한다. 자신의 장수마저 갓 30을 넘긴 권력자 덕분이다 말을 남겨야 하는 기막힘. 보이지도 않는 수미산왕 앞에 납작 엎드린, 늙고 나약한 한 영혼. 모래가 보인다. 나라고 뭐가 다를까?

응당 주인으로서 잡고 있어야 할 운전대를 넘겨주고, 중앙에 괴물처럼 누운 권력이나 쳐다보며, 떨어진 떡 쪼가리가 크다 작다 투덜대고 있지나 않은지.

수미산왕이 눈매를 부라리며 강요하는 애국은 바람처럼 흩어진다. 그러나 바람을 노래하는 모래의 세밀한 호흡으로 불어넣는 애국이라면 커다란 수미산왕을 이룬다. 모래가 곧 큰 수미산왕이다. 관념이 아닌 섬세한 움직임으로. 몸짓이 자기 것으로 하여, 한 알의 모래는 삼천대천을 능가하는 큰 몸, 법신이요, 우주다. 종이 칠보를 내어 보시할 수 없듯, 나는 주인으로서 삼천대천세계다. 수미산왕의 큰 몸은 큰 몸이 아니어야 한다.

최고 부자인 워렌 버핏이 역시 최고 부자인 빌 게이츠에게 점심으로 5불짜리 햄버거를 대접하며, 신문 귀퉁이의 할인 티켓을 오려 와 계산을 치렀다 한다. 부자는 저토록 알뜰하다거나, 저렇게 빈틈없으니 부자가 되었구나 생각들 하지만, 그에게 중심을 이루는 것은 '살이' 그것이다. 살이에 소용되는 것으로 돈이 있다. 돈은 그 이상이 아니다. 그는 살이의 주인이지, 돈의 주인이 아니다. 쓰임으로 족할 돈이라면 신문귀퉁이의 할인 티켓인들 뭐가 다르랴? 그는 돈의 주인을 돈에게 돌려놓음으로, 돈의 값어치를 매긴다. 한 푼의 소중함을 아는 자가 아낌없이 재산을 기부한다.

부자라는 개념을 바라보는 자에게 돈은 큰 몸을 과시하는 수미산왕, 약탈의 문법이다. 인간마저 소유하려 든다. 몇 푼을 우습게 본다. 힘이며 권력으로 구실하지 않는 것은 돈이 아니기 때문이다. 그러나 모래를 적시며 흐르는 강을 생명으로 받드는 자에게 돈은, 너와 나를 이어 주는 가교로서 족하다. 그곳에 소용된다면 한 푼이라도 억만금과 다르지 않다. 소중한 것은 돈이 아니라 '살이'이기 때문이다. 군림하는 수미산왕이 아니라, 살을 부비는 모래로 문명이 있다. 버핏에게 돈은 그만의 창조적 초월 의지가 안긴 칠보이고, 칠보는 나눔으로, 다시 비를 받친 우산이다. 돈의 의미는 돈에 있지 않다. 내가 만든다. 돈은 공하다.

가지 끝을 기어오른 매화가 한숨 돌릴 즈음이면, 눈보라는 겨울을 이고 떠날 채비를 서두른다. 한 푼의 요긴함은 아리고 쓰린 겨울을 거뜬히 물리친 매화꽃이다. 돈·부자·소유에 물든 사람이 어떻게, 달빛 아래 호젓이 얼굴을 묻고 뜨거운 눈물을 훔치는 매화를 알아보겠는가? 억만금을 주고도 가지지 못할, 꽃잎의 딸꾹질인들 들어 보랴? 바람·흙·빗방울. 새 지저귐, 이 순간을 젖는 적막함은 잃어버린 옛적이 끄는 은밀한 소세김이다.

살이의 숨구멍을 들추어 보는 문명이라면, 인연 자비가 탄력 받는, 가히 생명의 속삭임이라 할 만하다. 불법이 전하는 말은 분명하다. 천국과 지옥의 문고리는 내 손에 쥐어졌다. 어느 쪽 문을 열 것인가는, 『금강경』 4구게라도 진실하게 수지했나에 달렸다.

한 톨의 모래는 삼천대천세계와 직결한다. 유기적으로 연기한다. 인연 생기를 주고받는 젖줄이다. 일즉일체 다즉일 — 하나가 전체요, 전체가 하나다. 부분과 전체가 변증법적으로 통일하며, 하나를 지향하는 생명체로써 문명의 역할을 기대하게 한다. 하나의 세포 속에 몸을 이루는 모든 구성 요소가 들어 있듯, 우리 몸 또한 온 우주의 요소가 구비되어 있다. 지수화풍, 뼈(지)·혈액(수)·체온(화)·호흡(풍)으로 몸과 우주를 이룬다. 우리는 하나이며 하나가 아니다. 연기법은 과학이다.

돈을 추궁하는 의술은 단절의 문명이다. 목숨부터 추궁하는, 어떤 목숨이든 똑같이 의료 기술에 의해 보살핌 받는 보건 제도라면 생명 문명이다. 부처의 법은 느낌 없는 도가 아니다. 인격수행에 머물러서는 부처의 도라 할 수 없다. 그렇다고 불법은 자기를 저버린 자마저 구제하지 않는다. 자기를 팽개친 자를 우주가 구제하지 못한다. 문명의 실체는 공하다. 서울로 달려가는 자동차는 문명의 편리이나, 사고로 크게 다친 사람에겐 무서운 공포다. 문명은 공즉시색의 생명으로 돌아야 한다. 문명의 열반이다. 공생의 지혜가 결여된, 독단에 빠진 문명은 위험한 칼이고 파멸의 늪이다.

부처님이 『금강경』 4구게라도 전하라 함은 문명에 대한 반성, 자비 없는 문명의 야만을 경고한다. 기름기 반질한 빌딩 아래 가난한 목숨들이 널브러져 있다면, 수미산왕 발밑에 헤진 입성들이 힘없이 누워 있다면, 군림하며 으스대는 문명은 성루 위의 대포와 같다. 옹기종기 체온이 건너가지 않는 사회를 데우는 것은 분노, 무기력 사이로 불끈 불끈 치솟는 증오다. 더디 가더라도 옆 사람의 발등을 살핀다면 생명은 높이 되리라. 이것이 11분의 절규다. 나는 '있는 그대로' 진리의 몸, 법신이며, 이미 깨달음을 갖춘 보신, 중생 구제를 위해 나툰 화신보살이다. 내가 기꺼이 화신보살이 된다면 그곳이 불토다. 욕심은 밖으로 눈이 나 있어 내 안의 칠보를 꺼내기 어렵게 한다.『금강경』이 내게 말한다.

수많은 절을 짓고, 승려를 배출하며 불교를 중흥시킨 양무제. '내가 지은 복이 얼마나 되겠는가?' 묻자, 달마스님이 '무'라 답한다. (무: 당신의 질문에 이미 '엄청난 복이 있다'는 생각으로 가득하다. 그 생각부터 내려놓아라. 나를 비운다면 도가 드러나리라.) 양무제 : 무엇이 부처님의 가장 성스러운 진리인가? 달마 : 확연무성.(확연하여 성스러울 것 없다. 분명하게 알고 보면 별 것 아니다. 성스럽다는 진리일수록 무지가 만든 환영이다.) 양무제 : 그럼 그대는 누구인가? 달마 : 불식.(알지 못한다. '내가 누구다' 의식하지 않는다. 왕이니 농민·노비·스님이니, 가난하다느니, 사람에게 덧씌운 껍데기로 보려 든다면 영영 나와 너를 알지 못하리라. 앞의 '무'와 연결 지으면 불식은 ─ 나와 너, 그런 식별조차 하지 않는다. 모두 한 몸인데 '나·내것'이 따로 있을쏘냐는 물음을 던지는 화두다.)

◉ "만동자여, 어떤 사람이 독화살을 맞았다 치자. 그런데 화살을 뽑지 않고, 누가 이것을 쏘았을까? 왜 쏘았지? 화살의 재질은 어떻고, 독성분은 무엇일까? 어디서 구한 것일까? 이것을 알기 전에는 화살을 뽑지 않겠다 하면 그는 어떻게 되겠느냐?"(『아함경』)

우리가 큰 몸으로 수미산왕이 되지 못하는 것은 '바꿀 수 없는 것'을 잡고 있기 때문이다. '화살을 맞았다'는 이미 지난 일이다. 피할 수도 어떻게 할 수도 없다. 그럼에도 거기에 매달린다.

'어찌 나한테 그럴 수 있냐 말이야!' '내가 거기에 가지만 않았어도.' '그 정도도 못 해 줘?' 또는, '다리를 못 쓰는 건 아닐까?' '차라리 멀리 도망칠까?' 지금 손 쓸 수 없는 일에 골똘하며 몸과 마음을 무너뜨린다.

"두 번째 화살을 맞지 마라."(『아함경』)

지난 일은 발버둥친다고 어쩌지 못한다. 그럴수록 두 번째 화살을 맞기 십상이다. 두 번째 화살은 뿌리가 깊어 빼내기가 여간 어렵지 않다. 치명적인 것은 내가 만들어 스스로에게 쏘는 화살이다. 나를 쓰러뜨리는 가해자가 '나'라면 어떻게 해야 할지 앞이 보이지 않는다. 원망·근심·열등감·체념과 자책에 꺼들린 두 번째 활촉은 날카롭고도 질기다. 파내고 쑤셔 마음을 황폐하게 내동댕이친다.

힘이 미치지 않는 곳. 할 수 없는 일을 마치 할 수 있는 양 하는 것이 '믿어라' '기다려 보자'이다. 막연한 기대는 지금 해야 할 일에서 나를 밀쳐 낸다. 두 번째 화살을 품는다. 수미산왕과 같은 큰 몸은 아렴풋한 환상에서 빚어지지 않는다. 시간에 기대어도 좋은 건 휴식뿐이다. 내가 만들지 않은 시간은 저 너머에 있다.

화살을 뽑아 내고 치료하는 일이 우선이다. 그것을 알면서도 머리를 박는 건 미련과 어리석음 때문이다. 무지가 죄를 만든다. '바꿀 수 없는 것' 이 한 가지만 알아도 죄악에서 나를 건진다. 첫 번째 화살을 모면할 수 없더라도, 고통은 첫 화살에서 끝내자. 유지가 힘들다면 '정리하는 것' '다시 일을 찾는 것' '깨진 것을 버리고 소용되는 것을 추려 내는 것' — '바꿀 수 있는 것' 위에 내가 서는 것. 고개를 뒤로 꺾어 놓지 않는다면, 두 번째 화살은 앞에서 날아오지 않는다. '앞으로 나란히' 내가 나에게 바치는 최상의 보시다. 나를 초월하여 나를 장엄하는 내 안의 불토다. 해답이 없는 문제란 없다. 있다면 오직 내 손을 떠난 것이다.

(10분과 11분을 한 분단으로 묶어 놓고 보면 좀 더 선명하게 의미가 와 닿는다. 11분은 정토장엄의 연장선에서 '수미산왕과 모래의 관계'를 들여다보게 한다.)

용어 풀이

6바라밀 : 대승의 6가지 수행덕목. 보시·지계·인욕·정진·선정·지혜 바라밀.

법신 : 법의 몸. '진리 그 자체'로서 부처.

보신 : 수행을 하여 쌓은 과보로 깨달음을 얻은 부처.

화신 : 중생을 구제하기 위해 몸을 나툰 부처. 석가모니부처님은 법신·보신·화신을 갖춘 3신불이다.

유위복 : 복을 지었다는 생각이 남아 있는 마음. 유루복과 같다.

무위복 : 복을 지었다는 생각을 마음에 두지 않는 것. 무루복과 같다.

제 12 __ 존중정교분
바른 가르침을 존중함

"또한 수보리야, 이 경을 설함에 있어서 4구게 등만이라도 마땅히 알아라. 이곳은 일체 세간의 천상과 인간과 아수라가 다 마땅히 공양하기를 부처님 탑묘와 같이 하리라, 하물며 어떤 사람이 있어 이 경을 다 받아 지니며 읽고 외움이겠는가(수지독송)? 수보리야, 마땅히 알라. 이 사람은 가장 높은, 제일가는 희유한 법을 성취하리라. 만약 이 경전이 있는 곳이면 곧 부처님과 존중하신 제자가 계심이 되니라."

　　12분은 내용은 짧지만 많은 가르침을 담고 있다. 11분이 문명론이라면, 이 분은 종교론 신론에 관한 강설이다. 탑묘는 부처의 사리(유골)를 넣고 탑을 조성한, 부처를 기리는 묘지다. 대승경전은 불멸후 500년경에 결집되었다.『금강경』은 부처님의 가르침을 골격으로 해서, 시대적 상황을 가미한 흔적이 보인다. 탑묘가 그 예다. 탑묘를 중심으로 대승 불교가 일어난 배경이 담겨 있다. 11분의 끝에『금강경』을 전하는 복덕에 대해 말씀한다. 12분은 그것이 어디로 뻗는지 구체적으로 묘사한다. 천상·인간·아수라는 6도 윤회하는 유정물(생명)의 3선도이다.(지옥·축생·아귀가 3악도이다.)

4구게를 설하기만 해도 천상·인간·아수라가 공경을 표한다는 것은,『금강경』을 따르는 삶은 불화에서 3선도를 가져다 준다는 암시다. 불생불멸(나고 죽음이 없다)의 도리다. 3선도로 순환하는 생명. '복덕은 복덕이 아니다. 그래서 복덕이다'가 무엇을 의미하는지 이제 알 것이다. 3선도에서 태어남은, 현세의 복덕이 아무리 크다 한들 미칠 수 없는 우람함이다. 복덕에 연연하지 않아도 될 큼직함이 당신을 기다리고 있음을 알아 한다.

수지독송 — 가르침대로 실천함 — 하면 최상의 법을 성취한다 이른다. "이 경전이 있는 곳이 부처님과 제자가 계심이라." 경을 전하는 곳, 아상 분별이 머물지 않는 생활, 함이 없이 중생 구제에 애쓰는 당신이 최상의 도를 이룩한 신이다. 당신의 행동을 떠나서 신의 흔적을 찾을 수 없다. 아파하고 기뻐하는 이곳을 버리고, 저 하늘의 뒤편 어디선가 신을 뒤적이지 마라. 아파하는 능력이 곧 신이다. 아파할 수 없다면 어떻게 기쁨인들 지으랴? 신의 형상, 천국 성전을 깨부수어라. 네가 성전이다. 이것이 부처님의 종교론이요, 신론이다. 성지·성물·성전은 집착이 부른 '절대'의 벽이다. 벽은 지키고자 하는 자와 깨고자 하는 자의 중간에 가로놓인다. 짓는 자와 허무는 자가 맞서는 간격이다. 덮는 자와 들추는 자가 짓는 불통의 두께가 벽이다.

벽은 맞선다 싶으면 적으로 돌려 싸운다. 벽을 더욱 높이 올린다. 벽은 종교적 맹아를 만든다. 눈꼴시면 아무나 물어뜯는다. 마녀사냥한답시고 눈에 거슬리는 여자는 마녀로 몰아 불태워 죽였듯. 벽이 만든 적이 절대화된다는 데, 조금의 관용도 허락지 않는다는 데, 무서움이 있다. 벽은 절대를 들이대며, 싸움은 사생결단으로 치닫고 극도로 잔인해진다. 그보다 더 큰 무서움은 종교의 이름하에 거세되는 수치심이다. 부끄러움은 우주가 갈무리해 놓은 최후의 마음인지도 모른다. '나는 사람이다'를 끝까지 받쳐 주는 기둥이다.

'벽'은 관념이다. 믿음이라는 처방으로 땜질하지 않으면 바로 무너진다. 벽이 나의 주인, 수미산왕으로 등장한다. 거기에 얼굴을 조아리면서, 가냘픈 마음을 찢고 광기가 솟구친다. 광신은 마음이 주무르는 우울한 벽이다. 달아나려는 마음과 잡으려는 마음이 벌여 놓은 날카로운 틈이다. 그 틈을, 수미산왕의 치마 자락을 잡고 내가 아우성친다. 종교는 풀잎 같은 여린 마음의 끝자락을 잡아당긴다.

엄마의 모성이 굳고 강할수록 어두운 골목을 배회하며 노려보는 불안도 크다. 근심과 걱정이 떠나지 않는다. 4구게라도 마땅히 알면 불성을 잡을 테지만, 불법을 모르면 무명의 검은 아가리로 뛰어든다. 내 키가 공포보다 크면 불성이요, 공포가 내 키를 넘으면 종교가 된다. 절대를 내건 종교는 한손을 음침한 골목에 집어넣고, 다른 손으로 희미한 등을 흔든다. 불안의 구덩이를 파헤쳐 놓고 가물거리는 불빛을 들어올린다. 수미산왕(신)이 클수록 마음이 놓인다면 이미 알 수도 없는, 어두운 골목의 비명에 떨고 있다. 두려움 가득한 등골이 맹신으로 젖는다. 수치심은 이성을 상실한 우울한 벽 가장자리에 잠 든다. 부처님은 절대 관념이 퍼붓는 독성, 종교가 가하는 치명적 야만을 간파한다.

부처님이 3선도를 드러내어, 3악도를 숨겨두고 있음을 보아야 한다. 신의 구렁텅이에 빠져, 분별을 휘저으며, 나를 집착하여, 탐욕으로, 3악도에 구르는 업보를 경계한다. 내 짓거리를 벗어나는 종교와 신은 없다 한다. 으뜸 가르침이 있다면 천상·인간·아수라를 짓는 씨앗으로, 지혜로운 동작이 최고의 능력자다. 업이야말로 전지전능한 신이다. 풀·나무·잠자리·여우·사람·천상 무엇이든 창조하는 업이다.

넘어진 자를 일으켜 주고, 배 앓는 자에게 약을 건네는, 길 잃은 아이의 손을 잡고 경찰서로 가는 내가 신이다. 나무껍질같이 까칠하게 솟은 할망의 손을 데우고자 군불을 밀어 넣는 노인, 바람을 꺾고 달려드는 눈보라를 맞으며 알을 품는 펭귄, 벌레의 알집을 감싸 안은 나뭇잎, 그들을 등지고 신이 거처할 곳은 아무데도 없다. 있다면 오직 당신의 상상일 뿐이다. 우주 어느 구석에도 나의 행동, 그것을 능가하는 신은 없다. 창조가 곧 신이다. 이는 우주 업의 역사가 증명한다.

한 가닥 햇빛으로부터 시작한 내달음이, 줄기차게 뜀박질한 결과가 지금의 나다. 나를 지음보다 거대한 역사가 있는가? 업이야말로 '절대 신'을 가볍게 뛰어넘는 초월적 우주다. 그러므로 부처는 『금강경』 4구게만이라도 수지독송하는 삶이 최상의 도요, 거룩한 부처다 한다. 3선도를 오가며 불생불멸하는 존재의 아득함, 불화의 도리를 밝혀 보는 것이니 제일의 법을 성취했다 하겠다. 불법의 무아·창조·행복·즐김·신·부처·불토는, '몸짓'의 동의어다. 깨달음의 다른 말이다. 『금강경』 경전이 있는 곳, 4구게라도 잘 깨쳐 생활의 지침으로 삼는 자, 불법으로 숨 쉬는 자가 곧 부처다. 불제자, 행동으로 읊는 불경, 불법승 3보가 동행하는 살이라면 그보다 더한 복이 어디 있으랴?

◉ 신은 홀로 눈을 뜨지 않는다. 악마와 손을 맞잡고 일어나는 신. 악마가 없다면 신은 사라진다. 이것이 있어야 저것이 있다. 연기의 법칙이 그러하다. 그래서 그토록 두려워하는 악마와 신은 안타깝게도 당신의 행불행에 뛰어들 여력이 없다. 신이 마주하는 대상은 사탄이지 당신이 아니다. 사탄과 싸우는 동안만 신이 살아 있기 때문이다. 싸움은 주장과 주장이 맞붙는다. 주장은 주관이다. 가련하게도 신은 객관의 절대가 되지 못한다는 것을 사탄이 증명하고 있다. 사탄이 지옥을 감추면 신의 손바닥에서 천국은 흔적도

없다. 사탄의 단 한 번의 솜씨로도 꺼져 버리는 천국. 신은 홀로 잠들지 않는다.* 신이 나에게 관여한다는 것은 상상조차 끔찍하다. 이는 존재의 사망선고다. 망치는 벽을 깨뜨리지 못한다. 벽은 한순간 사라진다. 내가 생각 하나 뒤집음으로.

◉ 부처님 법은 '욕망하지 않는 무욕을 향한다' 하면 불법을 모른다. 불법은 탐욕을 야단쳐도 이성적 욕망에 회초리를 들지 않는다. 욕구를 인정하지 않는다면, 고통에서 열반을 구하는 노력 따위는 할 이유가 없다. 욕구를 부정하고 쫓아내면 곧장 열반으로 달려갈 테니까. 그러나 탐욕을 꾸짖음은 욕망을 절충하고 존중하도록 한다. 욕망은 추구해야만 존중되는 것이 아니다. 가끔 욕망을 덮는 것, 욕망한테 매를 드는 것도 욕망에 대한 예의다. 때로 욕망은, 모든 것을 풀어헤침으로 더 크게 얻는다. 무아가 그렇다. '내가 문제야' 하는 그 마음을 내려놓는다면, 전부와 조우하는 능력을 짓는다.

욕망을 이성과 떼어 놓고 생각하기 어렵다. '세계 최고의 제빵사가 되리라' '이생기심, 그 마음을 내다'도 마찬가지다 — 이성이라는 맥락에서 욕망이다. 이성으로 통제되지 않는 욕망은 본능, 감각적 욕망만 남는다. 이성이 욕망을 견주고, 연마한다. 감정의 아가리와 이성의 혀, 중간 지대에서 열반이 간단치 않은 이유다. 번뇌 즉 열반. 고통을 끊고 열반에 다다름이 아니라, 고통을 주무르며 열반이 다가온다. '그놈이 사기 치고 떠났어. 그렇다고 손을 놓고 화만 내고 있으면 무엇이 달라지지? 분노, 네 몸뚱이의 절반은 나의 터무니없는 욕심이잖아. 그러니 이젠 돌아가 줘. 분노 씨!' 고뇌하는 손길에 해탈이 있다. 해탈은 욕망하되 욕망을 초월한다. 욕망을 반성한다.

　욕망은 공하다. 더럽지도 깨끗하지도 않은, 청정한 법신이다. 욕망이 어디로 향하느냐에 보시가 있고 탐욕이 있다. 내 것을 쌓으려 들면 탐욕이지만, 타인과 함께하는 이익은 보시다. 욕망 그대로 부처가 되기도 하고, 중생이 되기도 한다. 번뇌와 열반이, 중생과 부처가 둘이 아니다. 욕망이라는 하나의 몸에서 나온 다른 마음이다. 나를 어디서 찾는가. 욕망이 나다. 그러나 욕망에 붙들리며 나를 잃는다. 불법은 업을 말한다 함이 이것이다.

　무욕은 욕망의 제거가 아니라 욕망의 무화다. 욕망하되 움켜잡지 않음이다. 나는 업·마음씀·행이다. 업은 나를 거듭나게 한다. 부처란 마음의 본 면목을 깨닫는 순간 완성하는 무엇이 아니라, 무아 연기의 우주 법칙을 행동으로 옮기는 손발에 있다. 깨달음은 '무엇을'이 아니라 '얼마나' 느끼냐이다. 행동 하나, 그것을 결정하는 마음이, 부처냐 중생이냐를 가르는 진리이기도 하고 사탄이 되기도 한다. 신은 내 마음을 나투는 이 순간에 살아 있다.

　'네 행위 밖을 가리키는 진리는 무엇이 되었건 다 가짜다.' 이것이 12분의 전부다. 부처가 어디 있으랴? 부처 노릇하는 당신이 부처다. 짓거리가 부처요, 신이다. 농사 지으니 농부다. 훔쳐서 도둑이요, 나눔으로 부처다. 움켜서 중생이요, 펴서 부처다. 나를 보면 중생이요, 무아를 보면 부처다. 배움을 담는 마음이 성전이다. 그 몸이 탑묘요, 종교다. 진리를 전하는 순전한 동작이 신이다. 내 행동을 짚는 가르침이 아니라면, 어떤 종교도 꿈결을 내쫓는 잠에 불과하다. 나무를 패지 않고 장작을 얻지 못한다.

'경전이 있는 곳이 부처님과 그 제자가 함께하는 곳이다.' 부처님과 가르침 그리고 제자, 불·법·승 3보(보물)를 일컫는다. 겉으로 보면, 법당이 따로 있으랴? 집이건 직장이건, 경전만 있다면 불전이다. 성전을 치켜 올리고 탑을 꾸며 사람을 모으는 곳, 우격다짐으로 수미산왕이 버티고 있는 절과 예배당, 관념으로 똘똘 뭉쳐, 신을 높이 외쳐 부르는 신전에 신은 없다. 경전이 놓여 있다면 그곳이 신전이다—이렇게 읽어도 별 무리 없다. 그러나 깊이 들여다보면 '경전이 있는 곳'이란, 가르침을 받드는 살이를 가리킨다. 경을 받아 지니고 읽고 외움은 실천이다.

살이의 주인이 된다는 것, 생을 내 것으로 한다는 것은 내 행위를 장악함이다. 표절이 아니라 표현이다. 나를 걸어 넘어뜨리는 신일랑 걷어차라. 부처를 만나면 부처를 죽여라. 내 안의 부처를 깨워라, 비워라. 비우겠다고 덤비는 자는 하지 못할 바가 없다. 피하지 마라. 삶이 달려들면 맞짱뜨라. 비움으로 맞잡이하면 채우지 못할 것이 무엇이랴. 그리하여 비워라. 중도의 괴력으로 허물어라. 무너뜨림으로 쌓아라. 변화의 주인으로 우뚝 서라—부처님의 언어는 부정으로 내달아 무너지지 않는다. 부정을 파괴하는 창조적 부정이요, 생하여 오르는 불꽃이다.

제악막작 중선봉행(악을 짓지 말고 선을 받들어 행하며)
자정기의 시제불교(스스로 그 뜻을 깨끗이 함이 모든 부처의 가르침이다) —『법구경』

용어 풀이

탑묘 : 부처님의 유골을 묻어 조성한 무덤. 부처 입멸 후, 탑을 돌며 수행 기도하는 재가 신자들이 늘어나면서, 이들이 중심이 되어 대승불교가 흥기한다. 이전의 부파불교가 출가자 위주였다면 대승은 재가 신자가 주축이 되어 활동한다. 새로운 부처로 보살이 등장한다.

아름다움이란····

연아를 대면할 때마다 확인하는 것은 '맑다, 깨끗하다, 순수하다.'

남성의 눈에 비치는 아름다움에는 에로스적인 관능이 끼기도 하는데, 연아를 보는 내 눈은 그런 불순물이 개입하지 않습니다.

9살 때 형들을 따라 깊은 계곡, 큰독골에 소 먹이러 갔습니다. 고삐를 풀며 처음으로 마주했던 소의 눈망울을 잊지 못합니다. 조그만 녀석 앞에서 무심하게 끔벅이던 큰 눈동자. 소 눈동자에 어린 나. 세상에서 가장 착한 꼬마 녀석이 소의 까만 눈동자에 들어 나를 바라봅니다. 꼬마 녀석은 나직이 소곤그렸습니다.

"소야, 저쪽 절벽으로 가면 안 돼. 다치면 안 돼."

계곡 안쪽엔 큰 바위 절벽 틈에서 쪼르르 흘러내리는 샘물이 있습니다. 너무 맑고 시려 어린 가슴에도 찬란한 설움이 뱁니다. 칡넝쿨 사이에서 샘물은 저 홀로 동무가 되어줍니다. 조곤조곤 속삭이는 그 말뜻을 무엇으로도 풀어 낼 수가 없어, 가슴으로 안아 볼 뿐.

연아의 얼굴이, 몸짓이 그렇습니다.

소의 큰 눈동자.

바위틈에서 소곤대는 샘물.

연아는 아름답지 않습니다.

거대한 아름다움입니다.

(나는 김연아 선수를 보며 더욱 긍정의 힘을 믿는다. 그녀가 얼음 위에서 벌이는 춤판이 그렇다. 세상을 순순하게 대면하도록 한다. '늘 겸손한 사람이 되고 싶다.' 그녀의 장래 희망이란다. 갓 스물을 넘긴 처자의 말이다. 말에 군더더기가 없다. 간결하고 담담하다. '떠나가는 내 모습이 아름다웠으면 좋겠다.' 말을 앞세우는 법이 없다. 자신이 떠난 자리를 염려하는 사람. 가슴에서 몰래 눈물의 시를 쓰게 하는 아가씨. 나의 이름에 진지한 고뇌를 얹어 주는 자. 연아가 그랬다.)

제 13 __ 여법수지분
법다이 받아 지님

"세존이시여, 이 경을 마땅히 무어라 이름 하오며, 저희들이 어떻게 받들어 가지오리까?" 그때에 수보리가 부처님께 말씀드렸다.

부처님께서 수보리에게 이르셨다.

"이 경의 이름을 금강반야바라밀이라 하나니, 이 이름으로 너희들은 마땅히 받들어 가질지니라. 무슨 까닭이랴? 수보리야, 여래가 말한 반야바라밀이 곧 반야바라밀이 아니다, 이를 이름 하여 반야바라밀이라 하느니라. 수보리야, 어떻게 생각하느냐. 여래가 법을 설한 바가 있느냐?"

"세존이시여, 여래께선 설하신 바 없사옵니다." 수보리가 말씀드렸다.

"수보리야, 어떻게 생각하느냐? 3천대천세계에 있는 가는 먼지(미진)를 많다 하겠느냐?"

"심히 많사옵니다, 세존이시여." 수보리가 말씀드렸다.

"수보리야, 여래는 이 모든 미진은 미진 아님을 말함이니, 이를 이름 하여 미진이라 한다. 여래가 설한 세계도 세계가 아니다. 이를 이름 하여 세계라 하느니라. 수보리야, 어떻게 생각하느냐. 32상으로써 여래를 보겠느냐?"

"아니옵니다, 세존이시여. 32상으로 여래를 볼 수 없습니다. 왜냐하오면 여래께서 말씀하신 32상은 곧 상이 아니옵니다. 이를 이름 하여 32상이라 하옵니다."

"수보리야, 만약 어떤 선남자 선여인이 있어, 항하의 모래 수와 같은 목숨을 바쳐 보시하더라도, 만약 다시 어떤 사람이 이 경 가운데서 4구게만이라도 받아 지니며 다른 사람을 위하여 말해 주면 그 복이 심히 많으리라."

제13분은 언어론을 보여 준다. 언어에 관한 입장을 밝혀, 불법의 일면을 말하고자 한다. "반야바라밀은 반야바라밀이 아니다. 이를 '이름' 하여 반야바라밀이라 한다." 이름은 두 가지 의미를 지닌다. "지혜의 완성은 지혜의 완성이 아니다. 이를 '이름' 하여 지혜의 완성이라 한다." 하나는 변증법적 논리 전개에 쓰임이 있고, '(반야바라밀은) 단지 이름이다.' 언어의 한계 — 언어가 지시어로 갖는 관념성과 정형성이 진실을 왜곡하고, 존재가 호흡하는 사실성을 빼앗음을 보여 준다. 'A는 A가 아니다' 하면 A는 자기를 부정함으로 성립한다.

빗물은 빗물이 아니다 — 빗물은 강이나 바다에서 증발한 수분이, 하늘 꼭대기의 냉기에 의해 응결하여 내린 물방울이다. 책상은 책상이 아니다 — 책상은 나무판과 다리를 조합한 것에 불과하다. '책상은 책상이다' 하면, 책상이라는 불변의 실체가 있어야 한다. 당장 밥상으로 쓰면 '책상이다'는 거짓이 된다. 책상은 밥상이다. '책상은 책상이 아니다'가 참이 되는 모순에 빠진다. '책상이다'는, '책상이 아니다'라는 명제가 참이 되어 성립하지 못한다. '비는 비다' 하면 위의 전 과정을 생략한 채, 비라는 고유의 실체가 항상 덩그러니 있는 양 착각하게 만든다. '비'는 '이름'일 뿐 실체가 아니다.

A는 A가 아니다 — 존재의 부정은 상의 파괴로 이어진다. 상의 파괴만으로도 상당한 깨달음의 진전이다. 그러나 부정에서 멈추면, 존재는 '상실의 가치'로 짜임새를 구성한다. 존재 자체가 모순이며 번뇌다. 존재의 내적 구성 원리를 깡그리 무시하고, 존재를 밖에서 구해야 한다. 책상은 책상이 아니다 — 책상의 가치를 상실함으로써 책상의 도리를 밝힌다면 책상은 거짓이고 모순이다.(책상은 이름에 불과하지만 책상의 가치마저 저버리진 않는다. 무조건적 부정은 또 다른 '절대'의 벽이다.) 책상으로 구성 가치를 전면 부정하고 다른 원리를 끌어와야 한다.

불법은 상의 깨뜨림에서 한 걸음 더 나아가 'A는 A가 아니다. 그래서 A이다.' 변증법적으로 통합하며 대긍정에 이른다. 중학교 졸업, 가난한 집안, 못생긴 몸이라는 자기를 내치고, 나를 둘러싸고 있는 알을 깨뜨리고 나오는 것으로도 대단한 정진이다. 그러나 존재를 부정함으로써 나를 탈출하려는 몸부림은 도피이거나, 자칫 환각으로 최면을 건다. 자기 부정은 엉뚱한 소설을 쓰며 화려한 주인공으로 잠겨든다. 자신을 물리치면서 동시에 껴안는, 존재 밖까지 끌어들여, 나를 창조하는 초월이 불법이다.

중도의 대통합으로 일어나지 않으면 불법이 아니다. 비록 중졸에 가난한 집안, 못난 몸이지만, 그러한 여건을 박차고 도약하고자 하는 초월 의지는, 존재에 대한 깊은 애정의 발로이다. 나의 부정은 대긍정의 원천이다. 존재의 재창조는 부정을 밟고 올라서는 사다리가 아니다. 내치고 재차 끌어안으며 사르는 불꽃이다. 색즉시'공'은 다시 공즉시'색'으로 올라서야 한다. 못난 인간이 보잘것없는 학벌, 빈궁한 집구석, 못생긴 얼굴 — 이게 나다, 상을 트집 잡고서, 자기를 자빠뜨리고 푸념이나 늘어놓는다. 상을 쥐고 흔들며 자기를 하찮게 낮춘다.

진짜 문제는 타고난 내림에 굴복하게끔 만드는 사회다. 부처님이 4구게 전법을 강조하며, 공업을 증진하기 위해 애쓰는 도리이다. 법보시는 사적인 베풂뿐만 아니라, 구성원의 생활을 옭아매는 제도와 법률 인습을 개선하기 위한 운동으로 더욱 값지다. 법공 — 존재는 무아, 어느 것도 실체가 없다는 외침, 차별적 편견에서 깨어나, 엄중한 우주적 진실을 마주할 것을 주문한다. 정해진 진리가 있는 양, 고착된 제도와 관습은 인간을 탄압하는 절대의 신으로 군림한다. 악이 악마가 싸지른 토사물이 아니라, 인간이 탐욕·분별·편견으로 주물러 놓은 규범, 종교, 사회 구조에 들어차 있다는 말이다.

천국은, 만들고자 동참하는 구성원의 손을 떠나, 어디에도 없다는 것을 불법이 말한다. 불토는, 낡음을 흩어 다시 재건하며 전진하는, 변증법적 통합. 법제의 변화와 개선에 있다. 천국은 공즉시색이다. 공업을 발전시키고자 함께 애쓰는 마음에 있다. 천국은 신이 쓰다듬는 손이 아니라, 구성원이 창조 에너지를 모으는 손에 있다. 천국은 바로 내 옆에 있다. 내 손길을 기다리는 곳이 있다는 것은 감사해야 할 일이다. 천국의 시작점이다. 바깥은 아비규환으로 요란한데, 홀로 고요히 즐거움을 누린다면 제정신이겠는가? 화들짝 마음이 부라리고 일어나지 않는다면, 나의 부처는 죽었다 하겠다.

이웃의 신음 소리를 어루만지며 천국이 문을 연다. 천국을 건설하는 마땅함이 법공(법무아) — 모든 존재는 실체가 없다. 비어 있다 — 이다. 제도를 채워진, 완성된, 불변적 건축물에서 해체하여 빈터로 돌려놓는다. 제도는 물을 길어 가는 우물이 아니라, 채워 넣어야 할 빈 통임을 주지시킨다. 제도(관념 신 수미산왕)가 사람을 덮치면 지옥이다. 당신의 손길이 보태지지 않는 천국은 가짜다는 것을 각성시킨다. 천국은 결코 완전함이 아니다. 불균형이다. 변화의 꼬투리를 던져 주는 미완이다. 펄떡이며 물살을 차고 오르는 지느러미의 까칠함이 없다면 죽은 강물이듯, 당신의 두 다리가 아니라면 천국은 지어지지 않는다.

　세계 최고의 자살 공화국, 사기 공화국, 부끄러운 우리 자화상이다. '한민족은 욱 하는 기질이 있다.' 어느 교수의 말이다. '욱'은 민족적 기질이랄 수 없다. 동물적 본성이다. 수탉이 이기기 위해 목청을 돋우고, 털을 부풀려 덩치가 커보이게 하는 것과 같다. 우리는 대화하고 토론하는 법을 학습하지 못했기에, 생각을 존중하고 타협하는 것이 서투르다. 다르거나 거슬리면 그저 욱하며 제압하려 든다. 힘을 앞세워 누르고자 하는 봉건적 잔재다.

　서구는 시민혁명(정신혁명)을 거쳐, 시민이 국가의 주인임을 선언한다. 피의 대가를 치르기도 했다. 귀족의 국가-킹덤(왕국), 피지배민의 국가-컨튜리(나고 자란 곳)가 민주로 대변하는 근대 국가, 내셔널로 재정립한다. 그 과정에서 자유 평등 인권을 쟁취하고, 그것을 지키기 위한, 시민이 갖추어야 할 책무를 일깨우고, 실천할 것을 약속한다. 그 합의가 법이다.

　내셔널 국가에선 민주. 주인으로서 시민이 가장 소중한 재산이다. 건강한 사회, 온전한 국가를 지켜낼 수 있다는 믿음은 그 본분이 지켜질 때이다. 책임과 의무는 구체적이고 지금 현재적이다. 머리에서 작동하는 관념이 아니다. 주인의식 없는 사회. 좀 먹는다는 것. 알지 못하는 사이에 야금야금 썩어 들다가 한순간에 와르르 무너져 내린다. 천국은 주인 의식이 만든다. 부처가 이미 2600년 전에 말했다.

　잔디를 깎아야 용돈을 준다거나, 아이가 어느 정도 자라면 아르바이트를 하도록 한다. 관념이 아닌, 실질적으로 세상과 부딪는 훈련이다. 교육도 토론식이다. 사회성 제고를 위함이다. 토론하며 타인을 존중하는 법을 배운다. 토론 때 '노'라는 말은 잘 하지 않는다. 최대의 반대 표시가 '내 생각은 다르다(I don't think so)' 정도이다. 의견을 전달하는 방식을 다듬으며 타협하는 법을 익힌다. 물론 분명하게 자신의 뜻을 전달해야 할 땐 반듯하게 '노'라 한다. 우리의 저력을 얕잡는 자격지심이거나, 저쪽을 높이 받드는 사대의식이 아니다. 배울 것을 배우자. 불법의 제일의 도는 열림이다.(관계론)

당신이, 마치 아기가 어지럽게 흩어 놓은 난장 같다 생각하면, 그것은 희망을 말하고 있다. 할 일이 남아 있다는 건 당신의 천국이 부서지지 않았다는 증거다. 조각난 모서리를 때우는 몸짓으로 나의 천국은 지어진다. 아름다움은 미완이다. 당신의 천국은 완벽하지 않아서 완전하다. 비어 있음은 아름답다. 당신의 손을 기다리는 '비어 있음'이 천국으로 안내하는 문고리다.

못마땅하고 부족한 당신이 아니라면 이 시간은 싫증으로 지친다. 우주 법. 존재는 비어 있음. 법공이 이를 말해 준다. 당신이 감사해야 할 대상은 못마땅함이다. 못마땅함을 풀어 헤치고 바느질하는 부지런함으로 시간이 삶을 깁는다. 당신 눈에 난장판일지 모르나, 쉴 새 없이 팔을 흔들어 대는 아기에겐 너무나 재미있는 천국이다. 천진함을 잃지 않는다면.

하마가 벌린 입이 귀여워 보인다면 천진난만해서다. 천진난만을 채우는 것이 사랑. 따스함 가지런함 하늘과 바람과 구름. 그리고 입을 크게 벌린 하마 같은 순진함이다.(존재론)

　금강반야바라밀은 인연생기의 우주를 실어 나른다. 법공은, 어떤 것도 '수리의 선반' 위에 올려져야 함을 말한다. 무아로 내가 꾸준히 변화하듯, 세계는 합당하고 수긍 가능하게끔 축조되고, 끊임없이 점검되어야 한다는 당위에 이른다. '이생기심'—즉시 행하라 하는 도리이다. '응무소주'—머무는 바 없는, 천진함으로. 무아법으로 존재를 일구는 마땅함. 불법은 생명 재생의 도다.

　'법을 설한 바 없다.' 천국의 완성은 정해진 문법이 없다. 아무리 불법이라도 '내 말이 옳다' 하면 바로 단단하게 굳는 암 덩어리가 된다. 옳음과 그름을 나누어 싸운다. 너와 내가 갈라진다. 서로 길을 막고 이것과 저것이 영토 전쟁을 벌인다. 삶이 살 만한 이유는 길을 버림으로 길을 만든다는 신뢰가 있어서다.

　천국이 정해져 있다면 거기는 이미 지옥이다. 천국은 주어지지 않는다. 불변하는 진리란 가짜다. '반드시 이것이어야 해.' '오늘 아니면 안 돼.' 아집은 '고'의 칼이다. '절대'로 움켜쥐는 지옥이다. 집 안을 '공간'이라 하면, 집 밖은 공간이 아니게 된다. 집 안은 집 밖의 공간이라는 맥락에서 비로소 공간이 된다. 『금강경』이 언어(문자)에 의해 닫히면, 언어 밖은 불법에서 이탈한다. 언어의 벽을 초극함으로 비로소 『금강경』이다. '불법은 불법이 아니다. 그래서 불법이다.' 변증법은 언어의 담을 넘는 지혜다.

◉ 인간은 언어의 목장에서 사육된다. 나는 먼저 있었던 자들의 생각과 경험이다. 언어는 태생부터 편견이고 고정관념이다. 이름 하나에 목숨까지 걸고 싸우는 것은, 언어를 뻔질나게 드나들던 선조의 손때와 정신이 녹아 있기 때문이다. 본다고 하는 눈에는 언어로 내림하는 색안경이 씌워진다. 의식은 언어에 마비된다. 우리는 스스로 결정한다 믿고 싶지만, 이미 언어가 깔아 놓은 생각이 틀을 잡는다. 계획되고 의도된 언어의 골목을 밟아 간다. 언어가 나를 읽는 셈이다.

언어는 제약이다. 언어에 씌인 생각의 폭만큼 사유하고 행동한다. 경험은 그가 소유하는 언어에 따라 편향성과 당파성을 가질 수밖에 없다. 장미를 대하는 한국인과 영국인이 다르고, 남자와 여자가 다르다.(같은 단어라도 남녀의 언어는 다르다. 장미는 남자에게 꽃이지만 여자에게는 봄, 사랑이다.) 추운 지방, 더운 지방이 다르고, 경제적 차이에 따라 다르다.

길다 짧다, 언어는 이름일 뿐이다. 무너진 갱도에 갇힌 자에게 1분은 전 생애를 거는 긴 시간이나, 놀이공원에서 신난 아이에게 1분은 잴 수나 있겠는가? 눈 깜짝할 찰나에 지나지 않는다.

언어는 존재를 대상화한다. 객관적 사물로 고정한다. '돌'은 그러한 성질을 일컫는 약속 체계이고, 관념으로 한계를 지니는 언어다. 그런데 돌이라는 이름은 마치 불변적 무엇이 있는 양 착각을 일으킨다. 이름은 자못 광포하다. 존재한테 이름은 꼬리표다. 변화의 생기, 생명성의 생소함을 앗아간다. 관념으로써 언어는 권태롭다. 언어의 제한성으로, 아무리 어감과 표정을 섞어도 극복하기 어려운 한계점이 있다.

'그는 너를 사랑했다.' 그를 힘 주면 그가 주제가 된다. 뜨거운 가슴을 가진 한 남성으로서 그가 부각된다. 너와 사랑은 보다 가볍다. 너에게 역점을 두면 그와 사랑은 가장자리로 밀려난다. 사랑에 중점을 두면, 그동안 그의 행동이 중심이 되어, 그와 너는 부차적 변두리가 된다. 의미와 감정의 전달이라는 언어 기능은 오해를 제공한다. 상을 만드는 틀이다, 개념은 실제를 멀리한다. 신맛은 언어이다. 귤을 먹고 느끼는 맛을 완벽하게 소화하지 못한다. 상에 넘어지며 8만 번뇌가 몰려온다. 언어의 생김새는 대결적 주먹을 겨눈다. 개념화한 언어는 '절대'의 모양을 갖는다. 언어의 뛰어난 창의성이 언어에 의해 닫힌다. 부처님이 언어를 환기시키며 주의를 주는 이유다.

비난과 칭찬에도 흔들리지 마라.
소리에 놀라지 않는 사자처럼. ─『숫타니파타』

왜구가 사람을 해치며 노략질할 때, '살생하지 마라' 언어를 일러, 이웃이 참살당하는 꼴을 모른 체 한다면 불법을 안다 할 수 없다. 중도의 날렵함은 때로 날선 창끝을 버린다. 불법이 아님으로 불법이 되는 이치다. 분노가 생명을 살린다면 불법이다. 정의는 공하다. 어떻게 채우냐는 방편이다. 창끝으로 채워야 할 것을 미소로 담는다면 불의다. 굴종이거나 위선이다. '분노는 악이다.' 절대화한 언어가 빚는 무명이다. 화를 내면 안 된다는 '상'을 철석같이 보관하는 '공'병이다, 절대를 신봉하는 소승적 당착이다. 분노의 '상'에서 물러나면, 중도의 불가마는 미소보다 아름다운 분노의 보검을 들어 올린다. 분노는 중도의 활화산이 일으킨 정의의 화신이다. 당연 분노는, 공업과 연관지어, 최후의 방편으로 한정되어야 하리라. 연기법이 이를 말해 준다.

『반야심경』에 '심무가애 무가애고 무유공포 원리전도몽상 구경열반' — 마음에 걸림이 없고, 장애가 없으며 두려움이 없으니, 뒤바뀐 몽상을 멀리 떠나 마침내 열반에 든다 하였다. 걸림 없음. '절대'로 고정하는 '상'을 가지지 않음이다. 두려움이 없으니 행동에 장애가 있지 않다. 부처를, 마음을 정갈히하고 앉아, 고요한 성자의 모습으로 본다면 전도몽상이다. 때론 지푸라기를 태우듯 목숨을 아랑곳 않고 칼춤을 추는 불의 화신이다. 불가피하다면, 중생의 아픔을 건지기 위해서라면, 악령으로도 몸을 나툰다. '부처'라는 언어를 벗어난다면.

부처의 눈물은 뜨겁다. 왜구에게 칼을 높이 치켜든 서산대사, 피를 튀기는 시뻘건 칼춤은 인연줄을 품는 자비의 화신이다. 분노로 일그러질지언정 사랑과 연민으로 끓는다. 인연은 부처를 악마로, 악마를 천사로 만들기도 한다. 부처의 중요한 가르침인 비폭력은 존숭되어야 한다. 폭력은 어쩔 수 없는 최후의 창조적 고뇌이어야 한다. 거지(못난 이웃)라고 함부로 내치지 말라. 당신의 생명을 건져 줄 화신 부처님은 당신 주위를 맴돈다.

언어는 파괴적이다. 말 한 마디라도 주의하지 않을 수 없다. 비난은 말할 것도 업고, 칭찬도 마찬가지다. 언어의 창의성이 심술과 손을 잡으면, 악마의 마술방망이가 된다.

'삼천대천세계에 있는 미진' 미진과 삼천대천세계는 이름일 뿐이다. 실체 없는 무아다. 성주괴공(생성·유지·파괴·공 — 우주), 생로병사(생명), 생주이멸(생성·머묾·변화·소멸 — 물질과 정신)하는 변화가 있다.(미진과 대천세계는 30분에서 자세히 다룬다.)

◉ 불교의 창의력을 사주와 대조해서 보면 쉬 와 닿을 것이다.

사주는 물과 불을 상극으로 대립시킨다. 물이 불을 끄기 때문이다. 물은 나무를 생한다. 사주는 극하면 극하는 대로, 생하면 생하는 대로 정해진 길을 따라 운명이 간다 한다. 사주의 결정론은 사물의 변동성과 활력을 거세한다. 나무와 불의 관계를 밝히고 있지만 관계론으로 보기 어렵다. 관계가 생과 멸로 고정되기 때문이다. 다른 물길을 틀어막는, '해라' '하지 마라' 단정은 황당한 도박이고, 위험한 파괴이다. 누구나 알 만한 사업가 H씨는 '쇠를 만져야 해'라는 점쟁이의 말을 듣고 철강업에 손을 댔다 망했다 한다. 수요가 포화에 이른 시장에 물었어야 할 것을 점쟁이에게 물은 탓이다.

그러나 불교는 물과 불 사이에 솥을 건다거나, 물이 불을 끄기만 하는 것이 아니라, 불을 크게 일으키는 가능성을 열어 놓는다. 바싹 마른 솔가지는 호로롱 타고 말지만, 물기 머금은 생목은 질기게도 탄다. 물이 타기 때문이다. 물이 타면서 내는 불꽃의 화력은 무섭다. '솥, 물이 타다'는 중도적 시선으로 길어 올린 초월성이다. 상극과 상생을 고정하지 않으므로, 극하면서 동시에 생하며 새로운 환경을 만들어 간다.

불이 강하면 누르는 게 아니라 화력 발전을, 금이 강하면 금광을 일구어 낸다. 의지와 용기를 당해 내는 숙명이란 없다는 것이 불교의 가르침이다. 미래를 알고자 기를 쓰는 것은 삶을 방관자로 세워 두겠다는 말이다. 쉬 가는 인생길로 요령을 피울 심산이다. 못마땅한 것은 제쳐 놓고, 만만한 놈은 밟고, 달콤하고 넘기기 쉬운 것만 골라 주워 먹겠다는 심보다. 그런데 어쩌랴? 그런 건 없다. 그것은 삶이 감당하는 주식을 저버리는 배임이고, 살이가 충당하는 활력과 재미를 빼앗는 횡령이다. 삶은 미지의 가능성으로 숨을 쉰다. 삽자루는 당신이 쥐고 있다. 불법은 지금 이순간 당신의 행위로 미래를 불러오는 치열한 현장성을, 살이의 주인 자리를 선사한다. 미래를 보고 싶거든 당장 당신의 몸가짐을 살펴볼 일이다.

32상은 부처님이 수행과 선업으로 쌓은 신체적 특징이다. 그러나 부처는 외형에 있지 않다. 32상이 있고 없고를 따져 부처다 아니다 하지 못한다. 부처는 부처의 특성을 초월한다.

사람을 보면, 관상·인상·심상을 살펴 생의 자국을 그려 보겠다 덤빈다. 어떤 '상'이든 끌어 와 마름질이다. 설레발로 어느 정도 감정해 놓아야 마음이 놓인다. '돈 꽤나 만져 봤겠는걸, 성깔이 있겠는데, 저놈은 여자한테 걸려 넘어지지, 너는 이것을 조심하지 않으면 앞길이 구만리야' 주제 넘은 진단이다. 변화와 창조, 초월 의지를 못 보고, 선입관으로 찍어 누른다. 우리는 타인의 생활과 외모에 관심이 많다. 인연의 복됨을 절감해서가 아니라, 재어 보고 견주어서 내 위치를 어림잡을 요량이다. 나이가 어떻게? 직장은, 어디에 사시는지, 대학은, 부모님은? 사회가 심한 경쟁, 대치 상태로 짜여 있음을 반증한다.

혹자는 외침이 잦은 나라에서 적과 아군을 파악하기 위하여, 엄격했던 신분사회의 습성으로, 자기 자리를 미리 정하는 처세의 일환으로 보기도 하나, 위계로 존대와 하대가 엄격하게 나뉘어져 있는 언어의 영향이 크다.(우리 언어는 존댓말이 표준으로 작동하는, 평등의 원리에 있음을 알아야 한다.) 또 급격한 산업화에 따른 물신주의, 천박한 자본주의가 빚은 씁쓸함이 아닌가 한다.

물질은 사람을 평가하는 기준으로 상이며, 신분을 측정하는 저울, 우열을 가리는, 갈등의 씨앗이 되었다. 그리하여 누구나 잣대로서, 딱딱하게 굳은 상을 이고 지고 다닌다. 정신분석학자가 말하는 집단 무의식. 인류가 경험한 모든 일들이 우리 의식에 자리 잡고 있다 하는, 특히 생존을 위해 상대의 공격성부터 민감하게 더듬는 돌기의 불안과 공포. 위험을 낚아채는 긴장이 부정적 인식부터 먼저 하게 된다는 설명. 연기법에서 더 설득력 있는지도 모르겠다. 개가 낯선 사람을 보면 짖는 것도 자기 안전성을 침해받는 두려움 때문이리라.

32상으로 말하고자 하는 요점은, 머리를 깎았다 하여 스님이 되는 것은 아니다 하는 꾸짖음이다. 돈 푼 꽤나 있다고 사람 구실 하는 건 아니다. 좀 배웠다고 품격이 넘치는 건 아니다. 벼슬 꽤나 찼다고 위신이 서는 건 아니다. 성직자 옷을 걸쳤다고 천국 가는 것은 아니다. 돈·학벌·지역·감투의 포장지를 뜯어 내지 못한 겉 살이는 껍데기일 뿐이다. 판에 박듯 액자에 끼워 넣은 신은 무지가 걸어 놓은 걸개그림이다.

'항하의 모래수와 같은 목숨을 바쳐 보시한다.' 목숨은 여러 생을 전전하며 이룩한 불화의 생명이다. 시공이 연기하며 연속하는 생명이다. 작은 음식을 나눌지라도, 한 목숨을 건지는 공덕이 있음을 상징적으로 보여 준다. 핵심은 4구게이다.

금강반야바라밀은 번뇌를 깨뜨리고 나오는 지혜의 완성, 고통을 벗어 던지고 저 언덕에 이르는 반야의 가르침이다. 목숨을 바쳐 보시하는데 어찌 공덕이 작을 것인가? 그런데 부처님은 작은 법일 뿐이다 한다. 목숨을 전부로 여기는, '목숨의 상'에 걸려 넘어지기 때문이다.

생사의 상, 분별과 집착, 찌꺼기가 남는다면 무명의 반복이다. 그곳의 삶은 우연이며, 종으로 있다. '보시는 보시가 아닌 그래서 보시'인, 복덕조차 연연치 않는 인연의 투시. 나를 주인으로 올린다. 대 자유를 관통하는 삶이다.

　아무리 목숨을 보시하더라도 지혜가 눈을 뜨지 않으면 절반에 그친다. 나＜너＜생명＜존재와 비존재로 이어지는 생명의 고리, 이것을 완성하며 모든 존재는 이미 목숨을 보시하는 부처다. 부처님이 아상 하나로 충분한, '나'라는 존재의 편견을 인상＜중생상＜수자상으로 확장해서 설하는 이유이다. 목숨까지 바칠 만한 힘을 움직이는 것은 저 깊은 뿌리의 자비, 인연이라라. 멀리 갈 것도 없다. 오늘날 우리가 이만한 안락과 자유를 누림은 불의에 대항하여 목숨을 바친 4·19열사, 짐승 같은 노동 현실을 몸을 불태워 고발한 전태일 선생, 독재의 폭압에 맞서 목숨을 사른 장준하·이한열·박종철 같은 분들의, 불토를 향한 보시 공덕 때문이다. 여법수지, 있는 그대로 불법을 받아 지님이다.

　● 불법은 인류에 대한 무한 긍정, 인권을 인간 밖의 생명권으로 확장한다. 인연줄의 한 가닥을 담당하는 연기법에 의하면, 존재는 태생에서 불가침적이고, 나와 나아님이 없는 일체로써 권리는 우주적이다. 인권이 우주 모두에게 뻗치면, 비로소 인간은 권리의 존재에 앞서는 (모두 같은 권리를 지님으로) 표현의 존재로써 자연의 일원이다. 무아는 표현으로 몸을 삼는다. 표현은 생명을 터트리는 생명권이다.

　'나는 밥을 먹는다.' 내가 있어서 밥을 먹는 것이 아니라, 밥을 먹는 행위로 나를 드러낸다. 내리는 몸짓 이전에 비는 없다. 하늘에 맺힌 물방울을 비라 하지 않는다. 물방울이 떨어지는 상태, 움직임으로 비가 나타난다. '비가 내리다.' 주어를 드는 언어 습성은 비라는 실체부터 그려 낸다. 착각이다. '나'를 불변의 진리로 못 박는 버릇이 나, 내 것부터 집어 든다. 대상을 정형화한다. 명사화하여 파악하는 습성에 젖는다. 나를 절대화하며 불멸을 요청하기에 이른다. 그러나 나를 유지하고 결속하는 것은 업이다. 부처가 '~이름 하여' '~는 이름이다' 존재는 실제의 사건 이전에, 언어적 무장으로 쫓아 가는 허깨비에 지나지 않음을 보라 한다.

'~답다' '~한다' 형용사나 동사로 사물을 들여다보면 존재는 행위, '표현 양태'이다. '비는 내리되 비라는 실체는 없다.' '생각하되 생각하는 자는 없다.' '업을 짓되 업을 짓는 자는 없다.' 자기를 묘사하는 몸짓이 있을 따름이다. 이는 존재에 대한 인식을 밑바탕에서 바꾸도록 한다. '비가 내리다'는 허구적 언술에 지나지 않는다. 비라는 이름은 방편적 수단이다. 언어는 명제이고 개념이다. 주장이다. 존재는 표현으로 색체를 드러내며 생명성을 얻는다. 비는 존재와 비존재의 초월 지점을 긋는다. 실체가 없으므로 비존재이고, 인연의 모임으로 실존한다. 유무, 있고 없음을 넘는다. 중도다.

행위로 모습을 드러내는 서술적 양태. 존재는 몸놀림으로 연료를 태워 피어나는 불꽃이다. 행위는 표현으로써 실존이며, 업·불화의 씨앗으로 초월적이다. 사람의 생김새를 하고 있어서 사람이 아니라, 사람다운 짓을 해서 사람이다. 개같은 짓거리를 하면서 사람의 탈을 썼다는 이유만으로 사람일 수 없다. 나는 명사가 아니라 동사다. 체가 아니라 용이다. 몸이 아니라 몸짓이다.

용어 풀이

32상 : 부처와, 왕중의 왕, 전륜성왕만이 갖는다는 특별한 형상. 발바닥이 평평하다. 손가락에 갈퀴가 있다. 손이 무릎까지 내려간다. 이마 중간에 흰털이 있다. 40개의 이가 있다. 아름다운 목소리를 가졌다. 정수리가 둥글고 단정하다. 등등 32가지 모양이 있다.

80종호 : 32상을 세분한다. 모습과 성격, 음성과 행동에 관해서도 언급한다.

그땐 그랬지

(언어의 뾰족함이란……)

20대 후반이었지요. 그때의 이야기를 하렵니다.

아, 그날은 이마에 궁둥이에 진땀나는 하루였다. 그 아가씨(박 모양)가 또 실수를 한다. 일할 의욕이 없는지 행동도 느릿느릿, 짜증난다. 돌아서는 그녀의 뒤꼭지에 대고 한마디 했다.

'사람이 머리가 안 돌아가면 궁둥이라도 빨리빨리 돌아가야 할 것 아냐?' 실은 이것은 내가 그녀에게 갖고 있던 호감과 관심을 쏟아 붓는 일이었다. 한없는 애정 표시였다. 이렇듯 황당하고 어처구니없는 반어법을, 역설로 강조하는 사랑이랍시고 퍼부었던 것이다. 딴엔 그녀에게 확실하게 나를 심어 놓겠다는 의지의 표현이다. 일을 핑계 삼아 한 가닥 연줄을 걸쳐 보려 했는데…… 들었나 보다. 그녀가 돌아서서 째려본다. 점심시간이 되자 그녀를 앞세우고 여자들 몇몇이 모여왔다. 좀 보잔다. 갔더니, 사과하지 않으면 무슨 희롱죄로 다스리겠단다. 나는 하는 수 없이 그 의미에 대해 설명해야 했다.

'우리 속담에, 궁둥이에서 비파 소리가 난다는 말이 있다. 그게 무슨 뜻인고 하니…… 그러니까 귀뚜라미나 여치가 어떻게 소리를 내는지 아느냐? 귀뚜라미는 다리를 몸통에 비벼서, 여치는 날개를 맞비벼 소리를 내는데, 무려 일초에 100회 이상 비벼야 소리가 난다고 한다. 내가 사람의 궁둥이를 자세히 관찰해 보니까, 물론 난 국가가 보증하는 총각이니, 할 수 없이 내 궁둥이를 거울에 비춰 보고 만져 보고 한 것이지만. 뭐 여러분 중에는 다른 사람의 궁둥이를 만져본 이도 있겠지만. 또 나도 언젠가는 기회가 있겠지만.'(나중에 또 이 말을 걸고 넘어진다. 나 참……)

아무튼 사람의 궁둥이를 관찰해 보니(나의 절박한 모션—두 팔을 앞으로 내어 엉덩이를 감싸듯 하면서) 형태는 원만하여 둥글고, 팽만하게 돌출되어 있어서 포만감을 가져다 준다. 비계 덩어리가 밀집되어 있는 고로 성질은 차다. 여자들이 더욱 도드라진 것은, 아기 낳을 때 소진하기 쉬운 에너지를 미리 축적해 놓은 것이란 설명도 보탰다. 그리고 궁둥이는 좌우 대칭형으로 두 쪽으로 이루어졌다. 근데 이 두 쪽이 미묘한 틈을 사이에 두고 맞대어 있어서, 이것이 빨리 부벼지면 마찰에 의해 열이 발생하고, 온도가 올라가면 땀이 난다. 이 땀이 소리가 나는 이치다. 본론으로 돌아가서, 궁둥이에 비파 소리가 난다 함은 서둘러 길을 가는 모양, 이리저리 분주히 나대는 꼴을 말한다.

원점으로 돌아가 보자. 머리가 안 돌아가면 궁둥이라도 빨리 돌아가야 한다는 말은, 우리 속담과 같은 원리이다. 머리가 조금 모자란다 하더라도, 열심히 일하면 먹고사는 데 지장 없다 그런 뜻이다. 결코 여러분이 상상하는, 그런 이상 야릇한 의미가 아니다. 옛말에도 대부는 재천이요 소부는 근면이라 하지 않았나. 큰 부자는 하늘이 내린다지만, 열심히 노력하면 작은 부자는 이룰 수 있다 했다.

그녀들은 어처구니없다는 듯이 웃음을 툭 던진다. 입 꼬리에 얇은 실소를 말아 올리고 나를 째려본다. 전혀 수긍하는 눈치가 아니다. 나는 좀 더 공격적으로 대응해야 할 필요를 느꼈다. 내가 말했다.

'어느 유머란에서 이런 것을 봤다. 내시가 노조를 설립하려고, 노조 설립신청서를 조정에 제출했는데, 조정에서는 다음의 이유를 들어 불허했다. 첫째 내시는 발기인이 없다. 하여 발기인 대회를 하지 못한다. 둘째 내시는 정관이 부실하므로 난관을 만나면 헤쳐 나갈 수가 없다. 셋째 내시는 씨를 뿌릴 수 없으니 추수가 불가능하다. 수확이 없는 고로 회비를 낼 수 없다. 넷째 내시는 고자를 이름이니, 즉 일러 바치는 사람을 말하므로, 근본적으로 단결을 도모할 수 없다. 다섯째 내시는 사정을 할 수 없으니 사정 기관에 볼 일이 없다. 이러한 이유였다. 이 유머가 우리에게 하고자 하는 말은(난 입에 약간의 거품을 물었다. 의도적으로) 내시가 노조설립 신청을 할 때까지, 그들 스스로 그렇게 많은 내부 모순과 문제점을 가진 줄 몰랐다. 그것이 불허되고 나서야 그들은 자신의 한계를 알았다. 그렇듯 여러분도 자신에게 모순은 없는지, 문제점과 한계가 무엇인지, 다른 사람을 탓하기 전에 '자기 검열'부터 먼저 해 보는, 그런 지성인다운(다들 대학 나왔단다) 모습을 보여 주기 바란다. 소쿠리라는 양반도 '니 꼬라지를 알아라' 뭐 그런 말을 하지 않았냐. 나는 말을 마치자마자 머리에 궁둥이에 비파 소리가 나도록 그 자리를 떴다. 그 가시나한테 그동안의 점수 다 잃었다.

아, 사랑이 떠나가네.

두둥실, 두리둥실 사랑이 떠내려가네.

(이리하여 나의 사랑은 떠나갔습니다. 결코 감동적이지 못한 사랑 표시 때문에. 말의 속성이 아무리 경박하다 해도, 말끝에는 내면의 진실한 조각은 물고 있어야 하나 봅니다.)

제14 — 이상적멸분
상을 여의어 적멸함

"희유하옵니다. 세존이시여, 부처님께서 이와 같이 심히 깊은 경전을 설하심은, 제가 예로부터 내려오면서 얻은 바 혜안으로도 일찍이, 이와 같은 경은 얻어듣지 못하였사옵니다. 세존이시여, 만약 다시 어떤 사람이 이 경을 얻어듣고 믿는 마음이 청정하면, 곧 실상을 깨달을 것이니, 이 사람은 마땅히 제일 희유한 공덕을 성취함을 알겠사옵니다. 세존이시여, 이 실상이라는 것은 곧 상이 아니오니, 이런 고로 여래께서 실상이라 말씀하셨습니다. 세존이시여, 제가 지금 이와 같은 경전을 얻어듣고 믿어 알고, 받아 지니기는 족히 어려울 것이 없사오나, 만약 오는 세상 후오백세에, 어떤 중생이 이 경을 얻어듣고 믿어 알고 받아 지닌다면, 그 사람은 곧 제일 희유한 사람이 되겠사옵니다. 이유를 말씀드리오면 그 사람은 아상이 없사오며 인상도 없고, 중생상도 없사오며 수자상도 없는 까닭이옵니다. 왜냐하오면 아상이 곧 상이 아니오며, 인상과 중생상과 수자상이 곧 상이 아니옵니다. 왜 그러냐 하오면, 일체 모든 상을 여읜 것을 이름 하여 곧 모든 부처님이라 하기 때문입니다." 이때에 수보리는 이 경 설하심을 듣고 깊이 그 뜻을 깨달아, 눈물을 흘리고 흐느끼며 부처님께 말씀드렸다.

부처님께서 수보리에게 이르셨다.

"옳다 그렇다. 만약 다시 어떤 사람이 있어 이 경의 말씀을 듣고 놀라지도 아니하고, 겁내지도 아니하고 두려워하지도 아니하면 마땅히 알라. 이 사람은 심히 희유한 사람이 되느니라. 어떠한 까닭이랴? 수보리야, 여래가 말한 제1바라밀이 곧 제1바라밀이 아니요, 이를 이름 하여 제1바라밀이라 하니라. 수보리야, 인욕바라밀도 여래가 인욕바라밀이 아님을 말함이니라. 어떠한 까닭이랴? 수보리야 내가 옛날 가리왕에게 몸을 베이고 잘림을 당하였을 적에, 내가 그때에 아상이 없었으며 인상이 없었고, 중생상과 수자상도 없었느니라. 왜냐하면 옛적에 마디마디 사지를 찢기고 잘린 그때에, 만약 나에게 아상과 인상, 중생상과 수자상이 있었다면 응당 성내고 원망하는 마음을 내었으리라. 수보리야, 또 여래가 과거 5백세 동안 인욕선인이 되었을 때를 생각하니, 그때의 세상에서도 아상이 없었고 인상도 없었고, 중생상도 없었고 수자상도 없었느니라. 그러므로 수보리야, 보살은 응당 일체의 상을 떠나 아뇩다라삼먁삼보리심을 발할지니라. 마땅히 형상에 머물러 마음을 내지 말며, 성·향·미·촉·법에 머물러 마음을 내지 말며, 응당 머문 바 없는 마음을 낼지니라. 만약 마음이 머묾이 있으면 곧 머묾 아님이 되느니라. 이 까닭에 여래가 말하기를 '보살은 마땅히 마음이 형상에 머물지 아니하고 보시한다' 하느니라. 수보리야, 보살은 일체 중생을 이익케 하기 위하여 응당 이와 같이 보시하느니라. 여래가 말한 일체 모든 상은 곧 상이 아니며, 또 말한 일체 중생도 곧 중생이 아니니라. 수보리야, 여래는 참된 말을 하는 자이며(진어자), 실다운 말을 하는 자이며(실어자), 있는 그대로를 말하는 자이며(여어자), 허황된 말을 하지 않는 자이며(불광어자), 다른 말을 하지 않는 자이니라.(불이어자) 수보리야, 여래가 깨달은 바의 법, 그 법은 실다움도 없고 헛됨도 없느니라.(무실무허) 수보리야 만약 보살이 마음을 법에 머물러서 보시하면, 마치 사람이 어둠 속에 들어가 보이는 바가 없는 것과 같고, 만약 보살이 마음을 법에 머물지 아니하고 보시하면, 사람이 눈이 있어 햇빛이 밝게 비침에, 가지가지 색을 보는 것과 같느니라. 수보리야, 장차 오는 세상에서 만약 어떤 선남자 선여인이 있어, 능히 이 경을 받아지니고 읽고 외우면, 곧 여래가 부처의 지혜로써 이 사람을 다 알며 이 사람을 다 보나니, 모두 헤아릴 수 없고 가 없는 공덕을 성취하게 되리라."

불법은 눈물마저 메마른 사막의 모래가 아니다. 삶은 두드림, 공명이고 대꾸다. 불법은 탱글한 살이의 물보라를 튕긴다. 수보리의 눈물이 그렇다. 천국을 찾아 밖으로 떠돌던 수보리의 반성이다. 눈물은 공감이다. 눈물은 삶을 깊게 물들인다. 슬픔이거나 사랑이거나, 눈물은 언어의 소란을 잠재우고, 순수한 소망에 잠긴다. 눈물은 천진난만함으로 울퉁불퉁 생을 줄 긋는다.

'청정하면 실상이 나온다.' 청정은 상을 여읨이다. 상은 팽팽하다. 브레이크가 파손된 생각의 질주다. 상은 좌절한다. 고정관념은 의욕을 주저앉힌다. 불법은 팽만한 의식을 날려 버리고, 과학적 민첩함으로 탐구한다. 모든 존재는 제 몸통만큼 까다로운 그림자를 내밀고, 당신을 엿본다. 당신의 예리한 눈매를 부르는, 지혜의 단초. 당장 남자라는 생각을 떠나 보라. 여신의 배가 갈라지는, 모성의 질긴 파열음을 듣는다. 상을 버리면 곧장 실상을 만난다.

'상을 여의어 적멸에 든다. 상은 상이 아니다.' 여읨이, 막무가내 떨쳐 버려야 할 적이라면, 소승적 '절대' 사탄이 된다. '저건 장미가 아니다. 아니다.' 아님을 떼쓰는, 오로지 장미를 깨뜨리고 나와야 하는, 상에서 탈출을 목표로 하는 '공'병이다. 그러나 상은 손질을 기다리는 꽃병이다. 꽃병에 꽂혀 있는 꽃이 붉은 장미가 아닐 수 있다는 의심이다. 의문은 다시 꽃병을 들여다보도록 한다. 적극적 다가감이다. 상을 여읨은, 상과 마주하여 화해를 요청하는 대화다. 무아가 그렇다.

질병이 쫓아내야 할 마귀이면, 공포스런 악마가 된다. 그러나 병이 작용하는 원리를 탐구하고, 증상과 반응을 살펴 병이 지나는 길목을 알아낸다면, 병은 몸을 이해하는 언어, 몸의 매체가 된다.

질병은 육체를 극복하는 용기, 몸의 동무가 된다. '상은 상이 아니다.' 병은 병이 아니다. 병을 나의 '못남'이나 '열등감'으로 바꾸어 보면 나를 이해하는 지도책이 된다. 치료하는 과학. 초월은 그런 것이다. 삶의 치료. 병이 물리쳐야 할 적으로 굳으면, 주술사의 그늘을 벗어나지 못한다. 인간은 질병과 화해할 수도, 질병을 극복할 수도 없다. 병이라는 상을 버리고 다가감으로, 몸을 읽는 나침반이 된다. 적멸에 든다.

번뇌(못남)가 왜 열반의 좋은 친구인지 보여 준다. 번뇌와 열반은 거름과 알곡이다. 번뇌를 꺼려 멀리 할수록 잡초만 무성하다. 없애야 할 번뇌가 오히려 집착 덩어리로 커간다. '절대'를 부르짖는 암흑이다. 번민을 밀어 내지 말 것, 침착하게 마주할 것, 고통의 뿌리에 솔직할 것, 나 내 것이라는 고집을 놓을 것, 고통이 지나가는 통로를 만들어 줄 것. 고통을, 나무를 전지하듯, 가꾸어야 할 친구로 대접하면, 번뇌의 가지에서 열반이 꽃핀다. 웃자란 가지를 자르고 병든 이파리를 솎다 보면, 마음은 건강한 묘목을 기른다. 그러나 열반의 꽃을 집착하면 다시 번뇌의 종자를 키우는 꼴이다. 열반이 궁극적 목표가 아니라, 창작의 질료라는 점에서 번뇌와 평등한 위상을 차지한다. 부정 긍정의 변증법적 동력이다. 열반은 동사다. 멈추지 않아서 살이다.

용기란 '있는 그대로 나'를 보는 것. '나는 왜 이 모양이지' 깨부수어야 할 '못남'은 고통의 덩어리, 상이다. '이건 아니야' 끝없이 파괴하며 자기를 못살게 군다. 무작정 도망친다고 끝나는 것도 아니다. '내가 왜 그래야 하지?' 상은 상이 아니다. 못남은 못남이 아니다. '못났다' 하는 나는 없다고. 다시 못남을 마주하면 그 못남은 진짜 오간 데 없다. 나는 나와 화해를 요청한다. 상은 아집이 만든 가짜. 집착이 만든 허공이다. 있는 그대로 나란? '공'이다. 가능의 문이다. 손잡이를 어디에 다느냐 골똘한다면, 내가 천국이다. 시선을 무시하는 능력? 나는 나다!

'상을 여읨이 곧 부처다.' 나를 떠나 부처는 없다. 상에 휩쓸리지 않는, 자기와 거리를 두는 능력자. 마음의 껍질을, 저만치 물러서서 지긋이 바라보는, 마음 공간을 만드는 능력자. 아상을 눈치채는 자만이 상에서 해방한다. '나는 남자라는 상을 '고집'하고 있구나' 자기를 안다면, 남자이기 때문에 눈물을 흘려선 안 된다는 것이 얼마나 가련한 횡포인가 알아차린다. 아픔으로, 거룩한 분노로, 심장을 찢고 나오는 용서로, 자신을 쓰다듬는 뜨거운 손길로 울음을 터뜨리는, 인간의 눈물이 발견된다. 남자라는 강박을 벗어 던짐으로, 나는 나다.

갈등과 대립은 피할 수 없다? 인간사 어찌 갈등 없이 살아 가리요? 표현의 존재로써 갈등은 뗄 수 없는 그림자인지도 모른다. 그러나 갈등해서 문제가 아니라, 갈등에서 빠져나오지 못함이 문제다. 큰 이익을 짜는 법. 나·내 것을 내린다면 화해하지 못할 건 없다 한다. 전부를 내 것으로 만드는 능력. 나는 내가 아니다! 무아는 비굴한 하심이 아니라, 나를 적극적으로 채우는 힘살이다. 아상의 날카로움을 꿰뚫어 보는 비움에서. 실상은 '내가 참이다'를 밀지 않음으로 발견하는 나, 무아다.

우리 윷놀이를 보자. '기쁨은 실체 없다, 무상하다' 하여 이긴 기쁨을 내려놓는 것은, 유무의 양변을 떠난 소극적 중도다. 한 발 더 나아가면 즐거움은 아름답다. '즐거움은 공하다. 그래서 즐거움이다.' 윷놀이에서 딴 경품을 진 자에게 나누거나, 음식을 대접하며 더 큰 어울림을 일군다. 패자 역시 어울림으로 잇는 연대를 만끽한다. 승패를 초월하는 승부요, 적극적 중도, 창조적 열반이다. 무아의 옷고름을 풀어헤치고 품어 보는 보름달이다. 예부터 우리는 그랬다.

우주는 업식으로 초월한다. 나는 나를 깨고 나온다. 생각 이전의 빔으로 돌아가는 '공'은 그래서 진리이다. 언어 문명 관습으로 찌그러지지 않은 원시 숲. 차별로써 차별 않는, 길고 짧음을 긋지 않는, '있는 그대로 그것'으로 나는 우주 자궁이다.

혹여, 꾸질한 아내라는 상을 떠나 보자. 그녀는 나를 위해 반찬을 고심하는 유일한 여신, 아이들 교육을 위해 정숙할 줄 아는 현모양처, 적절히 알뜰함을 고려하는 살림꾼이고 재주꾼이다. 괴죄죄한 여편네라는 상은 익숙함이 망쳐 놓은 쿠데타임을 안다면, 오늘밤은 아마도 첫날밤이 가엽도록, 일생에서 가장 뜨거운 밤이 되겠다. 나의 자궁에서 뜨거운 밤이 태어난다. 꾸질함을 비움으로 잉태하는 생명이다.

후오백생은 먼 훗날이라는 시대적 설정이라기보다, 말세적 냄새를 염탐하고 부추겨, 이익을 쫓는 자들이 설쳐 대는 어지러운 때이다. 공포를 찔러 대며 배를 채우는 무리는 어느 때나 떨칠 것이라는, 인간세의 진단이다. 삿된 법이 휘젓는 시끄러운 시절일지라도, 불법을 받아 지니고 행동을 닦고 맑히는 사람은 있으리라 한다. 바로 당신!

'나는 나다' 말하고 싶다면 거울을 추천해 주고 싶다. 나를 응시하는 눈을 아무렇지 않게 마주하는 자, 너는 누구냐? 조용히 물어보자. '지금은 엄청 중요해 보여도 지나고 나면 별거 아니잖아요.' 첫 세계선수권 출전 대회였던가? 편파 판정으로 금메달을 강탈당한 김연아 선수가 한 말이다. 난 이것을 깨닫는 데 30년 넘게 걸렸는데, 10대 소녀가 어떻게 저런 말을? 요모조모 뜯어 보아도 그녀는 이미 아상에서 해탈한 보살이지 싶다. 타자에겐 너그러우면서 자신에게 한없이 엄격한 소녀. 그런데 저토록 자신에게도 온화하다니, 연아에게 금메달은 '무아의 배짱'이지 싶다. 한번쯤 투정을 부릴 만도 한데, 속이 텅 비어야(공) 하는 건지, 꽉 차야(색) 하는 건지. 암튼 소녀 적부터 연아는 나에게 화두 그것이었다. 공즉시색이라 '연아는 연아가 아니다. 그래서 연아다' 이렇게 정리하고 넘어가면 되려나?

'놀라지도 겁내지도 두려워하지도 않는 자' 자신이 주인인 사람이다. 나·너·신이 따로 없는 자이다. 핏줄·재산·환경에 구애받지 않는 나다. 마주 서야 보이는 너, 신분 출신의 장벽을 세워야 보이는 네가 없다. 머리에 앉아 있는 신은 없다. 행동으로 말하는 나. 나는 다정한 벗으로 너이며, 운명을 개척하는 신이다.

'제일바라밀은 제일바라밀이 아니다.' 제일바라밀은 으뜸, 최상의 바라밀, 또는 반야바라밀로 보아도 좋다. 깨달음을 완성한 자로 읽어도 좋다. '보시·지계·인욕·선정·정진 반야바라밀 전부를 으뜸으로 성취하다'로 보아도 된다. 보시를 제일바라밀로 격상하는 것은 마음을 항복받는 첫째 도이기 때문이다. 상 없는, 함이 없는, 바램이 없는 보시는 제일바라밀이라 할 만하다.

부처의 전생 이야기를 본생담이라 한다. 불교의 조각과 회화의 소재로 자주 등장한다. 과거세에 부처가 인욕선인으로 수행할 때의 이야기. 궁녀들이 부처님 주위에 모여 법문을 듣는 모습을 보고, 질투심에 불이 난 가리왕이 '수행자여, 나도 너도 없다 하는데, 어찌 고통과 원망이 남으리오' 하며 부처의 사지를 잘라 버린다. 하늘의 제석천(도리천의 왕)이 분노하여 가리왕을 응징하려 하자, 부처님이 말린다. 가리왕(악하다는 뜻)은 뉘우치고, 부처의 동강난 사지는 제자리로 돌아온다. 부처님 당시, 조국이 코살라국에게 멸망당하던 순간을 은유적으로 드러낸다. 부처님이 두 번이나 길을 가로 막아 유리왕의 침략을 피했지만, 세번째 어쩔 수 없이 몰락하고 만다. 일족이 적의 칼날에 무참히 도륙 당하는 아픔을 '살이 뜯겨 나가는 고초'로 묘사한다.

역사적 사건이 개별적 아픔으로 바뀐 것을 눈여겨보아야 한다. 공업이 사업으로 변한 것은 중요한 시사점이 있다. 가리왕의 질투로 묘사하고 있지만, 탐욕·화·독단이 집단적 욕구로 진화하면 사회 윤리로 둔갑한다. 국가간 전쟁이 그렇고, 내전이나 이념 다툼도 다르지 않다. 권력의 탐욕이 사회적 필연으로 위장하거나, 특정 집단의 욕구가 국가적 분노로 지펴지면, 또는 배려와 같은 이타적 사회 본능을 억압하고, 이기심을 한 곳으로 뭉치면 분노는 진리가 되고 도덕이 되어 쳐부수어야 할 악마, 적을 만든다. 교활한 정권이 정치적 술수로 활용하기도 한다. 하나는 전체, 전체는 하나다.

탐진치가 내가 되면 나는 전부를 사르는 불씨다. 일제 침략, 6·25전쟁, 제주 4·3학살, 보도연맹 학살, 5·18광주학살, 분단. 불행하게도 우리 역사는 아직도 진행형이다. 공업이 살육되는 역사가 방치되거나 되짚어 복기하지 않으면, 잔혹한 비극은 되풀이될 수밖에 없다. 공업의 방기는 악업의 연장이다. 부처님이 무외시와 정의를 가벼이하지 않는 이유다. 나·내 것(궁녀), 빼앗김(분노를 실체화)의 '상' 하나로 인명을 도륙하고, 자신을 망치는 일은 뉴스로 자주 접하는 내용이다. 아이를 학대하다 살상에 이른 계모, 돈 거래로 사람을 죽이는 일이 그렇다. 아상의 집착은 미움을 만들고, 확대하면 전쟁이다. 악마는 내 손에서 큰다. 절대선이라 의심치 않는 신이 악마의 다른 얼굴일수 있음을 늘 점검해야 한다. 나, 내 것, 내 생각을 비움으로 가능하다. 비움이 깨달음이다. 무아는 최선의 치료다.

인욕바라밀은 인욕바라밀이 아니다.(그래서 인욕바라밀이다.) 인욕은 욕됨을 참음이다. 이 정도에서 용서하고 넘어 가겠다 하면, 인욕의 완성이 아닌 참음이다. 화는 재앙의 불이자 악업의 종자다.

화는 나를 벼리는 칼이다. 나를 죽이는 무기는, 화라는 놈이 날을 달구어 놓은 나다. 순간의 화를 못 넘기고 자신을 망치는 경우를 얼마나 보아 왔던가? 화의 독초를 뜯지 않는 자, 최상의 깨달음을 이룩한 자다. 씨익 웃고 넘기는 자가 최후의 승자가 되는 경우를 많이 본다.

화의 실체 없음을 보는 자는 무덤덤하다. 주위에 그런 친구 한 두 명은 있다. 화를 계기로 깨치는 친구도 있다. 돈을 떼인 자. 카지노에서 허망하게 돈을 날린 자, 돈에 대한 반성을 부른다. '움켜쥐어도 새어 나가는 놈이 돈이더라. 돈은 마약이다. 문득 돈이 낯설다. 두렵다.' 알쏭달쏭한 그 경험이 동기가 되어, 수입의 몇 할을 꼬박 기부하는 친구가 있다. 인욕은 '내가 옳지만, 참는다.' '나'라는 아상을 깔고, '화가 나지만' 화의 대상이 남는다. 참음은 여전히 분노가 고인다. 대게의 화는 상대방의 상처가 곪아 터져 나를 덮친 경우다. 설사 나를 속였다 하더라도, 속여야 할 만큼 그의 자상은 깊다. 화를 내게서 분리하면, 화를 부른 자의 생채기에 뿌리가 있음을 본다. 또는 내가 신봉하는 것을 무조건 섬김으로 화가 생겨난다. 충성을 쏟는 그것이 허깨비인 줄 모른 채.

뿌리를 박기 전에 뽑아 내지 않으면, 화는 나를 괴물로 키운다. 분노의 칼에 먼저 쓰러지는 자는 나다. '내가 그를 수도 있다' 내가 틀릴 가능성에 관대하고, 그의 입장에서 '그럴 수도 있겠다' 혹은 '내가 전생에 갚지 않은 빚이 남았나 보다' 수용은, 참을 내가 사라지고 분노의 실체가 공함을 들여다보는 반야다. 나를 가르치는 스승으로 화를 돌보는 지혜라면 도라 할 만하다. 부처님이 인욕에 바라밀(완성)을 덧붙인 도리이다. 참음을 뛰어 넘는, 존재의 뿌리에 대한 성찰, 인연의 맥박 소리를 듣는다면, 도리어 상대에게 용기를 주고 힘을 북돋는 나의 넉넉함에 놀라게 되리라. 인욕바라밀이 쉽지 않은 일임을 보여 주지만, 또한 얼마나 값진가를 일깨운다. 무아의 비움과 채움으로 나를 재설계하는, 다시 태어남이다. 나는 내가 아니다. 그래서 나다.

　자기를 관철시키기 위한 도구로 분노라는 감정을 사용하는 사람이 있다. '무슨 말이 많아. 잔말 말고 따르기나 해' 자아 과잉, 수직적 권력 콤플렉스에 빠져 있거나, 두려움이 꽉 찬 사람이다. 두려움이 많을수록 울컥, 극단적인 해결 수단을 동원한다. 거역하기 힘든 사람에게 저항은 종종 살인으로 나타나듯. 웬만해선 이들과 거리를 좁히기 힘들다. 의사를 전달하기보다 우위에 서고자 해서다. 인내심이 필요하다. 하지만 '아, 예' 적극적으로 져 주면 참을 것도 없다. 살살 달래면 쉽게 넘어오기도 한다. 져야 이긴다. 이 김은 이김이 아니다.

　총기 난사 사건을 일으킨 교민의 추모석 앞에 놓인 어느 여학생의 편지 한 장 — '네가 왕따당하는 동안 몰라 줘서 정말 미안해. 네가 그토록 힘들고 외로울 때 너를 붙잡아 주지 못했구나. 네가 그렇게 분노한 건 우리가 너무 이기적이었기 때문이라 생각해 본다.' 미친 이방인의 짓거리로 내치며 저주하는 대신, 그 또한 자신들이 저지른 추악함의 희생자로 껴안는다. 총기를 방치하고, 따돌림으로 고귀한 한 영혼을 살해한, 자기 문제로 감싸 안는다. 남을 탓하기에 앞서 자기부터 되돌아보는 각성. 33명이라는 죽음을 맞닥뜨린 슬픔 속에서도, 가해자의 입장을 헤아리고 이해하려는 집단 지성. 그것을 품어 안는 사회의 넉넉함이 자살한 가해 학생의 부모를 어루만지며, 무기도 폭력도 없는 나라에서 태어나 잘 지내기를 기도한다. 무기를 방기한 자신들의 무책임과 무관심에 대한 성찰의 눈물을 담는다. 참아야 하는 나도, 참을 대상도 소멸하는 인욕바라밀이다.

부처는 인욕을 절대화하지 않는다. 우주 법에 절대란 없다. 때론 분노가 창조적으로 발산된다. 숲에서 고함을 지르거나 신나게 춤을 추는 것. 운동도 좋다. 스포츠가 본디 사냥이나 전쟁을 규칙 있는 싸움으로, 내용을 순화하여 겨루는, 투쟁과 승부욕을 신체 능력과 기술 과시로 변모시켜 오르가슴을 얻는다. 공격 본능을 흥으로 승화한 것이 운동 경기다. 파괴적 충동을 오락으로 미화한 중도적 초월이다. 분노가 중도의 용광로에서 제련되면 멋진 칠보, 감동 있는 문명을 이룬다. 좀 괴기스럽지만 둥지 공포 분노(집안에 갇혔다 생각하는 주부. 자아 상실감의 공포가 부르는 화)에 시달리는 여성이라면 '접시 까기' 운동회라도 열어 겨루어 보면 어떨까? 불법은 집단 분노라도 문화적 여유와 흥취로 엮어 내는 능력을 보여 준다.

분노를 억압하는 환경이 가장 나쁘다. 한국에만 있다는 화병 火病. 칠거지악에 갇혀 화가 곧 죄악이 되는, 화를 풀어 내는 길이 차단되거나, 화풀이 대상이 장막 뒤에서 보이지 않는, 억울함을 어디에 하소연해야 할지 막막한 경우다. 화를 돋우는 여건을 제거하는 사회가 정의롭다. 사회는 구성원의 억울함을 배출하는 기술적 통로로써 화법. 제도로 물길을 낸다. 보통 법이 그것을 담당한다. 법이 정의로써 공평함은, 누구나 다가가기 쉬운 접근성에 있다. 법이 돈으로 힘을 겨루는, 가진 자의 안쪽 주머니에 손을 넣거나, 전관예우처럼 그들끼리 놀이터라면, 분노는 '원숭이 궁둥이는 빨개' 조롱거리가 된다. 분노는 낮은 자에게 고이게 마련이다. 사회가 분노 배출에 소극적이면 소통은 왜곡된다. 연기망은 초라하게 무너지고, 분노는 절망의 칼춤이 된다. 절망의 칼날은 힘없고 나약한 자들의 심장에 꽂힌다는 점이 비극이다.

　분노 분출구를 낮은 자 쪽으로 틀어 놓는, 야만적인 자해를 부추기는 사회가 비열한 지옥이다. 민주제도에서 투표는 왜소하나마 유리천장을 낮추는 방편이다. 그나마 낮은 자가 높게 하는 길이다. 그런데 우리의 선거는 중도적 열기로 뜨거운 생명 활동이라기보다, 헐어 빠진 19세기 이념 폐물을 놓고 쌈박질이다. 분노 해소는커녕, 싸움을 부추기며, 먹이로써 분노를 정략적으로 괸다. 삿된 법을 습관적으로 쓰는 자들이 있다.

　아직까지 화병이라는 말이 회자되는 것을 보면, '남 탓'이 사회적 습관으로 굳어 있음이 엿보인다. 무기력 박탈감은, 나는 옳고 너는 그르다는, 자아비만이 낳은 망상은 아닌지 돌아볼 일이다. 자신을 과대 포장한, 아상의 단단한 차돌에 갇혀, 나를 알아주지 않는다 푸념이나 늘어놓고, 세상을 향해 돌멩이를 던지고 있는 건 아닌지 말이다. 취업난, 과도한 경쟁, 그것이 문제라 하면서 자신 역시 그 속에서 허둥거리며, 생을 낭비하고 있음을 알아야 한다. 네 탓이 아니라, 내 탓이다. 쉬운 길을 고집하는 나. 이 정도는 되어야 체면이 선다는 나. 자기 개발 의지를 분질러 놓고 기다리고 있기만 하는, 스스로에게 자기 표현 방법과 길을 묻지 않는 나. 타인과의 비교에 익숙한 나. 화병은 나라고 하는 차돌을 깨뜨릴 용기조차 없는, 나약함이 만든 자아면역 질환. 자아과잉이 나를 공격하는 질병은 아닌가 돌아볼 때이다.

분노 해소를 위해, 논쟁보다 관용이 먼저 문을 여는 사회. 불법은 논리를 초월한다고 한다. 옳다. 가장 합당한 논리를 연대의 손잡음에서, 따듯함에서 찾는 불법이다. 불법에 의해서도 사회는 투명해야 한다는 당위에 이른다. 구성원이 주인으로 살아가는 사회에서 가능하다. 정부가 맑고 투명했다면 세월호 가족이 저토록 가슴을 쥐어 짜진 않았으리라.

"만약 마음이 머묾이 있으면 머묾 아님이 되게 하라.""일체 중생을 이익케 하기 위하여" 불법의 대의를 명확히 한다. 모든 중생의 행복. 사회복지는 생명복지로 확장되어야 함을 말한다. 권리의 존재 < 표현의 존재 < 문명의 존재 < 복지의 존재 < 생명의 존재에서 < 부처로 나아가며 불법의 종지를 보여 준다. 불토를 이루어 나를 구원한다. 사업을 크게 일으키거나, 직장에 충실하거나, 봉사 원력을 키우거나 불토를 향한 회향이라면 모두 부처다.

❇ 막무가내 신으로부터 인류의 독립? 우주 모양새로 보자면, 인간에게서 신을 해방시켜야 한다. 역사적으로 인류가 신의 포박에 신음한다 하지만 우주 작용으로 보면, 신이 인류의 손아귀에서 발버둥치고 있다. 신을 껴안고 있는 자들은 신을 아랑곳 않는다. 믿음으로 죄사함 받는다는 것은, 양심의 무게를 덜어 내는 인간의 추함이다.

종교가 흥기하는 곳에 전쟁과 범죄가 날뛰면 종교가 가장 비종교적이라는 증거다. 신이 인간의 손아귀를 벗어나지 못했음을 승명한다. 마녀 사냥이나 극악한 화형은 인간에 의해 조종당하는 신, 인간으로부터 조롱받는 신을 보여 준다. 부처는 과감히, 우주 해법으로 인간으로부터 신을 분리하여 돌려 보낸다. 신은 자신들의 의향을 아랑곳 않고, 인간이 제멋대로 권능의 빛깔을 발라서 휘둘러대는 꼬라지에 진절머리가 날 법도 하다

'신에게 자유를' 이것이 우주가 인간에 대한 마지막 예우인지도 모른다. 신을 독점하며, 인류는 무아 본성을 외면해도 문제없다는 교만에 빠진다. 신의 입에 잠시 물려 두었던 '절대 여의주'를 끄집어 내어, 권력이라는 통치 구슬을 제조한다. 저들이 원하는 방향으로 구슬을 굴리며, 앞을 막는 자는 가차 없이 처단하는 것으로 욕망을 채워 넣는다. 그럴수록 신은 배를 주린다. 자유의지를 인간에게 나누어 주지 않았다면 이런 치욕을 당하진 않았으리라. 그러나 그것은 신의 착각이다. 우주는 업이다. 업은 의지다. 자유의지라는 것도 망상이다. 의지는 의지가 아니다. 그래서 의지이다. 하

고자 욕심만 앞에 두면 의욕은 허공에 쓰는 글씨다. 업은 자유의 지를 먹고 자라지만, 그래서 자유롭지 못하다. 불화를 통과하는 업이 자유의지이기 위해서는, 의지가 무턱대고 자유를 먹어 치우면 안 된다. 그랬다간 다음 생은 우매한 버러지로 받음을 각오해야 한다. 지혜로 가림하는, 분별 아닌 분별이 필요하다. 자유로울수록 자유롭지 못한 이유다.

인간의 탐욕을 과소평가한 것이 최대의 실수이리라. 애초에 탐욕이라는 물건을 가져 본 적 없는 신이다. 탐욕의 무지막지한 먹성을 알았다면, 인류의 손아귀에서 멀리 도망갔으리라. 그도 그럴 것이 인간은 자신들과 흡사한 생김새여서, 별반 다르지 않으리라 여겼다. 뼈 아픈 패착이지만, 신으로서도 대책이 없다. 주머니에 들어갈 만한 책 안에 자신을 가두어 두고, 필요하다 싶으면 아무 곳에서나 꺼내드는 인간만큼, 신은 교활하지도 계산적이지도 않다.

신의 죄는 이것인지도 모른다. 순수! 순수란 하얀 도화지와 같은 태초의 마음이 아니다. 상 없음, 어떤 상에도 머물지 않는 청정함이다. 신이 태곳적부터 욕망의 용모에 무신경했던 것은, 청정함으로 창조의 본분에 충실한 탓이다. '순수가 너무 고파요.' 본래 마음을 빼앗기고, 인간의 수중에서 곪아 터진 욕망을 핥는 신의 외침을 듣는가? 인간의 완력은 여기서 멈추지 않는다. 하는 일이 성에 차지 않으면 당장 신부터 호출한다. '보아라, 신의 노여움을,' 분노를 달랜다며 사정없이 채찍을 갈긴다. 자기들의 못마땅함을 신의 분노로 덮어 씌우는 데에 아연실색하지 않을 수 없다. 신들의 자부심이라면 너그러움이다. 온갖 나쁜 것을 치장하여, 악신이라는 이름으로 끌려다니는 사탄조차 실은, 선을 장려하는 방편으로, 겁을 주고자 들고 있는 악이다. 악역까지 마다 않는 자신들의 어짊을 활처럼 휘어 놓고, 실체 없는 악마저, 저들의 의도대로 기괴망측한 형체를 조각하여, 탐욕을 긁는 데 뿌려댄다. 그뿐인가? 신을 위한다는 명분을 가져와 툭 하면 전쟁이다. 신이 가장 곤욕스러워하는 부분이다. 신한테 가하는 몹쓸 테러다.

'나 좀 내버려 둬!' 뼈만 앙상하게 남은 신이 흐느낀다. 신의 눈물은 분노의 실체를 찾지 못하는 답답함에 연유한다. 살육을 저지르는 인간에게도, 인간의 핑계거리로 전락한 신 자신에게도, 분노의 알맹이를 찾을 수 없다는 데 고민이 있다. 신 스스로 존재의 실체를 가져 보지 않았는데, 어디에 분노가 달라붙을 것인가. 신으로서도 해결하지 못한 이 문제가 곧장 신의 눈물이다. 분노의 실체가 탐욕이라면 인간의 마음이라는 것이 너무 부박하지 않은가? 탐욕의 거품이 분노라면 너무 허망하지 않은가?

인간의 변덕은 도무지 종잡을 수 없다. 어느새 신은 분노의 끝 지점에서 사랑의 극 지점으로 옮겨간다. 천국·낙원·영생 갖가지 애교 있는 말들로 꽃 장식해서, 머리에 걸어 놓고 신을 추어올린다. 신의 혼백이 까무라칠 만도 하다. '나 돌아갈래.' 무아 연기의 고향으로. 신 — '우주의 마음'을 놓아 주는 것. 당신에게서 사람의 자비를……

◉ 나는 오늘에서야 비로소, 성경을 읽으며 오랫동안 풀리지 않던 진실을 마주한다. '신이시여 어찌하여 나를 버리시나이까?' 예수님은 십자가에서, 신의 품으로 돌아가는 언덕에서, 왜 저리도 절망하고 탄식하였을까? 죽음은 분명 절망이다. 그러나 '오 신이시여, 드디어 저를 부르시나이까?' 절망을 축복하면, 하늘나라에 드는, 죽음은 희망으로 거듭난다. 죽음은 천국의 생명이다. 확신에 찬 광명이다. 절망을 절망하지 마라. 그러나 애석하게도 예수님은 이를 거부한다. 누구나 기대하듯, 가장 아름답다 여겨지는 천국을 암흑으로 채운다. 예상 밖이다. 절망을 절망하면 죽음이다. 처절한 좌절이다. 존재의 부정이며 생의 반역이다. 신의 버림만이 남는다. 예수님이 당신의 절망하는 죽음으로 채우는 것은, 죽음만이 괴는 저 하늘의 검은 천국이다.

그러나 어찌 예수님이 모르랴? 당신의 죽음이 인류에게 선사하는 최후의 등불임을. 예수님은 십자가의 고통 속에서, 절망을 절망하는 곳에 희망을 걸어 놓고 있다. 절망의 끝자락에 생명의 문고리를 달아 둔다. 부정의 깊은 못을 통과하고서 얻는 빛이 아니라면, 희망의 등불이 될 수 없음을. 부활은, 죽음이라는 뗏목을 타고 지금 여기로 건너 오는 것. 절망을 절망하는 곳. 찬란하게 빛나는 신의 품이 아니라, 의지가 집 지음으로 존재의 옷감을 다시 짜는, 신이 부재하는 곳이다. 신을 떼어 냄으로 되찾는 인류 본래의 호흡이다. 절대의 저 언덕이 아니라, 죽으며 죽지 않는 이 언덕의 부활이다. 죽음을 지나 재차 돋아나는 목숨, 그러기 위해 버림이라는, 나의 죽음이라는 탈의를 거쳐야 한다. 부정의 깊은 못, 그간의 지식 경험 그리고 신을 파쇄하는 아픔이다. 깊은 고뇌가 후벼 파는 상처이며 각성이다. 예수님이 신의 배신에 치를 떨었다면, 공포로 절망에 휩싸였으리라. 신에게로 집착을 놓지 못했으리라. 절망하되 두려워 않는 죽음만이 진실하다는, 두려워할 이유 없는 죽음, 오직 용기 있는 죽음만이 세상을 제자리로 돌리는 돌파구임을, 예수님이 세상을 품어 안는 마지막 기회임을, 당신은 알고 있다.

'나는 부활이요 생명이니,' '나는 세상의 빛이니,' '사람이 거듭나지 아니하면 신의 나라를 볼 수 없나니,' 예수님은 절망하는 죽음으로, 드디어 인간의 손아귀에서 신을 놓아 준다. 신을 해방시킴으로 인간은 이미 신성을 갖춘, 완전한 생명임을 깨치게 한다. 인간으로 회복은 신의 독립밖에 길이 없다. 그 길을 열어 준 빛이자 생명이 예수의 죽음이다. 예수님은 그 죽음을 기꺼이 자처한다. 거듭남은 신과 이별로 나를 완성하는 지혜를 밝힘이다. 죽음을 살찌워 지금 여기로 돌아오는 불화이다. 예수는 인류가 우주 본연의 생명으로 거듭남을 염원하며 '부활의 화신'으로 기꺼이 몸을 던진다. 그러나 중생이여, 암흑이여, 무명이여, 질기도다. 당신이 진짜 탄식하며 눈물로 창공을 적실 줄이야.

'신이시여 저들을 용서하소서, 저들은 자기가 무엇을 하는지 모르나이다.' 인류는 예수님이 비탄하는 음성을 2천 년이나 들어야 했다. 예수님이 그토록 갈망했던, 신의 자유를 지켜주지 못한 비극이요, 업보다. 예수님은 인류의 거듭남을 찬탄하는 죽음을 예

비해 두고, 무엇을 그토록 통탄하였는가? 그것은 연민이다. 십자가에 못 박고 돌아서는 저들의 발자국 어디에도, 죽음을 가련하게 여기는 아픔이 찍히지 않는다. 인간은 '부끄러움'으로 인간됨을 놓지 않는다. 수치심이 아니라면 사람의 자국을 찾을 도리가 없다. 양심을 발작시키는 번쩍임이 아니고서 어디서 신성을 얻으리요. 수치심은 무아 연기를 보호하는 최후의 외투이다. 오장육부가 경련하며 토해내는 본능이다. 부끄러움을 곱씹는 능력으로 사람이다.

"세간을 지키는 두 가지 청정한 법문이 있는데, 부끄러워하는 것과 창피함을 아는 것이다."(『잡아함경』)

부끄러움, 우주 최후의 마음이 아니라면, 유달리 우주 가장 끄트머리 생명인 인간에게 맡겨 놓은 수치심을 모른다면, 수천 겁을 지나며 먹이사슬의 최 꼭대기를 차지하는 인간이, 무엇으로 인간됨을 조율하랴? 욕망을 사회화하며, 욕망으로 감싼 창을 아무렇지 않게 던지는, 소유로 왜곡한 나를 앞세워, 자기 입장부터 쑤셔 넣는 이기를, 수치심으로 절삭하지 않는다면, 타자의 불행 위에 얹는 나의 행복을 어찌 돌아보랴? 뒤돌아봄은 연기법이 고개를 내미는, 부끄러움이 살피는 체통이리라. 목숨마저 사무로 대하는 비정함. 감정의 껍질을 도려내고, 생명을 사물처럼 취급하는 저들의 행위 어디에도 빛이 보이지 않는다. 양심에 기대지 않는 마음은 신을 끌어당긴다. 부끄러움을 맡겨 두기에 신만큼 안전한 것이 없다 여기기 때문이다.

어쩌면 그 순간 예수님은 당신의 죽음이 신으로 추앙되는, 최악의 지경을 예감하고 있는지도 모른다. 당신이 죽음의 고난을 짊어지고, 출생하고자 한 법신—존재 본래의 '있는 그대로 모습'—이 끝내 사산하고 만 것을 목도하는, 좌절이다. 있는 그대로 진리의 몸, 법신을 탄생시켜 불생불멸의 재생 이치, 불화의 도리를 펴보이고자 한 꿈이 물거품이 되는 순간이다. 사생아 법신은 어처구니없게도 색신(예수의 몸)의 저고리를 입고, 신의 아들로 부활하는, 당신이 그토록 소망하던, 인류의 부활은 스러지고, 당신의 부활이라는 억지를 초래하는, 불행과 맞닥뜨린다.

예수의 죽음은 당신의 간구대로 빛으로 뻗지 못하고, 어둠의 검은 혀가 된다. 예수님은 결국 신을 안고 죽고 말았다. 부활은 신기루가 되고, 신은 다시 인간의 탐욕의 촉수에 빨려든다. 인간의 손아귀에서 빠져나오지 못한 신은, 고난의 가시밭길을 맨몸으로 기어간다. 인간의 영혼도 황폐하게 시들어 간다. 예수의 죽음을 인간의 부활(인간의 신성, 불성)로 되살리지 않으면, 천당으로 구원은 시체 더미에 핀 장미일 뿐이다. 역사는 궤변의 도끼인가? 진원지인 서구는 예수의 죽음을 원상복구하며, 신을 떠나 보내는 반면, 외지인 이 땅에서 도리어 그 죽음을 움켜잡고, 신을 혹사시키고 있으니 어인 뒷걸음인가?

인간이 신의 독립을 탄압한 대가는 너무나 가혹하다. 2천 년으로도 부족해서 아직도 그 과보에서 신음한다. '네 이웃을 네 몸과 같이 사랑하라.' '어린 아이와 같이 자기를 낮추는 사람이 천국에서 큰 자니라.' 인간의 거듭남을 무아 연기의 도리, 우주의 불이 법으로 호소하는 뜻을 이제라도 깨우쳐야 하리라?(미국 살면서 큰 배움이 기부와 봉사다. 변호사 부인회 등 모임을 만들어 활동하거나, 지역 단체에서, 가족끼리 봉사하는 것을 자주 목격한다. 기부가 일상화되어 있다.)

　인간으로부터 신의 독립, 신을 제 위치로 보내야 하는 근거라면 무아이다. 존재가 실체 없음으로 하여, 신의 실체도 자연스럽게 사라진다. 신이 있다면, 부처가 말하듯, 악신이거나 선신이거나 당신의 행동에서 창조된다. 신의 자립. 허전한가? 그렇다면 무아의 도리로 열심히 뛰라. 당신의 미소 속에 찡그린 신은 없으며, 당신의 짜증에 웃는 신은 없다. '중생은 중생이 아니다.' 오 우주의 자비여, 인간에게서 신을 쫓아냄은, 인간은 이미 부족할 것 없는 부처이기 때문이다 한다. 중생이 부처라는 사실은, 우주의 무아 연기 중도의 도가 증명해 주리라 한다. 신을 몰아낸 자리를 부처가 차지하고자 하였다면 '나를 따르라. 천국에 당도하리라' 하였겠지만, "길에서 부처를 만나거든 부처를 죽여라. 너 자신을 등불로 하고, 법의 등을 켜라."(자등명 법등명 『열반경』) 부처님 당신마저 기꺼이 허망의 칼로 베어 버린다. 부처(신)를 치켜들면 가차없이 쳐라 한다. 내가 부처임을 앎으로……

　'여래는 진어자 실어자 여어자 불광어자 불이어자.' 참된 말을 하는 자라 한다. '염소가 송아지를 낳게 해 주소서' 기도했다 하면, 미친 놈! 콧방귀를 뀌는 자가, 도둑질을 해 놓고서 '기도했으니 신이 용서하였소' 한다면? 송아지를 낳는 염소와, 믿으면 천국에 간다는 것은 무엇이 다른지 묻는다. 시어머니가 미워 죽겠다 한다. 회개한다고 기도한다. 그리고 다시 미워한다. 기도는 뭐지? 미워 하면서 닮는다는 말이 있다. 미움도 습관이다. 괜히 그가 밉다면, 그는 나를 반사하는 거울, 내 상처다. 미워하는 사람이 그라 우기 지만 실은 내 못마땅함이다. 미운 사람이 있다면, '너는 누구?' 거울 앞에 서서 내 안에 깊이 똬리를 튼 상처. 열등감을 보아야 한다. 미움은 자기를 감추는, 자기 얼굴이다.

출생의 과보가 죽음이라는 사실을 빤히 보면서, 영생을 떠드 는 무명은 어디서 온 것인가? 불광어자 — 직역하면 미친 소리를 하지 않는 자다. 저 언덕의 신, 천국을 데려와 헛소리를 하는, 신을 들고 주머니를 채우는 미친 자들이 어느 때를 막론하고 끊이지 않 음을 보여 준다. 절대에 대한 갈망, 나에 대한 애착이 얼마나 강한 지 알 수 있다.

'인'에만 의지함(자기 과신)은 독단이요, 교만이다. 원인을 짓 지 않고(노력 않고) '연(환경)'에만 매달림은 미신이요, 요행이다. 인과 연 전부를 내치는 자는 실성한 자다. 인과법을 쫓아내고 살 아남은 자는 없다는 것이 업의 역사다. '인연의 은혜를 모르면 천 국은 멀다.' 부처님의 간절한 소리가 들리는 듯하다.

무실무허. 실다움도 없고 헛됨도 없다. 꽃을 찾을 길 없이 바다를 가로지르는 나비를 보았는가? 3월 초, 겨울이 입술을 쿡쿡 찌르는 추행이 싫지만은 않은 듯, 매화꽃이 몇 방울 터뜨렸다. 그런데 가지 끝도, 튼실한 가지를 잡은 놈도, 햇살을 듬뿍 바른 놈도 아니다. 두서없이 여기저기에서 이불을 걷어 차고 나온다. 그렇구나. 나비가 왜 꽃길만을 고집해야 하지? 꽃피는 순서에 반드시 이유가 있어야 하는가? 왜? 왜라는 것은 실과 허로 계산하는 셈법에 익숙한 선별이다. 무실무허는 이유나 논리로 구성하는 시각을 되돌아보게 한다. 모든 존재가 다 설명이 있어야 하는 건 아니다. '그냥,' '좋아서,' '하고 싶어서' 굳이 구실이 필요해야 하는가? '우연은 우연이 아니다. 그래서 우연이다.' 우연도 인과법을 구성하는 하나의 원리임을 눈뜨게 한다.

애 공부 잘해? 아이는 왜 공부라는 끈으로 묶여야 하지? 공부는 왜 잘해야 하지? 살이를 터득하는 방식을 익힘으로 공부라면, 잘하는 공부보다, 어떻게 하는 공부인가가 질문이어야 하지 않을까? 왜 꽃이 아니고 바다인가 대신, 나비에게도 길을 내어 놓는 바다의 향기가, 바다를 쫓아 한 점 푸르름으로 머무는 나비. 나비의 날개 짓에 낮잠까지 미루고 몸을 뒤척이는 바다가, 그 작고 얇은 팔랑임으로도 온통 바다가 흔들릴 수 있음을. 무실무허는 나의 셈법을 비켜서는 세상이 있음을, 무심히 시선을 내림으로 다가오는 향기에 눈을 지긋이 감게 한다.

상으로 춤추는 허수아비는, 들판을 다 지킬 듯하지만 참새의 비웃음만 산다. 상을 여읜 부처는, 곱은 손으로 폐지를 모은 돈을 장학금으로 흔쾌히 내어 놓는다. 부처·중생, 신·사탄, 진리·거짓, 깨끗함·더러움, 순수·추악, 상을 내려놓는 것만으로도 왜 부처라 하는가? 공즉시색이 답이다. '이것이 나야. 받아들이고 않고는 네 몫이야' 장벽을 만들기보다 '난 이런데 넌 어떠니?' 질문으로 다리를 놓는다면 주장은, 마주 보는 것에서 같은 것을 바라보도록 고개를 돌리는 관심이 된다. 어둠을 맴돌며 제 몸을 밝히는 둥근달과 같다. 그림자를 달아야 직성이 풀리는 태양의 꼿꼿함 대신, 그림자까지 감싸는 온화함으로 미소 짓는 달. 빛은 우주 원시를 기웃거린다.

대개의 질문 또는 주장이 대답을 기다리기보다 '나 좀 봐 줘' 당신의 눈짓을 갈망하는 구애임을 이해하는 것. 내 끄덕임을 애타게 기다리고 있음을 헤아린다면, 달을 기웃거리는 어둠같이, 혼자여도 좋고 함께여도 나쁘지 않을 나의 방을 꾸민다. 무실무허. 중도로 넘는 관용이다. 나의 방에 손님을 초대하는 따뜻함이며, 다름을 끄덕이는 여백이다. 대부분 주장은 원시적 구애다.

주장과 주장이 마주 서기를 고집하며 허와 실을 다툰다. 수많은 전쟁이 그렇다. 그렇다면 당신은 반문한다. 악업이 쌓였다면 역사는 야만으로 퇴보해야 옳지 않느냐? 그렇다. 누가 인류 역사를 개화하였다 하겠는가? 전쟁은 잦고, 규모는 커졌으며 양상은 잔인해졌다. 문명의 번영을 역사의 진보라고 하겠는가? 인류는 멸망의 기로에서 낮은 호흡으로 숨죽이고 있다. 초거대 살상무기, 화학무기, 지구를 괴멸하는 핵무기가 당신 머리 꼭대기를 조준하고 있다. 이것이 지난 역사의 업식이고 과보다. 우주는 인과법에 조금도 어굿나지 않다. 그러나 불법은 진단에만 머물지 않는다. 부처님은 처방하는 약사다. 업장을 맑히는 불법이다. 공포와 무지를 갈아엎는 부처의 가르침이다. 마주서면 껴안고 옆에서면 동행하라. 이것이 'A는 A가 아니다. 그래서 A이다'는 불법의 공식이다. 불교의 윤리란 우주의 원리, 불화의 도리다. 나를 초월하는 의지, 중도의 창조행이다. 무아의 개방성이다. 연기의 끈끈함으로 '놀라지도 겁내지도 두려워하지도 않는다.'

　머묾이 있는 보시와, 머묾이 없는 보시를 어둠과 빛으로 비유하여 말한다. 보시는 인연의 헤진 옷을 꿰맨다. 그 온기가 고운 생명을 받는 불화를 데운다면, 햇살 바른 양지가 아니랴? 머묾 없는 보시 공덕의 무한함이다. 눈에 보이는 것. 상이 진실하다 믿는 자는 한 걸음으로도 힘이 부친다. 어둠을 걷는 자이다. 반면 상을 여읜 자라면 한 걸음으로도 반짝거린다. 햇살을 걷는다.

용어 풀이

　　인욕선인 : 인욕 수행하는 전생의 부처. 부처님이 가리왕에게 사지가 베이는 이야기. 육신의 공함을 깨달음이 인욕바라밀의 핵심이다.

제 15 — 지경공덕분
경을 가지는 공덕

"수보리야, 만약 어떤 선남자 선여인이 있어 아침에 항아의 모래수와 같은 몸으로 보시하고, 낮에 다시 항하의 모래수와 같은 몸으로 보시하며, 다시 저녁때에도 또한 항아의 모래수와 같은 몸으로 보시하여, 이와 같이 무량백천만억겁 동안을 몸으로써 보시하더라도, 만약 다시 어떤 사람이 있어 이 경전을 듣고 믿는 마음으로 거스르지 아니하면 그 복이 저보다 수승하리니, 어찌 하물며 이 경을 베끼고 받아 지니며 읽고 외우며(수지독송) 남을 위하여 해설해 줌이랴? 수보리야, 간추려 말할진대 이 경은 생각할 수도 없고 칭량할 수 없고, 가없는 공덕이 있느니라. 여래는 대승에 발심한 자를 위하여 이 경을 설하며, 최상승에 발심한 자를 위하여 이 경을 설하느니라. 만약 어떤 사람이 능히 이 경을 받아 지니고 읽고 외우며 널리 사람들을 위하여 설명한다면, 여래는 이 사람을 모두 알며 이 사람을 모두 보나니, 이 사람은 헤아릴 수 없고 일컬을 수 없고 끝할 수 없고 생각할 수 없는(불가사의) 공덕을 성취하게 되리라. 이와 같은 사람들은 곧 여래의 아뇩다라삼먁삼보리를 짊어짐이 되나니 어떠한 까닭이랴? 수보리야, 만약 작은 법을 즐기는 자라면 아견과 인견, 중생견과 수자견에 집착하게 되므로 능히 이 경을 받아들고 읽고 외우며 사람들을 위하여 해설하지 못하느니라. 수보리야, 어떠한 곳이든 이 경이 있는 곳이면 일체 세간의 천상과 인간과 아수라 등이 마땅히 공양하는 바가 되나니, 마땅히 알라. 그곳은 곧 탑이 됨이라. 모두가 응당 공경하고 절하며 에워싸고 가지가지 꽃과 향을 그곳에 흩으리라."

『금강경』은 원리적 단단함으로 내용이 정교하게 짜여 있다. 제15분은 불화의 이치, 생명 연속에 따른 시간적 연관성에서 보시의 당연함을 설한다. 시간에서 무아다. 우주는 달려가는 빛줄기 하나도 허투루 하는 법이 없다. 지구를 지나서 아득하게 멀어지는 빛은 미지의 생명과 내통하는 간자다.

우주는 생명 쪽에서 보면 창조요, 시간에서 보면 소멸의 화두이다. 불화는 존재의 실마리를 푸는 열쇠다. 우리가 존재와 비존재를 초월하여, 시간을 지배하는 생명이라는 사실이 아직은 막연하게 와 닿을지 모른다. 우주적 사건에서 보면 소유와 아집은 극히 작은 시간으로 머무는 욕망이다. 거대한 시간의 바다를 누비는 생명을 가난하게 날조한다. 낙숫물의 작은 힘이 꾸준히 두드리며 댓돌을 뚫는다. 사소한 습관 하나가 생을 송두리째 엎지른다.

부처는 '자기'로의 집착이 존재를 형편없이 찌푸리는 주된 요인이라 한다. 무아 연기는, 생성 소멸하는, 우주의 다양하고 끝없는 시간의 덩굴에서, 눈을 깜박이는 나를 발견하도록 한다. 윤리적 준칙은 삶의 질을 관여하는 고등한 이상이지만, 무아 연기의 우주 법은 생명 근본을 정하는 실제의 사건이다. 도덕적 주문으로써 선행은 됨됨이의 문제이나, 업의 원리에서 선행은 피할 수 없는 동기다. 악업으로 망가뜨리는 뒷날의 나는 무서움이 아닐 수 없다. 욕망은 불화를 관통하며 욕망을 초월한다. 지옥이거나 천상이거나.

부처님은 인류가 소모적 방식으로 상승을 도모하는 것을 막고자 한다. 대결적 상승은 상처뿐인 광영이다. 죽음을 부르는 질환이다. 보시는 이 언덕과 저 언덕 양쪽에서 나의 건강을 결정한다. 본연의 순수에 닿는, 존재 근원에서 보내는 눈짓이다. 생명의 반쪽, 비존재가 감시망을 작동시켜, 존재의 위기를 감지해서 본래대로 되돌리려는 손짓이다. 부처님은 그 본능을 일으키기 위해 눈물겨운 인욕을 보였다.

내게 소중한 것은 네게도 소중하다. 보시는 마음 걸침이다. 나눔으로 욕망을 높이 한다. 욕망이 내안에 갇히면 벽이다. 이 언덕에서나 저 언덕에서나 나의 벽을 허무는 것은 욕망의 초월뿐이다. 보시는 우주적 영감으로 무아 반야를 밝혀, 열반행 기차에 오르는 티켓이기도 하다.

"항하의 모래수와 같은 몸으로, 그것도 아침 낮 저녁으로 반복해서, 무량 백천만억겁 동안을 몸으로 보시한다." 이번 한 생으로 끝나지 않는다 한다. 수없는 시간을 돌면서 목숨을 받아, 몸을 갈고 닦아 여기까지 왔다. 인류의 문명과 소양은 영겁으로 쌓은 시간의 축적. 인간으로 반복하며 드나든 보살의 노고가 있어서라는 소리다.

겁은 우주의 발생부터 오늘까지, 전 과정을 소화하는 시간이다. 인간은 긴긴 시간을 탐험하며 선업을 닦은 과보다. 조그만 보시라도 수억의 생명 나눔이 된다. 긴 시간의 공덕을 선양하는 것이다. 한 생명을 살리는 것은, 수억의 목숨이 공들여 가꾼 시간을 건지는 일이다.

나는 항상 이 자리에 있다. 가는 바도 오는 바도 없는 지혜란, 곧장 돌아올 것을 알아 앉은 자리를 깨끗이 함이다. 이에 반해 나라는 끈을 풀지 못하는 것은, 누울 자리를 난삽하게 어질러 놓는 무명이다. 『금강경』의 열반은, 생사를 끊고 저 언덕으로 달려감이 아니라, 이 언덕에서 내 몰염치를 파고들어, 굽은 허리를 바로 펴는 몸가짐에 있다.

대승의 천국은 세포가 발포하는 소란을 만끽한다. 생명의 폭풍이 휘몰아친다. 스포츠를 관람하며 열광하는 따위는 소극적인 수행 명상이다. 봉사 나눔은 불토 장엄으로 팔을 걷어 부치는 적극적인 수행 명상이다. 나는 하나의 목숨이 아니다. 시간의 입장에서 나는 없다. 무아다. 수억 겁을 지나며, 수억의 생명을 포갠 천수

천안 관세음보살이다. 보시는 빌려 쓴 시간을 돌려주는 것이다. 천 개의 손과 천 개의 눈으로 살펴야 한다.

돌이켜보라. 찰나 생하고 찰나 멸하는 생각이 다 당신의 의지라기보다 몸 안 누군가의 소동이라는 것. 언뜻 떠오른 사념들이 무의식적이며, 관심 밖에서 일어났다는 것. 내 안의 또 다른 내가 저지르는 음모 같은 느낌. 낯선 생물이 들쑤셔대는 것 같은 막연한 기운.

아무리 가혹한 형벌로 벌 주어도 수컷 본능을 억제하지 못하고, 전자 발찌를 찬 채 욕구를 채우는 동물 같은 인간. 접해 본 적 없는 타국 언어가 술술 튀어나오는 사람. 어린 나이에 남다른 재능을 보이는 아이, 최면·전생 치료, 상식으로 풀리지 않는 경우를 자주 본다.

불화법이 과학적 진실로, 이미 우리 곁에 수리적 방정식을 풀이해 놓고 있는지도 모른다.(에너지 보존 법칙 — 에너지 형태가 바뀌어도 총량은 늘거나 줄지 않음. 상대성 이론 — 우라늄이 빛과 열 에너지로 변환하는 것처럼 에너지와 물질은 환원한다. 식물이 빛을 삼켜 몸집을 불림은 생명의 상대성 원리라 할 만하다. 빅뱅 이론 — 우주 대폭발과 팽창. 생명도 자기 확장의 팽창원리에 있다.) 불화가 이 언덕과 저 언덕을 올라타고 그 선상에 있다.

천체 물리학과 양자 물리학, 다차원우주 이론은 색즉시공 공즉시색의 이론적 토대로 기능하기도 한다. 부처는 이미 2600년 전에, 영원하리라 의심치 않던 이 우주도, 성주괴공하며 변화함을 꿰뚫는다. 무아 연기의 원리에서 당연히.

다음 세기의 최대 난제는, 범죄 규명에 관한 법생물학적 태도인지도 모른다. 어떤 사람이 도둑질을 했는데, 의도와 다르게, 몸 안의 전생 생명이 부추긴 범죄로 판명되었다면, 법은 누구에게 어떤 방식으로 징벌해야 하는가는 고민. 괴기스런 상상으로 웃어 넘길 수도 있겠지만, 과학이 불화를 규명한 세상에서 불가능한 일도 아니다. 범죄를 반복하는 자에게 생물학적 핑곗거리를 주고자 함이 아니다. 오히려 생명이 연속하는 입장에서, 나쁜 짓을 당장 그만두어야 하는 도리를 설한다. 여러 목숨을 이어받은 덕택에 오늘의 내가 있다면, 대가를 치르는 것은 당연하다. 훗날의 안전, 사람 몸 받는 것을 생각한다면 보시는 미룰 수 없다. 몸가짐이 저축되어 다음 생을 결정한다면.

왜, 어디에 미치는가? 보시의 도리를 깨치자면 4구게라도 알아야 한다. 지혜가 동반하지 않는 보시는 자칫 독약이다. 베푼다는 것이, 지위를 보전하는 안전 장치거나, 독점을 유지하는 기술로 쓰이면, 보시는 신분을 붙들어 매는 고도의 무기, 알량한 통제 수단이다.

선심 쓰듯 공약하는 자. 나라를 위해 애쓰는 동량같이 하지만, 감투 하나에 손바닥 뒤집듯 말을 바꾸는 자가 그들이다. 보시가 요란한 곳일수록 인색하다. 막히고 닫혀 있다. 연말 불우이웃돕기성금 방송을 연례행사로 치르는 것은 그래서 뜨끔하다. 보시가 물과 같이 무심으로 흐르는 공동체, 사회 약속으로 정착된 나라가 궁극적 민주국가다. 보시는 끼니다. 거를 수 없는 밥과 같이, 사방에서 일상적으로 이루어짐으로 내가 있다. 한 끼의 장엄함을 아는 자가 보시의 별스럽지 않은 무심을 본다. 한 끼는 온갖 시간이 보시해서 쌓은 목숨이다. 아깝다 생각되거든 뒷날의 입에 들어가는 밥걱정은 안 해도 되겠지! 정 뭣하면 죽기 전, 이자까지 쳐서 부처님께 영수증을 들이밀고 따져 보기라도 할 수 있잖은가? 영수증은 마음에 새겨지는 흔적으로 충분하리라. 불토는 보시하는 당신의 손에서 멀지 않다 한다.

'경을 베낀다.' 예부터 사경은 널리 행해졌다. 경전을 베끼고 전하는 일은 좋은 수행이다. '베끼다'는 상징적이다. 글씨를 한 땀한땀 옮기는 정성. 몰두다. 집중은 순간을 억만의 시간으로 베낀다. 건성은 억만의 시간을 순간으로 구긴다. 시간의 크기를 결정하는 것은 짓거리다. 하루를 평생같이 사는 자는 하루가 천년이요. 하루를 영원할 것처럼 사는 자는, 천년을 살아도 하루해를 넘기기조차 어려운 하루살이다.

❂ 북한산을 올라 암벽 등반가를 본다. 생명을 건 모험이라지만 모험을 건 생명이다. '하느냐 마느냐'를 두고 분투하는 것이, '죽느냐 사느냐'를 놓고 하는 일만큼 값지다. 한 땀은 움직임마다 모조리 바위를 베끼고 틈새를 수놓는다. 한 걸음의 무게가 생명 전체와 맞닿는다. 스님의 지관수행. 들고 나는 호흡을 바로 펴고, 숨을 몸 구석까지 나르는 것과 같다. 관념이 끼어들 틈이 없다. 쌀

한 톨 만한 둔덕을 짚고 올라선 발은 절실해서 넉넉하다. 갈급함이 내어 준 틈 사이로 여유가 숨 쉰다. 긴장이 고르는 쉼표이다.

삶이 빠듯하면 헛디디기 쉽다. 절박할수록 빈틈을 살펴보는 집중이 요구된다. 바위 틈새가 찔러 주는 말귀를 세심히 듣고 한 발을 옮긴다. 생명은 몰입으로 빚는 예술이다. 흔히 일하는 남자의 모습이 최고로 관능적이다 한다. 집중은 요염하다. 갈증을 적시는 샘물같이. 생명이 아름다움은 삶이 켜는 현. 집중의 연주가 있어서다. 집중으로 조율되는 음표 사이로 여유가 건넌다.

운동장에서 요란하게 뛰는 아이들. 그보다 해탈한 집중이 없을 듯하다. 몰입은 일체화, 삼매다. '무아'지경이다. 나를 버려 나를 되찾는다. 나라는 보초병을 걷어 내고, '나'의 무장을 해제한다. 안팎이 하나로 뚫는 대화다. '나'의 적극적 무방비. 몰입만한 행복이 어디 있을까?

자녀나 남편, 혹은 친구와 껄끄럽다면, 당신을 지키고 선 '나'라고 하는 보초병이 많음을 뜻한다. 부상을 막자고 세워둔 자존심이라는 병사. 그는 덜떨어진 데가 많아서 당신을 외톨이로 몰아세운다. 나라고 믿는 그놈. 자존심은 사실 가장 고약한 손님이다. 나를 위하는 척하며 무전취식하는 장기 투숙객이다. 독불장군처럼 나를 추어올리지만, 고립만 부추기는 괘씸한 녀석이다. 그놈을 힘써 멀리하려 들 필요 없다. 무아! 진짜 주인에게 맡기면 된다. 너무 커서 볼 수도 잡을 수도 없는, 없는 곳이 없어서 있지도 않은 한마음, 비움에게.

행동의 폭이 좁아지면 행복의 시야도 좁다. 어디로 튈지 모르는 아이의 행동. 행복의 근거지다. 호기심이 많기도 하거니와, '나'라고 하는 초병을 둘러치지 않음이다. 모든 게 신기하고, 모든 게 다 나다. 아이는 팔방으로 튀는 시선이 막히면 죽는다. 아이의 시선은 몰입으로 피는 마법이다. 다방면으로 뻗는 몰입이 방해받는 환경에서 자란 아이. 어른이 되어서도 행복을 접촉하는 법을 모른다. 행복의 재료가 널브러져 있어도 조립하려 들지 않는다. 참선 삼매도 고요의 몰입으로 얻는 기쁨이다.

미국에선 갓난아이가 이유식을 떼고 음식을 먹기 시작하면, 부모가 먹여 주지 않는다. 음식 잔해가 곳곳으로 튀어도 아이가 직접 먹게 둔다. 손발이 만드는 행복을 일찍 터득시킨다. 경전을 베낀다 함은 거동으로 되새김하는 집중이다. 몰입의 악보를 행복이 뒹군다.

'대승과 최상승을 발심한 자' 수억 겁을 지나온 자로서, 천상에 나거나 사람 몸 받는, 최상을 사는 비결을 보여 준다. 이번 생으로 다한다 여겨 몸을 함부로 취급하는 자, 죄 지음을 여사로 알며 분별없이 몸을 굴리는 자, 탐욕으로 삶을 황폐하게 하는 자, 천국에 들고자 마음 밖으로 떠도는 자, 작은 이익에 더듬이를 곤두세우는 자는 더욱 귀담아 들어라 한다. 연속하는 목숨. 무궁한 시간적 존재임을 알아 마땅히 큰 수레, 우주의 운전대를 잡아라 한다.

마음을 크게 풀어 놓는 자가 큰 몸을 짓는다. 쏠수록 커지는 게 마음이다. 천하를 구하겠다 마음 내는 자가 천지에 둥지를 튼다. 천하는 응당 이웃으로부터 출발한다. 천하가 관념이 되면 중생구제는 이상을 휘젓는 허황한 이야기가 된다. 수행의 종착지가 중생과 더불어 나의 구제라면, 기왕이면 욕망을 크게 일으켜, 크게 짓고 모두 태우는 큰 수레가 되라 한다. 큰 욕망은 단단한 결심이기도 하다. 자전거에 마음이 있는 자는 한 두 사람이 거니는 오솔길이면 족하다. 대형 버스를 모는 자가 큰 도로를 뚫는다. 숫제 비행기를 운전하는 자는 땅이 차지 않아 저 하늘에다 길을 놓는다. 오솔길을 타고 다니는 사람은 조그만 돌멩이에도 채이지만, 하늘은 걸림이 없다. 길을 크게 내는 자가 대승자요, 최상승자다. 나도 가고 너도 가고, 바람도 건너고, 참새와 소도 넘어가는 대도.

멋지지 않은가? 산이 우공을 옮기면 소금장수가 나고, 우공이 산을 옮기면 하늘을 뚫는다. 숲에서도 길을 잘 아는 세련된 현자보다, 통째 산을 퍼 내는 투박한 바보가 세상을 옮기는 법이다. 김구·유관순·윤동주·한용운·카네기·유일한·잡스·고흐·모차르트·김정호 그리고 우리 어머니가 그들이다. 하물며 모든 중생을 구제하겠다 발심한 자, 대승심을 발한 자의 몸은 얼마만 하겠는가? 어찌 한 생으로 다함이 있겠는가?

모든 중생이라 하여 고개부터 절레절레 흔들 것 없다. 나를 허물면 모든 중생이다. 무아의 도리에서 보자면 나도 나 아님이다. 그러니 저부터 잘 단도리를 해야겠다.

불법은 욕심이 크다. 한 세상 났으면 천지를 뒤덮을 욕심을 내라 한다. 이를 원력이라 한다. 나에게 머물면 아상의 식탐이나, 무아를 일으키면 원력이다. 자기 확장은 본능이다. 모성과 같이 핏줄에 닿고자 하는 염원이다. 존재를 초월하고자 하는 의지는, 나에게 핏줄을 대고 있는 본류, 뿌리에 미치고자 하는 자궁 회귀 본능이다. 우주의 모태에서 끊기는 공포를 밀어내는 몸부림인지도 모른다. 행복, '행이 복이다.' 행위에 복이라는 보상을 주어, 근원에 이르도록 하는 우주의 정교한 설계인지도 모른다. 불교의 행복幸福은 行福이다.

대승과 최상승을 발한 자는 『금강경』을 수지독송하는 자. 널리 전하는 자다. 여래가 다 본다 함은 지당하다. 우주는 인연으로 잇대어 있으니, 못 본다는 것이 되레 이상하다. 부처는 또한 모든 존재다. '부처가 다 본다.' 우주가 나를 지켜보고 있다는 이 엄중함. 행동을 어디에 감추겠는가? 어떻게, 무엇을 속이랴?

존재는 인연을 타고 우주를 출렁인다. 한 호흡으로도 공기가 대꾸하고 빛이 놀란다. 구름이 곁눈 하고, 새가 귀를 세우고 땅이 몸을 비튼다. 불화의 터널은 인과법에서 한 치도 틀어지지 않는다 한다. 뜻과 행으로 쌓은 업식의 모양을 따져, 그만큼의 중량으로 새 생명이 달려오리라 한다.

전생에 닦은 공덕으로 어렵게 사람 몸을 이루었건만, 어이해 그 귀한 복덕을 망치려 드느냐 야단친다. 대승의 법 바퀴를 굴려 불토를 장엄하라. 생명 복지를 위해 힘을 아끼지 마라. 부처가 다 보고, 행동의 크기에 어긋남 없이 새 목숨을 보장한단다.

"불가사의한 공덕을 성취하리라"는 깊이를 헤아리자. 불가사의는 감히 인간의 사량으로 측량하기 어려운 아득한 경지. 짧은 시간의 토막으로 분별하여 속단하는 어리석음을 범하지 말라 한다. 부처님이 뒷배를 봐 주겠다 하니 믿어볼 밖에.

"이와 같은 사람은 여래의 아뇩다라삼먁삼보리를 짊어진다." 부처로 가는 최상의 도다. 피하지 않음이다. 깨달음을 짊어진다 함은 살이를 온전히 내 자신으로 완성하는 것이다. 이 경을 듣고 거슬리지 않으면, 납득만 해도 공덕이 지대한데(수긍한다는 것은 실천으로 가는 채비다), 완전히 내 것이 된다면 말해 무엇하랴?

따스함으로 데운 가슴을 내미는 자는 최상의 도를 짊어진 사람이다. 짊어지다! 그렇다. 깨달음은 짊어짐으로 완전하다. 무아·연기·중도를 머리가 안다고 깨달음이 아니다. 몸으로 실어야 온전한 깨달음이다.

꽃이 깨달았다. 꽃이 피었다. 꽃의 깨달음은 꽃을 짊어짐이다. 벌은 꿀을 따 모음으로 깨달음을 짊어진다. 나비가 깨달았다. 나비가 봄을 흔든다. 봄을 가득 짊어진 나비의 날개를 어찌 가녀리다 하랴? 나비가 봄을 짊어지지 않았다면 진달래가 감히 겨울인들 들어 올렸으랴? 동백이 양 어깨로 겨울을 떠받치지 않았다면 나비인들 편히 잠들지 못했으리라.

강이 깨달음으로 무릇 생명이 기댄다. 당신이 편안히 영혼을 눕히고 쉬는 것도, 강이 깨달음을 짊어짐으로이다. 풀잎이 깨달음으로 빛을 짊어진다. 토끼가 깨달았다, 풀을 짊어진다. 밥을 깨달은 자, 밥을 짊어진다. 밥이 깨달음이다. 밥을 짊어진 자를 어찌 가볍다 하랴? 돈을 짊어진 자의 손에서 돈이 돈다. 고독을 짊어지고 존재 깊이 잠긴다. 길동무를 짊어진 자, 삶 언저리의 불화를 쏘아본다. 우주 크기에서 깨달은 자, 우주를 짊어진다. 부처다. 당신이다.

　삶을 짊어짐으로 깨달음이다. 깨달음만큼 짊어지는 삶이리라. 삶의 크기가 깨달음의 크기다. 깨달음으로 크기가 차별되지 않아서 짊어짐이다. 저마다 깨달음을 짊어지는 수고로움으로, 너와 내가 있다.

　살이의 가볍지 않은 무게감이 '짊어짐'에서 오는가 보다. 그런데 나를 짊어진 자, 가장 무거운 자다. '상'이 나를 지고 있는 자다. 무지의 무게는 아무도 덜어 가지 못한다. 상에서 내려오는 길은 나를 깨뜨리는 것이다.

　'내 업을 짊어지다,' 우주 제 일의 법도는 자기 책임이다. 거기에 모든 구원이 있다. 이왕이면 불법 정도의 배포는 되라 한다. 짊어진 자만이 짐을 부리는 법이다.

　작은 법, 생사의 두려움으로, 저 하늘의 천국을 떨치지 못한 자, 소승이다. 눈앞의 득실에 가려, 너머의 빛기둥을 보지 못하는 자. 상의 껍데기를 달고, 나를 우기는 자, 중생이다. 'A는 A이어야 한다' 교리화하고 절대화한 바구니의 과일만을 사과라 우기며, 나무에 달린 사과에 눈을 가리는 자.

　기독교·불교 바구니, 보수당·진보당, 경상도·전라도, 외지 사람·고향 사람, 옳음·그름 바구니, 작은 분별로 자신을 좁쌀 알갱이에 쑤셔 넣는 자. 바구니의 사과가 썩었다 아무리 일러 주어도 꼼짝 않는 자, 병자다. 작은법. 아견·인견·중생견·수자견의 종이다. '나는 천국에 가리라.'(아견) 믿지 않는 자, 지옥에 떨어지리라.(인견) 중생을 벗고 성자가 되리라.(중생견) 영생을 얻으리라.(수자견)

영생을 인식론으로 보면, 똑같이 생긴 사람들이 똑같은 욕망을 지니고, 똑같은 감각을 충족하며 똑같이 움직인다. 즉 아무것도 느낄 수 없는 공간에 아무 것도 의식하지 못하는 나 혼자 있는 것과 같다. 의식이 없다는 것은, 의식해야 할 필요나 이유를 가지지 못한다는 뜻이다. 시공간이 멈춘 한 곳에 고립된 섬과 같다. 병원에 누워 있는 식물인간보다 나아 보이지 않는다. 영생은 어떤 변화도 멈춘, '절대'로 고정한 세계에서나 가능하기 때문이다. 절대는 절대적 허무다. 어떻게 해야 저들에게 『금강경』, 우주의 진실을 깨우쳐 줄까?

> 어리석은 사람은 평생 동안 어진 사람을 가까이 모셔도
> 진리를 알지 못한다.
> 숟가락이 국 맛을 모르듯이 — 『법구경』

부처님의 애닳음이다.
해답은 '이 경이 있는 곳.' 지혜를 나누며 더불어 동행하는, 인

연이 손잡고 춤추는 이 땅에 있다. 신성은 경전 안에서 떠들썩한 신에게 있지 않다. 노인이 끄는 수레라도 밀어 주는 당신의 손에 들려 있다. 성스러움은 몸놀림에 있다. 내가 움직임으로, 그리하여 천상의 하늘마저 기꺼이 힘을 보탠다면, 그곳이 탑이요, 천국이다. '내가 진실로 너희에게 이르노니, 너희가 여기 내 형제 중에 지극히 작은 자 하나에게 한 것이 곧 내게 한 것이다.' 예수님의 말씀이 대승과 최상승자를 향하고 있다. 행동을 어지럽혀 3악도에 떨어지는 불상사는 막아야 하지 않겠는가?

'내가 세상에 평화를 주러 왔다고 생각하지 마라. 평화가 아니라 칼을 주러 왔다.' 작은 법(글귀)에 매달리면, 고문과 화형, 마녀사냥, 십자군 전쟁, 세상은 피로 넘친다. 불법은 우주적 크기에서 설해지고 있음을 기억하자. 하루살이한테 4계의 변화에 대한 진실을 듣고자 하는 누추함. 작은법은 이와 같다. 작은법이 진리의 가면을 쓰면 난폭한 칼이 된다. 무지의 돌격 부대다.

보시는 업을 우주 고향에 놓아 주는 순정함이다. 수억 겁으로 다듬은 업을 보전한다. 연기법은 바람 햇빛, 꽃과 벌, 참새·소 그리고 나와 너다. 큰 법이다. 보시는 작은법을 툭툭 치고 지나가는 근육질 몸을 만든다. 아상의 고삐를 풀어, 불화의 가마에서 뽐낼 만한 몸매다. 보시가 문명으로 정착하면, 공업으로 나의 구원은 더욱 가까워진다. 산다는 게 보시다. 업은 청정하여 나를 맑힌다. 문명은 생명의 징검다리로 값지다.

열반을 얻으려 애쓰지 마라, 방하착(내려놓다)하라, 해탈을 내려놓고 쉬어라 하는 뜻이 이것이다. 애쓰지 않아도 살이가 방생이다. 생명을 발육하는 제도에서 살이는 곧 열반이다. 부처님이 『금강경』4구게라도 널리 전하라 외치는 까닭이다. 천국에 목매어 생을 껄끄럽게 흩트리는, 불화의 도에 몽매하여 발버둥치는 어린 중생을 구제하는『금강경』이다.

 여러 면에서 노르웨이·스웨덴·핀란드 시민들은 참으로 지혜롭다. 시민의식이 반야 총기로 빛난다. 현재로선 건설적인 복지국가가 보다 불법에 근접해 보인다. 적극적 중도로 공업을 갈고 닦는 부처다. 부분으로 주저앉느냐, 전부로 전진하느냐.

제16 _ 능정업정분
능히 업장을 깨끗이 함

"다시 또 수보리야, 선남자 선여인이 있어 이 경을 받아 지니며 읽고 외우더라도(수지독송) 만일 사람들에게 업신여김을 당하면, 이 사람은 전세 죄업으로 마땅히 악도에 떨어질 것이로되, 금세 사람들에게 업신여김을 당하는 것으로써, 곧 전생의 죄업이 소멸되고 마땅히 아뇩다라삼먁삼보리를 얻게 되느니라. 수보리야, 내가 과거 무량아승지겁을 생각하니, 연등불을 뵈옵기 그 이전에도 8백4천만억 나유타의 여러 부처님을 만나, 모두 공양하고 받들어 섬기어 헛되이 지냄이 없었더니라. 만약 다시 또 어떤 사람이 있어 앞으로 오는 말세에, 능히 이 경을 받아 지니고 읽고 외워서 얻는 바 공덕은, 내가 저곳에서 모든 부처님께 공양한 공덕으로는 백분의 1도 되지 못하며, 천만억분의 1도 되지 못하며, 내지 숫자가 있는 대로 비교하고 비유할지라도 능히 미칠 바가 못 되리라. 수보리야, 만약 어떤 선남자 선여인이 앞으로 오는 말세에, 이 경을 받아

지니고 읽고 외워서 얻을 바 공덕을, 내가 다 갖추어 말한다면, 혹 어떤 사람은 듣고 곧 마음이 산란하여, 의심하며 믿지 아니하리라.(호의불신) 수보리야, 마땅히 알아라. 이 경은 뜻도 가히 생각할 수 없고(불가사의), 과보도 또한 생각할 수 없느니라.(불가사의)"

16분은 15분을 변증법적으로 종합한다. 더할 나위 없는 차원으로 우리를 안내한다. 불화의 존재는 운명을 개척하는 부처다.

"선세죄업이 소멸되고 아뇩다라삼먁삼보리를 얻는다." 문자를 해석하면 다음과 같다. 선세는 과거세, 전생이다.(선행을 하며 착하게 사는데도 안 좋은 일을 겪는다면〔마장이라 한다〕, 이는 복덕의 다른 얼굴임을 알아라. 전생에 3악도에 떨어질 만한 죄업을 지었음에도, 사람들로부터 멸시받는 정도의 고통을 당함으로써 업장이 모두 소멸되고, 뿐만 아니라 최상의 깨달음을 이루리라. 8분의 "복덕은 복이 아니다. 그래서 복덕이다"를 연상케 한다. 업〔까르마〕이란 뜻·입·몸으로 지은 행위가 쌓여, 저장된 의식 에너지이다. 보시와 같은 착한 행동은, 전생의 3악도에 떨어질 만한 업장까지 씻어낼 만큼 큰 위력을 가졌다. 멈추지 않고 선행을 쌓아 간다면, 마침내 궁극의 도에 이르리라는 말이다.)

비유하자면, 전생에 지은 죄업이 양잿물 한 바가지에 이른다. 인과법상, 내가 지은 것은 내가 감당해야 하느니만큼, 현생에서 양잿물을 마셔야 하는 도리를 피할 길 없다.(자업자득) 물론 마시면 죽음이다. 그런데 머묾 없는 마음을 일으켜 보시하며, 무아의 지혜로 살아가면(『금강경』을 수지독송) 중화제나 해독제를 얻게 된다. 해독된 양잿물은 조금 상한 물과 다름없게 되어, 마셔도 배탈 나는 정도에서 그치고 만다. 그뿐이겠는가? 해독제는 상한 물을 마저 가시어, 어느새 샘물이 되고, 몸을 보하는 감로수로 변한다.

얼핏 수긍이 간다. '시절과 사람으로부터 핍박받더라도 개의치 않고 좋은 일 하며, 불법의 지혜로 살아가면, 다음 생은 분명 깨끗한 인간으로 생명 받으리라.' 이때의 윤회는 도덕적 행위를 응원하는 보상 장치다. 훗날을 기약하는 동기를 부여한다. 윤회는 윤리를 주문하는 신비의 장막이 된다.

이는 자칫 '업장은 누구도 피할 수 없다'라는 인과법을 고정불변의 숙명론으로 포장하여 당혹케 하는 위험이 도사린다. 산다는 것은 전생의 업장을 걷어 내는 일이 된다. 인생을 업장의 장난쯤으로 간주한다. 업장을 갚지 않고선 온전한 삶이 되지 못한다 여긴다. 업장소멸이 필생의 숙제다. 현재의 모가지를 과거가 감아쥔다. 선세의 쇠사슬에 걸려 옴짝달싹 못 한다.

9분에서 소승의 깨달음이란, 단계적 계단을 밟아, 저 언덕과 이 언덕을 환생하여 오르내리며 닦아, 다시 태어남이 없는 불환에 도달하는 것이다. 업장 역시 몇 생을 돌아와 수양해서, 층계를 거쳐 소멸해야 한다. 부처님이 『금강경』에서 소승적 해탈을 파쇄하듯, 여기서도 업장을 분연히 날려 버린다. 그런 업장은 없다 한다.

불법은 문자 너머 원리를 읽어야 한다. 다음 말씀을 들어 보

라. "부처님이 전생에 수억의 목숨을 지나며, 모든 부처님(모든 존재)께 공양하고 섬겨 선업을 쌓았다 해도, 지금 이 순간,『금강경』을 수지독송하는 공덕에는 천만억 분의 1에도 미치지 못한다" 한다.(여기엔 전생에 쌓은 많은 공덕과 보시로 인간 몸을 받았다는 뜻이 담겨 있다.)

전생에 아무리 긴 시간, 한없는 공덕을 이루었다 하더라도, 지금 여기, 목마른 아이에게 물 한 모금 나누어 주는 작은 공덕 하나에도, 어림 반푼어치도 안 된다는 말씀이다. 전생에 아무리 부처님께 공양하였다 한들, 이 순간, 힘들게 언덕 길을 오르는 노파의 휠체어를 밀어 주는 조그만 공덕에도 미치지 못한다 한다.

전생의 업은 이생에 목숨 받음으로 그 몫이 있다. 이것이야말로 선행은, 도덕적 당위에 앞서, 인간이 갖추어야 할 형질임을 드러낸다. 업이 배를 움직이는 키임을 알게 해 준다. 과거생이 현생을 좌지우지할 수는 없는 노릇이다. 전생의 공덕이 현세에 목숨 지음으로 그 역할이 있다는 것만으로도, 선행은 조금도 낮출 수 없다. 선세 공덕으로 천상이나 인간 몸을 받았다면 그것이 어디랴? 그보다 큰 지음이 없다. '업장은 업장이 아니다. 그래서 업장이다.' 부처님이 말씀하는 이 분의 주제이다.

태생에 의해 브라만(성인)이 되는 것이 아니다.
오로지 그가 하는 행위에 의해 결정된다. —『숫타니파타』

앞 문장으로 되돌아가 보자. 3악도에 떨어질 선세 죄업이면 응당 사람으로 몸을 받을 수 없다. 인과법, 연기법의 도리상 가당치 않다. 악도의 나락으로 떨어지는 업식보다 큰 죄업이 없기 때문이다. 따라서 3악도에 떨어질 선세 죄업을, 사람들이 업신여기는 정도로 대신 치른다 함은, 사실을 이야기한다기보다 상징성을 띤다 하겠다.

그렇다면 『금강경』을 수지독송하는 자는, 악도의 장애라 하더라도, 사람들이 업신여기는 정도의 과보로 바뀐다 함은 무엇인가? 여기에 『금강경』이 선사하는 무한 반야가 돋보인다. 업은 '공'하다. 한 생각 돌이키면 업장은 분해되고 만다. 업장 무아, 업장의 공한 도리를 밝혀 봄으로 업장을 날려 보낸다. 업장으로 굴레를 씌워, 삶을 예단하고 체념하는 무기력을 깬다.

3악도에 곤두박질칠 정도의 악업이면, 사실상 구제 불가한 과보다. 어찌 손써 볼 수조차 없는 불가항력이다. 그렇게 엄청난 악업마저 가벼운 모욕 남짓으로 뒤집는 지혜의 등불이 『금강경』이다. 업의 공함을 관통하면, 업장은 업장이 아니라, 삶을 윤택하게 살찌우는 음식이 된다.

업장이 있다 한들 그것을 극복하고자 하는 노력은, 나를 개량하고 상승시켜 업장은 보약으로 변모한다. 비록 느닷없는 불행이 파 뒤져 놓은 구덩이라도 좌절치 않고 선행으로 메꾼다면 업장은 나를 꼬꾸라뜨리지 못한다. 업장은 깨달음의 절창을 울린다. 업장의 공함이요, '업장은 업장이 아니다. 그래서 업장이다.' 초월적 질료로 승화한다. 유연하고 창조적이며 광대한 힘이 된다.

죄의 업, 분노의 업, 공포의 업, 즉시 불 태워 버려라. 좌충우돌 생각의 뜀박질을 따라 마음을 휘둘지 마라. 두려우면 지는 거다. 아무리 무거운 운명이라도 운전대를 잡고 있는 자가 '나'라는 사실을 잊지 말자. 암흑의 동굴로 몰고 가는 것은 운명이 아니라, 포기의 유혹에 굴복하는 나약함이다. 업장의 공함을 뚫어 보는 즉시, 나를 절망의 낭떠러지에 세우는 운명을 때려 눕힌다.

불행의 키는 두려움에 떠는 손아귀에 안긴다. 운명을 막다른 골목으로 모는 것은 겁에 질린 고양이다. 쥐한테 물리지 않으려면 고양이부터 잡아야 한다. 공포를 잡자면, 생각 하나 돌리면 된다. 몽둥이를 드는 건 발악이다.

보시는 먼저 자기에게 위로를 베푼다. 자기에게 나누는 지혜. 금강 반야의 첫째 공덕이자 깨달음의 도다. 단지 생각 하나 돌이킴으로 자기를 구원하는.

위에서 업의 공함을 살펴보았다면, 이번엔 인과의 도에서 바라보자. 『금강경』을 실천하며 성실하게 사는데도 타인이 멸시하고 천대한다면 인과법이 깨진다. 선업에 악과다. 견디기 어려운 수모이고, 도저히 수긍하기 어려운 윤리적 난제이다. 무척 괴로울 것이다. 인과법이 복구되지 않으면, 덕행은 유지되어야 할 동력을 상실한다. 여기에 또다시 금강의 반야가 빛을 수놓는다.

현생 이면의 전생을 가져와 인과법을 완성하는 지혜다. 얼추

과도한 억지처럼 보인다. 그러나 업식이 공하다 하더라도, 이전 생의 버릇은 유전자에 아로새겨진다. 잘못된 습관은 생을 수렁에 빠뜨린다. 전생의 업이라면 몸에 새겨진 무늬, 습성이 되겠다. 자기는 착하게 산다 하나, 그릇된 습관은 남들에게 핍박받기 예사다. 이때의 지혜란, 인과법을 조성하기보다, 삶의 자세를 돌아보는 각성이다. 습관적 관성을 쪼개 버리도록 한다. 윤리적 맹아(이것이 착한 일이다, 저것은 나쁘다는 고착된 윤리의식)로부터 구겨진 삶을 바로 편다. 옳다 잘났다 하는 자기를 뚫어 보고, 무엇이 잘못되었는지 짚는다. 관념적 허세를 붕괴시켜, 구체적이고 약동하는 삶으로 자신이 되게 한다. 주인으로서 삶을 되찾는다.

좋은 일을 함에도 불행이 닥치면 억울하다. 탓하고 하늘을 원망한다. '그놈만 아니었더라도' 분통을 남에게 돌리면, 삶은 타자의 감추어진 손에 넘어간다. 나의 입김 밖으로 점점 달아난다. '독하게 사는 게 장땡이야' 작은법에 나를 주저앉힌다. 삿된 법에 취해 비틀거리다가, 끝내 정법을 찔러 쓰러뜨린다. 제 눈을 찌르고 파멸로 치닫는다.

그러나 그가 문제가 아니라, 의존심에 기대 결정을 미루어 놓은, 상황을 내 자신으로 만들지 못한 비겁함을 쏘아 본다면, 다시 나를 만나리라. 자기를 직시하며 나를 되찾는다.

억울함을 복으로 돌이키는 용기. 완전히 나를 짊어진다. 현재의 부조리한 악과, 안 좋은 일은 도리어 다행스러움으로 안도한다. 상이 상 아님을 알아차림으로 부처를 본다. 복덕이 복덕성이 아님을 꿰뚫어, 그나마 지금의 불행이 최상의 복덕, 복덕의 다른 모양임을 알아챈다. 재앙은 도의 살갗이요, 살이의 에너지로 부활한다. 작은 교통사고를 당함으로, 진짜 큰 불행을 미연에 방지하는 것과 같다. '때문에!'는 책임으로부터 나를 분리한다. 네 탓이다. 반면 '그래서?'는 당장 내가 해야 할 일부터 붙잡는다. 문제를 내 것으로 되돌린다. '네가 반말했기 때문에' 나를 존중하지 않는 네가 중심에 자리한다. 네가 문제다. '네가 반말. 그래서?' 친숙하게 가까이 다가오고자 하는 네가 보인다. '어떻게?' 결정은 내가 한다. 나는 중심이다.

업은 성찰의 문이다. 남을 탓하기에 앞서 자신의 부족함을 돌아보게 한다. 업은 결코 원죄론이 아니다. 업장은 자기를 개선하는 지도책이다. 변화의 동력이며 소망의 열쇠다. 반야의 깊이는 이렇듯 인과법마저 능동적으로 재구성하게 한다. 운명에 적극적으로 달라들어 삶을 내 것으로 한다.

몸가짐이 달라지면 운명도 바뀌기 마련이다. 가당치 않은 악과마저 감사하게 받드는 용기. '내 탓이요' 내 부덕의 소치로 옷깃을 여민다. 두려움을 떨치고 삶은 행진한다. 억울함을 적극적 의지로 타개하는 과단성은, 생을 온전히 내 자신이 되게 한다. 운명을 평계로 무릎 꺾는 무명의 아가리를 틀어막는다. 작은법에 부딪혀, 3악도를 나뒹구는 구렁텅이에서 건져 올린다. 찢어지고 뜯겨지지 않게끔, 상처가 덧나지 않도록 치료한다. 나는 다시 솟아오른다. 전생의 악도에 떨어질 죄업일지라도, 어긋나는 인과법을 손질하며, 결코 허물지 않는 삶을 촉매하는 기름으로 살아난다. 손해 보지 않는 청구서를 뽑는 지혜다.

우연이 들이친 시련을 전생의 업으로 말하곤 한다. 의지와 상관없이 맞닥뜨리는 일은 다반사다. 의지 밖 작용을 전생으로 연결하는 지혜는 불행을 순순히 받아들이게 한다. 운명을 주도적으로 껴안도록 몸을 삼간다. 예고 없이 들이붓는 고난을 알아, 늘 겸손으로 걸러 내는 살이. 우연히 닥치는 불행을 사전에 방비하는 좋은 약이다. '우연은 우연이 아니다.' 좋은 습관은 우연적 위험을 막는 필연이 된다.

불법은 인과법이 내 안에서 완전하게 작동하고 있음을 창의적으로 밝혀 준다. 인과법은 부분적으로 보아서는 알 수 없다. 존재와 비존재를 아우르는 통합적 식견에서 건진다. 불화가 순전히 도덕적 요구에 의한, 장막 뒤에 숨어 있는 어렴풋한 감시자가 아니다 한다. 불화법이 우주적 사건이 아니라, 윤리적 요청으로 설립된 가상이었다면, 인과법은 한낱 말 포장에 불과하다. 불행은 불행일 뿐, 창조와 변화, 상승 의지는 허구에 지나지 않는다. 세상은 불변적 실체로 고정된다. 하지만 부처는 불화의 내용이 과학적 순진함과 원리적 섬세함으로 우주를 채운다 한다. 우주 역사를 전달하는, 생명 전 과정을 통찰하는, 우주적 언어다. 우주적 관찰에 힘입어 언어 아닌 언어로 드러낸다.

지난 일에 얽매이지 마라. 안 좋은 일일랑 훌훌 털어 버려라. 혹시 아는가. 우연이 쓰러뜨린 자리에서 허허 너털웃음을 벙글거리는데, 금맥이 뾰족하니 얼굴을 내밀지도 모를 일이다. 발끈해서 일어났다면 보지 못했을 일생의 기회인지도. 전화위복은 화를 복으로 갈아엎는 지혜다. 멀리 바라보는 안목에서 잡는 행운이다.

　살펴보듯 선세죄업은 공하다. 삶을 제 궤도에 올려놓는 힘. 상승을 욕망하는 의지로 재조합된다. 『금강경』을 수지독송하는 삶은, 아무리 큰 죄업이라 할지라도 조그만 과보로 바꾼다. 그렇다면 선세죄업을 소멸한다는 것은 무엇일까? 업장소멸은 현재형이다. 그런데 전생의 죄업이 공한데, 현실적으로 업장소멸이 있을 턱이 없다. 그럼에도 부처님은 죄업이 소멸된다 한다. 대가를 치러야 한다 말한다. 금강반야의 깊고 깊음이여! 그렇다.

　삶은 나 혼자만의 것이 아니다. 전생을 건너온 이 목숨만 하더라도 수많은 생명, 수억 겁을 다져온 인연의 모임이다. 우리는 존재의 엄숙함에 대해 깊이 고찰해야 한다. 부처님이 그 과제를 던져 놓고 있다. 인간은 '존재 자체가 횡포다.' 늘 곱씹어야 할 명제다. 인간으로 생명 받음은 전생에 무수한 선업의 과보일 테지만, 그러하기에 더욱 겸손이 요구된다.

　◉ 찌찌 삐삐 삐쫑 삐쫑, 몇 마디 말로 생 전부를 삭이는 종달새는 얼마나 답답할까 할는지 모르지만, 언어가 오히려 거추장스런 살이라면 어찌 살갑지 않으리오? 인간의 언어가 복잡하게 분화한 것은 그만큼 살이가 어지럽기 때문인지도 모른다. 저 많은 말

들을 어찌 감당할꼬? 종달새가 보는 인간은 얼마나 가련할 수 있는지 생각해 봐야 하리라. 다시 말해 인류는 그 잘남으로 파멸을 앞당길 수도 있으리라. 종달이의 간결한 언어가 주는 암시다. 단순하다는 것은 생각 없이 산다는 게 아니라, 많은 언어가 필요치 않을 만큼 간결하게 빗는, 무심이다. 과거 미래 복잡한 언어의 미로에서 내려옴이다.

산다는 일은 어쩔 수 없이 인연을 다치게 하는, 업식의 폭거이기도 하다. 이것이 삶의 딜레마이다. 인간은 존재함으로 존재를 위험에 빠뜨린다. 불화의 꼭짓점을 통과한 생명의 운명이다. 가장 완벽한 생명이 최상위 포식자라는 역설적 모순. 제3분에서 잡식성의 딜레마를 기억하는가? 다생겁래, 여러 생을 거쳐, 오랜 세월을 쌓아 온, 식물에서부터 동물에 이르기까지 먹이 습성의 고민.

『금강경』 가르침대로 두루 보시하고 살더라도 현실에서 누차 불행이 닥칠 수 있다. 그 불행을 악업에 대한 죄사함으로 감사히 받드는 지혜. 나로 인해 많은 생이 희생됨을 아는 참회이며, 그럼에도 좌절하지 않고, 존재의 한계를 딛고 일어서는 자기 개발이다. 부처님이 무생법인(태어남이 없는 불생불멸. 무아 이치를 깨달아, 어떤 것이든 참을 만하고, 있는 그대로 인정하고 수용하는 것)을 내어 놓는 원리이다.

교만은 자신의 가장 잘난 무기로 자신을 친다. 원숭이는 나무에서 떨어지고, 물고기는 물에서 익사한다.(웅덩이에 갇힌 물고기의 죽음은 익사다.) 몸의 구조가 그렇다. 팔은 신체에서 가장 자유로우나, 잘못 뻗으면 폭력으로 되돌아온다. 불합리한 인과, 업식의 배반은 나를 정점에 두고 셈할 때 벌어진다. 업장소멸은 생명 전체, 우주를 중심에 두는 셈법으로, 자연스레 도출되는 인과법이다. 나름 선하게 살았다 하지만, 나도 모르게 삶이 짓는 악업이 많다. 먹이 활동만 해도 헤아릴 수 없는 죄업이다. 부당하다 생각되는 악과는 생명 전체에서 보면 당연한 인과다. 목숨을 유지하는 한, 업장 소멸은 필생의 소임이다. 나에게 온당한 일이 타자에겐 부당하다는, 비극적 상황이 삶의 지극한 평이함이어서, 어느 누구도 놀라거나 인정하려 들지 않는다. 불합리하다 생각하는 과보를 만드는 원인이다. 이에 대한 경각으로 부처님은 업장소멸이라는 화두를 내어 놓는다.

우연을 막연히 행운이나 불운으로 돌려, 존재에 대해 반성하지 않는다면, 생은 가볍게 부풀어, 조그만 바람에도 쭉정이처럼 까불거린다. '우연은 우연이 아니다. 그래서 우연이다.' 우연을 필연의 필터로 손질하는 『금강경』이다.

나도 모르는 발걸음에 짓밟혀 아비규환이 일어난다. 피가 천지를 튀는 환란이다. 나를 기준으로 세상을 곁눈질하는 오만을 버리고 보자. 발바닥 아래 아우성치는 작은 생명들. 내 한 걸음은, 하늘이 조각나고 땅이 갈라지는 청천벽력이다. 이 무지막지함에 허무하게 스러지는 생명을, 무신경하게 지나치는 배짱은 무슨 유물이기에 이다지도 욕될까? 과장된 감상주의라 말할지도 모른다. 그러나 그 사태에서 '나'라는 아집을 들어내고 보면, 개미·굼벵이·지렁이 무릇 생명은 우주를 떠받치는 낱낱의 기둥이다. 나 홀로 잘났다는 근거 없는 교만을 제거하면, 그들도 다름없이, 몸을 보전하기 위해, 가족을 위해, 나와 똑같은 하루를 어김없이, 똑같은 우주를 걷는 동반자임을 본다.

이것은 명확한 과학적 진실이다. 그들이 제 역할을 동댕이치고 파업이라도 하는 날엔, 인류는 당장 존립을 타격받는다. 아인슈타인이 말하지 않았던가. 벌이 사라지면 인류는 몇 년 내에 멸망한다고. 녹색환경운동은 인류의 기만적 야만에 대한 참회이며, 존재의 긴급구조 요청에 대한 응답이다. 센티멘털한 낭만이거나 감정의 사치일 수 없다. 나를 여의고 우주의 그것이어야 하는 이치이다.

인연의 도움 없이 잠시라도 지탱하기 어려운 이 목숨을 위해서라도, 두 눈은 나 밖을 향하고 있어야 하나 보다. 이것이 보시다. 이 간단한 진실을 알리려, 부처님은 4구게라도 부지런히 나르라 한다. 누군가 다치진 않을까 저어하여, 조심스레 옮기는 발걸음에 보시가 담긴다. 불법은 마음법을 뛰어넘는 행위법이다. 목숨은 내 것이 아니되, 행동은 내 것이어야 하는 도리다.

'어떻게 살아야 하는가' 더 높은 시선에서 참구해야 할 화두다. 업장소멸은 연기의 실상에 대한 깨달음, 무아의 지극한 도다. 나는 나 아님의 도움으로 설치한다. 그리하여 나는 업장을 소멸하는 선행으로 참회하고 신실해야 한다는. 이것이 보시바라밀이요, 지계 인욕·정진·선정·반야 바라밀이다. 고물을 가득 싣고 가는 노인의 리어카라도 밀어주다 흙탕물에 빠지거든, '에잇 이게 뭐람' 어이없는 악과라 투덜대지 말고 '이렇게 고마울 데가' 그동안 알게 모르게 저지른 업장을 이 정도로 깨끗이 하여 주다니, 이보다 큰 재수가 어디 있는가, 감사할 일이다.

쓰나미가 집을 덮치고, 턱밑에서 목숨을 겨누어도, 자연의 분탕질로 여기기보단 '내 업장이 많이 무거웠구나' 자신부터 되짚는 힘.『금강경』의 자비다.

여기엔 심리적 요소까지 숨겨 놓고 있다. 사람은 자기 몫은 과장하여 포장하고, 타인의 경우 가벼이 한다. 자신은 과대평가하고 남은 건성으로 넘기기 예사다. 아상의 업보다. 가져가야 할 기대치는 최대로 부풀려지고, 주어야 할 빚, 과실은 최소로 축소하거나 무시한다. 조그만 공덕으로 하늘을 덮으려 하고, 꾸어 쓴 하늘 같은 은덕은 한마디 말로 때우려는 심보. 열심히 베풀고 살았다 하지만 더 많은 혜택을 입고 있음을 잊는다. 그러니 조금 손해 본다고 생각되는 것이 얼추 셈법이 맞다는 말씀이다. 그리 사는 자가 현명하다 한다. 인과법을 좀 더 넓게 껴안으면 그리 납득하기 어렵지 않다 한다.

당시 인도의 사회 환경에 비추어 보자. 무아 연기는 파격적인 가르침이다.(세간과 출세간으로 나눈 것도 불법이 너무 혁명적이라, 바로 사회에 적용하기 어려워, 표본으로 승단을 분리해 유지했으리라.)

계급을 전생의 업식이 준 과보로 당연하게 받아 지니는, 카스트 질서가 엄격한 사회에서,『금강경』을 실천하기란 쉽지 않다. 사회 압력을 견디며, 해코지당할 위험을 감수해야 한다. 정법은 어디서나 수난받기 마련이다. 세계 유례가 없다는 우리 민주화도, 이한열과 같은 숱한 젊은이들이 권력과 총칼의 압제에 맞서, 목숨 바쳐 이루어 낸 결실이다.

개혁은 험난한 사막을 통과하는 일만큼 거칠고 지난하다. 불법을 이루는 삶이 특권 세력의 박해에 부딪쳐 난감한 상황이 덮친다면 좌절할 수 있다. 그러나 그러한 고난은 악도에 떨어질 만한 죄업마저 사람들에게 천대받는 정도로 소멸하는, 엄청난 공덕이라면 형편은 달라진다.『금강경』의 실천만큼 거대한 것이 없다.『금강경』은 최상의 삶을 증거하는 지혜가 된다. 몸짓은 신성에 대등하리만큼 정의를 짊어진다.

금강 반야가 그만한 힘을 긷는 고귀한 자질이 있다는 깨침은 불토 완성으로 달려간다. 악도의 현장을 천국으로 바꾸는 길을 연다. 쉼 없는 정진을 격려하는 반야의 등불이다. 이는 다음 생에 3선도의 맑은 생명을 짓는 버팀목이다. 지금 멸시받고 고난받는 생은 훗날 창대하고 고결한 생명으로 연결하는 인과를 재배한다. 이것이 아뇩다라삼먁삼보리, 최상의 깨달음을 얻음이다.

선행에 가하는 탄압을 분노로 되갚지 않고 안으로 발효하는, 도리어 감사함으로 받든다면, 겨루지 못할 인내가 없다. 탄압이 거칠수록 행위는 옳음을 반증한다. 정의는 '나'라는 아집이 끼어들

지 않는 옳음이다. 다중의 아픔을 내 몸으로 매기는 더 높은 사랑
이다. 그래서 정의는 순수하다. 온몸을 사르는 불덩이마저 결이 곱
게 미끄러지는 눈물이다. '애국이란 태극기에 충성하는 것이 아니
라 물에 빠진 아이들을 구하는 것입니다.' 깃발을 높여야 어버이라
도 되는 양 하는 사람들에게, 효녀연합이라는 푯말을 굳이 들어야
만 했던 아가씨의 나긋한 미소 너머, 정의의 피 끓는 분노를 보는
가? 한겨울 동장군의 칼끝을 서로의 체온으로 녹여 가며, 소녀상
을 지키는 청춘의 불타는 사랑을 느끼는가?

 부처님은 16분에서 선세 죄업, 업장소멸이라는 화두를 던져
주며, 무아 연기로 교통하도록 한다. 이 언덕에서 튼튼한 다리를
놓아, 저 언덕 불화의 강을 원만하게 건너기를 애타게 고대한다.
'콩 심은 데 콩 난다'는 극히 단순하면서도 지엄한 진리를 우리는
간과한다. 콩을 가꾸는 데 노력하기보다 '전생의 그림자가 덮치진
않을까' '하늘에서 돈다발이라도 떨어지지 않을까' '저 하늘, 천국
이 기다리고 있으니까' 뚱딴지를 두드리며 시간을 허비하고 있지
는 않은지 돌아보라 한다.

 이 다음 무엇이 될 것인가는 지금 어떻게 하는가에 있다. 미래
는 없다. 오직 이 순간이라는 냉엄한 현실이 있다. 과거는 없다. 과
거를 방패로 삼아 변명거리를 만드는 야비한 방어 전략이 대신할
뿐이다.

 부처님이 말하는 우주 원리의 첫째는 자신의 짓거리는 자기
것이라는, 매우 기초적인 것이다. 자유 의지가 고결한 업식으로 작

용하는 것은, 책임이라는 과보, 아뇩다라삼먁삼보리를 짊어지기 때문이다. 일거일동을 주인에게 바쳐야 하는 노비를 생각하면, 저것이 얼마나 충격적이고 신성한 외침인지 상상이 되리라.

오늘에도 남의 행동을 갖다 붙여 내 것인 양 하는 것은 의외로 많다. 시선의 노예다. 콩은 콩, 팥은 팥으로 아름답다. 밖에서 나를 구하려 말고 내 안의 부처를 개방하라. 행동의 주인, 작게는 사회의 주인이요, 크게는 생명의 주인이다. 최고의 제도는 자신의 행위를 자기에게 돌려주는 것이다. 행위를 수탈하는 사회일수록 번뇌 지수가 높다. 우주의 감각과 동떨어진다. 부처니 신이니 따위가 당신의 행동을 결박하는 굴레라면 즉각 걷어차라 한다.

부처가, 전생에 수억 시간 동안 부처를 공양한 공덕이, 현재 당신의 작은 선행 하나에도 미치지 못한다 말한 도리가 있다. 변화를 두려워하는, 초월 의지를 꺾는 존재는, 생명이 분절된 불구다 한다. 과거생이 있다면 업이 남아 있다 하는 '생각'이다. 원죄라면 과거가 보낸 업식이 아니라, '전생에 무슨 죄를 지었기에' 두려움에 떠는 망상이다. 업식에 갇혀 꼼짝 못 하는 혼란. 공포에 조롱당하는 생명이다.

'부자가 되고 싶으면, 팔자타령부터 때려치우고 나누어라. 불법이 마뜩한가 알고 싶다면 지금 행하라. 금강 반야가 너를 자유케 하리라.' 내 변화를 요구한다. 창조는 변화다. 지금 행동 하나가 곧 나다. 존재에게 생명을 불어넣는 행동. 이보다 중요한 사건이 있는가?

선세 죄업의 소멸을 시간의 입장에서 들여다보면 삶의 태도에 관한 부처의 교설이 읽힌다. 시간이란 시계의 눈금이 아니다. 배고픔이나 해의 길이, 낮과 밤의 교차, 계절의 전환 등으로 감지하는, 사물의 상태가 바뀜으로 인식하는 변화다. 전생의 업이 탄생이라는, 현세의 생명 지음으로 그 역할이 있다면, 존재에게 남겨지는 것은, 지금이라는 시간과 환경적 조건이다. 과거생의 모든 시간은 탄생이라는 일거의 '사건' 안으로 수렴된다. 그렇다면 시간을 일련의 '사건'이나 '사태'로 보자. 존재는 시간의 배를 타고 강물 위를 떠밀려 간다기보다, 활동(변화하는 행동)을 함으로 시간을 쌓는다. 변화를 만들어 냄으로, 사건을 설치함으로 시간을 생산한다. 시간은 존재가 통제하고 운전하는 자동차의 운전대와 같다. 시간이라는 놈이 있어서 나를 업고 다니는 것이 아니라, 변화를 설계하는 나에 의해 시간은 창조된다.

나는 '변화되는 것'에서 '변화하는 것'으로 주인의 지위에 올라선다. 몸뚱이는 생노병사하며 시간에 의존적이라면, 의지의 마음은 시간에 지배적이다. 시간을 지배하는 마음은 주체적으로 변화를 이끌며 존재를 재창조한다. 이는 '이 순간 어떻게 사느냐' 시간을 의지적으로 조립함으로 나를 창조하는, 운명의 주동자라는 사실을 확인시킨다. 시간은 뜻과 노력으로 다지는 의지 아래 놓인다. 시간은 내가 만든다. 이게 말이 쉽지 간단치 않다. 조그만 앎에도 전부인 양 목을 매는 게 인간이다. 변화에 적극적이다 함은 앎을 적절히 비우는 지혜다. 버림으로 채우는 새로움, 아집을 놓고 나를 뛰어넘는 무아의 반야가, 변화라는 시간 얽음으로까지 빛난다.

업은 생명과 동시에 출발하는 변화의 씨앗, 창조의 질료이다. 나는 행위가 만드는 업이라 함은, 행동의 변화로 언제든지 운명을 씨갈이할 수 있다는 진실. 신의 잔소리를 듣지 않아도 좋을 완전체라 한다. 인간의 자기 구제는, 나를 창조하는, 짓거리에 대한 각성이 우선되어야 한다. 행동은 가능태다. 존재의 완성에 대한 의지를 확인시킨다. 구도적 실천이란 삶을 보람되게 짜는 몸짓이다. 이 순간 시간을 설치하는 짓거리로 선세 죄업을 극복한다. 선세 죄업은 과거가 부려 놓은 짐이 아니라 지금 '어떻게 할 것인가?' 몸가짐을 묻는 눈초리다. 그 길을 『금강경』이 열어 놓는다. 나를 주인으로 만드는 나의 몸가짐에 종교적 숭고함이 있다. 상 너머 부처를 보는 탐구적 눈빛에.

말세는 후오백세와 같다. 혼탁한 시절일수록 멈추지 말고 법바퀴가 굴러야 한다는 취지다. 이 경은 "뜻도 불가사의하고, 과보 또한 불가사의하다." 불가사의를 두 번이나 반복한다. 종교적 신비를 꾸밈이 아니다. 짧은 안목으로 생을 매질하는 것을 나무란다. 오늘날 인류가 화성에 간다 할 만큼 과학이 발전하고 있지만, 모기의 생명 원리조차 밝혀내지 못하는 실정이다. 생명은 신비다. 상에서 상 아님을 보는 간격은 불가사의하다. 오죽하면 그 사이를 한 발짝 옮기는 것으로 부처를 본다 하겠는가? 그만큼 존재는 영묘함으로 둘러싸인 웅장한 수수께끼다. 무수한 시공의 발자국이 찍혀 있는 신령스런 얼룩이다.

우습지 않은가? 작은 경험과 지식을 걸어 놓고 '나를 보시오' 큰소리치는 무례함이. 불가사의는 언설로 다하지 못하는 오묘함, 우주적 식견에 대한 암시다. 많다에 기대어 적다 하듯, 상대적 개념을 쫓아 뜻을 밝히는 언어의 경계 너머(부처님이 자주 비유하는 항하의 모래수. 삼천대천은 상대적 대립을 초월하고자 하는 의미가 있다), 유·무, 나·너를 초월하여, 전체를 아우르는 언어적 수식이랄까?

바다에 떨어진 빗방울은 대양의 크기를 알지 못한다. 빗방울과 바다를 나누는 분별로는 자신의 상대적 작음, 벽만 보일 뿐이다. 바다와 경계를 무너뜨리고 하나가 되면, 빗방울은 곧 무량한 대양이 된다. '나의 무화'는 완전한 크기로 펼쳐 놓는다. 무는 제로의 무가 아니라 전체로의 무, 아니 있는 곳이 없어서 없는, 구분과 테두리를 없앤 전체의 유이다. 복덕·과보·불화는, 불법에 깨어 있음으로 맛보는 실과, 내가 전체가 됨으로 설계 가능한 큰 법이라 말한다. 부처님이 천만억 생명에게 공양을 올려 인간 몸을 구했듯이, 아집의 탈을 벗고, 우주의 크기로 신명나게 춤판을 벌여 보면 어떨까?

용어 풀이

아승지겁 : 무한히 긴 시간. 10의 60승이 아승지이고 아승지겁은 겁의 시간에 아승지를 곱한 시간.

나유타 : 10의 28승. 역시 무한한 시간을 의미한다.

8만4천 : 인도에서 많다는 의미로 습관적으로 쓰는 숫자.

호의불신 : 여우같이 의심이 많아 믿지 못함.

감사합니다
(김연아, 타이스의 명상곡을 보고)

한 방울 이슬이 잠자는 아기노루의 눈언저리에 떨어집니다.
놀란 아기 노루, 눈망울을 깜박이며 돌아봅니다.
― 누구야?
― 웅 네 친구 이슬이란다. 엄마 노루가 말했습니다.
― 저기 누구야? 춤추는 거야?
― 보려무나. 네 친구 백조란다, 아가야.
― 야, 이쁘다.
― 아름답지? 그래. 넌 언제나 그 기쁨을 너의 친구로 삼아야 한다. 이슬이 너를 톡 쳤을 때의 놀라움처럼, 언제나 그렇게 표정을 해 주렴. 그럼 세상이 네게 다가와 손을 내밀어 준단다. 햇살이 숲의 숨소리를 보여 주었을 때 이슬이 네게 다가와 안기었듯이.

풀들이 아침 향기를 들려 주었더니 저 소녀가 손 흔들어 대답하는 것 좀 봐. 아름다움은 그렇게 마음의 손짓이란다. 할머니가 어떤 땐 네 친구 같다고 한 적 있지? 그것은 조그만 소리에도 귀기울여 주는 웃음이 있기 때문이야. 할머닌 아직도 꿈을 꾸는 꽃봉오리 소녀란다. 네가 어른이 된다고 하더라도 변치 말아야 할 것이 그것이야. 대답! 소소한 마음의 소리에도 기쁘게 박수를 쳐 주렴. 그럼 언제나 지금처럼 꿈을 꾸며 살아간단다. 저 백조처럼……

저 소녀가 네 소리를 들었나 보네. 어머나, 하늘 보고 누워서 도는 것 좀 봐. 너도 보이니? 손끝마다 꾀꼬리가 노래를 따라 부르네. 네 대답이 저 소녀를 기쁘게 했나 보다. 저 소녀는 늘 백조로 살아갈 수 있을 거야. 네 작은 반응에도 저토록 아름답게 응답해 주다니……

— 엄마 엄마, 저기 봐.

소똥구리가 숨이 찬가 봐!

소녀의 춤이 끝나고 꿈에 젖어, 아기 노루가 깜짝 소리를 지릅니다.

(김연아 선수가 연기한 타이스의 명상곡. 자신의 작품을 아껴 주고 성원해 준 팬들에게 감사를 전하고자 준비했다 합니다. 손끝의 표정 하나도 아름답지 않은 것이 없죠. 감사가 최고의 아름다움입니다.)

제17 ＿ 구경무아분
마침내 내가 없음

이때에 수보리가 부처님께 사뢰어 말씀드렸다.

"세존이시여, 선남자 선여인이 아뇩다라삼먁삼보리심을 발하였사오니, 어떻게 응당 머물며 어떻게 그 마음을 항복받으오리까?"

"만약 선남자 선여인이 아뇩다라삼먁삼보리심을 발하였을진대 응당 이와 같은 마음을 내어야 하느니라. '내가 마땅히 일체 중생을 멸도하리라. 일체 중생을 멸도하여 마쳐서는 실로 한 중생도 멸도한 바가 없다' 하라. 수보리야, 왜냐하면 만약 보살이 아상과 인상, 중생상과 수자상이 있으면 곧 보살이 아니니라. 그 까닭이 무엇이랴. 수보리야, 실로 아뇩다라삼먁삼보리를 발함은 법이 따로 있지 않기 때문이니라. 수보리야, 어떻게 생각하느냐? 여래가 연등불 회상에서 법이 있어 아뇩다라삼먁삼보리를 얻었겠느냐?" 부처님께서 수보리에게 이르셨다.

"아니옵니다, 세존이시여. 제가 부처님께서 설하신 바 뜻을 이해하옵기로는, 부처님이 연등불 회상에서 법이 있어 아뇩다라삼먁삼보리를 얻은 것이 아니옵니다."

"옳다, 그렇다. 수보리야, 실로 법이 있지 않으므로 여래가 아뇩다라삼먁삼보리를 얻었느니라. 수보리야, 만약 법이 있어 여래가 아뇩다라삼먁삼보리를 얻었다면, 연등불이 나에게 수기를 주시면서 '네가 오는 세상에 마땅히 부처를 이루니 호를 석가모니라 하리라' 하시지 않았으리라. 실로 법이 있지 않음으로 아뇩다라삼먁삼보리를 얻었느니라. 이런 고로 연등불께서 나에게 수기를 주시며 말씀하시기를 '네가 내세에 마땅히 부처를 이루니 호를 석가모니라 하리라' 하셨느니라. 왜냐하면 여래라 함은 곧 모든 법이 여여如如하다는 뜻이니라. 만약 어떤 사람이 말하기를 '여래가 아뇩다라삼먁삼보리를 얻었다' 한다면 수보리야, 실로 법이 있지 아니하므로 여래가 아뇩다라삼먁삼보리를 얻었느니라. 수보리야, 여래가 얻은 바 아뇩다라삼먁삼보리 이 가운데는 실다움도 없고 헛됨도 없느니라. 이 까닭에 여래가 '일체법이 모두 부처님 법이다' 말하느니라. 수보리야, 말한 바 일체법이라는 것도 곧 일체법이 아니다. 그러므로 일체법이라 이름 하느니라. 수보리야, 비유컨대 사람의 몸이 장대함과 같으니라." 부처님께서 말씀하셨다.

"세존이시여, 여래께서 사람의 몸이 장대하다 말씀하심도 곧 이것이 큰 몸이 아니옵고, 이를 이름 하여 큰 몸입니다." 수보리가 말씀드렸다.

"수보리야, 보살도 또한 이와 같다. 만약 말하기를 '내가 마땅히 한량없는 중생을 멸도하리라' 한다면 이는 곧 보살이라 이름할 수 없느니라. 어떠한 까닭이랴? 수보리야, 실로 법을 두지 않음을 보살이라 이름 하느니라. 이런 고로 여래가 말하기를 '일체법이 아도 없고 인도 없고 중생도 없고 수자도 없다' 하느니라. 수보리야, 만약 보살이 말하기를 '내가 마땅히 불국토를 장엄하리라' 한다면 이는 보살이라 할 수 없느니라. 왜냐하면 여래가 불토를 장엄한다 말하는 것은 곧 장엄함이 아니다. 그러므로 장엄한다 이름 하느니라. 수보리야, 만약 보살이 나와 법이 없음을 통달한 자 (통달 무아법자)이면, 여래는 이 사람을 참된 보살마하살이라 말하느니라."

"무릇 모양 있는 것은 허망하다. 상이 상 아님을 보면 여래를 만나리라. 색은 공이요. 공은 색이다." 공은 색이 색 아님을, 실체 없음을 보는 빔의 통찰이다. 감관이 투시하여 생각을 얽은 모양이 진실이 아닐 수 있다는. 공은 적극적으로 나를 비움이다. '최초의 설레임'이다. 공은 색에 도달하는 다리가 된다. 나를 비움, 무아는 못할 바 없는 무한함이다. 두 번째 색은, 모양을 비워 낸 공에서 건져 올리는 신세계, 열반이다. 부처의 탄생이다. 매순간이 '처음으로 맞닥뜨리는 두근거림'이라면 얼마나 아름다우랴. 봄을 구르는 계곡에서 부닥친, 굽이 도는 도롱뇽 알이, 엄마 탯줄을 감고 있는 기억과의 만남은, 꿈결같이 잦아드는 최초의 세계다. 겨울을 건너 뛰고 나온 다람쥐가 의아해 올려보는 눈발, 저 풍경과 내가 합쳐져 비로소 지구가 돈다는 놀라움은 최초의 설레임이다. 나와 너를 극복한 동행은 신세계다. 거듭 앎. 거듭 태어남이다.

그렇다. 열반은 이곳을 떠나 도처 어디에도 없다. '공즉시색'의 색은 여래다. 헛되다 하여 끊으려 했던 우리의 경험과 느낌, 마음 젖음, 희로애락, 삼라만상이 조금도 엇나지 않는, 색즉시공이요, 적멸의 햇살, 공즉시색의 불꽃이다. 고통을 뚫고 나오지 않는 깨침은 열반이 아니다. 열반엔 상처의 핏기가 서린다.

색 즉-고통, 고통 즉-무상, 공 즉-색, 부처다. 부처의 출발은 고통, 여기다. 불법의 진실함이 여기에 있다. 괴로움을 절연한, 아득한 시선 뒤에 꿈의 천국이 있다는 믿음은, 허공에 지은 모래 궁전이다. 구름 위 누각을 허물지 못하는 것은, '혹시나' 아니면 '무조건' 그렇게 믿어야 놓이는 불안 때문이다.

독재의 폭압 아래 신음하는 민중이 나의 고뇌요, 괴로움이라면, 그 고통(색)은 그대로 피안(열반)의 얼굴(공)이다. '고통은 고통이 아니다.' 고통은, 저항하고 도려내야 할 번뇌가 아니라 나를 완성하는 향상 에너지, 좋은 음식이다. 고통은 보살로 이끄는 열반의 꽃이다. 양심의 소리를 피하지도, 떨구어 내고 도망가지도 않는다. 마음의 고함을 숨김없이 몸으로 반사한다. 권력의 총포에 맞서 돌멩이라도 던지며 대항한다. 이것이 '고'의 윤회를 벗는 해탈, 번뇌 즉 열반이다. 그 행동이 쌓이고 모여 독재의 횡포를 물리치고 민주를 일군다. 정토장엄이다. 불화를 원망하지 않을, 업을 청정히 한다. 중생을 구제한다. 공즉시 '색'으로 살아나는 무여열반이다. 변화를 향한 열망을 가꾸는 손길에 열반의 심장이 뛴다. 몸으로 짜지 않는 얇은 텅 빈 메아리다.

"법이 있지 아니하다." "아뇩다라삼먁삼보리를 얻는 법이 없다." 아무리 바른 진리라도 독선의 외투를 입으면 그것은 독 껍질이다. 가장 잔인한 무기는, '절대 진리'라는 옷을 입은 종교다. 절대는 무관용이다. 사실 절대는 무엇도 요구하지 않는, 더하고 뺄 것 없는 무결점의 너그러움이어야 옳다. 믿음을 요구하고 조건을 달아야 한다면, 그것은 주장에 불과하다. 절대의 옷장 안에 절대 없고, 신이 기거하는 곳에 신이 살지 않는다는 불편한 진실을 들려준다.

신 없는 신의 언어는 신통방통해서, 간밤에 내린 폭우는 신의 진노가 된다. 어미새가 먹이를 게워 새끼에게 먹여 주듯, 대지가 소화물을 토해 내는 화산 분출은 신의 응징으로 둔갑한다. 인간의 손에서 신을 돌려보내고, 비판과 창조라는 두개의 언어를 복구함으로도, 인류의 성취가 높이 솟아 비약한 것을 보면, 언어의 위력이 얼마나 대단한지 알 만하다. 악령의 뿔을 징치한다며, 피의 광기를 떨치는 종교. 인간은 보이지 않는 거미의 뿔에 받혀 신음한다. 종교가 싸지른 언어의 배설물에 질식한다. 부처님은 '절대 종교'가 퍼붓는 피의 악순환을 경고한다. 이는 '나'를 절대화해서 신봉한 업보다. 종교는 인간이 자기 극복 과제를 담아내는, 상승을 지향하는 안내자면 족하다 한다.

  ◉ 정한수 한 그릇을 떠 놓고
  기도하시는 어머니
  가을밤을 부지런히 나르던 풀벌레를
  고요히 달래며 내려와
  거친 두 손을 어루만져 준 것은
  달빛의 떨림으로 애간장을 녹이던
  이슬님이시다.

"일체법이 다 불법이다." 나는 이미 부처요, 너는 이미 부처다. 내가 장미이고자 하면 둘 중 하나다. 내가 죽든가 장미를 부러뜨리든가. 앉은키만치 살림을 꾸리는 채송화는 그다운 진리다. 채송화가 장미를 욕심내어 걸탐스런 붉은 꽃을 매단다면, 생은 표현의 찬가가 아닌 버티기다. 견뎌야 하는 짐이다. 살갗을 꼬집으며 칭얼대는 바람을 안아 볼 수도, 하늘을 구르는 빗방울을 반겨 맞을 수도 없다. 장미의 잠결을 탐하지 않아서 채송화다. 무아법의 절창이라 할 만하다. 한 생각 뒤집는, 분별의 저고리를 풀어헤치는 것으로 자유인이다. 만법이 다 불법이다. 불법이 종교의 가두리에 갇혀서는 안 되는 까닭이다.

담 벽 그늘에 앉아 '그만큼의 햇볕'으로 족하다는 봉선화. 봉선화법을 무시하고 해바라기법을 들이대면 봉선화는 탈수증으로 고사한다. 채송화는 가벼움의 무게를 가볍지 않게 달고 있다. 질경이의 법문은 낮은 자의 낮지 않은 덕성이다. 달빛을 핥는 달맞이꽃에 퐁당, 어둠의 여신이 젖통을 씻는다. 쨍그르르 떨어지는 새소리. 내 눈의 들보를 들어 올릴 만한 순정을 쏘아 댄다. 내 마음 아픔을 되짚어 모진 말의 송곳을 빼 낸다. 불법이 어찌 8만4천 법문에만 있으랴. 일체법이 다 불법이요, 저 자연이 모두 나 아님이 없다. 나를 구제하는 법신의 소동이다. 우주 젖꼭지를 물고 있는 생명의 언어다. 진리의 배냇저고리다.

과학적 예민함, 탐구적 인내, 수용적 관대함이 묻지 않으면 불법이 아니다. 새소리는 나를 발길질하는 우주 옹알이다. 새는 언어의 찌꺼기로 깃털을 고르지 않는다. 언어 쭉정이를 긁어모아 날개를 펴지 않는다. 괴롭고 즐거운 낱낱이 불법의 날카로움, 진리다.

"여래라 함은 모든 법이 여여하다는 뜻이다." '여'는 그와 같다, '있는 그대로 그것,' 법신이다. 존재 그대로 진리의 현신이요, 부처다. 설사 다음 생은 풀포기 사이의 메뚜기로 뛴다 하더라도 진리를 건너는 부처다. 메뚜기는 높고 낮음이 없다. 평등한 생명이다. 채송화는 채송화의 길을 걷는 부처요, 장미는 그것대로 나와 다름없다. '분별하지 마라.' 어떤 생명도 분별 않고 살지는 않는다. 나무도 밤과 낮을 구별하고, 바람소리와 천둥을, 햇빛과 달빛을 분별한다. 절대적 무분별을 말함이 아니라, 생각을 내려놓는 지혜다.

분별을 내 것으로 움켜쥐면 중생이다. 분별하되 소유하지 않음. 분별을 공으로 휘젓는 용기다.

분별의 문제가 아니다. 분별이 편견의 그물에 '절대'의 물고기로 걸리지 않아야 한다. '좋다, 옳다' 알맹이는 가지려 애쓰고, '싫다, 그르다' 껍데기는 쫓아내려 든다. 안과 밖을 나누는 대결의 숲에 잡초만 무성하다. 번뇌가 가시덩굴을 덮는다. 승리도 패배도 아픔뿐이다. 분별을 분별하지 않음으로.

여如에 대해 조금 더 살펴보자. 여래는 '진여에서 왔다.' 진여는 '진리와 같다'이다. 이는 마치 생멸하는 배후에 움직이지 않고 변화하지 않는 절대 이상향, 근원으로 진리 본체가 따로 있는 양 한다.

진제를, 세속을 건너뛴 절대 세계, 속제를, 차별적인 현상계, 유무로 생멸하는 현실로, 진제와 속제를 이원화하는 구분이다. 해탈과 열반을 번뇌에서 유리시켜 저 언덕으로 나르는 오류다. 흡사 세간(세상 일반)과 출세간(승가)이 동떨어진, 딴 나라인 것처럼 나누는 소승적 구분이다. 불법을 관념화하여 추상적 낙원으로 끌고 간다. 참나, 한마음을 실체화하고 대상화하는 분별이고 집착이다.

'스님, 무엇이 도입니까?'

'밥 먹었으면 설거지해야지.' 성스러운 무엇이 아니라, 밥 먹고 씻고 자는 평상심이 도라 하면서도, 마음을 활발발하게 부리지 못하고, '참나'라는 내 안의 작은 우물만 파는 모양새다.

'달마가 서쪽에서 온 뜻이 무엇이오?'

'뜰 앞의 잣나무니라.'

잣나무는 대상화한 마음이다. '지금 네 마음이 저 잣나무와 같다' 함이다. 나·너의 구분이요, 주객의 구별이다. 나와 간격으로 있는 대상, 내 마음과 잣나무를 이원화한다. 분별을 버렸다면 어찌 달마가 따로 있으며, 가르침이 따로 있으랴? 저 잣나무와 내가 둘이 아니라면 잣나무가 달마요, 내가 달마와 둘이 아니다. 내 마음을 알아차린다면 묻지 않아도 되리라. 이곳에 잣나무가 들어선 인연을 본다면 달마의 뜻을 알리라는 뜻이다.

일체화, 대상과 한 몸을 달성하는 완전한 만남, 존재 언어에 닿는 최상이다. '선禪'이 마음을 깊이 들여다보아, 부처 성품을 깨닫는다 한다. 언어의 협애함을 꺾고 존재를 직관하여 체득함은 의미 있다. 그러나 언어의 정형성과 편향성에 대한 병적인 배척으로 불립문자(언어를 들지 않음)를 세우나, 불법의 생기와 씩씩함을 잃고 앉은뱅이 불교를 짓는다. 땅을 일구고 밭을 가는 적극적 중도를 캐지 못한다. 자칫 마음 놀이로 변질한다.

'깃발이 나부끼는 것이 아니라 당신 마음이 흔들리고 있소.'
'깃발은 마음 밖이요, 안이요?'

의식하지 않으면 나에게 깃발은 존재하지 않는다. 마음이 딴 곳에 있다면 깃발을 보고도 보지 못한다. 눈짓하는 마음으로 비로소 존재가 있게 된다. 달리 보면, 안이니 밖이니 휘날림이니 하는 것은 언어요, 관념이다. 언어적 분별에 휘둘림을 경계한다. 불법은 안과 밖, 나와 너, 분별을 여의고 전체가 하나로 돌아가는 연기에 눈뜸을 재촉한다.

　깃발이 마음 안이든 밖이든, 중요한 것은 깃발을 잠재우는 것도 나라는 점이다. 분별을 잠재우면(깃발, 흔들린다는 분별을 내지 않으면) 흔들리는 깃발을 보고도 흔들지 않고 고요히 해탈에 든다. 환경에 지배당하지 않으면 내가 나를 장악한다. 행위는 안과 밖을 초월한다. 그래서 위 질문에 어느 스님은, 아무 말 없이 두 손을 번쩍 들고 기지개를 펴 보인다. 오로지 몸짓만이 분별적 관념을 뛰어넘는 대 창조임을 보인다. 그러나 화두선은 하마터면 말장난이 된다. 씨앗이 적절한 환경과 시절의 도움을 만나 잣나무가 발아하듯, 이웃과 함께하는 연기의 실상에 눈뜬다면, 잣나무는 마음 안에서 자라는 '늘 푸른 나무'로 머물지 않는다.

　중생과 부처가 하나인 도리를 안다면 어찌 마음의 우물이나 기르고 앉았겠는가? 중생 귓구멍에 대고 부처님! 소래기라도 질러 대든가, 팔을 걷어붙이고 중생을 일으켜야 옳지 않으랴? 중생 복리를 위해, 생명의 어여쁨을 위해 몸을 던져야 하지 않으랴? 봇물이라도 파고 도랑이라도 쳐야 하지 않으랴? 열반을 고정된 천국으로 규격 지으면 참나를 실체시하며 마음으로 내달린다.

　불법은 번뇌가 열반이요 속제가 곧 진제인 일원성이다. 우주 현상이 진리의 나툼이다. 일체법이 불법이다. 여래를 온 바도 간 바도 없다 하는 도리다. 집을 나섰다가 들어왔다면 '나갔다' '돌아왔다' 할 바 없다. 전체로 하나에 와 있다. 생사와 열반이 같고, 유무가 같다. 번뇌와 보리(깨달음)가, 더럽고 깨끗함이, 슬픔과 기쁨이, 선악이, 천사와 사탄이 같다. 그것이 무엇인지는 내 몸가짐이 답한다. 중생을 매무시하는 손은 천사요, 해꼬지하면 사탄이다. 당신이 사람이라는 분별을 놓으면 짐승이 되는 것이 아니다. 짐승마저 당신으로 승격하는 밝음을 만난다. 같고 같은 '여여'에서 차별이 차별되지 않는 불법이다.

있으면 좋다? 그러나 '있음'을 제쳐 두면 집착할 일이 없다. 구하고자 하는 고달픔도 자연 사라진다.(소극적 중도) 본디부터 있음이 아니라 인연이 화합하여 생긴 '임시'임을 아는, 공을 보는 지혜다.(색즉시공) 있고 없음을 박차고 오르는 비상은 또 다른 생명을 연다.(적극적 중도) 농구를 하는 아이들이 부러운데 농구공이 없다. 의기소침할 것 없다. 지푸라기를 뭉쳐 발로 차는 운동, 축구를 만들면 좋지 않은가? 비움에서 무궁한 생명이 탄생한다. 축구는 무분별의 초월적 지혜(공즉시색)다.

보살은 '공'의 자유를 각성한 자이며, 연기의 은혜로 삶을 빚고, 중도의 창작으로 초월하는 자다. 무아 가능태를 최종적으로 완결하는 것이 불화다. 험담한다고 찌푸릴 것 없고 칭찬한다고 솔깃할 것 없다, 생은 그 누구의 것도 아닌 내 것이다. '착하게 살면 손해 본다?' 인과법을 생의 간격에서 보면 이지러져 보이기도 한다. 그러나 우주 간격에서는 조금도 빗나가지 않음을 부처(우주)가 보증한다. 그 인감도장이, 죽음으로 피는 꽃, 불화를 건너며 생사가 하나인 우주 일원론이다. 부분으로 작은법에 머물지 말고, 전체 큰 법으로 살림을 꾸려야 하는 도리다.

'더러움은 더러움이 아니다.' 더러움으로 고정하면 물리쳐야 할 적이 되지만, 변화를 지향하는 재료로 충족하면 행복을 청하는 친구가 된다. 공부 못 하는 것이 더러움이면 뿌리 뽑아야 할 종기다, 그 아이는 환영받지 못할 찌그러진 냄비다. 그러나 다름을 발견하는 시선이라면, 공부 못 함은 아무 문젯거리가 아니다. 내가 잘 아는 사람은 돌머리로 소문난 자녀가 중학교를 졸업하고 취직하겠다 하자 적극 지지해 주었다. 공부는 예외지만 뭐든 배우려 드는 녀석의 호기심을 살려 주고 용기를 잃지 않도록 격려해 주었다. 어릴 때부터 아이의 눈높이에서 맞장구치고 웃어 준 것도, 녀석에겐 든든한 우군이었으리라. 현재 그 녀석은 적지 않은 부를 쌓으며, 친구들 중에서도 여러모로 대장노릇한다.

가방끈이 짧다고 인품이 짧은 건 아니다. 내가 무엇으로 고정된다면 고민하고 노력해야 할 까닭이 없다. 바뀔 수 없다면 포기와 체념, 주어진 대로 살면 그만이지만, 변화의 존재, 무아의 가능태를 근본으로 하기에 정열을 바치고 희망의 돛을 올린다. 고정 불변·집착·배척은 고해의 배다. 분별이 그 뿌리다. 무아의 다른 말은 '나답다'이다. 무아는 나다운 배를 띄우고, 나다운 바람을 모으는 것이다. 나다움을 잃는 것은 남의 수저로 내 배를 젓는 꼴이다.

'보살은 무아법을 통달한 자다.' 통달은 훈련이고 습관이다. 자녀를 천하를 호령하는 수미산왕으로 키우고 싶다면 그 길이 여기에 있다. 팔방으로 통하는 아이로 기르면 된다. 크고 작음, 좋고 싫음, 잘나고 못남을 나누어 마음이 졸아들면, 그만한 크기밖에 자라지 못한다. 분별은 아이의 키다. 아이의 키는 상의 크기를 넘지 못한다. 헐벗은 친구에게 털옷을 벗어 주고 오는 아이로 길러 보라. 가슴에 간땡이만한 눈동자가 반짝인다. 옷 한 벌에 훌쩍대는 작은 키를 뛰어넘는다. 배포의 깊이가 차원을 달리한다. 모든 아이를 입힐 수만의 털옷이 가슴에 자란다. 동서남북으로 세상을 껴안는다. 친구는 아이의 눈이 되고 발이 된다. 세상은 길 아닌 길 없음을 들려준다. 마음의 통장이 커야 큰 몸을 짓는다. 비움은 세상을 흐르는 강의 크기가 된다.

마음 쓰는 것도 습관이다. 어릴 때부터 연습이 필요하다. 영국 왕세자가 걸음을 갓 뗀 자녀를, 굳이 가난한 아이들이 모인 유아원에서 보육하는 지혜를 보라. 낮은 자의 아픔이 내왕하지 않는 자가, 어찌 바닥을 다져 하늘 높이 집을 지을 텐가? 과히 세상이 나 아님이 없는, 천하를 내통하는 교육법이라 할 만하다. 무아는 연기다. 내 실체가 없다 함은 모두가 나임을 발견한다. '이겨야 한다' 복달하여 승리를 나로 삼는 자, 한 계단 젖히는 것을 지상 과제로 하는 아이가, 어찌 한번에 만 계단을 넘을 텐가? 경쟁과 승부를 기둥으로 하는, 대결의 작은법에 능숙한 자는 융합의 큰 집을 짓지 못한다. 삶의 도면에 큰 행복을 설계하지 못한다.

아이를 학원으로 쫓는 게 중요하지 않다. 되는 것과 안 되는 것(남에게 피해를 주거나, 반사회적 행동)을 분명히 해 주고, 문제되지 않는다면 과감히 도전하고 개척하도록 독려한다. 그런 교육을 통해 건강한 판단력과 자기 결정력을 키우고, 스스로 구제하는 법을 익힌다. 자식은 내 새끼이기에 앞서 독립된 인격체다. 아이 등짝에 100만 원이 훌쩍 넘는 가방을 지워 주면 아이가 걸머지는 것은 표지·겉장, 주린 마음이다. 쇠창살에 갇힌 공작새가 자랑하는 오색찬란한 꽁지는 구경꾼의 것이다. 자기 날개를 가지자면 창공을 가져야 한다. 창공은 천장이 없다. 표지는 천장이다. 한계다. 친구의 마음을 담은 가방을 쥐어 주면, 아이는 창공을 덮는 날개를 펴리라.

타인이란 남이 아니다. 함께 살을 부비는 나의 피부다. 우리가 잊고 있는 것이라면, 이웃이 동반하지 않는 나는 곧장 허물어져 내린다는 사실이다. 당장 야채 가게, 미화원, 치과 병원이 없다고 생각해 보라. 끔찍하지 않은가? '왕따 좀 시켰다고,' '애들이 그러면서 크는 것 아니냐.' 머리로 이해하는 타인의 고충은 이방인의 것이지만, 느끼고 교감하는 한마음이라면 같은 시간을 누비는 가족이라 할 만하다. 대결을 부추기는 곳에서 경쟁은 자유 쟁탈전이다. 전부를 걸고 싸우는 먹이 투쟁. 싸움에서 지면 먹이만 잃는 게 아니다. 자유마저 빼앗긴다. 존재는 정적이 흐르는 바다를 떠도는 섬이다.

제 18 ― 일체동관분
모든 것을 한 몸으로 보라

"수보리야, 어떻게 생각하느냐? 여래가 육안이 있느냐?"

"그렇습니다. 세존이시여, 여래께서는 육안이 있습니다."

"수보리야, 어떻게 생각하느냐? 여래가 천안이 있느냐?"

"그렇습니다. 세존이시여, 여래는 천안이 있습니다."

"수보리야, 어떻게 생각하느냐? 여래가 혜안이 있느냐?"

"그렇습니다. 세존이시여, 여래는 혜안이 있습니다."

"수보리야, 어떻게 생각하느냐? 여래가 법안이 있느냐?"

"그렇습니다. 세존이시여, 여래는 법안이 있습니다."

"수보리야, 어떻게 생각하느냐? 여래가 불안이 있느냐?"

"그렇습니다. 세존이시여, 여래는 불안이 있습니다."

"수보리야, 어떻게 생각하느냐? 여래가 저 항하 가운데 있는 모래를 말한 적이 있느냐?"

"그렇습니다. 세존이시여, 여래께서는 그 모래를 말씀하셨습니다."

"수보리야 어떻게 생각하느냐? 저 하나의 항하 가운데 있는 모래수와 같은 항하가 또 있어, 이 모든 항하에 있는 모래 수만큼의 부처님 세계가 다시 있다면 얼마나 많다 하겠느냐?"

"심히 많습니다, 세존이시여."

부처님이 수보리에게 이르셨다.

"저 국토 가운데 있는 바 중생의 가지가지 마음을 여래가 다 아느니라. 어떠한 까닭이냐? 여래가 말한 바 모든 마음은 다 마음이 아니오, 이를 이름 하여 마음인 까닭이니라. 이유가 무엇이냐? 수보리야 지나간 마음도 얻을 수 없고, 현재 마음도 얻을 수 없으며, 미래의 마음도 얻을 수 없느니라.(과거심 불가득 현재심 불가득 미래심 불가득)"

제18분은 소우주, '나'를 창조하는 원리를 설한다. 부처가 육안이 있다는 선언은 중요한 의미를 지닌다. 육안은, 광원이 비추고 눈동자가 투사하여 뇌 기관에서 인지하는 시각 활동이다. 부처도 중생과 다름없이 보고 들으며, 사물을 분별하고 판단한다는 뜻이다.

춥다·덥다, 아프다·따갑다, 세상과 소통하는 첨병으로 동물적 감각, 원초적 인지 기능이다. 이것을 배제하고, 다른 차원을 이야기한다는 것은 말장난이다. 인식은 통찰이다. 감각이 낚아채는 신호와 그것을 지각함으로 사물을 꿰뚫는다. 불법은 그 바탕에 있다. 추상적 상상에 기대지 않는다. 이것이야말로 가장 큰 신통이다.

육안은 보고자 하는 것을 보는 눈, 나의 눈이다. 바깥 대상이 무차별로 시각을 침투하여 밀고 오는 것처럼 보이나, 뇌는 발췌하고 여과하여, 보고자 하는 것을 추려 낸다. 기억에 익숙치 않은 것은 새 정보로 입력한다. 새로움은 탐색과 해석을 요하는 특별함이다.

본다는 것은 욕망과 감정이 투영된다. 감관을 통해 들어온 것을 선택하여 취한 것이 '나'다. 나는 분별로 가림한 것들의 총합이다. 아픈 장미, 차가운 돌, 담장 옆 우울한 봉선화, 꽁지머리가 역겨운 저 놈, 무서운 밤 골목…… 이 모든 상을 합한 것이 나다. 좋고 나쁨, 옳고 그름은 특정한 느낌의 저장이고, 가치 분류다. 분별은 고정관념이다.(육안은 오온, 6근, 6경, 6식이다.)

누구에게 거위는 집을 지키는 파수꾼, 다른 이는 겨울 털옷, 누군가에겐 맛난 고기다. 상을 취합하여, 남과 구별하는 내가 만들어진다. 나와 남의 구분은 실체적 사실 이전에, 생각의 분비물이 얽어 놓은 표상이다. 이는 엄청난 진실을 알려 준다. 신이나 영혼은 아집이 낳은 생각. 관념으로 잡고 있는 '나'다. 신을 우러르는 것은 자기애, 관념화된 나를 어루만지는 자위 행위다.

모든 대상은 내 생각으로 비롯한다. 점·굿·귀신·사탄·신을 비롯하여 재물은 욕심이 변형시킨 나다. 한계를 건너뛰려는 '욕망의 나'가 구조물을 설치하면 신, 영혼, 종교가 된다. 몽환적 상상의 배설물, '상'이다. 언제나 나를 주시한다는 신은, 보고 싶은 것을 보는 나다. 나로부터 해방하지 않으면 신의 독립은 멀다. 나를 고집하지 않으면 해방이다.

부처님이 경계하는 것은 육안의 작용이 아니다. 관념의 폭식이다. 본다는 것은 남을 자기화하는 일이다. 문제는 그것이 나를 왜곡한다는 점이다. 나는 나다, 실체가 있는 양, 삐뚤어진 자신감을 심어 준다. 여기서 "범소유상 개시허망 약견제상 비상 즉견여래," 지향점이 뚜렷이 드러난다. 상의 허망함, 상이 상 아님을 알아차림으로 '나 아님,' 무아를 본다. 견여래의 종착역은 '나'다. 욕망으로 조작하고 변형한 허구의 나를 알아차린다. '나'라는 껍질을 깨고 본래의 여래로 돌아간다.

본다 > 피아 구분 > 아상 제조 > 나로 고착. 나는 육안이 만든 착각이다. 생각이 만들어 낸 구름이다. '빨간 장미' 하면 '본래의 그것'이 아니라, 경험이 뭉치고, 개념으로 얼기설기한 상이다. 감정이 쏘아 붙인 욕망의 자취다. 실제 장미가 태양을 향해 입이 부르트도록 내지르는 아우성이나, 바람에 지쳐 공기를 토해 내는, 또는 벌을 유혹하는 은밀한 말귀를 눈치채지 못한 채, 빨간 장미라는 언어의 섬으로 뭉갠다.

그래서 육안은 분주한 마음이 흘러가는 세계다. 찐득한 감각이 들러붙는 욕망의 그늘이다. 경험으로 짓이긴 생각이 강을 이룬다. 그렇다고 육안을 저주할 건 없다. 우리가 살아가는 원천의 대부분은 육안이 만들어 내는 착각이다. 분별을 알아차리고, 반야로 점검된다면, 기대고 있는 착각은 좋은 힘이 된다. 착각하되 움켜잡지 않으면 해탈이다. 부처님이 육안을 음흉한 음모라도 되는 양 몰아낸다 하면 착각이다. 부처가 먼저 육안이 '있다' 하는 도리다. 육안은 진리다. 당신의 우아한 눈동자에 콩깍지가 씌지 않았다면 당신의 아내, 남편, 여자 친구는 영원한 이방인으로 떠돌 것이다. 착시가 아니었다면 남편 이빨에 낀 고추 가루는 재앙의 바윗덩어리가 되었으리라.

제 눈의 안경, 착각은 스스로를 기망하여 이익을 꾀하는, 마음 심층에서 부리는 무아의 마술이다. 고도로 진화된 자기 확장이다. 자리이타의 뿌리는 육안에 드리운 욕망을 기반한다. 봉사도 기쁨이라는 이익이 선행한다. 자기를 위해 사는 것은 생명의 일차적인 분수다. 자기를 거둠으로 남의 이익도 도모한다. 또한 나는 존재함으로 기쁨이고, 존재로써 기쁨을 주는 자이기도 하다. 나는 나로서 유일하다. 나는 나다. 나는 너다.

육안이 어찌 부처의 눈, 불안과 다르랴? 분별하되 집착하지 않으면 육안의 많은 능력은 그대로 불법이다. 물론 많은 경우에서 착시는 불행을 부르는 콩깍지다. 착시는 탐욕의 발톱이다. 다단계는 돈이 부르는 착시다. 몇 사람만 모으면 금방 떼돈을 번다는 착각. 인과를 무시하고 요행을 바라는 창대한 열매는 무지가 가꾼 독과이다.

천안은 보이는 대로 보는 눈이다. 하늘의 눈, 너의 눈이다. 나의 개입을 자제한, 있는 그대로를 수용한다. 인상을 읽어 마음 생김새를 본다든가, 거친 얼굴에서 삶의 고단함을, 흔들리는 목소리에서 쫓기는 자의 조급함을 낚아챈다. 나무의 나이테로 계절의 상처를 헤아린다. 작년에 꼴을 베던 논두렁에, 이맘쯤이면 쑥부쟁이가 올라옴을 안다. 한겨울에도 3월에 피는 진달래를 그려 본다. 도둑질은 나쁘다는 도리를 살피는 눈이다. 존재의 속살을 헤아려 보는 능력이 천안이다.

혜안은 보이지 않는 것을 보는 눈이다. 존재의 근원을 관통하여 본다. 공한 성품을 뚫는 눈, 무아의 눈이다. 색즉시공의 눈이다. 인연의 접합을 해체하고 실상을 본다. 뒤안 깊이 존재의 뿌리를 짚는 지혜의 눈이다.

법안은 없는 것을 보는 눈이다. '우리'를 투시하는 눈이다. 인연의 이음새를 투시한다. 나와 너 사이에 놓인 햇빛과 바람과 별을 본다. 중도의 초월적 안목이다. 중생과 더불어 할 일을 찾는 자비의 눈이다. 공즉시색의 눈이다.

햇빛을 따 모으는 나뭇잎에게서 북극성의 거친 숨소리를 듣는다. 달빛의 게으른 졸림 뒤로 별똥별의 다급한 낙하를 본다. 나를 부르며 대화를 청하는 바위의 마음을 엿듣는다. 존재의 굴곡을 어루만지는 눈이다.

불안은 보지 않고 보는 눈이다. 마음의 눈이다. 내가 전체와 걸림 없이 하나됨이다. 일즉일체 다즉일의 눈이다. 안팎이 나뉘지 않는, 너와 내가 둘이 아닌, 무분별의 동체를 투과한다. 색즉시공 공즉시색의 눈이다. 세상이 고스란히 내 마음임을 보는 눈이다. 조금도 치우침이 없는 평등의 원리에서, 개개의 차별을 품는 너그러움이다.

부처님이 오안을 말씀하신 까닭이 다음에 나온다. '갠지스강에 있는 모래 수만큼의 부처님 세계.' 부처 세계란 온갖 목숨이 살아가는 곳, 생명 세계다. 11분에서 살펴보듯, 모래는 살이·실존·개별·직접·목숨을 나타낸다. 인연이 숨결을 포개는 연기 세계다. 부처님은 이를 '마음의 세계'라 한다. 마음의 세계! 아, 이제야 세상이 무엇인지 어렴풋이 떠오른다. 창 밖으로 바라다 보이는 북한산은 내 마음이 얽고 조각한 마음의 세계다.

영구가 보는 북한산은 따돌림으로 물어뜯은 손톱 자국이다. 신혼여행을 다녀온 순이에게 북한산은, 눈발을 깝치고 탁탁 터뜨리는 진달래의 때 이른 풍기다. 고시에 합격한 영철에겐, 몇 년이나 참았던 요폐를 시원스레 갈겨 보는 오줌발. 엄마가 보고 싶은 철순의 북한산은, 하늘 선녀가 품고 있는 비단 치마폭. 병마에 시달리는 젊은 가장에겐, 모가지에 걸린 바위 덩어리다.

여드름이 막 피어나는 녀석의 북한산은, 한 방 내지르면 딱 좋을 빵빵한 축구공. 내일 한 끼 밥을 걱정해야 하는 실업자에겐 자기를 삼켜 주었으면 하는 검은 아가리다. 늙은 소나무에게 산은 빛과 물방울 바람으로 수놓은 소달구지일 수도. 갓 뿌리를 박은 참나무에겐 빛의 층계만 일렁이는 낯선 손님. 메뚜기에겐 나른한 오후에 뜨는 달같이 무심일 수 있다.

　세계는 마음이 물결치며 흘러가는 강물이다. 감각이 깁고 꿰맨 바늘 자국이다. 어우리 더우리 마음을 포개어 놓은 애틋함, 연기다. 마음과 마음이 쌓인 업의 풍랑을, 바람의 모진 갈기에 한쪽 귀가 너덜해진 모래가 건너고 있다. 몇 만리를 달려와 갯바위를 안으려던 파도. 헤진 눈물 몇 조각을 집어 들고 한없는 걸음을 돌린다. 수없는 녀석들이 핥아 바람이 빠진 바위 뱃가죽. 어여뻐 마음 한 점이라도 붙여 놓고, 헐떡이는 숨을 거두어 걸음을 뗄 쯤이면, 또 어떤 녀석은 질투의 창을 날리겠지.

　애증·시기·쾌락·고뇌·미움·공포·기쁨·승리·도취·정복·패배·절망·불안·집착·미련·희망, 가지가지 마음을 부여안고, 바위는 파도에 치여 한 걸음 물러나 앉는다.

　그런데 부처는 그 낱낱의 마음을 모두 알고 계시단다. 마치 밀려난 갯바위가 파도의 마음을 다 헤아리듯, 거미줄 한 끝을 통기면 전체가 출렁이듯, 부처님은 다 알며 본단다. 우리는 한번 더 변증법으로 증폭해야 한다. 얼핏 세계는, 오관이 집적대며 헤쳐 놓은 마음의 풍랑인 줄 알았더니, 부처님은 다시 게 아니라 한다. 이는 겉가죽이라 한다. 세계는 본디 무아다. 인연의 옷맵시다. 창조의 폭동으로 튀는 불화로이다. 음 그렇군.

　'마음은 마음이 아니다. 이를 일러 마음이라 한다.' 생각이 부식되어 떨어진 '상'이 마음일 수 없다. 그 차별심을 부처라 한들 알 길 없다. 감각의 보풀이 마음이라면, 마음은 도깨비 방망이마냥 종잡을 수 없다. '사랑은 사랑이 아니다. 이를 일러 사랑이라 한다.' 사랑은 독이 될 수도 있다. 독이 더없는 사랑이 되기도 한다. 마음이 하나의 틀로 고정되면 마음이 아니다. 나는 나 아님(빛과 온도, 공기, 타자의 체온 등)으로 연소한다. 내 것이라 여기는 마음 또한 간밤의 잠꼬대다. 부처님이 마음을 다 보고 안다 함은, 근원적인 마음법이 있음을 말한다.

화엄경 제일게 — 약인욕요지若人欲了知 삼세일체불三世一切佛 응관법계성應觀法界性 일체유심조一切有心造(만약 과거·현재·미래의 모든 부처[진리]를 알고자 한다면, 응당 법계의 성품을 꿰뚫어 볼지니, 일체가 마음으로 지어졌음이라)를 풀어서 설한 것이 『금강경』 18분이다.

이 분을 자세히 들여다보면 일체유심조가 확고히 드러난다. 세상은 마음이 그려 놓은 환상이다. 욕망과 질투, 분노, 고독, 공포, 사랑, 기쁨, 안정 욕구 따위가 대상에 투사하여 자기만의 그림, 고집덩어리를 만든다. '상'이다. 불만에 찬 자아가 채우려는 욕망이거나, 불안에 떠는 자아가 새긴 공포, 마음의 그림자다.

결핍을 동력으로 끌고 가는 자아가 자기를 못마땅하게 비춘 불평일 수도 있다. 문제는 욕망이 일그러뜨리는 마음이다. 대상의 왜곡, 상, 육안의 착시다. 이 착각이 남과 구별되는 '나'라는 거푸집이다. 착각의 정도가 그 사람의 성품이다.

바람이 스치며 눕는 풀잎은 살아 있는 부처(법신)이나, 바람의 꽁무니를 바라보고 여전히 누워 있다면 거푸집이다. 고통이 들이닥쳐 쓰러지는 마음은 부처이나, 고통의 그림자를 부여잡고 할

퀴면 중생이다. 개 짖는 소리에 움찔하는 것은 부처이나, 개를 보고서 움찔하는 것은 마음이다. 배고파 집는 빵은 부처이나, 배부른 후에도 찾는 빵은 머묾이다.

일체유심조를 말하지만 일반적으로 일차적 '채움'의 단계, 상의 단계에 머무르고 있다. "세상은 마음을 비추는 거울이다. 마음을 '밝게' 가지면 네가 의도하는 아름다움을 만난다." 마음이 그리는 대로 얻을 수 있다 한다. 못마땅한 며느리일지라도 자꾸 칭찬하면 단정하게 변한다. 일면 의미 있으나 이는 일체유심조의 바른 이해가 아니다. 마음에 성공을 그려 놓고 달려간다고 모두 성취하는 건 아니다.

'물을 뱀이 마시면 독이 되지만, 소가 마시면 젖이 된다.' 물은 실체가 없어 인연 따라 성질을 드러낸다. 물을 진리로 대입해 보자. 진리는 자성이 없다. 진리가 길이 아니라, 그것을 대하는 태도가 독을 낳기도 하고, 젖을 생산하기도 한다.

뱀, 곧 정제되지 않은 욕망, 결핍으로 날 세운 창을 제멋대로 날리면 독을 만든다. '밝게'는 욕망을 포장하는 잔재주, 꽃단장에 지나지 않다. 정해진 진리가 따로 있지 않고, 내가 길을 만들어 간다면, 진리는 의지에 귀속된다. 진리는 가변적이다. 진리는 태도의 문제다. 태도는 자세와 의지의 합이다.

뱀에서 소로 건너가자면 '비움'이라는 성찰, 여과 장치를 지나야 한다. 천안과 혜안으로 제련하는 내적 고요, 공으로 열려야 한다. 밑그림을 지우고 여백으로 돌아가야 한다. 비움은 때로 전부를 던져야 하는 배포가 요구된다. 어쩌면 비움은 인간이 짊어지는 가장 큰 배짱인지도 모른다. 비움을 채우는 것이 중도의 활력이다. 법안과 불안으로 건져 올리는 새로운 세상, 다시 채움이다. 일체유심조는 우주 창조 원리를 육안에서부터 불안에 이르는 마음 작용으로 재구성한다.

가령, '아, 향기로운 똥냄새,' 일차적 채움의 단계에서, 아무리 일체유심조를 작동시켜 보아도, 구린 내음이 향수로 바뀌지 않는다. 회피를 진화 방식으로 택하여 발전시킨 냄새 인식이 '구리다'는 마음 결합체다. 병원성으로부터, 불결한 환경에서 벗어나고자 하는 욕구가 '구리다'는 불쾌한 냄새 감정으로 진화되었을 것이다. 따라서 '구린 똥'이 그대로 부처다. 오히려 똥에서 사람을 끌어당기는 향기가 난다면 이상 신호다.

그러나 구린 똥이 부처(법신)일 수는 있어도 내 마음에서 일으키는 '구리다'는 부처가 아니다. 왜냐면 '구리다'가 '있는 그대로 그것'이 아니라, 마음이 채워 놓은 욕망의 잔해, 육안(육비)의 착시, 회피 조건으로 채워진, 창조적 결과물이기 때문이다.

(원증회고라 했다. 미워하는 사람을 만남이 고통이듯, 회피도 욕망이다. 자기 확장을 꾀하는 책략이다. 반대로 아름다움은 접근 욕망, 친화 방식이 빚어 낸 착각이다. 착각이 상으로 고정하며, 나에게 갇혀 더 이상 나아가지 못함이 문제다.)

'구리다'는 마음의 착각을 뛰어넘어, '왜 피해야 할까,' 속속들이 몸 안을 헤집고 나온 '당신은 누구인가' 묻는다거나 '끝내 몸과 동화하지 못하고 비껴선 손님'으로 맞이한다면, '구리다'는 새로운 세계로 안내하는 초대장이 된다. 파헤치고 두드리는 청진기가 된다.

이렇듯 삐뚤어진 욕망의 첫 대면, 상을 허물고 '공의 지평,' 불가사의하고 '알 수 없음' 영역으로 마음을 떨어뜨려 놓는 것이 비움, 반야의 혜안이다. '구리다' 기피했던 것을 적극적으로 끌어당겨, 냄새가 연소하는 과정과 그 의미, 몸의 구조에 관한 신호, 병증을 알아채고 다스리는 자료를 캐낸다면, 구림에서 시작한 질문은 정보 저장고로서 귀중한 보물을 남긴다. '구림'이 건강의 척도를 알려주는 '지적 구조물'이라면 어찌 아름답지 않으리오? '구림'은 나를 무화하여 딛고 올라선 진리의 영감이 된다. 이것이 일체유심조가 가동하는 아름다움이다.

구림의 착시(색·상)를 건너(공), 몸의 정보 창고(색)로 옮아가며 앎의 지평을 확장한다. 영혼을 자유케 한다. 삶을 치유한다. 착시가 일으키는 독을 백지로 엎고, 젖을 짜는 대전환, 진리의 가변성에 눈뜸이다. 이것이 다시 채움이요, 불안佛眼을 돋움, 중도의 창조적 초월이다. 다시 채움은 '있는 그대로 그것'에 발을 내딛는 첫걸음이며, 새로운 세계와 만남이다.

일체법이 불법이다. 만물 그 자체로 진리를 잉태한 부처다. 빛줄기·먼지·물·균·감기·질경이·잠자리·붕어·새·토끼는 잘 갖추어진 부처다. 어떤 위대한 이념도 풀섶을 헤치고 날아오르는 모기 날개만큼 거대하진 않다. 부처님이 힘주어 불살생을 말씀하시는 이유다.

존재의 경이로움, 생명의 신비로운 사건을 감지하는 육안에, 천·혜·법·불안의 돋보기를 걸치는 것. 깨달음으로 가는 도다. 그토록 심오한 생명의 사태를 하찮게 여기는 마음은 티끌처럼 가볍게 부풀어 까불거린다.

『법화경』은 '사람이 부처다,' '삼라만상이 부처다'라는 실마리를 내어 놓는다.(이는 천상천하 유아독존[하늘 위 아래 나 홀로 존귀하다]을 이른다. 계급사회라면, 사람 위에 사람 없고 사람 아래 사람 없다 기계적 평등이 강조되겠지만, 평등이 보편하는 오늘은 '차별로 차별되지 않고, 차별로 존귀하다' 표현의 평등이 어울리겠다.)

번뇌로 뒹구는 인간이 그대로 부처다. 깨달은 자는 고통과 번뇌를 모조리 녹인 자가 아니라, 번뇌에서 최상의 모범을 찾으려 노력하는 자다. 고통스러워한다는 것은 나를 진지하게 짊어지고 있다. 동시에 비움과 채움으로 나를 혁신하고 전진한다.

변혁의 동력은 자비와 인욕이며, 행동 지침으로 보시를, 바탕이 무아 연기다. 우리는 『금강경』 18분에서, 육안에서 불안에 이르는, 일체유심조의 가르침을 통해 이를 확인한다.

채움과 비움 그리고 다시 채움을 부처님 말씀으로 빌려 써 보자. 채움, 곧 색은 "바람을 마주하여 먼지를 털면, 그 먼지가 자신에게 돌아오듯, 미움을 미움으로 대하면 그 미움은 반드시 자신에게 되돌아온다."(『잡아함경』)

상을 휘두르면 자기를 친다. 미움은, 집착하여 붙잡는 모든 욕망이라 해도 무방하다. 되받아 고통을 당하지 않기 위해선 비움, 공의 지혜를 날려야 한다. 비움, 공을 — "괴로움과 접촉한 느낌에 성내지 않고, 성내지 않기 때문에, 성냄이라는 번뇌에 부림을 당하지 않는다."(『잡아함경』)

채움만 있고 비움이 없을 때를 — "사람이 세상을 살아갈 때 도끼가 입 속에 있나니, 나쁜 말로 말미암아 자기 몸을 스스로 베네."(『잡아함경』) 입 안의 말은 내가 베지만, 입 밖의 말은 나를 벤다. "원수의 그 어떤 원한이나 미움의 그 어떤 저주보다, 잘못된 내 마음이 내게 주는 재난보다 더 큰 재난은 없다."(『법구경』)

비움에서 다시 채움(공즉시색)을 — "아버지·어머니·연인·친구의 사랑이 제아무리 깊다 해도, 바른 내 마음이 내게 주는 사랑보다 더 큰 사랑은 없다."(『법구경』)

일체유심조는 비움과 채움의 방정식으로 다가가는 과학이며, 진리에 이르는 문이고, 창조 예술이다. 색즉시공 공즉시색의 다른 이름이며, 우주의 맨얼굴로 일어나는 욕망이 얼마나 아름다울 수 있는가를 보여 주는, 마음의 길이다.

```
    마음은 (고)      ————      마음이 아니다 (수행)
(채움·색·상·번뇌·물결·육안)   (비움·공·비상·고요·열림·혜안)
                        │
            그래서 마음이다(열반)
      (다시 채움·공색·견여래·해탈·비춤·불안佛眼)
```

"어린아이가 소꿉장난으로 나무꼬챙이나 손톱으로 불상을 그린다 해도, 이와 같은 이들이 점점 공덕을 쌓으며, 모두 이미 성불하였느니라."(『법화경』) — 의지, 비움과 다시 채움을 종합하는 말씀이다.

자신을 죽이려 몇 번이나 시도했던 데바닷타마저 부처님은 '그는 전생에 나의 스승이다. 그 공덕으로 부처를 이루리라'라며 '섬김의 스승'으로 모신다. 대자비는 비움과 다시 채움으로 일어난다. 아픔·분노·외로움·사랑·기쁨 등, 착시(상)는 해탈의 씨앗이다. 비움으로 솟아 부처가 된다.

'구리다'는 회피 방식으로 일군 해탈의 모양이다. 해탈을 잡고 놓지 않으면 번뇌로 쌓인다. 거기에 얽혀 빠져나오지 못한다. 뱀의 독이다. 바람이 떠난 뒤에도 누워 있는 풀잎과 같다. 해탈이 진리로 고정하면 번뇌가 된다. 해탈은 새로운 채움을 준비하는 비움으로, 열반이다. 열반은 창조 예술이다.

자비慈悲도 일체유심조로 탁마한 초월적 사랑이다. 애와 증의 대각을 뛰어넘는 사랑은, 때론 미움으로 나타난다. 사랑은 아리고 쓰리다. 사랑은 무조건 베풂을 넘어, 따끔한 회초리를 들기도 한다. 두엄의 열기에 코를 박고 잠든 게으름을 깨우자면 찬물을 퍼부어야 한다. 사랑은 아픔으로 몸을 만든다.

사랑은 사랑이 아니다. 아픔(회초리)은 아픔이 아니다. 그래서 자(사랑)이고 비(아픔)이다. 분노가 왜 피 끓는 사랑인지 자비가 말해 준다. 번뇌는 비움으로 치유한다. 사랑이 사랑을 비워야 사랑을 채운다. 아픔이 사랑을 채우는 도이다. 그래서 '마음은 마음이 아니어야 한다. 그러므로 마음이다.

❋ 외로움은 떨치려 할수록 심장을 옴쥐듯, 고독의 이파리에 알록달록 물감을 들이는 것은 외딴섬의 자아다. 현대인은 무인도의 고독을, 나 또는 가족으로 파고들면서 되려 외로움을 가중시킨다. 불화佛化의 입구를 가난하게 틀어도 좋을 만큼, 가족이라는 동굴이 최종의 안식처일까 생각해 볼 일이다.

그물에 걸리지 않는 바람처럼
저 광야를 건너는 무소의 뿔처럼, 혼자서 가라 —『숫타니파타』

삶은 누구도 대신할 수 없다는 것이 뿌리 깊은 고독의 서늘함이다. 엄마의 달콤한 품은 엄마의 부재에 대한 공포를 몰고 온다. 사랑은 안락한 잠자리가 아니라 가시덤불같이 따갑다. 고독이 밀고 온다. 누구의 것도 아닌 나의 것. 결국 살이는 각자의 몫이 될 수밖에 없다.

그러나 고독이 아니라면 언제 자기 맨얼굴을 보겠는가? 나를 위해 나를 비우겠는가? 고독이 아니고선 내 속살을 만져 보기 어렵다.

고독으로 하여 죽음의 전설에 귀기울인다. 내면 깊숙이 언어를 버리고, 어둠의 무리에서 반짝이는 별을 만난다. 고독이 아름다울 수 있다면 무자비함이다. 혼자라는 사실을 확인시키며, 일어서는 것도 내 몫임을 일깨운다. 내 자신으로 서는 법을 눈짓한다.

업의 재생 원리가 그렇다. 업을 벗어 던질 수 없음이 고독의 냉정이라면, 그래도 끝까지 믿어야 할 존재가 나라는 사실은, 고독의 자비로운 선물이다. 엄마의 사랑을 만끽하면서도 거기에 매달리지 않는, 사막의 저편, 낯선 시선에 나를 노출시키는 용기가 당신을 자유케 한다.

낯선 시선이란 사랑 저 너머에서 곁눈질하는, 고독의 아득함이다. 그곳에 악수를 청하는 용기라면 생은 기꺼이 진수성찬이 가득한 만찬장으로 초대할 것이다.

고독의 아린 갈퀴 앞에 마음이 가늘게 떨고 있다면 온전히 '내 자신'으로 서 있음을 알리라. 외로움을 견딘다는 것은 '나를 장악'하는 나와 하나가 되었다는 뜻이다. 벼랑 끝까지 몰아 세우는 결단의 순간. 고독이 나를 삼키는 그 순간만큼 '완전한 내'가 또 어디에 있던가?

고독과 친구가 됨으로, 가쁜 숨을 떠받는 비움으로, 나를 채우는 빛을 만난다. 가끔 부처님 가피에 기대어 나를 내던짐은, 고독이 고자질하는 인간의 나약함이 아니라, 내 나약함을 고백하는 용기로 일어서려는 솔직함이다.

길동무하며 손을 내미는 짐꾼들 사이에서, 짐을 나누며, 비움으로 채워 가리라. '고독은 고독이 아니다. 그래서 고독이다.' 내 자신으로 서며 비로소 고독으로 몸부림치는 너를 본다. 네가 보내는 진한 생의 향기를 맡는다. 나와 너는 우리가 된다. 고독의 젖은 눈이 아니고선 긁어 놓은 흉터를 알아채지 못한다. 어느 시인도 '산 그림자도 외로워서 하루에 한 번씩 마을로 내려온다' 하지 않던가? 사랑도 미움도 고독으로 서성이는 옹알이임을 본다.

고독으로 빗금 긋는 비. 우산을 받고 네게 다가간다. 무인도에 나무와 개미 고라니가 우두커니 서서, 물끄러미 우산을 바라보며 떨고 있다. 고독은, 비움으로 모서리를 빚는 다듬잇돌. 내가 낸데, 내가 옳소, 잘난 나를 깎아 내고 네게로 건너는 징검다리. 무인도는 뛰어넘어야 할 공포가 아니라 너와 나의 광장으로 열린다. 채우고 비움, 다시 채우면서 더 넓은 나와 만난다.

"그러므로 편안하고 넉넉한 마음으로 그들과 함께 가라."(『숫타니파타』)

내가 누군가의 길동무이고자 한다면 외날과 같은 고독을 넉넉하게 메꿀 것이다. 고독으로 켜는 인연의 현. 이웃에게 따뜻한 미소 한 자락으로도 세상을 훤히 밝힌다. 그 미소로도 나는 나에게 기댄다.

절망의 끝자락에서 꼬물거리는 한 자락 숨소리가 죽음의 모자를 들어 올린다. 이 순간 한 홉의 공기를 들이키는 것으로도 생명은 차고 넘친다. 무엇에 거침이 있으랴? 마음 한 가닥으로 삶은 근육을 탄탄히 불린다. 굳이 광장으로 향하는 문을 잠그고 가족이라는 울을 치며 또 다른 외딴섬으로 숨어들겠는가?**

◎ 불법에 견주어 보면, 마음을 표준화하려는 어떤 시도도 읎모다. 그래도 상식이 있지 않느냐 반문할지도 모르겠다. 상식은 함정이다. 전통 미덕으로 포장한 권력의 감시, 사회가 고착시킨 편견, 일방적으로 다진 역사의 모략, 추상적이고 모호한 군집 감정의 복수, 개별적 상황이 고려되지 않은 집단 폭거. 무엇보다 상식은 정형화될 수 없다. 시대가 요구하는 질서로 존중되어야 할 가치일지라도, 절대의 검이 되면 무자비한 난장이 된다. 존재는 마음의 주인으로 우주의 일원임을 일체유심조가 일깨운다. "마음의 주인이 되어라."(『잡아함경』)**

잊지 말아야 할 것은 '업'의 인과법이다. 부처님이 보시와 4구게 전법을 이르시며, 누누이 강조하는 것은 업의 단호함이다. 불화의 동굴을 지나 받아야 할, 다음 생의 몸뚱이를 그려 보라. 곰팡이·지렁이·물고기·종달이·곰·사람?

(각묵 스님이 아비달마의 '마음의 역할'에 대해 옮겨 놓은 것을 보자. 죽기 직전 아뢰야식〔무몰식〕의 심층에서, '최후의 마음'은 '업의 표상'과 '태어날 곳의 표상'으로 화현한다 한다. 업의 표상이 다음 목숨을 결정하는 에너지다. 최후의 마음은, 중음〔사후 49일〕을 거쳐 전생에서 이생을 잇는 '재생연결(불화)' 역할을 하며, 다음 생을 지속토록 한다고 한다.) 일체유심조는 업을 밭갈이하는, 뒷날의 생을 마련하는, 나를 재창조하는 마음 경작에 관한 최고의 도다.

부처님의 다음 말씀을 들어 보면 '나라고 하는 우주' 그 정수가 드러난다. '과거심 불가득(과거 마음을 얻을 수 없다) 현재심 불가득 미래심 불가득.' 지난 달력을 되넘기는 녀석은 어떤 녀석일까? '그때 내가 왜 그랬지?' — 아쉬움·회한·분노·억울함·열등감? '그땐 나도 좋았지!' — 자존심·보상심·위안·불행·허탈? 아직 오지도 않은 시간을 미리 가불하려는 놈은 누구일까? '될까?' — 걱정·불안·욕망·집착·공포? '얼마 안 남았어!' — 기대·행복·기다림·예측? 저들은 하나같이 지금 이순간을 떠나 있다. 나는 여기에 닿고 있는데, 마음은 유령을 떠돈다. 시간이라는 목줄을 잡고 떠난 나그네. 지금 여기는 증발하고, 나는 분해된다. 바꿀 수 없음을 알면서도 과거를 기웃하는 것은, '탓'으로 나를 설득하는 습관에 젖어서다.

그러나 진짜 두려워할 것은, '탓'은 '지금 여기'를 똑바로 세울 힘이 없다는 사실이다. 탓으로 마음에 굳은살이 트면 지금 여기는 암흑으로 가라앉는다. '탓'은 습관이다. 희망을 정조준하는 화살이다. '안 될 이유'에서 먼저 나를 찾게 한다. '담배를 끊으려 해도 저것 때문에……' 8센티미터를 못 이겨, 맨날 이것저것 핑계를 대는 170센티미터의 너는 뭔가? 과거를 이별하자면 '탓'의 키를 잘라야 한다. 그것도 용기다. 한번이 어렵다. 용기도 습관이다. 훈련이 필요하다.

'만약 그랬다면?' '조금만 더 참아볼 걸' — 부러진 과거를 이어 붙일 수 없고, 미래를 휘어 놓을 순 없다. 과거와 미래는 팔이 잘리고 다리가 부러진, 불구가 된 마음의 휴식처다. 지금 여기를 비운 자. 마음을 방치한 대가는, 나를 수취인 불명으로 날려 보낸다. 화를 내거나 불안하다면 마음이 여기를 달아나 있다는 증거다. 지난 영광을 못 잊는 자, 자기를 과대평가하여 종종 과거로 내달린다. 자신을 과소평가하는 자는 신기루를 쫓아 곧잘 미래로 떠난다.

과거·미래에 마음을 담그는 것은, 그림자를 바구니에 주워 담는 일만큼 생뚱맞다. 잘나나 못나나, 지금 여기를 채우는 자가 전부를 가진다. 전부는 지금뿐.

사람들은 꿈을 걸어 놓고, 그곳을 향한 다그침으로 행복을 삼는다. 미래에 다가올 성취를 상상하며 세워 놓은 행복은 설득력 있어 보인다. 미래를 동기화하여 여기를 충실히 다짐은 긍정적이나, 자칫 가상의 도깨비에 잡혀 이 순간을 학대하며 무너뜨리고 있지는 않은지 점검해야 한다. 미래에 빗장을 질러 놓은 희망이 '절대의 신'이 되면, 나는 유령의 시간을 줄 타는 도깨비가 된다. 인정이 끊어지고 느낌은 거피되고, 시간은 허깨비에 쫓겨, 선무당 가랑이 사이로 새어 나가는 바람이다.

앞지르려는 마음에 신호등을 달아 보자. '마음은 마음이 아니다. 그래서 마음이다.' 육안에 천·혜·법·불안을 달아 보자. 과거·미래로 부산한 마음을 입김이 감도는 여기로 날라 보자. 연기법에 의지하는 지금 여기는 모두 한 몸이다. 한 몸으로 몰입. 저 언덕으로 해탈이다.

잦은 마음 나들이도 버릇이다. 마음이 떠난 지금, 주인 없는 집을 과거·미래의 당골래가 요란스레 작두를 탄다. 나는 명사가 아니라 동사다. 과거·미래는 움직이지 않는다. 현재는 눈을 깜박하는 찰나마저 견디지 못하는, 과거의 입구다. 현재는 없다. '방금'도 내가 아니다. 누가 돌을 떨어뜨려 하마터면 큰일 날 뻔했다, '하마터면' 그것으로 이미 과거다. 달리 말해 '지금 여기'는 잠시도 비울 수 없는 긴급함이다.

지나간 바람을 잡으려면 그보다 빨리 뛰거나, 잊는 것이다. 잊음보다 먼저 당도하는 것은 없다. 떠나 보낸 바람은 나를 막아서지 못한다. 잊자. 그것이 아무리 소중한 것일지라도. 대신 지금 여기를 그물 치자. 과거·현재·미래는 언제나 이 순간의 내장을 통과한다. 지금이 답이다.

'과거를 묻지 마세요.' 꿈결을 누르고 연기처럼 멀어져 간 사랑이여. 그때 그 순간 이것이 사랑인 줄 알았다면 여기, 나도 많이 달라져 있겠지요. 지금 이 순간, 사랑인 줄 안다면, 내일의 내 모습은 또 다를 겁니다.

과거로 물러난 뒷방의 자물쇠를 따지 마세요. 언어의 소리에 붙은 낡은 문장마냥 허물어지는 나를 마주하고 싶지 않아요. 생각의 꽁무니를 뒤쫓는 마음은, 집 앞을 서성이며 집을 찾아 헤매는 공상가요. 마음이 떠난 지금은, 허물이 부서진 시간이 주저앉고, 여기는 알 수 없는 미로예요. 아득한 잠결에서나 만나 보는 님 소맷자락이겠지요. 과거는 거기에 두세요.

미래의 방은 더욱 냉랭하다. 단 한 순간도 앞날을 보장하지 않는 미래. 그것으로 비극이다. 쭐 것 없다. 부처의 처방이 있잖은가? '마음은 마음이 아니다.' 갈증을 채우는 것은 지금 여기를 파 내는 우물이다. 미래를 파산하면 우물은 물을 채운다. '저 놈은 그런 놈이었지.' '크게 될 놈이야.' 과거·미래를 가져와 사람을 풀무질하는 것도 지금에 대한 배반이다. 이 순간으로 무아지경. 부처는 지금 여기에 있다. 가슴을 활짝 열고 스치는 바람이라도 느껴 보자.

　부처가 과거심·현재심·미래심으로 말하고자 하는 알맹이는 무엇일까? 우리가 삼세(과거·현재·미래)를 염두에 두고 살아간다는 것은, 태어나고 뜻을 세우고 입신하고 후세에 귀감을 남기고, 편안한 노년을 맞이함으로 일생을 완결한다 여기는 편견이다. 이탈하면 어쩌지? 이것 때문에 인생이 부러지기야 하겠어? 여기서 멈추면 곤란한데. 걱정과 두려움이 과거와 미래를 들쑤시고 다닌다. 지레짐작으로 불안을 키운다. 실체도 없는 미래가 이미 눈앞에 다가선 내 것인 양 설레발이다.

　시간은 당장 한치 앞도 설계해 주지 않는데, 저 먼 미래까지 자기로 만들어 매질한다. 부처는, 태어나서 죽기까지, 시간의 한 덩어리를 일러 일생이라 하지 않는다. 생은 지금 여기, 행동 하나 하나에 있음을. 지금 여기만이 거대한 완성을 이루는 전체다 한다. 한때는 그것으로 기승전결을 짓는 생의 완결판이라 한다. 편견에서 깨어나, 생은 근본에서 태도를 달리해야 하는 성질임을 눈짓한다.

지금 여기는, 부분이 아닌, 그 자체로 결정 짓는 생이다. 과거를 끄집고 와서 고통을 자처할 이유가 없다. 미래로 달려가 상상을 헤집으며, 현재를 꺾지 말라. 순간순간이 일생이다.

한 여인과, 끈적거리는 열기가 잔뜩 묻은 술잔을 주고받다가, 태양도 녹일 듯한 뜨거움으로, 몽글거리는 땀방울에 젖으며, 살 섞음의 아른함에 녹는다 해서 사랑이 완결되는 게 아니다. 거절하면 어쩌나, 그녀에게 다다르지 못한 채, 쭈뼛거리고 선 발걸음으로 사랑은 얼마나 숭고한가? 마음을 감추고, 퉁명스럽게 건넨 머리핀 하나로 사랑은 얼마나 간절하였던가? 전하지도 못할 편지를 쓰고 지우며 지새던 밤은 얼마나 애틋한가? 그 순간으로도 사랑은 완전하다. 태어남도 죽음도 없는, 오는 바도 가는 바도 없는 생의 축복이다. 더럽지도 깨끗하지도 않은 결정체. 늘지도 줄지도 않는, 보태고 뺄 것 없는 무결점 그대로다.

다음날 그녀에게 이렇게 말해 보라. 혹은 혼자 중얼거려 보자. '네가 좋아. 어젠 편지를 쓰면서 밤을 지새웠어. 내 마음을 받아 주지 않아도 괜찮아. 그런다고 네가 내 지난밤을 다치게 할 순 없어. 내 사랑은 완벽했으니까.' 사랑은 변하고 마모되어도 사랑했던 그 순간은 순결하다. 영원은 '순간'과 동의어이다. 순간은 영원하고, 영원은 '순간'이다. 지금 여기는 완성된 일생을 내어 놓는다.

지금 여기 미래가 있다는 것을 알면서도, 올지 말지 알 수 없는 30의 나, 40·50·60의 나를 지레짐작하여, 당연히 내 것으로 못 박는 다급함. 예상은 가상일 뿐. 가상을 현실로 착각한 것이 불안과 공포다. 마치 있지도 않은 빚을 만들어 고민하는 꼴이다. 미래는 그에게 맡겨 두자. 죽어라 사시 공부했는데 또 떨어졌다 해도, 여기에 서는 것으로 빔이다. 지금 여기는 실패도 좌절도 없는 '공'이다.

창조적 중도란, 언제나 출발점에 선다. 안 될 수도 있는 틈을 가지는 지혜. 능력과 원인을 비춰 보고 포기하느냐, 계속하느냐, 유지하느냐, 바꾸느냐 결정하면 된다. 어떤 것이든 좌절은 없다. 원하는 대로 다 이루어진다면 그야말로 혼돈으로 가득한 고해다. 다 서울대 가면? 다 사시에 합격하면 소는 누가 키우랴? 떨어진 것이 문제가 아니다.

해 봤다는 것이 값지다. 계속하기로 했다면 이제 시작이다. 바꾸기로 했다면 이제 시작이다. 지금 여기는 항상 시작만 있다. 네 몫은 네가 가져가라. 내 몫은 나에게 있다. 자유는 내가 만든다. "처음도 좋고 중간도 좋고 끝도 좋다."(『잡아함경』) 불법은 '스스로 익는다,' '그렇게 되리라' 한다. 오로지 공의 시작점에서.

몸을 더럽혔다? 지금 여기에 선다는 건 내가 가치를 정하는 일이다. '그건 괴이한 꿈이야. 내가 저지른 건 아니니까.' 특별한 꿈으로 띄워 보내는 것. 여기 나만이 가능하다. 과거는 공하다. 과거는 의미태가 아닌 가능태다. 가치가 하나로 고정되지 않는다. 답을 들고 있는 건 지금 여기의 나다. 내가 의미를 채우지 않으면 과거란 빈 쭉정이다.

한쪽 다리를 다쳐 못 쓰게 되었다 해도, 목발을 디디든 휠체어를 타든, 지금 여기를 걷는다면 자유인이다. 다리를 다친 과거는 없다. 불편하다고 불구자가 아니다. 자유를 잃은 자가 불구자다. 원망과 고통으로 채운다면 나는 과거다. 나는 실종한다. 과거엔 자유가 없다. 과거는 타인이다. 내가 나를 모르는데 넌(과거)들 나를 알겠느냐! 가치는 지금 여기에서 의미 있다. 그 결정, 절호의 기회를 왜 남에게 넘겨 주려는가?

'과거심 불가득 현재심 불가득 미래심 불가득.' 시간으로 비롯하는 부처님의 평등관이 엿보인다. 시간 하면 대체로, 과거·현재·미래로 잇는, 직선적인 일련의 흐름을 연상한다. 시대 순으로 중요한 사건을 서술하는 연대기적 역사 기술. 나이가 대표적이다. 시간은 내 의지를 아랑곳 않고 제 스스로 규칙에 의거해, 미래로 달려가는 듯 보인다. 시간이 마치 세월이라는 칼을 무자비하게 휘두르는 폭군처럼 느껴진다. '길을 비켜라' 시간의 수레에서 떨어지는 순간, 두 번 다시 올라 탈 기회를 주지 않는다.

시간은 인정을 베푸는 법이 없다. '시간은 절대 권력자, 시간은 돌이킬 수 없다.' 이런 생각은 여러 모로 인간의 사유에 영향을 끼친다. '지난 일은 바꿀 수 없다' 하듯 고정불변하는 무엇이 있는 양 꾸민다. 제도나 사상이, 행위를 규정하는 질서로 틀 지을 때, 시간을 입으면서 절대 신으로 고정한다.

요즘도 많은 경우에, 시간의 옷을 입고 권위를 인정받는다. 관례가 대표적이다. 시간에 의지해 수명을 누린다. 집 짓는 일로 비유해 보자. 기둥에게 주춧돌은 절대적 신이다. 기둥이 세워지면 기둥은, 서까래한테 불변의 권력자다. 기둥을 바꾸자 하는 것은 집을 허물고 다시 짓자는 말과 같다. 그야말로 대반역이다. 서까래가 올라가면 기둥을 바꿀 수 없듯, 변화의 가능성은 근원에서 약탈된다. 시간을 돌이킬 수 없듯, 경험의 오류에 대한 지적. 비판은 애시당초 허용되지 않는다. 주춧돌대로, 기둥은 기둥대로, 서까래대로 이미 정해져 있다 한다. 복종은 구조적 질서로 정착한다. 변화에 대한 언급은 곧 역모다. 다른 마음을 품는다는 것은 있을 수 없다. 권력자는 시간을 자기 편으로 만드는 자다. 시간을 자기 것으로 돌리는 능력. 권력자에게 최대 우군은 시간이다.

부처님이 시간에서 꿰뚫어 보는 것은 '절대,' '권력'이다. 그래서 '과거심 불가득'이라 호통친다. 과거는 바뀔 수 없다가 아니라, 과거란 없다, 아예 시간을 날려 버린다. 시간은 마음이 일으킨 불장난이다 한다. 혜안·불안을 달고 보면 시간은 우주 변화를 가늠하는 육안의 착시다. 마음의 번잡함, 번뇌다. 흐르는 것은 시간이 아니라 헐고 깨지고 조각난 마음의 파편이다. 편견으로 단단하게 굳은 상이다. 의미로 뭉쳐 놓은 개념이다.

부처님은, 절대의 창끝을 벼리고 달려드는, 시간이라는 녀석을 토막 낸다. 시간의 불변성을 해체해 버린다. '지금 여기' 찰나로만 머무르는 특수한 집으로 시간이 있을 따름이다. 그 집은 나의 행동으로 지어진다. 시간은 내 행위를 빌려 간신히 자기 얼굴을 알릴 뿐이다.

시간은 내 행위에 복속한다. 공간을 점유하는 내가 일어서거나 밥을 먹으면, 시간은 내 움직임을 따라다니며 자기 모양을 그려 보인다. 스스로 일어나지도 못하는, 존재의 몸짓을 통해, 지금 이 순간이라는 극히 짧은 동안 생김새를 알리는 가련한 녀석이다. 공간을 창조적으로 배치하는 내 의지를 섬기는, 나에게 예속된 놈이다. 자발성이라든가, 주체적 의욕이라곤 조금도 없는 속 빈 털털이다. 시간은 급하면 급한 대로 내 몸에 알맞도록, 삶을 간결하게 빚는 조각도이다. 나는 시간의 주인이다. 육안에 천·혜·법·불안의 지혜를 장착한 영웅. 털끝 하나 건드리지 않고도 녀석을 부리는 신이다. 시간을 재촉할 것 없다. 내 몸놀림이 곧 시간의 주춧돌이요, 기둥이다.

시간은 가능성의 빔으로 몸을 제공한다. 가장 낮은 자로서 덕을 삼는다. 변화의 기회를 제공하는 '지금 여기'라는 자유의 집이다. 누구에게나 차별 없이 '지금 여기'라는 시간이 주어져야 한다 웅변하는, 공명정대한 보편이라 한다. 가장 낮은 자란 공평무사, 즉 평등을 생명으로 하는 자. 그래서 가장 높은 자이기도 하다.

정원을 가꾸는 건 각자 몫이다. 시간의 집을 어떻게 짓는가가 생을 빚는 자태가 되겠다. 이것이 연기의 화두이고 무아의 도이다. 하루 벌어 하루 먹기도 빠듯한 자에게 지금은, 새어 나가려고만 하는 상실의 언덕이다. 한 땀이라도 땜질해야 하는 구멍 난 솥이다.

여기는 홀로 남겨진 까마득한 섬이다. 생을 가지런히 한다는 건 사치다. 누구에게나 똑같이 '지금 여기' 변화와 창조의 질료로 주어지는 공평한 시간. 연기의 화두는 시간의 질을 관계하는 속 깊음이다.

육·천·혜·법·불안, 오안이 깨어 있어서 삶은 수행이요, 빛이다. 일본 군대가 제아무리 위안부라 농락하였다 한들, 여기 소녀같이 앉아 있는 할머니의 몸은 바늘 점 한 끝도 더럽힐 수 없다. 고결한 자태를 깎아 내지 못한다. 과거는 없다. 제 아무리 의기양양하게 날뛰어도 헛간의 도깨비요, 관념의 분탕질이다. 허깨비한테 홀려서 너희 일본 놈에게 사죄를 받으려는 게 아니다. 흐르는 눈물은 지금, 한 생명으로의 엄숙함을 파괴하는 분노다. 분노는, 수치라곤 눈꼽만큼도 모르는 짐승 같은 너희가, 또다시 아리따운 우리 딸들을 짓밟는 것을 막고자, 피를 토하는 정의의 고함이다.

역사가 멍석을 깔아 주어야 한다면, 여기에 도달한 당신의 발바닥 아래다. 제도와 법률은 지금을 두드리는 당신의 행위를 보필해야 한다. 시간은 지금 여기를 휘몰아치는 창조에 소용되기 때문이다. 지금 이 순간은 병든 집을 불사르고, 새 집을 짓는 기회의 터전으로 눈을 끔뻑인다.

인간의 일을 대신하는, 인공지능을 장착한 로봇 시대가 도래하기 전, 자본주의에 대한 대대적인 수술, 대체 제도를 고민해야 할지도 모른다. 산업 생산을 장려하는 자본주의가 공동체의 적이 될 수도 있다. 생산이 주안점이 되는 경제 제도 대신, 생명을 연결하는 마음 제도가 주요 화두가 될 것이다. '누구나 생명으로서 존엄과 가치를 가지며, 행복을 추구할 권리가 있다.' 과거심·현재심·미래심 불가득을 외치는 부처는 이 말을 하고 있다.

아우성치는 탐욕의 갈고리에, 아이들 목숨이 영문도 모른 채 물 속으로 끌려간다. 불법이 사상적 명제로써 깃발을 높인다면 관념적 주장이 될 테지만, 연기의 그물망을 출렁이는 우주 언어다. 우주의 주인으로서 감당하도록 한다.

'과거심 불가득 현재심 불가득 미래심 불가득.' 절대 왕으로 압도하는 시간을 깨뜨려, 변화의 당위에 있는 나를 일깨운다. 인식의 혁명을 요구한다. 부처님은 과거의 기술·지식·경험은 그때의 쓰임으로 두라 한다. 미래에 닥칠 일을 걱정하는 대신 오로지 지금 여기에 깨어 있으라 한다.

지금 여기에 값진 것은 지금 여기의 나다, 너다, 우리다. 우리를 드높이는 것으로 지금 여기에 함께 서라 한다. 변화는 그것을 눈짓한다. 누구나 지금 여기라는 샘물로 생을 축이는 축복이 주어진다. 규칙을 위한 인간이 아니라, 인간을 위한 규칙이듯.

천안이 천안통을 비롯한 6신통을 이른다면, 이는 과학에 대한 눈뜸을 이끈다. 천안통은 시공의 제약을 벗어나 두루 보는 능력. 천이통은 듣는 능력이다. 신족통은 어디든 막힘없이 가는 능력, 숙명통은 과거를 읽는 실력, 타심통은 마음을 보는 능력, 누진통은 맑고 고요한 마음의 본바탕으로 돌아가는 힘이다.

과학적 탐구 과제이자, 방향을 제시해 보이는 것이 아닐까 한다. 불법이 철저히 관찰에 의지해 진리를 밝혀 본다는 것을 안다면 무리한 억측도 아니다.

언어의 관념성을 탈피하고, 있는 그대로 존재의 진실에 다가가고자 함이 불법의 교의다. '천'이 뜻하는 것도 '있는 그대로'이다. 부처는 신통은 불법이 아니다 한다.

결과론이지만 말·수레·자동차·비행기는 신족통, 라디오·TV·인터넷은 천안통, 전화기는 천이통의 기술적 해결이다. 며칠 몇 달을 걸려 가는 거리를 비행기로 몇 시간 내에 도달하는 것은, 문명 이전의 눈으로 보면 과거·현재·미래에 걸쳐 있는 긴 시간의 노정이다. 숙명통·타심통·누진통은 인간의 행복에 관한 화두, 제도나 문명의 원리와 관련된, 공감과 소통의 문법이리라. 과학에 마음을 심는 법이거나. 과학에 온정이 없다면 과학은 괴기스런 폭력이 될 테니까.

공감은 나를 치유하는 연기의 알고리즘이다. 타자의 마음을 읽고 느낀다는 것은, 나와 남이 다르지 않은 동체로써 연결을 확인하는 일이다. 같은 다리를 건너는 동시적 생명임을 눈 뜨게 한다. 어울림으로 가는 문명의 토대다. 천안을 신의 눈으로 신비화해서, 구체적이고 실질적인 과학적 안목을 잃고 심안의 구석으로 쪼그라든 것이 아닌가 한다.

인간의 무한 능력은 6신통의 통신으로 나아간다. 통신이란 자아의 갇힌 세계에서 뛰쳐 나감이요. 무한 우주와 교통하는 나의 개방이다. 자기를 깨고 나오는 용기다. '나'라는 소우주의 감금을 풀면 세계라는 신비와 접촉한다.

타자에게로 걸음을 놓는 적극적인 대화는, 나를 초월하여 다른 세계의 문고리를 잡게 한다. 신세계로 확장이다. '나'에서 무아로 진행이며, 높은 차원으로 눈짓하게 한다. 무아는 아기의 여린 손톱 같은 설레임으로, 최초의 나를 만나게 한다. 생경한 언어가 찌르는 낯선 두근거림이다. 어제의 봉숭아가 수줍은 낯가림이었다면, 오늘의 봉숭아는 붉은 북극을 파먹는 백곰이다. '만법이 마음 하나로 통한다.' 마음은 명사적 '마음자리'라기보다 열림이다, 동사다. '늘 깨어 있어라' 함도 이와 같다.

제 19 ― 법 계 통 화 분
　　　　　　법계를 다 교화하다

"수보리야, 어떻게 생각하느냐? 만약 어떤 사람이 3천대천세계에 가득 찬 칠보를 가지고 보시에 쓴다면, 그 사람이 이 인연으로 얻는 복이 많다 하겠느냐?"

"그러하옵니다. 세존이시여, 그 사람은 이 인연으로 심히 많은 복을 얻겠습니다."

"수보리야, 만약 복덕이 실다움이 있다고 한다면, 여래가 복덕을 얻음이 많다고 말하지 않을 것이다. 복덕이 없는 고로 여래가 많은 복덕을 얻는다 말하느니라."

'보시하는 복덕은 아주 큽니다.' 수보리의 대답이 거침없다. 부처 또한 '복덕이 없는 고로 많은 복덕을 얻는다.' 참으로 복덕이 크다 한다. 공덕을 지으면 복이 돌아옴은 지극한 이치다. 부처는 이제, 진짜 큰 것이 어떠한지 보여 준다. '없음'— 이보다 큰 것은 없다 한다. 아무런 상이 없는 것보다 큰 것은 없다. 부처님은 마음의 과학을 이야기한다. 3천대천 복덕을 '크다' 상을 지으면 마음은 그보다 클 수 없다. 음식 한 덩어리를 보시하는 정도로는 어림도 없는 작음이다. 큰 것은 3천대천으로 정해져 있으므로, 당연 그 정도는 대수롭지 않게 던져 버린다.

그러나 그 음식이 긴박했던 한 생명을 살려 낸 기적이었다면, 3천대천의 칠보보다 크고 귀하다. 뿐이겠는가? 한 가족, 더 나아가 한 국가를 살리는 일이었다면 더 말해 뭐하랴? 마음은 상의 크기를 넘지 못한다. 분별 지식 개념은 상으로써 나를 희롱하는 요물이다. '크다'는 상에 파묻히면 진짜 큰 것을 알 리 없다. 상은 나를 가리는 장막이다.

다급한 마음에 무턱대고 뛰어가다 돌부리에 걸려 넘어진다. 그 순간은, 모퉁이를 돌아 맹렬하게 달려오는 자동차에 치일 뻔한, 일촉즉발을 넘긴 일대사였다면, 3천대천의 복덕이라 한들, 돌부리에 넘어져 무릎이 까인 아픔보다 클 수 없다. 넘어지지 않았다면 차에 치였을 테니. 일생의 복덕이, '넘어짐'으로 생명을 구한 것이다. 복덕이 실다움 없음을 잘 보여 준다. 복덕이 실다운 생김새로 고정된다면 이런 복을 알아차릴 리 없다. '넘어짐'은 복덕이 아니라 재수 없음으로 치부될 것이다. 반야가 통찰한 최대 크기가 '없다'이다. '빔'은 가장 크다. 비어 있다면, 선입견을 버린다면 생이 나르는 복덕을 놓치지 않는다. 다 내 복이다.

불법을 빌리자면 모름보다 큰 앎은 없다. 조그만 지식을 절대의 보따리에 담아 세상을 견준다. '안다'는 상은 나의 창살. 앎의 부스러기가 진짜 앎을 빼앗는다. 자유를 약탈해 간다. 모름 곧 빔은 지혜의 곳간이다. '나는 모른다는 사실을 안다.' 소크라테스의 명석함이여. '오직 모를 뿐.' 숭산스님의 총기여. 모름은 남을 받아들이는 관용. 자리를 내어 주는 소통이다. 앎을 지식으로 가두지 않는 아득한 수평선이다.

여자 친구, 아내를 다 안다고 생각하는 순간, 권태로 감는다. '안다'는, 의식이 저지르는 살생이다. 황폐한 파괴, 누추함이다. 그녀의 아름다움은 당신의 '모름'이 꿈틀대는 동안이다. 모름이 살아 있는 한 그녀의 아름다움은 비단 광주리이다. 안다고 하지만 감각을 응고시켜, 마음 구석에 처박아 둔 냉기다. '도대체 여자는 알 수 없단 말이야,' '내 각시지만 나도 모르겠어' 한다면 그녀는 여전히 황홀함이다.

'안다'를 밀폐한 자. 모른다는 사실을 아는 것, 생의 축복이다. 자극으로 돌기하는 침샘이다. 오감이 근질거려, 촉수가 참지 못하고 튀어오른다. 호기심은 행복의 원천이다. 모름은 미로를 더듬으며 나를 잊는다. 황홀경이다. 남편·아내를 수수께끼로 남기는 지혜. '저 여자는 누굴까?' '오늘 저 남자는 뭐지?' 날마다 낯선 아내, 생소한 남편과 살아 보라. '안다'라는 상의 파괴로도, 오늘밤은 가려움증으로 살갗이 부풀어 오르리라. 생소함, 그 날카로움, 생기발

랄함, 궁금증이 튀기는 물보라다.

　없음이 가장 큰 원리는 채움이 가능한 빔에 있기도 하지만, 그 끝을 알 수 없는 아득함 때문이다. 빔은 테두리가 없다. '없다'는 규모를 정하지 못하는 크기다. 부처님은 '크다, 많다' 분별에 막혀 진실을 바로 보지 못함을 막기 위해 '없다'라는 무한의 크기를 들어 보인다. 된다고 마음먹어서 된다기보다, 안 된다는 상을 짓지 않으니 무엇이든 되는 쪽으로 갈 수밖에 없다. 상으로 틀을 짜지 않으면 곧장 초월이다. 무한대로 열려 있는 활력이다. 분별은 분별한 모양만큼 나의 크기다. 내 세계의 구멍이다. 분별은 다른 색깔로 흔드는 손을 알아보지 못한다. 상의 밖을 밀어낸다. 분별은 배타의 크기다. 내 안의 나는 숨을 곳이 없다. 집이 보잘것없어서다. 쇼생크에서 탈출한 것은 길들여짐이다.

　'크기가 없다.' 전체의 크기다. 전부 나다. 부처님은 쩨쩨하게 살지 말라 한다. 불법의 배포를 내어 큰 몸, 전부가 되라, 생사의 상에 걸려 나를 쪼그라뜨리지 말라 한다. 전체로 산다는 것. 무아로서 끝없음이요, 오고 감이 없는 고요다. 여기에 복덕이 크다 많다 할 바 있겠는가? 없음으로 가장 큰 도리. 부처님이 가장 크게 살았다 할 만하다.

　없음을 뒤집으면 있음이다. 있음이 가장 작다는 뜻이다. 언어로 고정하는 이름은 작은 의미 조각만 담는다. 분별이다. 이름 안에 포위당하므로 편견이다. 편을 나눈 크기. 치우침으로, 가장 작은 크기가 가장 무겁다. 언어의 무게. 언어가 마치 객관의 덩치인

양, 착각의 무게를 벗기란 여간 힘든 게 아니다. 나무가 언어의 '명명'에 갇히므로 나무로서 꾸물거림, 생명의 숨소리는 닫히고, 관념 쪼가리로 남는다. 이름을 벗으면 생생한 피부의 숨구멍을 만진다.

복덕은 복덕이 '아니다.' '아니다'-부처님이 복덕이라는 언어, 있음부터 날려 버린다. '~이다'~의 정형을 깨고 나와, 가지를 버리고 나무를 본다. 무, 없음이 가장 큰 분별임을 보면, 희로애락은 작은 편린으로 '있음'이다. '무'는 전체를 포용하는 크기여서 인욕이며 용서다. 나·내 것·가족, 아상은 그 크기만큼 삶을 짓는다.

생은, 본바탕 '없음'의 크기를 잃고 작은 상으로 오가는 길을 낸다. 나와 가족을 왕래하는 크기로 삶이 있고, 그만한 크기로 죽음을 맞는다. 업의 인과다. 목마른 자에게 물 한 모금 건네는 것. 큰 목숨으로 사는 일이다. 마음이 머물지 않는 보시의 공덕이 어찌 적겠는가?

영화 "아바타"를 보면, 모든 식물이 시냅스(신경줄)로 이어져 있다 한다. 연기적 생명 법칙이다. 식물은 햇볕을 모아 몸을 불린다. 탄소 동화 작용으로 태양을 몸뚱이에 가둔다. 허공은 공기를 먹이로 공급한다. 흙은 미네랄·광물·유기물을 보탠다. 물의 역할 또한 지대하다. 우리가 곡식과 고기를 먹는다 하지만, 실은 그 안에 담긴 태양을 삼키고 땅과 허공을 소화한다. 태양이 생명을 여러 층계로 나누어 키우는 셈이다. 흙을 걸러 먹는 지렁이와 나와 별반 다르지 않음을 보여 준다. 지구의 시냅스는 공기·빛·물·흙이다. 우리는 지구와 우주를 먹고 산다. 우주를 식량으로 하면서도 쌀 몇 줌을 먹는다 생각하여 곡식에 집착하는 것이 소유의 상이다. 집착은 우주 고향으로 가는 길을 어지럽힌다.

비로자나불은 빛이 두루 비춘다는 뜻으로 광명변조, 태양을 의미하는 부처다. 온 우주에 충만하고 만물에 편재하므로, 모든 존재는 비로자나불의 화현임을 나타낸다. 빛으로부터 출발한 생명, 온갖 생명에 널리 퍼져 있는 빛, 빛이 화현한 생명. 불교가 얼마나 과학적인가 잘 보여 준다. 태양이 떨구어 놓은 한 줄기 햇발. 내리막을 뛰던 개울이 바위를 들이받고 튕겨 낸 한 방울, 나의 피와 살이다. 존재는 지수화풍으로 연기의 고리를 이룬다. 우리가 빛·흙·허공·물로 연기한다 함은, 나와 남은 바탕에서 구별할 수 없는 동체임을 상기시킨다.

연기법은 내가 우주가 되어야 하는 당위를 일러 준다. 인연이란 몇 겁의 시간을 오르내리며 당신이 던진 눈짓이거나, 침을 흘린 자국이다. 보시는 인연의 은혜에 대한 답례이겠지만 그 이전, 지수화풍에 의존하는 연기적 존재로서 자연스러운 나의 보존 전략이다. 빛, 우주? 허황하게 들릴지 모르나 나의 본 모습이다. 나는 빛으로, 공기로 연기한다. 흙, 물로 연기한다. 인류가 문명을 건설할수록, '저 빛이 나다'는 사실을 잊는다. 거기에 비극이 숨어드는지도 모른다. 나의 가장 가까운 친척은 태양.

당신은 어디에 있는가? 무아의 도리를 보는가? 당신은 없다. 왜냐면 전체가 다 당신이기 때문이다. 제19분, 부처님의 말씀이다.

믿습니까?

'믿습니까? 그렇다면 옳소 하세요!' 세상에서 가장 음흉하고 난폭한 언어 가운데 하나가 아닐까 싶다. 논리적으로나 철학적으로 성립할 수 없다. 논리적으로 보면 위 말은 '불신과 부정'을 전제로 한다. 우리가 무엇을 안다고 하는 것은 '집단적 동의'이고 그에 대한 '믿음'이다. 한글을 세종대왕께서 창제하셨다는 것은 모두 수긍하고 인정한다. 실제 한글을 창제하시는 모습을 본 사람은 아무도 없지만 우리는 믿는다. 역사의 기록이 있고 세종께서 창제 원리를 밝혀 놓으신 책이 존재하기 때문이다. 하늘이 파랗다는 것은 집단 경험의 산물이다. 누구의 눈에도 파랗게 보인다. 내 눈에는 파랗게 네 눈에는 노랗게 보인다면 그렇게 말할 수 없다. 모두가 동의하지 않는다. 이러한 사실은 사회적 정치적 상황이 바뀌거나 시간이 지난다고 해서 변화하지 않는다.

'한글은 세종께서 창제하셨습니다. 믿습니까?' 누가 당신의 오른팔을 잡고서 "이것은 오른팔입니다. 믿는다면 '옳소' 하세요" 한다면 당신의 반응은 아마도 '별 미친놈을 다 보겠네'일 것이다. 일반적인 앎, 자연스러운 것, 당연한 것에 믿음을 확인할 필요가 없기 때문이다.

'믿습니까?' 이는 '아니다'라는 일반적 부정을 '이다'로 전환하는, 동의를 만드는 작업이다. 믿음을 요구할 수 있는 것은 명백한 근거이지, 몇몇의 강제된 동의가 아니다. '믿는다면,' 이 말 속에는 이미 '믿지 못하겠지만'이라는 의미가 조건된다.

철학적으로 보면 저것은 적과 동지를 구별 짓는, 배타적 권력 행위, 통제를 위한 수단으로 폭력이다. 가짜 위조품을 사람 간 주종관계로 치환하는 위장 장치다. 목적은 위장이 아니라 질서와 권력이다.

마술을 보자. 마술사가 우리를 속이는 것 같지만, 실은 우리가 스스로를 속인다. 밧줄로 꽁꽁 묶인 마술사가 상자를 탈출해 다른 공간으로 이동하는 마술이 있다. 실은 묶인 게 아니라 묶인 것처럼 보이는 위장 기술이지만, 우리는 묶여 있다 생각한다. 미모의 보조원이 시선을 빼앗는 동안 마술사는 재빨리 기어서 다른 상자에 들어간다. 우리는 관심을 빼앗기는 동안에도, 의식은 여전히 저 안에 마술사가 묶인 채 있다 생각한다. 기억과 의식의 습관적 진행이 자신을 속인다. 기만적 상상력이 작동하여, 마술 감상이 가능하다. 의식의 약점과 한계가 노출된다. 그런데 묶인 것처럼 보이는 교묘한 기술은 어떻게 조작했을까, 공간을 이동하기 위해 어떤 장치를 해 놓았을까, 이렇게 생각이 닿는다면(사실 관계를 밝히려 든다면) 마술은 그 위력을 잃고 말 것이다.

마술사가 여러 속임수를 보여 주고 나서 "믿습니까? 그렇다면 '옳소' 하세요" 말한다 가정해 보자. 믿습니까? 말하는 순간부터는 이것이 속임(마술)이냐 아니냐 하는 것은 묻히고, 마술사가 왜 이렇게 해야 했나 하는 것으로 의식이 이동한다.

한두 번 마술에서 사람들은 놀라움과 감탄을 자아낸다. 여러

번 반복하며 그를 우러러보는 이들이 늘어나면 마술사에겐 자연스레 권위가 생겨난다. 이때 '믿습니까?' 하는 것은 동의를 구하고자 함이 아니다. 그 권위를 권력으로 바꾸는 속임수다. 믿지 않는다면 그의 질서에서 제외됨을 의미하고, 더 이상 경외해 마지않던 마술을 볼 수 없게 된다. 즐거움을 함께 공유하지 못하는 외톨이가 된다.

외눈박이가 오히려 정상이 되는 세계로 들어간다. 멀쩡한 눈알을 이단으로 만들어 뽑아 내고, 한 눈으로만 세상을 보아야 한다 우겨댄다. '믿습니까? 그렇다면 옳소' 이렇게 외치는 순간부터 마술사는 메시아 행세가 가능하다. 이쯤 되면 불신은 곧 죄악이요, 공포다. 도덕적 맹아가 되어 그저 '믿습니다'를 되뇐다. 영혼을 저당 잡힌 종이 되어, 그의 품에서 안식을 찾는다. '믿습니다'를 반복해야 불안이 해소된다.

믿습니까? 이 한 마디가 간단한 눈속임에 불과한 마술이 기적이 되고, 감탄해 마지않던 눈매와 표정들은 순종 의식이 된다. 긴장의 시간과 공기는 권력으로 묶이게 되어, 통제와 조작이 가능해진다. 마술사는 신의 음성을 옮기는 무당으로 승격한다. 메시아를 기점으로 거대 배타 조직이 완료되는 순간이다. 그 말 한마디가 엄청난 폭력이 되어 사람들을 두려움에 떨게 한다.

'골이 지끈지끈 쑤시고 무릎 아픈데, 발이 저려 잠을 못 주무시는 분, 마누라 샤워하는 소리만 들어도 사타구니에 진땀 빼는 남정네. 누굴 쳐다 봐. 당신 말이야 당신. 딱 한 달만 먹어 봐. 먹어나 보고 나서 말을 해' 핏대를 올리던 약장사가 마지막으로 결정타를 날린다.

'이 만병통치약이 단돈 만 원. 믿습니까? 단돈 만 원에 모시겠습니다.' 약이 진짜인지 가짜인지 사실 관계는 뒷전으로 밀려나고, 오로지 엄청 싸게 봉사한다는 것에 의식이 쫓아간다. 밑져야 본전이란 식으로 자신을 속인다. '믿습니까' 몇 번 반복하면, 긴가민가 하면서도, 음 그렇군, 따라가게 된다. 거짓이 만연하면 거짓은 거짓이 아니다. '혹시나' '역시나' 기대와 실망을 줄 타는 마술사다. 뻔뻔함과 수치심은 구별되지 않는다. 참이 오히려 거짓일 수 있다는 의혹의 불씨를 풀어 놓는다는 데 무서움이 있다. 불신이 만연하는 곳엔 거짓이 참을 둘러싸고 감시한다.

그 잔학했던 깡패 독재의 마술사, 윽박지르는 버르장머리에 물든 사람이 '복지요, 경제 민주화요, 믿습니까? 그렇다면 한 표' 열심히 약을 팔아 댄다면…… 잘못 물었다간 또 어떤 낭패가 기다리고 있을지. 메시아의 울타리를 벗어났다가는 사탄(빨갱이)으로 몰려, 광우병 걸린 스펀지 뇌마냥 영혼 살인을 당할지 모를 일이다.

제 20 ― 이 색 이 상 분
　　　　　　　색과 상을 떠나다

"수보리야, 어떻게 생각하느냐? 여래를 가히 색신이 구족한 것으로써 볼 수 있겠느냐?"

"아니옵니다. 세존이시여, 여래를 마땅히 색신이 구족한 것으로써 볼 수 없사옵니다. 왜냐하오면 여래께서 말씀하시는, 색신이 구족하다 하심은 곧 구족한 색신이 아니옵니다. 이를 이름 하여 구족한 색신이라 하옵니다."

"수보리야, 어떻게 생각하느냐? 여래를 가히 모든 상이 구족한 것으로써 보겠느냐?"

"아니옵니다. 세존이시여, 여래는 모든 상이 구족한 것으로써 볼 수 없사옵니다. 어떠한 까닭인가 하오면 여래께서 말씀하신, 모든 상의 구족함은 곧 구족함이 아니옵니다. 이를 이름 하여 모든 상이 구족하다 하옵니다."

제20분은 표현의 미학에 대해 말씀한다. 표현이란 존재를 드러내는 몸짓이며, 관계를 매개하는 언어다. '표현이 서투르다' 하면 내가 밖과의 접촉이 미숙함을 뜻한다. 자신감이 부족해서, 생각이 설익어서, 생소해서 일으키는 반응이다.

구족한 색신(외모)은 구족한 색신(부처)이 아니다. 32상을 구족했다 하나, 구족한 부처는 그곳에 있지 않다. 부처는 번듯한 생김새에 있지 않다. 형상은, 보는 자의 욕망이나 평가가 투사된다. '좋다'는 대상의 본모습이 아니라, 보는 자의 경험적 추론, 또는 보고 싶어 하는 마음이다. 부처는 '거룩하다.' '거룩함'은 나의 염원을 들어주는 부처의 초월적 능력을 투영해서 얽은 모양이다. 욕망의 화신이다.

아내를 바라보는 남편의 시선은, 제도·윤리·관습·문화·유전자가 합해서 빚은 편견이다. 과거·현재·미래의 여러 사람들 시선이 아내를 둘러싼다. 아내는 '있는 그대로 그'가 아닌, 역사와 관습 경험으로 물려받은 남편의 생각이 재구성한 가공, 숨 쉬는 인형, '상'이다.

구족한 색신은 집착과 분별이 제작한 허깨비다. 고정관념이 만든 망상, 관념이 조형한 성채다. 그것은 너무나 견고해서 밖에서 무너뜨리기 어렵다. 구족한 색신(외모)은 구족한 색신(진실)이 아니다. '상'을 내리면 여러 모양으로 구족한 색신, 부처를 발견한다. 부처를 바로 보자면, 내 눈에 낀 '간절히 바라는 나'를 들어 내야 한다. 너를 보자면 나를 내려야 한다. 선입관으로 뭉친 내게서 뛰쳐나와야 한다.

법당에서 금빛 찬란한 풍채를 자랑하는 동상을 부처로 아는 자. 아내가, 자식이, 청소부, 경비원 아저씨가 구족한 색신을 갖춘 부처임을 알지 못한다. 아상의 고집, 재력·명예·권력·학벌·집안·외모를, 잘 갖춘 색신으로 보는 자. 열린 마음, 협동·공감·보시 그리고 주인으로서 내가, 잘 갖춘 색신임을 보지 못하듯.

'표현의 미학'이란, '잘 갖춘 색신의 모양'에 복속하지 않는 '나'이다. 불당에 모셔진 동상이 아니라, 고단하고 지친 자를 부처로 받듦이다. 남편의 마음 음표를 따라 몸을 흔드는 여자가 아닌, '있는 그대로 법신'으로 춤추는 자다. '정숙한 아내는 정숙한 아내가 아니다.' 편견의 불기둥, 남편의 아내 '상'에서 탈출한 자유인. 남편의 시선에 자리하는 수많은 사람, 시간과의 작별이다.

결국 '자기 표현'이라는 과제와 대면해야 한다. 아내다 — 양보. 아내 아니다 — 도발. 아내다 — 표현. 표현은 순응과 도발을 뛰어넘는 중도다. 나의 새로움과 가능을 발견하는 즐거움이다. '나의 표현'을 네게 어떻게 설득할 것인가 고민이 따른다. 표현은 때로 상식을 파괴하는 엉뚱함이다. 그러나 저지르지 않고 이해시킬 수 없다. 두드리지 않으면 열리지 않는다.

구족한 색신은 딱딱하다. 구습이고 벽창호다. 구족한 색신을 깨고 구족함이 나온다. 나를 깨고 내가 나온다. 자기 색깔을 보존하는 부부는 재미와 신선함으로 가득하다. 표현은 네 반응을 묻는 질문이다. 부부가 새로운 과제나 취미에 도전하는 것은 좋은 표현

방법이다. 표현은 최초의 설레임이다. 무아는 최상의 물감이다.

'구족한 색신(상)은 구족한 색신(완전함)이 아니다.' 헐벗고 굶주린 자를 보살피는 것. 돌봄이라는 표현으로 부처가 살아난다. 표현이 부처다. 구족한 색신, 잘 갖춘 부처이고자 하면, '난 이미 구족하다' 자기를 높이고 잘난 체하는 아만부터 깨야 한다. '부족하다' 낮춤으로 표현의 빌미를 얻는다. 네게 다가간다. 나는 잘났다 하는 자는 '나는 덜떨어졌다'를 외치는 자다. 부족함을 채우면서 내가 피어난다.

못남은 못남이 아니다. 부족함은 성실함이다. 못나서 못난 것이 아니라 잘나서 못남을 알아라 한다. 넘침은 오만이다. 채움은 채움이 아니다. 표현을 부르는 불꽃, 표현의 미학이다. 아름다움은 채움을 청하는 비움에 있다. 자기와 열린 대화는 비움에서 가능하다.

다리가 길어 학이라면 다리가 짧아 오리다. 토끼 귀를 자른다고 사슴이 되지 않는다. 그러나 토끼는 귀가 커야 한다는 생각을 버리면 귀 없는 토끼. 사슴이 못 될 것도 없다. '나 봐 줄 만하지 않아?' 표현은 네 수긍이 있어야 하는 건 아니다. 표현은 그것으로 완전하다.

갓난아이의 울음도 '젖을 주시오'와 '귀저기를 갈아 주시오'가 다르다 하니, 표현은 우주에서부터 타고 내린 재주이리라. 모든 표현은 욕망의 촉수에 닿는다. 굳이 설득하려 애쓰지 않아도 된다. 피해를 주지 않는다면, 표현은 새로운 문법으로 탄생한다. 시어머니가 좋아하는 접시를 안겨 주며, 자기 몸짓을 설득하는 지혜라면.

표현은 관계와 존재. 그 사이를 적절히 이동하며 긴장을 조율하는 아름다움이다.

색신(상)으로부터 탈태, 표현은 세상을 변화시킨다. 잠자는 지축을 흔들어 깨운다. 나를 전달하는, 관계 언어에 변혁을 가져온다. 표현은 대화다. 전엔 귀를 움켜잡고 토끼를 고집했다면, 이젠 귀를 놓고 사슴을 보도록 요청한다. 표현은 나를 주인으로 올린다. 표현은 설득한다. 여성이 바지를 입음으로 남성의 지위를 넘본다. 관계를 재구성한다.

의식의 변화를 초래한 사건을 돌이켜 보라. 사소한 몸짓이 지구의 자전 속도를 바꾼다. 나를 일으키지 않는다면, 어두운 구석에 쪼그리고 있는 아이는 그대로 잠들고 만다. '그래요, 노력할게요' 대신 '아뇨 이런 것도 있어요' 자신감이라면 표현은 탐스런 하얀 누에고치를 짓는다. 공즉시색으로 열반이다.

잔 다르크나 유관순, 황진이의 표현은 전 지구적이다 할 만하다. 나를 넘는, 표현의 더 너름이다. 땅이 울퉁불퉁할수록 물살은 우렁차다. 물은 바위를 들이받고 솟구쳐 오른다. 거칠면 어떠랴? 표현은 매끈한 논리를 들이박는다. 표현은 용기다. 굴곡 없는 밋밋한 생이라면 어찌 버티랴? 무기력한 수평, 고인 물은 매가리가 없다.

업식은 생명 예보다. 독을 뿌리는 습성은 뱀 허물을 뒤집어 쓸 것이요, 늘어진 젖통이 무거워도 묵묵히 젖꼭지를 내어 준 소라면 맑은 샘을 만나리라. 불화는 언덕 저편에서 내 동작을 쏘아 본다. 이 순간 어떤 표정을 지어야 하는지, 생의 밑그림에 대해 눈짓한다.

(소명태자는 이 분을 '색과 상을 떠나다'로 해석한다. 나는 좀 더 적극적이다. 색과 상을 떠나, 존재가 제 위치를 복원하는, 표현의 길을 본다. 19분과 연계해서 보자. 복덕이 실 '없는' 고로, 마찬가지로, 구족하지 '않아서' 구족한 색신이다. '없음, 않음'으로 가장 큰 몸을 짜는 동기를 구한다. 살이는 의지를 살피며 활력을 뽐는다.

결핍을 불행의 요소로 주저앉히면 점집이나 돌아다니지만, 삶의 이유로 끈질기게 들이밀면 뜻있는 업을 짠다. 표현이 부르는 행복이다.

결핍은 없음이기도 하지만, 멀쩡함을 편견으로 무너뜨리는, 적극적 용기와도 닿는다. 세상이 아름다움으로 떠받드는 것일지라도, 인습이 짓누르는 완력을 헐어 버릴 용기는, 새로운 결핍을 만든다. 그 결핍이야말로 나를 완성하는 표현 재료다.

19분이 [분별] '없음'으로 커다란 나를 보여 준다면, 20분은 [상] 없음으로 나의 완성을 향해 달리는 비움의 열정을 드러낸다. 표현의 아름다움이라 할 만하다. 부처는 모양에 있지 않다. 구족한 색신이란 구족한 색신이 아니다.-부처는 없다. 부처는 내가 만든다. 나는 없다. 나는 내가 만든다. 표현의 미학이다.)

김연아와 황진이 그리고 아리랑

노세 노세 놀다나 가세

저 달이 떴다가 지도록 놀다나 가세
아리아리랑 쓰리쓰리랑 아라리가 났네
에헤 아리랑 음음음 아라리가 났네

청산리 벽계수야 수이감을 자랑 마라
일도 창해하면 다시 오기 어려우니
명월이 만공산하니 쉬어간들 어떠리

  아리랑 노래를 불러 봐요. 농부는 나뭇 짐 지게를 받치고, 제비가 봄바람을 물어오자 먼 산 너머 고개를 들고 아리랑. 소 먹이 우동이 개울가 모래집을 토닥대며 아리랑. 앵두나무 우물가에 물 긷는 동네 처녀, 담장 너머 설핏 꽃 설렘에 자지러져 아리랑. 밭 매던 아낙, 언저리 돌아 빼꼼한 고라니, 님 손짓인 듯 아리랑. 먼저 간 큰 녀석 재 너머에 묻어 두고, 지어미 등에서 딸아이 배고픈 울음을 어르며 아리랑. 품앗이 논고랑에 어우리 더우리 허리를 펴며 두리 둥실 아리랑. 나라님 전장에 나시었네. 두건 두르고 소리 높여 보세, 아리랑 아라리요.
  쓰리랑은 쓰라림이요, 삶의 질곡이에요. 햇살 아래 뜨겁게 타오르는 생의 생채기요, 빛을 떠나지 못하는 그림자요, 꽃그늘에 들어 때를 마련해 두고 지긋이 기대어 선 바람이요, 그 바람이 숨죽이며 응시하는 긴장이에요. 한밤을 삼켰다가 토해 내기를 내내, 울부짖는 소쩍새의 붉은 목마름이요, 울타리를 넘어 온 나비가 낯설어 두려움이요, 눈보라의 칼날을 부리로 쪼아 가며 그믐을 넘겨야 하는 부엉새의 배고픔이에요.

쓰리랑 햇발이 따갑고 고통스러워 견딜 수 없을 때쯤이면 고개를 넘어야 해요. 고개 너머에 아리랑이 계시기 때문이에요. 밝은 태양 아래에선 고개를 찾을 수 없어요. 온통 쓰리랑뿐인걸요. 쓰리랑, 고단하고 지칠 땐 잠시 손을 놓고 눈을 감아요. 눈을 감으면 고개가 보일 거예요. 고개는 어두움이에요. 그렇다고 막연한 암흑이 아니에요. 가물가물 어둠이 이어 놓은 징검다리를 건너는 거예요. 고개는 그렇게 눈을 감고 건너는 마음의 언덕이에요. 자연의 고개 고개마저 마음 안의 언덕으로 끌어들여 극복하고자 함이에요. 쓰리랑 너머엔 분명 아리랑이 있을 거예요.

아리랑이 계시리라는 믿음으로, 희망의 봉우리를 마음 이편에 세워요. 고개가 없다면 아리랑도 찾을 수 없을 거예요. 왜냐면 쓰리랑 벌판에 아리랑이 온전히 계실 곳을 두려면 경계가 있어야 하죠. 그 경계 지음이 고개이어요. 누구나 고개 하나씩은 짊어지고 살아가야 해요. 아리랑을 만날 수 있는 구름다리가 있기에 살아지는 거예요. 아리랑맞이 오작교마저 없는 쓰리랑 생이라면 어찌 견딜 수 있겠어요.

아리랑(이 계시는) 고개로 나를 넘겨나 주소……

아리랑 — 그것은 저 달이에요. 달은 그냥 뜨는 게 아니에요. 내 마음이 띄워 올린 노래예요. 저 달이 떴다가 지는 것은 내가 달을 굴려 가기 때문이에요. 어둠의 고개 끝에서 만나는 아리고 맑은 얼굴.

하늘에 걸어 놓은 내 꿈이요, 신념이에요. 막연한 이상이 아니에요. 꿈꾸는 대 자유, 희망이 마련해 둔 또 다른 현실이에요. 쓰리랑, 쓰린 삶의 저편에서 아리랑이 손사래를 쳐요 — 조금만 더 참아 보거라. 조금만 더 기다려 보자꾸나.

아리랑은 살이를 녹여 내는 위안이요, 은하수 별무리 따라 가지마다 제 집을 찾아 들어온 꽃봉오리예요. 소소하게는 잃어버린 아들을 다시 찾음이요(아들 딸 낳아 달라고), 떠나간 님이 춘풍 이불 속을 파고듦이요. 은혜하는 님에게 마음이라도 들키고 싶은 수줍은 열병이에요.

개인의 열망이 모이고 뭉치면 아리랑은 민족의 도도한 강줄기가 되어요. 역사의 고개를 넘는 아리랑이 되어요. 그것은 삶의 근본을 바꾸는 변혁의 춤사위가 되어요. 고구려 벽화를 보아요. 전장(사냥)을 누비며 활 쏘는 낭군 옆에서 춤추는 여인의 몸짓은 민족의 아리랑이에요.

아라리 — 쓰리랑이 아리랑을 만나 뿜어 내는 생명의 물줄기예요. 그것은 균형의 즐거움이요, 혁명이에요. 찰나가 영원과 교감하는 순간이기도 하죠. 고운 님을 맞이하는 희열이요, 소쩍새가 밤을 토해 피워 낸 두견화요, 동지섣달 꽃 본 듯이 나를 보는 님의 눈길이에요. 너와 내가 함께 건너 온 강줄기라면 웅혼한 민족의 기상이 되어요. 시원의 하늘 집이 천지에 두루 펼쳐짐이요, 치우침 없는 하늘 집이 삶 안에 내려옴이에요.

쓰리랑이 아리랑을 얻을 때의 신명. 그 창조적 성취가 아라리예요. 아리아리랑 쓰리쓰리랑 아라리가 났네. 노랫말의 순서에서 보듯 쓰리랑이 아리랑을 찾아가는 여정이지만, 아라리는 쓰리랑을 밀어내지 않아요. 마치 달이 빛과 어둠 어느 쪽도 거부하지 않듯이.

쓰리랑과 아리랑이 어우러져 무지개 꽃을 피워 냄이 아라리예요. 꽃과 꽃 사이에는 비바람의 거리가 있고, 그 거리 어디쯤의 고개를 넘어 아리랑에 도달했을 때에, 비로소 꽃이 진정으로 꽃을 얻음이요, 아라리라는 신명의 향기를 피워 내요. 우리 조상이 꽃이나 나무를 분재에 가두지 않은 이유예요. 꽃이 아리랑을 얻어 아라리라는 신명 울리는 일을 방해한다는 것은 있을 수 없으니까요.

황진이 님의 시조를 보면 아리랑이 잘 드러나 있어요. 맑고 푸른 물(벽계수)이라 하나 이르는 곳은 바다요 — 양반이나 상놈이나 잘나고 못난 죽음이 따로 없듯이(맑은 물이나 흙탕물이나 바다에 들면 똑같은 짠물이 되듯), 밝은 달(명월)이 비추는 세상은 귀천을 드러냄 없이 천지를 온전히 품어요. 달이 천강을 비춤은 누구에게도 기울지 않고 치우침이 없기 때문이에요. 어찌 해만 보고 밤의 어둠은 외면하려 드는가? 밤과 낮이 이울어 명월이라는 참꽃이 열리는 것이어요.

삶이란 빛도 어둠도 아닌 어슴푸레한 어지럼증, 한치 앞조차 가리지 못하는 안개 속, 무궁한 시간의 나래짓에 아주 잠시 흔들린 흔적일 뿐. 탐욕과 절제 사이, 절충점을 찾지 못하고 허공을 헤젓는 찰나의 눈빛이련만, 그림자를 보고 빛을 얻었다 할진데. 빛을 보면 그림자부터 매달아야 직성이 풀리는 너는 언제쯤 짐을 풀어 놓고 쉬어 보리? 어둠 속에서조차 에헴, 메아리를 붙여 놓고 그림자라 우기지만 그것은 너의 공포일 뿐, 어둠 속에선 자신이 그림자임을 알지 못한다. 명월의 헛헛한 발걸음에서 그림자를 떼어 놓겠는가? 온 천지를 펴고 누운 달은 네 어리석음을 묻는다.

'나는 빛인가 어둠인가? 누가 주인이고 누가 그림자인가?'

바다가 죽음의 평등을 상징하듯, 명월은 살이의 평등에 대한 일침이에요. 쓰리랑(신분 차별)이 고개를 넘어 아리랑(평등)을 부르짖는 외침이자, 혁명의 깃발을 치켜세움이에요. 사람됨의 시원이 그러하듯, 인간에게 온전히 내려앉은 하늘 집이, 이데올로기에 함몰되어 핍박받음을 깨어 부수고자 함이죠. 벽계수야, 이것은 단순한 부름이 아니에요. 세상의 편견과 아집에 대항함이요, 무지와 불화에 대한 질타에요. 세상을 향해 휘두르는 매서운 회초리예요. 황진이 개인이 고개를 넘어가기엔 너무나 벅찬 아리랑이었지만, 그 외침은 역사에 길이 기록되어요.

그 이전 고려가요 "가시리," 살어리 살어리랏다. 널나와 시름한 나도 청산에 살어리랏다. 윤동주 님, 별을 노래하는 마음으로 모든 죽어 가는 것을 사랑해야지. 한용운 님, 님의 침묵을 휩싸고 돕니다. 내 맘에 설움이 알알이 맺힐 때 진주보다 더 고운 아침이 슬처럼…… 이 모두가 쓰리랑이 아리랑을 향하여, 고개를 넘어가는 여정을 노래한 것이에요. 그 길의 완성은 아라리 혁명을 이루어 내는 것입니다.

　아라리가 났네 — 아라리를 일으켜 세움이요, 아라리를 불러 냄이요, 아라리를 풀어 내어 제 길에 올려놓음이에요. 아라리가 났다 함은 작게는 한 개인의 기쁨을, 널리는 인간을 이롭게 함으로써 얻는 신명이에요. 그 아라리가 우리의 피 속에 흔적 지워 유유히 이어져 내려와요.

　논개 님이 왜장을 안고 벼랑을 뛰어내림도, 유관순 님이 인두의 지짐 속에서 만세를 멈출 수 없었던 것도, 이순신 장군의 신들린 칼춤도 아라리의 열망이 핏속에 진하게 기억되어 있기 때문이에요. 온 백성의 아라리 울림이 강강술래였죠.

　우리가 연아에게 열광하는 것은 바로 아라리의 거대한 아름다움을 보았기 때문이에요. 아라리의 궁극은 아름다움이죠. 쓰리랑 눈물이 아리랑 고운 결에 들어 아라리 꽃을 피워 냈기 때문이에요. 쾌지나 칭칭나네 절로 어깨를 들썩이게 하는 열락의 꽃. 그것은 우리들 영혼의 옹이에 박혀 있는 분노를 넘어서는 것이에요. 연아의 피겨가 아리랑이 계시는 고개를 넘어가는 길 언저리. 드디어 연아가 몸을 풀어 아라리가 났네예요.

　세계가 지켜보는 가운데 아라리가 웅장하게 용솟음하는 것을 그려 보아요. 아라리가 이젠 한민족을 넘어 세계의 마음속에서 달을 굴려가기 시작했어요. 우리 민족의 새로운 탄생을 연아가 이루어 낸 것이에요. 아라리가 세계인들에게 영혼의 고향이 되는 순간을 맞이했다고 생각해 보아요. 떨리지 않나요? 너와 나의 가슴속에 웅크리고 있던, 저 악랄한 일제에 의해 훼손되고 가려 있던 하늘 집 — 아라리가 드디어 세계로 펼쳐 나가요. 가녀린 연아의 작은 손끝 떨림으로도……

연아 아리랑으로 글을 맺어요

타세 타세 미끄러미 도세
저 달을 굴려나 보세
꽃 나비가 눈을 뜬다
아리아리랑 쓰리쓰리랑 아라리가 났네
아리랑 고개로 넘어간다

제21 __ 비설소설분
말이 아님을 설함

"수보리야, 너는 여래가 '내가 마땅히 설한 바 법이 있다' 생각한다고 이르지 마라. 이런 말을 하지 말지니 어떠한 까닭이냐? 만약 어떤 사람이 말하기를 '여래가 설한 바 법이 있다'고 한다면 이는 곧 여래를 비방함이 되나니, 내가 설한 바를 알지 못한 연고니라. 수보리야, 법을 설한다는 것은 설할 바 법이 없음을 가히 말하는 것이다. 이를 이름 하여 법을 설한다 함이니라."

"세존이시여, 자못 어떤 중생이 미래세에 이 법 설하심을 듣고 믿는 마음을 내오리까?" 그때 혜명 수보리가 부처님께 말씀드렸다.

"수보리야, 저들이 중생이 아니며 중생 아님도 아니니 어떠한 까닭이랴? 수보리야, 중생 중생이라 하는 것은 여래가 중생 아님을 말하는 것이니, 이를 이름 하여 중생이라 하느니라." 부처님께서 말씀하셨다.

제21분은 간화선의 한계가 무엇인지 보여 준다. 덕산스님과 떡장수의 이야기를 보자. 주금강이란 별명이 붙을 정도로 『금강경』을 통달했다는 덕산 스님. 남방에서 교학을 무시하고 불립문자 직지인심, 선 수행으로 성불한다는 소리를 듣고, 그들을 혼내 주기 위해 남쪽으로 간다. 배가 고픈지라 살펴보니, 길 한쪽에서 떡을 지지는 노파가 보인다. 점심이라도 먹을 요량으로 다가간다.

"스님, 봇짐 안에 뭐가 그리 잔뜩 들었소?" 노파가 묻는다.

"『금강경』을 풀이한 책이오."

"그래요? 『금강경』에 과거심불가득 현재심불가득 미래심불가득이라 하지 않았소. 스님은 지금 어느 마음에 점심하려요?"

점심點心, 마음에 점을 찍는다 하듯(또는 불을 붙이다), 시장기나 면할 정도의 요기를 이른다. '어느 마음에 점을 찍어야 하다니……' 대답이 난감한 스님. 화두 하나를 들고 용담스님에게 다다른다. 밤이 이슥하다.

"용담 하더니 용도 없고 못도 아니 보이는구나." 용담은 용이 머무는 못이다. "허허, 이미 그대가 용담에 발을 담그었네." 용담스님이 반겨 맞는다. "여의주라도 물었는지 내 봐야겠소. 불을 켜 보시오." 덕산스님, 아직도 의기 등등하다. 용담스님이 촛불을 켜 덕산스님에게 건넨다. 덕산스님이 받아든 순간, 용담스님은 촛불을 불어 끈다. 덕산스님의 가슴이 갑자기 환하게 밝아 온다. 드디어 마음을 억누르던 바위가 깨진다. 덕산스님은 무엇을 보았을까?

1) 촛불이 꺼진 찰나 온몸이 사라지는 상황을 직면한다. 퍼뜩

머리를 때리며 스치는 존재의 비존재. 처음으로 맞닥뜨리는, 존재에 대한 인식이 와르르 무너져 내리는 충격이다. '본다'는 일련의 사건은 마음을 채우는 일이다. 나, 내 것, 살아 있음을 즉물적으로 확인시켜 준다. 나의 안전을 방비하는 작업이 동시에 진행된다. 나를 보호하는 방어기제를 두르고 자아의 성곽을 쌓는다. 본다고 하는 일은 대상과 무관하게, 개념화의 작업으로 빠르게 기억에 넘긴다.

눈을 떴을 때 소나무가 보이면, 뇌는 의식 속에 경험으로 쌓아 놓은 관념을 꺼내어 대상을 견준다. 소나무라는 개념으로 퉁쳐서 보관한다. 나무의 실존, 매순간 생경한 존재의 생명성은 바라보는 자의 의식에서 관념으로 짓이겨진다. 존재의 진실은 달아나고 대신 늘상 보아 오던 그것, 위협적이지 않은 사물로 개념화한 견해(내)가 그 자리를 대신한다. 물고기가 사는 물을 안다는 것과, 지느러미를 날차게 휘몰아 물살을 헤치고 오르는 물고기의 물은 다르다. 아는 것, 관념적 이해는 체험의 직접성을 대체하려 든다. 으레 그러려니, 습관적 관성으로 내달리며 실제를 몰아 낸다. 편견에 주저앉는다. 편견은 일방적이다. 적당히 경험적 추리로, 범주에 끼워 넣는 편리함으로, 존재를 낡은 고물로 뭉갠다. 편견으로 가로막은 둑에 새 물이 들어오지 못한다. 편견은 궁둥이가 무겁다.

촛불이 꺼진 순간, 캄캄한 어둠 속에서 덕산 스님이 낚아 챈 것은, '나'라는 견해, 습관적 관념으로 벽을 친 나, 종전까지 아무렇지 않게 해 오던 아상에 대한 집착이다. '용담은 어디 있는가?'

외침은 벌써 나와 너를 가르는 아상의 주변머리다. 스님은 어떻게 네게 다가가는가? 나라고 하는 성곽을 깨어 부수고, 한마음으로 세상을 껴안는, 무아의 이치에 도달한다. 개념으로 무장한 언어가 가르쳐 주지 못하는 것을 촛불이라는 사물 언어가 깨우쳐 준다. 아상의 해방을 가져다 준 촛불은 언어를 초월하는 언어이다.

2) 어둠을 중점에 두고 살펴보자. 촛불이 꺼진 순간 깜깜한 어둠이 메운다. 방금 전까지 눈앞에 모습을 보였던 용담스님과 주위가 순식간에 사라진다. 어둠과 일체가 된다. 암흑은 역설적이게도 스님의 눈을 띄운 빛이다.

어둠은 분별적 망상을 걷어 간다. 나·너, 심지어 존재와 비존재의 구분까지 지워 버린다. 교학이 뛰어나고, 마음을 참구하는 선 수행은 보잘것없다 생각했던 스님의 생각이 초라하게 스러진다. 촛불을 끈, 말 아닌 말의 울림을 들여다본다. 빛과 어둠, 용과 지렁이, 이것과 저것으로 나누었던 경계를 어둠이 날려 버린다. 하나의 전체로 감싸는 암흑. 스님에겐 태양만큼이나 빛나는, 명료한 연기의 언어다. 분별을 허무는 지혜의 광명이다.

3) 떡장수 노파의 화두를 놓고 보자. 불이 꺼진 순간, 스님의 망막에 남는 것은 조금 전까지 밝았던 촛불이다. 불이 켜져, 어둠에 묻혀 있던 존재가 얼굴을 내민다. 스님의 마음이 일어난다. 너를 들추며 마음이 요모조모 건너 뛴다. 그러다가 문득, 아무것도 보이지 않는 어둠을 당하여 당황하는 제 눈을 마주한다. 빛을 쫓아 까불던 마음의 침묵이다. 불빛에 의지하여 신나게 돌아다니던

마음이 홀연히 뒤로 숨는다. 어둠과 함께 조용히 물러나는 마음을 보며 그 정체를 실감한다. 마음은 없다. 본래 마음이라는 놈이 있어서 깝치는 게 아니다. 오감의 눈초리에 불을 놓음으로 덩달아 그놈이 살아난다. 마음은 공하다. '어느 마음에 점심하려오?' 이런 앙칼진 노인네 같으니라고. 당장 떡이나 내어 놓을 일이지, 마음일랑 개한테나 던져 주고……

덕산스님이 무엇을 봤든, 화두의 생명은, 개념이라는 언어의 포장지를 풀지 않고 마음을 뚫는 직관이다. 마음이 바싹 마르도록 '이 뭐꼬' 의심을 파고들어, 존재와 한 몸으로 휩싸이는 앎이요, 온몸 세포의 뚜껑을 여는 체험이다. 마음의 성채를 에워싼 창이 일시에 튀어 나갈 듯한 해갈이다. 부처님이 '설한 바 법이 없다' 함이 이와 같다. 추상적 언어로 짓는 집에 법은 없다. 불법은 실제다. 현실이며 즉시다. 구체적 몸이다. 움직이는 세포의 체열에 녹아든다. 머리로 셈하는 관념 속에는 번뇌의 실벌레가 꼬랑지를 물고 맴돈다. 열반은, 불법을 묵묵히 행동으로 옮기는 땀구멍에서 솟는다.

말이 치켜세운 불법은 아상으로 길들인 칼이다. '이것이 진리다,' '나 밖을 섬기지 말라' 언어로 밀봉하는 불법은 부처를 욕보인다. 진리라 하는 '이것'의 바깥, '저것'은 진리 아님이 된다. 배제의 울타리다. 진리 아님을 의존하는 진리는 반쪽이다. 반쪽은 언제나 불안하다. 밀어내는 반쪽과 싸움으로 자기를 증명하려 든다. 투쟁적이다. 이념과 사상의 외피로써 불법을 구하지 마라 한다. 불법은 우주 구성 원리다. 계곡을 뛰는 물방울 하나가 불법을 구르는 음성이다. 도식화한 진리란 빛 알갱이 하나조차 소화하지 못한다. 세상을 장엄하는 몸놀림 밖의 천국은 썩은 언어의 거푸집에 불과하다.

선불교의 한계란 불법을 몸으로 풀어헤쳐, 세상 속으로 뛰어들지 못하고, 마음을 산중에 가두어 버린 것이다. 상 '아님'을 상 '없음'으로 받들며, 공을 '절대화'한 데서 연유한다. '없음'은 상 전부를 거짓으로 몰아내는 극단적 부정, 단멸이다. 견성성불 — 자기 본래 성품을 깨달아 부처를 이룬다 하듯, 성품이 따로 있는 양 하지만, 상이 그릇됨을 보는 즉시 성불이다. 생각을 바꾼다는 건 그만한 앎의 전환 없이는 힘들다.

'중생이라 하는 것은 중생 아님을 말함이니,' 헐벗고 천대받는 민중을 외면하고, 마음 어디를 뒤적거려 부처를 얻겠단 말인가? 굶주리고 멸시받는 그들이 부처임을 안다면…… 그럼에도 불법이 이어져 온 것을 보면 기적이다 할 만하다. 탐욕으로 혼탁한 세사를 밝힐 등불로 간화선이 제격인가? 자문해 볼 일이다.

일체유심조를 보자. '모두 마음이 짓는다. 세상사 마음먹기에 달렸다' 한다. 불법은 곧잘 마음을 거울에 비유한다. 거울은 가감 없이 비춘다. 흔들리는 깃발을 마음이 드러내므로 깃발이 존재하듯, 일체유심조에 따르면 세상은 내 마음을 비추는 거울이다. 양자물리학도 같은 입장이다. 보는 관찰자에 의해 시공간이 열린다.

바라보는 자를 제외하고 시공을 논할 수 없다 한다. 피리를 들고 나무한테 가면 새들을 불러 모은다. 톱을 가지고 가면 나무는 팔이나 몸뚱이 전체를 내어 놓아야 한다. 나무는 내 마음의 무늬다. 그런데 새를 모으자고 죽은 썩박한테 노래를 불러 줄까? 일체유심조는 오히려, 있는 그대로 그것을 외면하고, 오감의 불꽃을 따라 꼬리를 팔랑대는 생각의 경박함을 나무란다. 인과를 가벼이 내던지고, 마음을 들이대는 억지를 경계하는 뜻이 더 깊다. 나를 우격다짐하면 마음은 부러진다. 존재를 편의대로 왜곡하고 조작하는 것. 욕망의 갈퀴로 꽂아, 곁에 머물도록 하는 것이 유위법. 함이 있는, 일체유심조다. 마음은 그림을 그리는 화가와 같아서 능히 온갖 세상을 다 그리네.(『화엄경』) 마음이 지은 허깨비를 밀쳐내면 부처의 얼굴(진리·법신)을 본다.

아프리카에 간 신발 외판원이 '사장님, 곤란하겠습니다. 여긴 아무도 신발을 신지 않습니다' 부정적 시각보다 '사장님 기뻐하십시오. 아무도 신발을 안 신고 있습니다. 좋은 기회입니다' 긍정적으로 보는 것은 중요하다. 그러나 긍정과 낙관은 다르다. 긍정적인 시선이 교두보를 마련하진 않는다. 막연히 '잘될 거야' 희망은 행운에 기대는 망상이다. 마음을 꼬부라뜨린 욕심. 인과법을 무시하고 가하는 고문이다. 환경을 직시하고, 상황에 결박당하지 않아야 한다. 아우슈비츠 수용소에서 가장 먼저 죽은 사람은 '곧 나갈 수 있어' 근거 없는 희망으로 자신을 위로한 이들이라 한다. 희망이 틀어진 혼란, 실제와 벌어진 간극을 무관용적인 절망이 치고 온다. 희망은 틈을 주지 않고 곧바로 낙담하며 추락한다. 실제를 반영하지 않는 마음은 관념이 자아 낸 환영이다. 고립을 자초하는 탐욕이다. 사태의 본질과 점점 멀어진다. 긍정의 문이 찾지 못한 돌파구는 파멸의 낭떠러지다.

❂ 사실대로 쏘아보는 불법이다. 상이 '상 아님'의 도리에서 오류부터 짚는다. 모든 가능성에 열려 있다. 편견의 두피를 벗겨내고 실상을 들여다본다. 자기 긍정은 성취를 이끌기 위한 암시, 상황을 개선하는 방편으로 값지다. 그러나 비판적 안목 없이, 부조리를 덮고 나아지기를 기대할 수 없다. 남편 월급이 200'밖에' 안 돼에서 남편 월급이 200'이나' 돼, 시각을 바꾸어, 환경을 돌이킨다면 만족을 얻는다.

그러나 200을 비교 가치로 크다 작다 하는 것이 편견이요, 부조리다. 200은 노동의 크기로는 잴 수 없는, 살이의 새싹. 어두운 들판에서 가족이 길을 잃지 않도록 하는 야광지남침일 수 있다. 회사가 땀방울을 뽑는 착취이거나, 남편이 사회에 봉사하고 남은 여분일 수도, 만연한 부조리가 강요하는 체념의 한숨일 수도, 실패한 정책이 떠넘긴 염치없는 짐일 수도 있다. 거기에 초월적 창조 기운이 감돈다. 아이가 중간'밖에' 못 해보다, 아이가 그래도 중간'은' 해요, 긍정적으로 본다고 해서, 성적을 척도로 아이를 평가하는 것이 달라지지 않는다. 성적이 줄 세우기 서열이냐, 행복을 담는 그릇이냐, 학업 성취도 평가를 빙자한 어른들의 대리만족이냐, 경쟁을 부추기며 속도에 길들이기냐, 생산성으로 매기는 사회 부품화냐, 하나의 잣대로 아이들을 몰개성화하는 학대냐, 성적에

순응케 함으로 체념과 한계를 습득하는 오염된 물이냐, 아이의 욕망에 불을 당기는 기름이냐. '크다 작다' 덩치에 함몰되지 않는다면, 아이의 성적, 월급 200은 여러 모양으로 당신 앞에서 미소 짓는 마술 상자다. '비판적'은 책망이 아니다. 환경에 지배당하지 않는, 박차고 일어서는 적극적 중도다. 무한의 크기로 인도한다. 무엇을 어떻게 채우는가가 살이의 색채고 크기다.

200이 가족의 등불이라면 '크다 작다'를 뛰어넘는 생명, 새 집을 짓는 기둥이다. 성적으로 보지 않으면 아이는 또 다른 세계의 문고리다. 부정적으로 보기보다는 긍정적으로 보는 게 좋다. 가장 좋은 건 창조적 초월, 적극적 중도다. 비판적 안목에서 능동적으로 융합. 공즉시'색'이다. 불법은 무아 연기 그리고 불화, 우주 기색을 일러 주고 동작을 눈짓한다. 욕심을 내면서도 '내가 욕심 내고 있구나' 자기를 직시한다면, 마음을 날카롭게 제염한다면, 중도의 물줄기가 샘솟는다.

엄정하게 사실을 파악하여 실마리를 풀지 않고선 탈출구는 없다. 신발의 필요성을 설득할 기술적 고민·가격 경쟁력·문화 환경·상권의 규모·수요 지속력·제품 조건·접근 전략·장기 전망·기회 비용 그리고 자리이타의 마음 나눔, 동기가 구체화하며 낙관 가능하다. 일체유심조는 세상이 그리는 내 마음의 미소가 아니다. 세상의 미소를 붙잡는 마음의 순진무구함이다. 분별을 내리고 건지는 진실이다. 해골 바가지에 고인 물이 더러움과 깨끗함을 뛰어넘는, '있는 그대로 그것'을 비추는 마음이, 몸을 살리는 감로수를 얻는다. 수용소가 가스실을 옆에 두고 협박해도, 누구도 건들지 못할 마음이 있다. 불화를 건너는 마음이다. 제아무리 목숨을 거두어 갈지언정, 불화를 통과하며 얻는 생명은 결단코 건드리지 못한다는 진실, 흔들리지 않는 고요다. 목숨에 집착 않는 초월적 중도다. 함이 없는, 무위법의 일체유심조다.

친구 대부분이 명퇴하여 제2 직장에서 근무하고 있다. 놀라운 것은 생각지도 않던 친구가 승승장구하고 있다는 점이다. 고정관념이 얼마나 아둔한지 일깨운다. 소위 3류 대학을 나온 K라는 절친이다. 대학이 곧 실력이라는 편견, 3류 대학을 나왔다 하여 역량이 떨어진다는 색안경은 무슨 근거인가? 친구는 내가 알지 못하는 잠재력을 가지고 있다. 모나지 않은 성격. 자신을 앞세우거나 떠벌리지 않는다. 조용한 성품을 가졌으되 그렇다고 무게감이 없진 않다. 친화력, 친구의 가장 큰 장점이다. 사람을 가리지 않고 다가간다. 요란하진 않지만 어디서나 잘 어울린다. 솔직하고 겸손하다. 대체로 듣는 편이지만, 가끔 할 말은 짚고 넘어간다. 이런 성품이 업무를 추진하고 효율을 높이는 데 많은 도움을 주었으리라.

좀 까칠한 H녀석도 있다. 그런데 이놈을 싫어하는 친구가 없다. 가슴에 고인 인간미가 깊기 때문이다. 마음이 경쟁력인 시대다. 내 마음의 빛깔을 세상이 비추어 주기를 바라기보다, 네 무늬를 내가 채색하는 것, 공감이 주요한 능력이다. 공감도 학습이다. 아상의 무늬를 털어 내고 순진함으로 다가서기, 복잡한 사회일수록 요구되는 심안이다. 마음이 분주한 시대일수록 고요한 바탕을 들여다보는 지혜가 요긴하다. 공감으로 마음의 길을 내는 자가 부처요, 독단의 독에 빠져 제 목소리만 듣는 자가 중생이다. '중생 아님도 아니다.' 중생과 함께 몸을 부비며, 욕망하면서도 탐진치에 물들지 않는 반야가 떠오른다. 부처를 한 가지로 못 박지 않는다. 중생이 아니며 ― 중생이 본디 부처요, 중생 아님도 아닌 ― 치열하게 살아가는 중생이라 한들 어찌 부처에서 멀겠는가?

용어 풀이

혜명 : 지혜를 목숨처럼 여긴다는 뜻. 비구를 높여 이르는 말.

선종 : 선불교, 교종과 대비되는 참선 수행으로 깨달음을 얻는 종파. 언어나 문자를 거치지 않고(불립문자) 마음을 참구하여 본래 부처 성품을 깨달음으로 부처를 이룬다.(직지인심 견성성불) 달마에 의해 중국에 전해지며, 6조 혜능 이후 융성한다.

교외별전 : 교敎 밖에 별도로 전함. 선종의 법맥이다. 언어에 의한 가르침이나 경전의 문구에 의존하지 않고, 마음에서 마음으로(이심전심) 직접 체험에 의해 불법이 전해진다. 교의 언어에 대한 탐닉을 벗어나 곧바로 근원의 마음을 향하여, 그 본성을 꿰뚫어 보아 부처를 이룬다. 세존께서 가섭에게 마음을 전했다 하는 삼처전심(분반좌, 염화미소, 곽시쌍부)이 교외별전의 근거이다.

간화선 : 선 수행방법 중 화두를 들고 수행하는 참선법. 공안을 공부하고 이를 화두로 하여 마음 성품을 밝힌다. 임제종에서 주창했다고 전해진다. 이전에는 화두를 들지 않은 채 모든 생각을 끊고 행하는 참선법으로서 묵조선이 있다.

제 22 ― 무법가득분
법은 가히 얻을 것이 없음

"세존이시여, 부처님께서 아뇩다라삼먁삼보리를 얻었다 하심은 얻은 바가 없음이 되옵니까?" 수보리가 부처님께 말씀드렸다.

"옳다. 그러니라, 수보리야. 내가 아뇩다라삼먁삼보리에 있어 내지 조그마한 법도 얻음이 없으니, 이를 아뇩다라삼먁삼보리라 이름 하느니라." 부처님께서 말씀하셨다.

가지 끝으로 봄이 기어 오른다. 겨울이 봄을 거두고 있다. 혹한은 겨울의 이불이다. 불씨를 품은 재마냥, 옷을 벗은 나무와 작은 알로 남은 벌레를 감아 쥔다. 추위가 아니라면 알들은 목숨을 단단히 쟁이지 못하리라. 추위는 동절의 알몸을 말아, 배꼽을 데우는 우주 배냇저고리다. 봄은 추위를 태우면서 발가락을 내민다. 볕을 옹알이하던 입이, 찢어지게 하품하며 꽃이 피어난다. 갑자기 재채기를 토하면 온 산천에 개나리가 자지러진다. 나무가 한낮의 빛줄기를 보채면서 이파리가 뛰기 시작한다.

뒤꿈치를 들고 서성이던 봄이 오는 바 없이 왔다. 가는 바 없이 겨울이 자리를 턴다. 겨울을 파먹으며 봄이 살을 불린다. 나른한 몸뚱이를 내맡기고 겨울이 봄을 베고 눕는다. 진달래가 산비탈의 콧구멍을 터트린다. 목련이 참았던 숨을 푸우 하고 내뱉는다. 나비가 더듬이를 찌르자 늘어진 겨울이 젖을 짜낸다. 젖꼭지마다 벌이 붙어 있고, 젖물이 떨어진 동심원엔 개미며 나직한 생명이 뒹군다. 태양에 중독된 꽃잎은 입술이 빨갛다.

늦봄을 건넌 뒤 소식이 모질던 뻐꾸기는, 작년 이맘때 돌아가신 외할머니의 기별이라도 가져 오려나. 봄볕을 오르며 할머니의 살 냄새를 맡는다. 아기적 손을 타고 놀던 가슴골을 미끄러져 본다. 하늘 높은 솔가지를 고집하던 소쩍새가 올해도 다시 올까? 만주로 간 낭군이 새장가든 것도 모르고, 빈 둥지를 껴안고 죽은 연태 할망은 어디로 가셨을까?

봄바람이 물컹 입안에 차오른다. 첫사랑 언저리를 맴돌던 순이의 보조개 같다. 막 나온 풀잎 같았던 가시내, 아이는 몇이나 두었을까? 잘살고 있겠지? 그립다. 돌이켜 보니, 살갗이 부풀어 올라 설레지 않았던 순간이 없다.

땅을 겨우 뚫은 풀꽃도 한때 누구의 어머니였다지? 이 생명 저 생명, 몇 겁의 생을 건너며, 수없는 목숨의 어머니로 눈물 지으며 젖을 물려 보지 않은 이가 없다지! 우주의 애달픔이여, 모성이여, 오 생명이여, 물컹함이여, 촉촉함이여, 산등허리에 걸려 있는 오솔길이여, 텅 빈 고요여, 깨어 있음이여, 우주의 부지런함이여!

살이, 그것으로 되었다. 보고 듣고 느낌, 이보다 가슴 찡한 신통이 어디 있을 것이며, 이보다 경이로운 기적이 어디 있을 손가? 신통병묘용神通竝妙用 운수급반시運水及搬柴(신통이란, 나무하고 물을 길어 오는 일이다)라고 하지 않던가? 말은 쉽다고? 그럼 이건 어떨까?

"단 3일이라도 볼 수 있다면, 첫날은 친절과 상냥함, 우정으로, 인생을 살 만한 가치가 있는 것으로 만들어 준 사람들의 모습을 보고 싶습니다. 나폴거리는 나뭇잎과 석양에 빛나는 노을을 보고 싶군요. 둘째 날은 밤이 아침으로 바뀌는, 가슴 떨리는 기적을 만나 보고 싶어요. 셋째 날은 아침 일찍, 큰길가 모퉁이에 서서, 출근하는 사람들의 얼굴 표정을 보고 싶어요. 그들 삶을 조금이나마 이해해 보려 합니다. 내일 당장 귀가 안 들릴 사람처럼 새들의 지저귐을 들어 보세요."(헬렌켈러)

당연한 것은 당연하지 않다. 당연하게 여기는 무명이 있다. 당연하게 여기며 '고'가 잉태한다. 당연함을 당연하지 않게 보면 온통 기적이다. 여기서 감사하는 능력이 나온다. 당연한 것을 감사하는 능력이면, 가족이 식탁에 둘러앉아 밥을 먹는 것보다 위대한 사건이 없다. 깨달음이 이것과 멀지 않다.

보고도 볼 줄 모르고, 듣고도 들을 줄 모르는 사람이 맹인, 귀머거리가 아니랴? 보고 듣는 신통을 감사하지 못한다면 불성은 깃들지 않으리라. 손가락 끝이라도 움직일 수 있음을 온 힘으로 감사해 보자. 그보다 황홀함이 어디 있으랴? 가장 위대한 기적이 내가 살아 있다는 것. 불행을 따지기에 앞서, 느끼는 것만으로도 행운임을 알라 한다. 꼬이고 어긋나고 엉키는 일 따위가, 태어남으로 누구나 가져야 하는 과보임을 안다면, 뭐 그리 대수냐 한다. 이것과 저것을 나누는, 옳고 그름을 가르는, 억지스런 고집으로 살이가 뒤틀린다 한다.

진달래는 본디 좋고 나쁨이 없다. 진달래를 꺾으려다 바위에서 굴러 떨어진 기억에 잡혀, '진달래는 싫어' 하는 그 생각으로 살이가 어그러진다. 그것을 알면 됐다. 깨달음을 어디서 얻으랴? 쓰고 달고 짜고 매운 것을 맛보지 못하고 어찌 열반을 찾으랴? 오늘도 삶 몇 조각을 떼어가는 그대여, 깨달음은 앓을 꿰는 몸가짐이다. 축축이 젖은 짚을 걷어 내면 땅이 마르듯.

제 23 — 정심행선분
깨끗한 마음으로 선행을 행함

"다시 또 수보리야, 이 법이 평등하여 높고 낮음이 없으니, 이를 이름 하여 아뇩다라삼먁삼보리라 하나니라. 아我도 없고 인人도 없고 중생도 없고 수자도 없이 일체 선법을 닦으면, 곧 아뇩다라삼먁삼보리를 얻느니라. 수보리야, 말한 바 선법이라고 하는 것은 여래가 곧 선법 아님을 말하는 것이니, 이를 이름 하여 선법이라 하느니라."

이 분은 평등의 원리에서 삶의 도리를 설파한다. 산이 높다고 우쭐하지 않고, 계곡이 낮다 하여 움츠리지 않는다. 소나무와 박달나무가 그러하고 진달래와 토끼가 그러하다. 꽃 피는 봄날이 화창하고, 열매 맺는 가을은 울창하다. 여름이 녹음으로 부산하고, 겨울은 비움으로 뜨겁다. 풀뿌리가 흙을 잡아서, 싸리와 산짐승이 둥지를 튼다. 백로는 다리가 길어서 좋고 물오리는 짧아서 기특하다. 벌레 먹은 사과는 벌레를 빌려 삶을 설득한다. 인연 겉침이 따듯하다. 다 소중하고 아름답다. 미물이 제 일에 게으르면 성인이라 한들 어찌 목숨을 연명하랴?

부처님이 동리를 돌며 탁발함은 단지 한 끼 양식을 얻기 위함이 아니다. 끼니가 연결하는 질펀한 인연의 풍물소리를 보여 준다. 바람에서부터 햇빛, 땅속 미생물에서 풀포기, 나·너에 이르기까지 아무도 홀로 살지 못한다. 산다는 것, 존재한다는 것, 생명 나눔에서 조금도 모자람 없이 평등하다.

자동차가 똑같은 부품으로 조립되면 달리지 못한다. 각기 다른 재능이 합하여 자동차를 완성한다. '달린다'는 작용에 의해 부품이 개개로 분별되지 않는다. '달린다' 하는 자동차의 생명성은 제 역할에 소홀하지 않은 다름의 공덕이다. 개성의 힘이다. 부품으로 떼어 놓고 보면 구별되지만, '구른다'는 움직임에선 어느 것 하나도 차별되지 않는다.

공기 > 바위 > 흙 > 풀 > 동물 > 나, 존재는 생명 활동으로 성품을 드러낸다. 바위가 제 몸을 쪼개 흙으로 돌려준다. 흙이 제 몸을 올려 풀을 키운다. 존재는 움직임이다. 단독자로서 존재를 찾아볼 수 없다. 남의 도움 없이 사는 목숨이 없음을 연기법으로 살펴보았다. 존재는 다름이고 다름은 몫이다. 몫은 구르는 자동차 부품과 같은 완전함이다. 차별로서 평등한 도리, 생명의 이치이며 하나로서 도다. 부처는 이 도리를 아뇩다라삼먁삼보리(더없는 깨달음)라 한다.

　사회도, 청소부·농부·뻥튀기 아저씨·상인·구두 수선사·약사 등, 그들이 제 일을 소홀하지 않음으로 목숨을 누린다. 누구 하나 소중하지 않은 이가 없다. 사회가 숨을 쉬는 건, 부지런히 몸을 움직이며 생명을 퍼나르는 개개의 살이가 있어서다. 당장 청소부가 없다면 오물로 넘치는 거리는 각종 질병으로 사람을 골병들게 한다. '열심히 살아 줘서 고맙습니다,' 제 일에 열심이라면 최고의 도, 자리이타다.

　신과 악마 그리고 내가 평등하지 않다면 어떨까? 나를 양식하는 신, 나를 유혹하는 악마, 그 사이에서 견딜 자는 아무도 없다. 신·악마·내가 평등하다는 강력한 정황 증거가 있다. 그들은, 내가 손짓하기 전엔 내 앞에 나타나지 않는다. 내가 부르지 않으면 신과 악마는 얼굴을 들지 못한다. 자유의 첫걸음은 신과 악마로부터의 자유, 곧 분별로부터의 자유다. 내가 날조하지 않으면 그들은 나에게 눈짓을 주지 않는다. 깨우지 않으면 신과 악마는 눈을 뜨지 못한다.

　무상, 변화하고 소멸함. 무아, 실체가 없음. 연기, 서로 의존하고 기댐―평등의 모양이다. 누구나 다르지 않다. 몸을 놀려 자기를 표현하고, 인연에 기대 존재를 개간한다. 업으로 다시 태어나는, 불화의 크기에서 공평하다. 존재가 아니며 존재 아님도 아닌, 하나의 전부로서 생명, 부처님은 이것이 가장 엄격한 평등이라

한다.

　부·명예·권세 부러운가? 부러워하더라도 알건 알라 한다. 불화를 지나며, 가져가는 것과 그렇지 못한 것이 한 치도 다르지 않다 한다. 그런 점에서 삶은 한결같다. 텅 비어 고요하다. 아무리 크게 지은 부나 권력이라도 불화의 터널로 가져갈 수 없다. 비록 가난하더라도 인연과 잘 섞였다면, 업은 다음 생을 청청한 목숨으로 보답하리라. 불화의 차별로서 살이는 평등하다. 가장 직접적인 평등이다. 무상·무아·연기의 공덕은 업의 공평함에 있다.

　'선법,' 부처님의 처방이다. 부자라도 더 큰 마음 부자가 되라 한다. 탐진치는 윤리적 덕목에 앞서, 업식의 공평무사함으로 버려야 할 독이다. 작은 법을 두고 싸워 업식을 더럽히기보다, 격려와 배려로 생을 나란히 하라신다.

　생명의 징검다리 ― 업. 뜻과 말과 행동의 짐. 누구나 살이를 다하며 어김없이 가져가야 하는 명에다. 크고 작음, 많고 적음, 높고 낮음에 상관없이 생이 대등한 무게를 지니는 도리다. 업의 숙연함이다. 부·명예·권세가 실체 없는 '공'임을 확인시킨다. 내가 선 곳에서 선법을 닦으면 최상의 도다. 나비가 꽃밭을 찾아간다. 바람을 막지 않는 마음이면 착한 법이라 할 만하다.

　◎ 업의 공평함은 먼저, 스스로를 경배하라 한다. 나는 소중하다. 가장 소중한 목숨이다. 연기법은 '나는 네 목숨이다' 소리친다. 나는 네게 없어서 안 될 짝이다. 무아가 가리키는 것은, 비춰

지는 내 모습이 전부가 아님을 말한다. 나는 공이요, 공즉시색의 중심이다. 무한함이다. 비우고 채우며 다시 탄생한다. 가치란 그곳, 내 몸가짐을 경배하는 가슴에 있다.

짚신도 짝이 있다 한다. 신발의 기능이 아니라, 짝의 얽힘에서 짚신을 우러러 공경한다. 짚신 두 짝이 가지런히 놓인 댓돌을 보며 가족의 헌신을, 꼬물거리는 생명의 반짝임을, 이웃의 진한 냄새를 본다. 살이의 오묘함이다. 부처님은, 나는 가장 아름다운 짝이라 한다. 짝을 경배할 준비만 되어 있다면, 모나고 흉진 그대로 완전하다 한다. 어느 누구도 침범하지 못할 숭고함이다.

생명은 누구나 불성의 문고리를 잡고 있다. 당신이 공기를 흔들지 않는다면, 누가 어머니를 어루만지며, 누가 당신을 대신하여 영자의 살집을 달래 주랴?

우리는 서로, 생명 끈을 잡고 있다는 점에서 조금도 다르지 않다. 연기 이성이 그것을 말한다. 무아는 내키는 대로 자기를 내던지지 않는다. 키가 작다, 얼굴이 못났다, 가난하다, 머리가 안 좋다, 불행하다 — 형상이 내가 아님을 알아, 있는 그대로 제 모양을 찾아가는 것이 무아의 도다.

내가 나를 추키지 않으면 누가 나를 높이랴, 무아가 속삭인다. 무아는 내 기준을 내려놓음이다. 스스로를 후려치는 자격지심을 도려내도록 한다. 나를 완성하는 도 — 나는 없다.

'너는 무엇이 못마땅하니?' '내가 이렇게 하면 되겠어?' 자신에게 말을 거는 연습부터 해 보자. '난 누구보다 너를 사랑하고 있단다. 그러니까 좀 더 당당해지고 싶어.' '왜 남에게 사랑받기 위해 동동 굴러야 하지?' '난 네게 많은 것을 기대하지 않아. 그러니까 좀 더 편안했으면 좋겠어.' '자존심? 너 눈치 보고 있구나. 넌 너만의 철학도 없어? 진짜 자존심을 가져 봐.' '힘드니? 알았어. 내가 욕심이 과했나 봐.' 돈이 적다 투덜대는 대신 '이게 어디랴?' 얼마간 덜어 기부라도 해 보자. '왜 나한테만 이런 일이 생기냔 말이야?' 대신 '이 정도여서 천만다행, 고맙습니다' 고개를 꾸벅 숙인다면, 내가 얼마나 괜찮은 사람인지 실감하리라.

　그래도 나를 설득하지 못하겠거든, 당장 장애인 봉사센터로 달려가 보라. 휠체어라도 밀어 주며 내게 나직이 속삭여 보자. '넌 그동안 뭐가 그리 못마땅했니?' 그도 아니라면 바다보다 더 깊은 눈물을 쏟으며, 바다를 뒤척이는 산발한 여인을 보라. 천상천하 유아독존. 그거 어렵지 않다. 내 몸에서 쏟아 낸 오물을 터전 잡아, 살고자 발버둥치는 구더기도 있음을 본다면.**

　불법의 평등은 '다름'으로 존귀함이다. 차별로써 높고 낮음이 없다. 법계의 자동차를 움직이는, 개성의 웅장함이다. 조금씩 부족한 사람들이 만나 완성을 이룬다는 건 내 생각일 뿐. 나는 못났다, 나는 불구자다라는 그 생각만 내려놓는다면, 생명은 누구나 완전하다. 빠질 데 없이 잘난 사람? 당신이 생각하는 그 사람은 상상에나 가능하다. 하루만 같이 일상을 뒹굴어도 환상은 멀찍이 달아난다. 꿈속에서 깨지 않으면 나를 만나지 못한다.

나는 독창이다. 독창은 독창이 아니다. 그래서 독창이다. 평등은 삐걱거림이다. 삐걱임이 모여 어울림을 만든다. 감미로운 선율을 자아낸다. 삐익 빽, 낱낱이 흩어 놓고 보면 어느 것도 날카롭지 않은 소리가 있으랴? 법계의 자동차는 뾰족한 소리들이 모여 관대한 관현악을 이룬다. '구르다'는 생명의 내달림에서 당신은 없어서 안 될 뾰족함이다. 부처님이 힘주어 말한다.

열등감은 나를 사랑하는 법을 학습할 기회를 빼앗는다. 자신을 대충 취급하는 자는 타인을 예사로 휘젓는다. 남을 짓궂게 놀리거나 헐뜯는 사람은 자기를 상스럽게 구기는 자다. 열등감으로 뒤틀려 자신을 물어뜯는 자다. 너는 나의 거울이다. 너는 나에게로 가는 이정표다.

너를 보고 내 얼굴 모양을 알아차리지 못한다면, 나를 방치하고 있거나, 열등감으로 껍질을 씌우고 있다. 네가 찡그리고 있다면, 내가 무심코 날을 세운 송곳으로 찌르고 있다. 나를 파내 네게 던지고 있다. 네가 말이 많다 생각한다면, 내가 하고 싶은 말이 무엇인지 조용히 정리할 일이다. 열등감을 지우면 네가 눈에 들어온다. 나와 다른 네가 보인다. 차이는 너를 증거하는 힘임을 본다.

있는 그대로 너를 비추어 본다는 건 '나는 자신감 있음'이다. 주인으로서 나, 있는 그대로 나를 마주한다. 자유의 완성은, '나'라는 생각으로부터의 자유다. 열등감에서 떨어짐, 우월감에서 멀어짐이다. 무아의 해탈이다. 나를 귀히함이다. 살이가 깨달음을 짊어진다. 선법의 행차다.

'선법은 선법이 아니다. 이를 이름 하여 선법이라 한다.' 깃대에 꽂아 걸어 놓은 선법은 아상의 구토물이다. 착한 법이라는 틀을 세우면, 섬겨야 할 '절대의 피'가 된다. 깨야 할 표적이다. 폭력에 맞서는 창칼, 정의를 향해 던지는 돌멩이가 선법이 되는 도리를 외면한다. 무외시를 보시의 한 가닥으로 정하는 이치다. 두려움은 비굴함을 파고든다.

원효스님의 요석공주와의 파계는 최상의 선택, 더없는 선법이다. 고매한 성인을 벗어 던짐으로, 거지굴에서 함께 뒹구는 중생, 부처가 된다. 거지를 부처로 섬기며 승속을 초월한다.

정의는 '나 아님'으로 잡아채는 선법이다. 선법이 아집의 방패, 절대 방망이로 굳고 있는 건 아닌지, 늘 깨어 점검해야 한다. 부처님의 선법은 무아·연기의 섬광이 쏘아 올리는 꽃이며 칼이다. 중도로 솟는 활화산이다.

용어 풀이

무외시 : 두려움을 제거하여 평안한 마음을 가지도록 하는 보시. 불법은 생사의 두려움까지 해탈케 하는 든든함이다.

나는 나다

나는 키가 작다. 그런데 남자의 키란 눈에 보이는 것이 아니란다. 눈에 보이지 않는 그것, 그것이 큰 남자를 이름 하여 큰 놈이라 한다. 그것이 무엇일까? 그대의 상상에 맡기며……

난 키가 작다. 작아도 아주 작다. 남들이 물으면 그래도 180은 조금 못 된다 한다. 어쨌든 180은 안 되니까. 조금이란 부피는(질량이란 표현이 더 어울리겠군) 님의 도량의 크기로 남기기로 하고……

내가 질문 하나 할까? 남자가, 키가 크다고 하늘의 별을 딴 사람을 보았나? 손이 크다고 지구를 들어 올린 사람을 보았어? 제아무리 입이 크다 한들 숟가락 하나 들어가긴 마찬가지고, 제아무리 발이 크다고 한들 양말 속에 들어가지 않는 발은 없어. 그렇담 남자는 이것저것 커야 할 필요가 없다고 생각해. 그것 하나만 빼 놓고. 그댄 그것이 무엇인지 아는가? 남자가 꼭 하나, 커야만 하는, 그거!

알고 있음 대답해 보렴. 무엇이든 좋아. 님 상상되는 대로. 한국도 이제 표현의 자유가 보장되어 있으니, 말 못할 무엇도 없잖아. 어떤 여자는 코라고 대답하더라. 나 참, 남자가 코가 작아 숨을 못 쉬고 뒈졌다는 말을 들어 본적 있냐고 내가 되물었지. 없다고 하더군. 나 또한 그런 말을 들어 보지 못했으니…… (그 여자의 상상력이 심히 의심스럽더구만.) 코란—숨이 들고나는 구멍만 제대로 뚫려 있으면 되는 거 아닌가? 대답을 못한다면 내가 적나라하게 말하지. 남자가 꼭 하나, 커야 할 그거. 그것은 다름 아닌 가슴이란다. 가슴!

등소평이 150 단신으로 12억 중국의 별을 딸 수 있었던 것도, 나폴레옹이 155도 안 되는 단구로 유럽 대륙의 별을 딸 수 있었던 것도, 그들은 가슴이 컸기 때문이 아니겠어? 이렇듯, 남자는 가슴이 커야 하늘의 별도 따고, 지구를 들었다 놓았다 하는 거야. 가슴이 커야…… 하지만, 그들 가슴이 제아무리 크다 한들 이 내 가슴에 비하면 새 가슴에 불과하다는 사실을 알려두고 싶군, 하하하하하.(외교상 결례가 된다면 취소할게.) 그댄 지금 이 세상에서 유일무이 전무후무한 공전절후 사상초유의 거대한 가슴을 지닌 남자랑 대화하고 있음을. 살이가 마련하는 최고의 영광을 누리고 있다는 사실을 명심하도록, 하하하하하.

내가 누군지 궁금하지? 내 얼굴을 입으로 풀어 보면, 조금은 낡았지만 그대가 닦고 기름칠하면 아직은 봐 줄 만해. 몸을 풀어 보면, 부품 몇 개가 삐걱대지만 조이고 땜빵하면 아직은 부릴 만해. 마음을 풀어 보면, 화덕의 심지가 많이 녹아 내리긴 했지만, 그대가 장작 몇 개피만 던져 주면 아직은 쬐일 만해.

반에서 1번을 놓친 적 없는 나의 키. 국민학교 졸업사진 찍을 때(깡촌이라 흑백 단체사진 2장으로 졸업앨범을 대신했지) 성질 고약한 교장 선생님이 혀를 끌끌 차며 받침돌을 주어와 내 키를 맞추었지.

'돈은 서천의 구름이란다. 구름을 쫓으려 말고 하늘을 본받거라' 말씀하시던 어머니. 입학식 날 딱 한번 문턱을 밟아본 게 전부였던 배움. 오빠한테 어찌 겨우 한글을 깨쳤을 뿐, 8살부터 골방에 눌러앉아 엄마(외할머니) 따라 삼을 삼고, 가마솥 아궁이에 제 키만한 장작을 밀어 넣고 밥을 짓던. 지질하게 가난했던 집안, 9남매의 장녀로 나서 동생들을 업어 키워야만 했던. 세상에서 가장 존경하는 우리 어머니가 남겨 주신 거다. 내 키는!

(미국에선 졸지에 한 살을 버려야 했다. 미국 나이 계산법은 아주 비인간적이거든. 한국은 태어나는 순간 한 살이지. 엄마 뱃속에서 열 달 인생에다 두 달 덤까지 얹어서 한 살로 쳐 주거든. 참으로 눈물 나게 인간적이야. 근데 이자들은 태어나면 0살, 일주일, 한 달 이런 식이거든. 뱃속에 든 것은 사람이 아니란 말인가? 눈에 보여야 손에 잡는, 아니면 눈에 드러나도록 계량화해야 직성이 풀리는, 그렇게 합리라는 이름으로 포장하는 단순성이 놀랍지. 때로 단순함은 막 알을 깨고 나온 듯한 신선함이기도 해. 시각화하는 단순함. 그들의 진짜 힘인지도 몰라. 내 것을 고집하지 않는다면, 그도 못 견딜 것은 아니더군.)

제 24 ― 복지무비분
복과 지혜는 비교하지 못함

"수보리야, 만약 어떤 사람이 삼천대천세계 가운데 있는 바 모든 수미산왕만 한 칠보 무더기를 가지고 보시에 쓰더라도, 만약 또 사람이 있어 이 반야바라밀경이나 내지 4구게 등을 받아 지니고 읽고 외우며(수지독송) 다른 사람을 위하여 말해 주면, 앞의 복덕으로는 백분의 1도 미치지 못하며 백천만억분의 1도 되지 못하며, 내지 숫자가 있는 대로 비교하고 비유할지라도 능히 미치지 못하느니라."

이 분은 욕망의 원리에서 삶의 도리를 이어 가고 있다. 대승은 공의 내실로 숨지 않는다. 공에서 한 걸음 더 돋움하여 생의 현장으로 이끈다. 색으로 증폭하며 출렁일 때 진정한 불법이다. 24분은 뒤에서부터 읽어 오면 이해가 쉽다.

　4구게 전법을 강조함은, 삶을 진리의 동산으로 끌고 오고자 하는 부처의 애닳음이다. 인간은 사회적 동물이다. 집단 지혜가 삶의 형질을 토닥인다. 전체적인 시선에 닿는, 마르지 않는 지혜의 원천. 우주 작용에 대한 이해는 구원을 귀뜸한다. 동체대비(한 몸으로서 큰 자비)의 불법이 아니고선 어렵다. 보시는, 나와 나 아님 없이 노를 저어 파도를 뚫는 우주를 본받는다. 보시는 연기의 베틀에 놓인 씨줄과 날줄, 살이를 짜는 천이다. 실이 튼실하지 않으면 옷감을 짤 수 없듯, 나눔이 각박하면 연줄이 허해 생은 쉬 부서진다. 너는 나의 실이다.

　칠보 무더기, 문명은 인류의 음식이다. 거부할 수 없는 바람이다. 지방질이 두꺼운 욕망의 뱃가죽이다. 삶의 밑동을 끝없이 간지럽힌다. 대결과 투쟁의 중심에 문명이 있다. 삼천대천은 두서 없이 날뛰는 마음의 크기, 욕망 덩어리다. 동시에 무한한 가능성이다.『금강경』전법의 무궁한 공덕을 암시하는 의미 중첩이다. 삼천대천의 칠보 무더기는 소유라는 근육질 몸을 키운다. 투기·음모·배신·풍요·품위·지배·권력, 관념으로 무장시킨다.

　'수미산왕만 한'이 이를 상징한다. 뺏고 빼앗는 파멸의 재앙이다. 인류의 전쟁 역사를 돌이켜 보면 두말 할 나위 없다. 정신 문명 또한 잔인한 칼을 뒤집어쓰지 않은 것이 없다. 칠보가 위장의 사치로 타락한다. 이제 금강 반야를 절실하게 부르짖는 부처를 헤아리리라.

무아 연기의 실로 옷감을 짜는 칠보. 비로소 문명은 생명을 감싸는 비단이다. 생명이 건너는 교량으로 문명. 욕망을 아름답게 수놓는다. 금강 반야가 빚는 칠보다. 선법의 눈을 단다.『금강경』은 천연덕스러움으로 인연을 다진다. 스스로를 구원하는 원리. 업의 엄격함으로, 사람으로서 품위를 잃지 않도록 한다. 넘어진 자를 일으키는 작은 선법이라도, 삼천대천의 칠보 무더기로 보시하는 공덕에 모자라지 않는 지혜를 선사한다. 고요히 나를 응시하는 침묵 속에서.

'욕망은 욕망이 아니다. 그래서 욕망이다.' 불법은 가난을 조장하지 않는다. 실패는 아무것도 시도하지 않는 비겁함이다. 안 될 이유부터 도모하여 핑곗거리를 만드는 건 패배자다. 불법은 스스로의 능력을 얕잡는 것을 용납하지 않는다. 두려움은 못난 자가 파는 무덤이다.

새가 벌레를 잡아먹는 것은 나무와 과일 그리고 남은 벌레에게 복지와 균형을 가져다 준다. 나도 살고 너도 좋고이다. 꽃이라는 '인'자에 나비라는 '연'자가 욕심을 내어 꿀을 탐한다. 꽃은 나비의 중신으로 사랑을 나누고 열매를 구한다. 우주 창조 원리, 자리이타가 설계한 욕망이다. 인연을 뜀뛰며 자기 확장이다. 욕망에 기대 인연이 살찐다. 욕망이 나와 너를 이으며 둘 아님이 된다. 그래서 작업장은 아름답다. 노동은 욕망의 해탈이다. 욕심에 깔려 신음하거나, 이익을 챙김으로 남에게 피해를 준다면, 그의 이득을 그르친다면 탐욕이다. 악업이다.

나눔으로 완성하는 욕망은 삼천대천에 칠보를 쌓는다. '크게 쌓고 크게 허물어라. 그러면 하늘이 다시 쌓아 주리라' 제24분의 말씀이다. 반야는 마음껏 욕망해도 욕되지 않을, 제대로 욕망하는 도리를 가리킨다. 욕망은 생명이 뿜는 분수다. 용기다. '도전하라! 길을 나서라. 길을 만나지 못하거든 스스로를 등불로 들고 길이 되라.' 부처님의 음성이 들리지 않는가? 불법의 궁극은 아름다운 삶이다.

욕망의 켜에 '더불어'를 끼워 넣어, 욕망 즉 열반이다. 너와 내가 걸림 없는 하나다. 나와 너, 아상·인상·중생상·수자상이 없는 전체다. 제행무상, 항상하는 것은 없다, 한발 물러서서 지켜보는 여유를 가져다 준다. 있는 그대로 그것으로서 욕망하여도 욕망에 굴복하지 않는다. 욕망이 나를 지배하면 탐욕이요, 내가 욕망을 지배함으로 욕망이다. 원석의 욕망을 보석으로 세공하는 지혜의 칼, 『금강경』이 있다. 조급증으로 목마른 자, 욕망으로 불탄다.

◉ 식물도 욕망하고 좌절한다. 생각하고 사랑하며, 대화하고 전략적 행동을 한다. 정도의 차이는 있어도 표현 방식은 나와 다르지 않다. 내가 생각하는 본새는 이미 식물 과정에서 학습한 결과인지도 모른다. 세상을 다 본 것처럼 '부질없는 일이야' 무욕의 허세를 부린다면 썩은 고목과 다를 바 없다. 욕망해야 하는 것은 무욕이 아닌, 욕망의 해탈이다. 나를 완성하는 것은 삶이다. 업이 가리키는 것도 같다. 욕망이 손을 내젓지 않는다면, 업을 맑히는

일 따위 — 선법·보시·4구게 전법을 설할 근거가 없다.

　욕망은 방향이 문제다. 나를 집착하지 않으면 욕망은 문을 닫지 않아도 좋을 테다. 탐욕의 뿌리가 나에 대한 욕심, 전도몽상이다. 의연함은 무욕과 구분된다. 무아 근본을 알아 욕심으로 설레발치지 않음이 의연함이다.

　자식 잃은 슬픔으로 비통해함은 당연 법신 부처다. 그러나 그 마음을 계속 붙들고 놓지 않는다면 탐욕이다. 인연 따라 자식의 모양으로 온 나그네를(자식은 아상의 집착이 만든 개념이다. 내 몸에서 나와서 자식이라면, 우주에서 내 자식 아닌 자, 부모 아닌 자가 어디 있으랴 하는 부처님의 말씀이다) 움직일 수 없는 실체로 못 박으려는 욕심이다. 욕망으로 문은 닫힌다. 탐욕은 망상이다. 바람이 떠난 뒤에도 누워 있는 풀잎이요, 묻은 때로 얼굴 씻기다. '탐욕을 버려라'는 '착각하지 마라'이다. 겁의 시간을 떠도는 생명으로 보자면, 자식으로 있던 세월은 개미의 한 걸음에도 훨씬 못 미친다.* 내가 낳지 않는 시간이 죽음이다.

　(소명태자는 '복은 지혜에 비할 바가 못 된다' 한다. 유루복[보시]을 무루복[지혜]에 비교하여 격하한다. 나는 '지혜로써 삶은 완전하다'로 본다. 23분과 이어, 선법·칠보 보시·4구게로 얽어 보이는 것은, 욕망의 문법, 선법이 비껴난 문명에 대한 경고, 보시로 축조되는 문명의 자비를 말한다. 금강반야의 전법을 아무리 강조해도 지나치지 않다.)

제 25 ― 화 무 소 화 분
교화하여도 교화함이 없음

"수보리야, 어떻게 생각하느냐? 너희들은 여래가 '내가 마땅히 중생을 제도한다' 이런 생각을 한다고 이르지 마라. 수보리야, 이런 생각하지 말지니라. 어떠한 까닭이랴? 실로는 여래가 제도할 중생이 없나니, 만약 중생이 있어 여래가 제도한다 하면 여래는 곧 아와 인과 중생과 수자가 있음이니라. 수보리야, 여래가 아가 있다고 말하는 것은 곧 아가 있음이 아니거늘, 범부인 사람들이 이를 아가 있다고 하느니라. 수보리야, 범부라는 것도 여래는 곧 범부가 아님을 말하는 것이니, 이를 이름 하여 범부라 하느니라."

격의불교란 노자·장자의 가르침에 견주어 불교를 이해하는 것을 이른다. 그들이 노장을 어떻게 헤아리는가를 보면 불교를 풀이하는 방식을 알 수 있다.

도가도 비상도道可道非常道.(『도덕경』) 도를 도라 하면 그것은 항상 하는 도가 아니다. 노자를 이렇게 받아들였기에 끝내 신선으로 향하게 된다. '효가 도다' 하는 순간 그것은 벌써 도가 아니게 된다. 끊임없이 부정하고 부정해야 한다. '상'을 깨트리고 나오는 것을 전부로 하는 '공병'처럼, 막무가내 떨쳐내야 한다.

치허극 수정독致虛極守靜篤. '완전한 비움에 이르고, 고요함을 굳세게 지켜라.' 비우고 또 비워야 한다. 상실의 가치로 도가 있다. 채움은 길이 아니다. 인간의 위치에서 도달할 수 있는 것은 아무 것도 없다. 상도常道는 영원 곧 이상향이다. '그게 아니야. 아니야' 계속 부정하다 보면 결국, 신선의 무릉도원을 탐색하며, 인간을 뛰어넘는 초월적 세계를 갈구하게 마련이다. 소승에서, 중생의 허물을 벗고자 수행을 통해 절대 낙원, 부처를 이루려는 것과 같다. 대승을 표방하는 선불교가 소승에 주저앉은 이유다.

'도가도' 가可(옳다)를 ─도는 도라 '한다.' 도는 '도다'로 바꾸어 보자. 공자가 이에 해당한다. 임금과 신하의 길은 충. 부모와 자식을 성립하는 얼개는 효다. 충과 효는 바꿀 수 없는 관계의 틀이다. 이것을 부정하면 인간의 지위에서 떨어지고 짐승이 된다. 효는 도다. 길이다. 살펴야 할 길 중의 하나가 아니라, 조금도 엇나가면 안 되는 진리다. 도는 타협하고 양보할 수 없는, 절대 지위에 올라서는 종교가 된다. 모든 사유와 행위는 도 안에서 이루어져야 한다. 틀 밖은 사탄이자 죄악이다.

인의예지가 도가 되면서, 가슴에 웅크리고 있는 감정을 드러 낸다는 것은 사람됨을 포기하는 만행이다. 눈치채지 못하도록 마음을 감추어야 한다. 감정을 솔직히 표현했다가는 인의예지를 몰아낸 야만인이 된다. 희노애락을 발하지 않아야 중용의 도, 군자의 길이라 추켜올린다. 체면으로 나를 숨기는, 위선의 가면을 써야 한다. 내가 거짓이 되는 건 문제되지 않는다. 감시자로 바뀐 도의 사슬, 타인의 시선에 찍혀선 안 될 일이다.

1년이냐 3년이냐, 옷 입는 것 하나(상복 논쟁)를 두고 패를 나누어 싸우고 죽음까지 몰고 가는 것이, 예법이 틀로 고정된 종교이기 때문이다. 모가지를 자를지언정 상투는 자를 수 없다 한다. 유교의 닫힘이고 경직성, 험상궂음이다.

(이 나라에서 기독교가 파고든 것이 이 부분이다. 보이지 않는 하나님에 믿음이라는 틀로 묶어 종교를 짠다. 믿음이 도다. 사실이냐 아니냐는 별개다. 내가 믿음으로 사실이 된다. 한국 기독교는 의미가 아니라, 틀을 강화하는 쪽으로 발전시켜 왔다. 내용면에서는 토속으로 강하게 뿌리 내린 샤먼으로 대체한다. 아멘과 비나이다는 의미 구조에서 동일하다. 그리고 돈이 그 자리를 채우면서 돈은 무서운 불이 되었다. 종교의 가치(사랑·이웃·순정함)는 중요하지 않다. 얼마나 나에게 복을 주고 잘되게 해 주느냐가 핵심이다. 틀에서는 종교이나 내용에선 종교가 아니다. 이 땅에서 종교 전쟁은 걱정하지 않아도 좋다)

노자가 공자를 꾸짖는 것이 '비상도'이다. 도가도 비상도. 도를 도라 해도 '좋다(가능하다).' 그러나 그것은 항상 하는 도가 아니다. 비상도는 이상향, 절대가 아니다. 항상 하는 도가 '아니다' 란 항상 하는 도는 '있지 않다'는 뜻이다. 완전한 부정이 아니라 성찰이다. 틀을 깨뜨리며 길을 확장한다. 비상도는 '항상 옳은 건 아니다. 불변의 진리란 없다. 길은 하나만 있는 게 아니다'이다. 꾸불꾸불한 길을 펴서 새 길을 내고, 다시 돌아가는 것을, 산을 깎아 새 길을 내고, 고개마저 허물고 새 길을 낼 수 있다. 긍정과 부정을 아우르는 변증법이다.

그래서 노자는 2장에서 '세상 모두가 아름답다 하는 자체가 추함이 있다는 것을 뜻한다' 한다. 가난한 선비가 고기를 먹고 싶다는 노모에게 자식을 삶아 봉양했다 하자, 다들 '천하에 효자다' 하지만, 효가 종교가 됨으로써 자식을 죽인 패륜, 추함을 보지 못한다. 부자간에 어찌 효만 길이랴? 부자간에 왜 붕(친구)이 도가 되지 못하랴? 부모가 자식의 거름이 되어도 좋지 않은가? 묻는다. 패악을 저지른 자가 '믿고 회개했소. 하나님이 다 용서하고 자녀로 받아 주시었소.' 추함을 바로 보지 못하고 부끄러움을 덮으면 진짜 죄악의 구렁텅이에 빠진다. 길을 잃고 만다.

무유정법, '~는 ~가 아니다. 이름 하여 ~다'와 같다. 노자를 바로 이해했다면 선불교는 대승으로 질주했으리라.

제25분은 부처의 원리에서 삶의 도리가 어떠해야 하는가를 보여 준다. 부처란 연기의 그물망을 손질하는 생명이다. 존재는 생명의 중간자로 모두 부처다. 바꾸어 말하면 '홀로의 섬'을 고집하면 중생이다. 부처로 우화하지 못한, 나라는 번데기에서 잠이 곤한 꿈속이다. 한편으로 연기의 그물에서 방치되는 목숨이 있어서는 안 됨을 보여 준다. '제도한다 하지 말라.' 제도는 관계를 매개하는 속 깊음이다. '내가 누구를 제도한다' 우쭐하지 않는다면, 연결 짓는 일로써 부처임를 확인한다. 나와 중생, 분별로 '나'라는 성을 쌓는 것, 자기를 붙잡는 중생이다.

호접지몽, 장자가 꿈속에서 나비가 되어 꽃밭을 나풀나풀 날아다닌다. 봄날을 차고 오르는 나비 한 마리. 꿈을 깨고 장자가 생각한다. '장자가 나비가 된 꿈을 꾼 것일까, 자기가 본디 나비인데 꽃에 취해 잠시 사람으로 살아가는 꿈을 꾸고 있는 걸까?'

부처와 노장은 많이 닮았다. 불법을 노자와 장자의 틀에 끼워 이해하는 것이 격의불교다. 눈에 보이는 것이 참이 아닐 수 있다는 의심. 분별은 아상이 꾸며낸 착각, 한낱 꿈속의 나비와 같은 환영이라는 통찰. 호접지몽에서도 엿보인다. 그러나 노장은 무아의 본고장에 도달하지는 못하고 있다.

미인박명이라 했다. 미인은 수명이 짧다 한다. 팔자가 기구하다는 뜻이다. 미인은 온통 눈으로 자기를 낚아챈다. 자기 전부가 시선에 꽂힌다. 시각 중심적인 사람은 외모를 견주어 자기를 평가한다. 자기 중심적이다. 반면 귀를 두드리는 여인은 가슴에 다리부터 놓는다. 관계 중심적이다. 눈은 싫증을 잘 내어 항상 새로움을 찾고, 귀는 익숙한 소리에 편안히 잠긴다. 눈을 채우는 미모는 금방 색이 바랜다. 마음을 포개는 소리, 소통을 디자인하는 무늬는 오래 남는다. 이런 여인은 백년해로한다. 눈은 대상을, 계통 분류적인 개념 처리로 일괄 처리하는 습관에 익숙하다. 눈은 관념적이다. 나라고 하는 아상의 번데기 안으로 빠지기 쉽다. 미인은 곧장, 관념의 나무 막대기로 기억 한편에 방치된다.

화무십일홍이라 했다. 열흘 붉은 꽃이 없다. 영화도 한때다. 아무리 꽃이라지만 열흘 이상 붉으면 지겨워서 못 본다. 시각의 가련함이여. 꽃은 관념의 책갈피 한 페이지로 구겨진다. 생각의 꽃병에 꽂힌 꽃은 피자마자 시든다. 여인의 분내 같은 향, 소색이는 숨결을 잃은 지 오래다. 관계를 오가는 더듬이가 부러진다. 미인은 관계적 소통에서 아주 제한적이다. 시선이라는 빗돌에 묶인 가련한 언어다. 시선은 방관적이고 뻣뻣하다.

그러나, 소리가 어여쁜 여인은 마력적인 향기가 피어난다. 별스럽지 않아도 '뭔데?' 귀를 쫑긋 세우게 한다. 가늘게 공기를 흔드는 진동은 부드럽게 귀를 파고든다. 소리의 미색은 질리는 법이 없다. 소리는 성실하다. 울림은 가슴을 파고들어와 얇은 막을 흔든다.

소리는 돌아본다. 소리는 민감하다. 가볍고 무거우며, 번잡하고 고독하다. 관계와 존재, 양쪽에서 물감을 먹인다. 알콩달콩 오고 가며 알록달록 가지가지 꽃을 피운다. 소리의 꽃병에 핀 꽃은 시드는 법이 없다. 소리는 색즉시공 공즉시색을 놓는 영리한 꽃이다.

구족한 미인(외모)은 구족한 미인(꽃)이 아니다. 꽃은 외모에 있지 않다. 미인은 시각이 밀쳐 놓은 목각인형이다. 외형이 아니라, 마음을 살며시 담그는 손, 얇은 심줄을 매만지는 얼굴이 미인이다. 미인박명. 아무리 반지라운 미모라도, 소리가 손질하는 얼굴보다 아름답지 않다. 소리가 더듬는 배려다. 아름다움, 추상적 미의식도 생명을 본떠, 연기의 순순함에 기대고 있다.

미인이 아상에 갇힌 번데기라면 장자는 어떤가? 장자와 나비, 꿈이다. 꿈과 실제가 모호한 어둠이다. 장자가 나비의 꿈을 표류하고, 나비가 장자의 꿈을 떠돈다. 그런데 어쩌랴? 꿈만 있다. 저 언덕을 걷돈다. 아상이 게워 놓은 환영이다.

나비와 장자 사이에 인과가 빠짐으로 아상의 꿈결에 젖는다. 욕망의 그림자이거나, 허무의 외딴섬이다. 자아가 젓는 물레에 연기의 실타래가 감기지 않는다. 소통이 단절한다. 나비와 같이 꿈을 타고 오르는 꽃동산. 꿈이라는 관념은 지금 여기를 더욱 고립시킨다. 지금 여기를 미지의 어둠으로 처박고, 생뚱하게도 피안의 둥지를 튼다. 노장에게서 신선과 같은 이상향의 냄새가 짙게 배어나는 이유다. 노장이 부처와 근본적으로 다른 점이 이것이다.

선불교가 노장에 비추어, 앉은뱅이 꽃, 참선으로 신선을 흉내 내거나, 신비로운 자태로 꾸민 이상향(常道 — 불변, 불멸의 도)을 저어가는 쪽배는 아닌지 반성해 볼 일이다. 사람이 소가 되어도 고삐 뚫을 구멍이 없다 하였건만, 수행이라면 나를 넘어 전체로 뻗는 진취성인데, 뒷짐 지고 산속이나 어슬렁거린다면 차라리 썩은 가랑잎이 살이의 껄끄러움을 녹여 내고 거름으로 해탈하는 치열함이 아니랴? 무아 뿌리에서 보자면 '나'는 허영의 울타리로 치장한 미인, 관념의 꽃이다. 꿈결의 나비다. 나를 미인으로 낚아 채는 순간 박명과 교차한다. 시선의 사치는 제 명줄을 감고 쓰러 진다. 아상의 좁은 웅덩이에 꼬꾸라진다. 어떠랴? 마음을 잇대는 연줄에 눈길을 감았다면 미모에 살이 올랐을 것을. 미인은 미모를 버려야 미인이다.

부처가 '성인'의 미모를 붙잡았다면 '내게 오라. 내가 천국 이다' 아상의 목을 감고 명줄을 조였으리라. 하얀 도화지에 떨어 뜨린 먹물처럼, '내'가 돌출하며 근엄한 얼굴을 내밀었다면, 무巫로 얼룩진 한 중생으로 꼬꾸라졌을 것이다. 미인박명이다. 꿈결을 날 아오르는 꽃밭의 나비다.

제도하되 함이 없는 무심, 중생으로 못 치지 않는 무상, 나를 내걸지 않는 무아, 동체대비로 연결. '있는 그대로 그것'으로 전체 와 한통속으로 뒹구는, 연기의 속삭임이 있다. 살이를 짊어지는 부 처다. 과잉 시각으로 분 바르는 미인은 자기를 소실하는 관념의 화장발. 물속의 달이다.

'함이 없이 스스로 그러하다' 무위자연을 본받으려는 듯, 욕 망과 본능을 항복받고, 일체 번뇌를 끊는 무심. 하얀 도화지에 그 려 넣은 미인이다. 청정 성품을 가로막고 있다 하여, 번뇌를 떨어 내고자 매진하는 수행, 평등심에 갇혀 사랑과 미움을 깔아 뭉개는 도는, 생명을 박피한 나의 껍질. 신선으로 집착이다. 바다를 잃은 고래다. 신선을 버려야 신선이다.

사랑하는 사람을 가지지 말라.
미운 사람도 가지지 말라.
사랑하는 사람은 못 만나서 괴롭고,
미운 사람은 만나서 괴롭다. ―『법구경』

사랑과 미움, 양단을 떨쳐 내는, 죽은 수평이 아니다. 미움까지 껴안아 나를 덮히는 초연함이다. 네 신음을 지키고 선 나무, 자비가 그렇다. 사랑하되 집착하지 않고, 밉다고 내치지 않는다. 그리하여 사랑에 놀아나지 않고, 미움으로 학대하지 않는다. 사랑으로 의연하고 미움으로 넉넉하다.

네 신음을 내가 앓는다는 점에서 사랑과 미움은 한 몸. 사바를 떠난 열반은 꿈속의 나비. 이것을 버린 저것은 거울 속의 미인이다. 진흙에 뿌리박기를 저어하면 연꽃은 꽃을 떠난다. 흙은 꽃이다. 진흙을 끌어안는 뿌리로 하여.

명경지수가 걸음을 멈추어 세우는 것은 비춤이다. 비춤은 성찰이다. 도약이다. 비춤을 내려놓으면 물은 스스로 물결 되어 흐른다. 이도 저도 아닌 것이 자기를 물고 늘어지는 물웅덩이다.

세상에서 가장 무서운 독은 너희 몸 안에 있는 게으름이다.
오늘 해야 할 일을 미루고 내일 해야지, 하는 사람처럼 어리석은 사람은 없다. 어리석은 중생은 참된 보물이 무엇인지 모르기에, 잃어버린 후에야 도둑맞은 것을 안다. 도둑은 늘 내 안에 자리 잡고 있다.

　오늘 이 시간을 헛되이 보내는 것은, 네 인생에서 하루를 도둑맞는 것이고, 그 하루가 모여서 인생과 목숨을 도둑맞는다. 게으름과 헛된 망상으로 하루하루를 보낸다면 너희 안에 도둑을 키우는 것과 같다. 그러므로 언제나 깨어 있어야 한다. 이렇게 자신을 잘 다스리는 사람에게 도둑은 들어올 수 없다. ―『불유교경』

　아상의 폭격에 생각 없이 드러눕는 것이 게으름이다. 거울 속의 미인, 꿈속의 나비는 나를 훔쳐가는 도둑, 구원의 푯말로 걸어놓은 허깨비, 아상의 허기다. 학벌로 나를 삼는 자는 학벌로 좌절한다. 부자는 재물로 아프다.(자식들의 재물 다툼 등) 외모는 외모로 하여 무너져 내린다. 금수저 나, 흙수저 나, 여자의 나, 남자의 나, 잘난 나, 못난 나―꿈결의 잠꼬대, 나비다. 외딴섬이다.

　도둑인 줄도 모르고 도둑을 맞아들이는 자, 중생이다. 인연을 꿰매는 자는 서로 팔 하나씩 걸치며, 부처로 거듭난다. 연기의 밧줄을 튼튼히 묶는 자. '있는 그대로 그것'은 인위적 의도를 버린 무위자연에 있지 않다. 깨어 있는 유위로 손짓한다.

　우리는 늘 '나는 누구인가' 질문하라신다. 질문의 대답은 질문 그것이다. '이 뭐꼬?' 물음은, 존재를 휘감는 나라는 생각에서 한 발 떼라 한다. "내가 중생을 제도한다 하면 여래는 아·인·중생·수자가 있음이다." 부처는 자신부터 전부 조각내 흩어 버린다. 누가 부처고 누가 중생이란 말인가. 자타, 나와 너는 무엇이 만든 경계인가 묻는다. 아상의 병균에 오염되지 않는다면 우리는 서로 속살을 어루만지며 부처다 한다.

돈·권세·명예? 업을 가난하게 쪼그라뜨리는 거울 속 미인, 꿈속의 나비라면, 거울을 찢어 버릴 일이다. 나비의 꿈결에서 깨어나, 꽃밭의 나른한 햇발을 걷어 내라. 소곤소곤 토닥이는 시냇물. 바위를 부수는 바람이면 어떠랴? 내 뺨따귀를 갈겨대는 폭우라도 되어 보자.

이 가을, 햇살을 말려 빨래 줄에 널어 보자. 감은 노란 단물을 채우려 뻔질나게 오르내린다. 북극 고래가 배를 뒤척이면 북한산 싸리꽃이 비린내에 몸서리친다. 어라! '이게 어디랴' 쏜살같이 달려드는 저 벌 좀 보게나. 술 취한 낮달이 반쪽이 되어 우왕좌왕이다. 저것이, 저것이 누군가? 빨래 줄에 걸린 내 속곳이 들키기 싫다면 추수를 서두르자. 염치를 봐 가며.

'범부는 범부가 아니다.' 부처 행을 하는 당신, 범부를 뛰어넘는, 어디에도 걸림 없는 부처다. 구르는 바퀴가 길이다. '마치 달리는 수레바퀴가 축에 매여 있듯이.'(『숫타니파타』)

(사람이 소가 되어도 뚫을 고삐가 없다. ─ 존재는 실체가 없는 허상임을 뜻한다. 무아다. 고삐에 꿰이지 않는 마음. 역사와 관습에 오염되지 않은, 편견에 찌들지 않은 순수한 마음을 나타내기도 한다.)

꿈을 꾸세요

꿈을 꾸세요.

저 둥근달 앞섶을 마구 헤쳐
하얀 젖무덤을 틀어줄 듯한 밤에만
꿈이 찾아온 것이 아니에요.
헐렁한 스케이트화 테입으로 묶으며
나의 꿈도 동여매었지요.
엉덩방아 수없이 찧을 때마다
가슴속 구덩도
달 하얀 꿈으로 채워 넣고, 토닥였죠.
내 키, 모가지쯤에 닿는
꽃봉오리를 그려 보았어요.
한겨울이 유별난 동장군을 앞세워 버티고 서 있었겠죠.
칼날은 또 얼마나 세우시려는지……
그렇지만 그 길을 피하고
찢겨진 발자국마다 핏방울이 돋지 않았다면
빨가이 피어나는 봄 길에 닿을 수나 있었겠어요.

꿈을 꾸세요.
어디쯤 왔을까

뒤돌아보는 그 까마득한 어둠마저도……

가다 보면 얼굴에 분 돋을 날 있을 거구만, 어머니 말씀처럼
이쯤에서 기다리고 서 있으면
오신다는 그대
내 얼굴 알아나 보아 줄까
언덕에 바글거리던 바람에
흠칫 놀라
봄따라
햇살 끝, 아득하게 꿈꾸던 꽃망울처럼
꿈을 꾸어 보세요.

제 26 — 법신비상분
법신은 상이 아님(법신은 모양에 있지 않다)

"수보리야, 어떻게 생각하느냐? 가히 32상으로써 여래를 볼 수 있겠느냐?"

"그러하오이다. 32상으로 여래를 보겠사옵니다." 수보리가 말씀드렸다.

"수보리야, 만약 32상으로써 여래를 본다면 전륜성왕도 곧 여래이리라." 부처님께서 말씀하셨다.

"세존이시여, 제가 부처님께서 말씀하신 바 뜻을 이해하옴 같아서는, 응당 32상으로써 여래를 볼 수 없사옵니다." 수보리가 부처님께 말씀드렸다.

그때에 세존께서 게송으로 말씀하셨다.

"만약 형상으로 나를 보려 하거나, 음성으로 나를 찾는다면 이 사람은 사도(그릇된 길)를 행함이라. 능히 여래를 보지 못하리라.(약이색견아 이음성구아 시인행사도 불능견여래)"

상의 원리와 삶의 도리. 제26분의 말씀이다. 신을 밖에서 구하려 말고, 자기에게서 찾아라 한다. 높이 솟은 깃발에 홀리지 말고, 자기 말과 행동의 꼬리를 들여다보라 한다. 그곳에 신이 있다. 상은 나를 가로막는 장애다. 스위치를 다는 검열 장비다. 통신을 차단하는 방해파이다. 나라고 하는 편견, 상에 조롱당하지 않으면 소통이 열린다.

상은 집단의 응집된 생각이 훑어 놓은 흔적이다. 자가 검열하며 깎거나 보탠다. 상은 집단적이며 개별적이다. 칠거지악을 멀리하며 자기를 지키고자 한 조선시대 여인상과, 오늘날 여인상을 비교해 보면 금방 알 수 있다. 상은 있는 그대로 진실이 아니라, 역사의 축적, 언어적 조형으로 만든 선입견, 욕망의 투사체, 별천지를 떠도는 이방인이다. 여인이여, 언어여, 누구냐 넌? 어느 별을 떠도는 외계인인가?

태생부터 고장 난 상은 과격하고 집요하다. "형상이나 음성으로 나를 찾는다면 여래를 보지 못하리라." 신을 아로새겨 떠받드는 신전에 신은 없다 확고히 말씀한다. 선과 악, 천국과 지옥, 구원과 파멸을 분명하게 나누는 종교일수록 전도에 열성이다. 관념의 조형을 숫자의 덩치로 우격다짐하여, 권위를 다지려는 속셈이다. 형상을 높여야 차별된다는 강박은, 다름을 용납하지 않는다.

악마·사탄·귀신·마녀, 상상 가능한 최고의 저주는 '다름'에 붙이는 불관용이다. 다름은 잘못으로 내친다. 구원의 상은 폭력과 가깝다. 욕망을 외투로 하므로 구원의 형상은 필시 타락한다. 구원의 상이 위대할수록 삶이 초라하게 헐 듯, 행복의 상이 달콤할 수록 지금 여기는 쓰리다. 성스러운 32상, 거룩한 신, 광채로 장식한 신성을 삶에서 분리시켜 위엄을 높이고자 한다. 신의 형상은 항상 아래를 굽어 본다. 신성을 존엄하게 하기 위해 인간은 더욱 낮은 곳으로 내려가야 한다. 상을 높이기 위해 자신을 하찮게 취급해야 하는 저 무모한 파괴성. 욕망에 지배당한 사람일수록 쉽게 무너진다.

　진리의 이름으로 관념을 시각화한 것이 상이다. 관념이 실체로 조각되며 지배자로 올라서고, 나는 맹인, 귀머거리로 주저앉는다. 내가 낮아지고 간절해지고 있다면, 형상으로 조각한 관념, 도깨비를 섬기고 있다는 뜻이다. 그것이 자식이든, 신이든.

　아이들 무료 급식 문제로 나라가 시끄러웠다. 선택적 복지냐 낙인이냐 갑론을박 고성이 오간다. 불법으로 이야기하면 상이다. 즐거워야 할 점심은 공짜로 밥 먹는 아이, 민폐 끼치는 아이, 복지라는 말은 공짜와 동일시되며 상이 된다.

　밥은 '있는 그대로 그것'을 벗어나 신분의 탈로 변질한다. 상은 인장이다. 명명효과는 견고한 상으로 다져진다. 아이는 이름의 외피, 엉뚱한 손가락질로 상처 입는다. 공짜 밥 먹는 아이라는 상이 바닥에 깔리고, 언제라도 친구와 틀어지면 '네가 원래 그래. 공짜 좋아하잖아' 아픈 상흔을 꼭 찍어 누른다.

　'원래,' '워낙,' '아주' 이런 부사를 불쑥 내뱉는 것은, 마음 깊숙이 낙인으로 찍어 놓은 상이 자리함을 보인다. 낙인 찍기 위해

의도적으로 저런 말을 집어드는 경우도 있다. 상은 감정과 행동을 하달한다는 데에 무서움이 있다. 공감의 공간을 빼앗고, 우열을 가리고자 한다.

◉ 진실을 탐구하기보다 상에 쪼든 사회는, 상품商品이 아니라 상품想品을 거래한다. 알맹이는 뒷전이고, 껍데기 허영을 사고판다. 想品을 위해 연마하는 것은 술책, 표지의 요란함, 이미지 선점, 꿈의 조작, 환상의 시각화이다. 想品을 매매하는 집단의 많은 부분을 눈치와 유령이 차지한다. 가치 교환은 눈속임, 마술이기 쉽다. 이 나라에 유독 성행하는 노름, 다단계 사기, 교조적 종교는 관념화된 사회 시선. 체념, 想品의 익숙한 그림자에 원인이 있다.

깨어진 창문은 주인이 없거나, 방치한 집이라는 상을 준다. 상은 집의 면모를 날려 버리고, 윤리적 무장을 푼다. 조그만 상처를 못 참고 버럭 하는 자는 창문이 깨어진 집과 같다.

아무런 문제도 아닌 것을 굳이, 등을 들어 깨진 창문을 확인시켜 주는 꼴이다. 나는, 돌맹이를 던져도 별 문제 되지 않는 빈 집, 주인 없는 집임을 드러낸다.

마음을 다 쏟아 내면 절벽만 남는다. 가슴에 휑하니 돌이 나뒹군다 싶으면 말라 비튼 마음부터 살펴야 한다. 적시자. 물이 깊어지면 절벽은 가라앉기 마련이다.

반면 조그만 선행이라도, 노약자에게 자리를 양보한다거나,

무거운 짐을 나눠 든다면 창을 빛나게 한다. 푸른 잔디가 정원을 수놓고 나비가 날아오르는 경치 좋은 집, 반짝반짝 햇살을 거느린 근사한 집이다.

비추되 잡지 않는다는 거울의 지혜를 되새겨 보자. 상은 불통의 고집이다. 알아차림, 깨어 있음은 붙박이 생각에서 탈출이다. 비추되 흐름을 막지 않는다. 열반이 따로 있으랴. 붙잡는 마음, 짜증내는 마음, 욕하는 마음을 '그렇군, 내가 짜증을 내고 있구나' 알아차림. 엉엉 울지라도 '마음이 아파하고 있구나' 지켜보는 것은, 슬픔으로 무너져 내리는 나를 방치하지 않는다. 나를 건지는 중도의 물결이다.

얼마 전 부모의 학대로 뼈만 앙상하게 드러난 아이가 맨발로 탈출하여, 허우적거리며 식품 가게로 들어가는 장면을 보았다. 너나 할 것 없이 가슴이 무너져 내렸으리라. 애닳음에 심장이 먹먹했으리라. 달려가 밥술이라도 떠먹이지 못하는 자신을 안타까워했으리라.

우주의 성품이다. 중도를 내달림이요. 연기의 끈끈함이다. 부처의 32상, 신의 형상이 아무리 존귀해도, 당신의 가난한 마음이 내달리는 손과 바꿀 수 없다. 옳고 그름, 좋고 나쁨. 차별이 허물어지고, 이것인가 저것인가 대결이 끊어진 곳, 너와 내가 하나로 합한, 불이의 마음은 어느 신보다 높고 크다. 형상으로 신을 들지 않으면 네가 신이다.

❂ 나무를 보는 새는 낮게 난다. 숲을 보는 새는 높이 난다. 나무에 눈을 감는 자가 숲을 본다. 공부 잘하는 게 나무라면, '건강하나면 돼'가 숲이요, '몸이라도 건강했으면' 하는 게 나무라면, '살아 있어 줘서 고마워'가 숲이다. '돈이 많으면 행복할 텐데'가 나무라면, '네가 옆에 있어서 너무 좋아'가 숲이다. 이것이다 저것이다를 떠나지 못하는 것이 나무요, 나다, 내 것이다를 놓지 않는 것이 나무다. 이것과 저것을 비운 탁 트임이 숲이다. 그 너름에 점 하나 찍는 즐거움이 숲이다. 열반이다. 따듯함으로 채우는 해탈이다. 숲은 따듯하다.

32상으로 여래를 본다는 수보리의 대답은 그른 것일까? 선입견에 절어 상을 쥐고 바둥거림. 오직 상을 버릴 것을 종용해대는 법집. 이것저것 나누어야 직성이 풀리는 우리를 깨우는 수보리의 배려이리라. 경허 스님은 문둥이와 밥을 빌어먹으며 껴안고 잤다지? 나를 떨치고 보면 산이며 들, 성격이 모진 너, 마음이 병든 너, 아픈 너, 부처 아닌 자가 없다지?

'전륜성왕도 여래이리라.' 전륜성왕은 바른 법을 널리 펴서 백성을 다스리는 이상적인 왕이다. 정치적 이상향에 매달리는 우리들 타성을 꾸짖는다. 무아는 당장의 행위로 나를 완성하는 현장성에 의미가 있다. 내 행위를 의지하지 않고 타자에게 기대는, 구원의 형상, 전륜성왕은 단지 관념이며 허깨비임을 말한다.

요즘 젊은이들이 거리낌 없이 헬조선이라 떠든다. 금수저·

흙수저 운운이다. 경제적 불평등, 취업난에 허덕이는 청년들의 자조 섞인 한탄이다. 덤빈다 싶으면 종북으로 몰아 기를 꺾는, 대책 없는 기득권에 대한 분노, 총체적 부패, 부러진 사다리. 받쳐 들기조차 버거운 희망이라는 단어. 변화는 정체되고 간경화로 굳어 가는 사회 내장. 탈출구가 보이지 않는 좌절과 불안을 지옥에 빗대어 헬조선이라 한다. 그러나 문제를 풀고자 하는 주인으로서 행동보다 '탓'이 먼저다. 오히려 욕하면서 닮지나 않을까 걱정이다. 탓은 '구원의 상'에 의존하고 있음을 드러낸다. 여전히 남에게 운명을 맡겨 놓고 있다.

    어른들은 피와 땀으로 몸뚱이를 팔아, 자식 교육이라는 미래를 샀고, 부모님은 최루탄 화염에 정의를 태워, 민주 국가를 샀다. 그대들은? 열심히 공부하고 스펙을 쌓았다고? 그들은 나를 위해 싸운다기보다, 해야 할 것을 한다는, 대의에 몸을 던졌다. 다 함께 강을 건널 배를 만드는 대승에 눈을 떴다. '나만은'이 아니라 '우리는' 시대가 넘어야 하는 고개를 허물고자 애썼다.

    그대들은 제 집을 짓기보다, 남의 집에 곁방살이라도 끼어들겠다고 궁둥이부터 들이미는 꼴 아닌지? 좋게 말해서 맞춤식 인재이고, 달리 말하면 길들여짐이라지. 호롱불빛에 걸려든 나방모양 정보로 둔갑하여 유통되는 말초적 상품이나 소비하며, 나를 소모하고 있지는 않은지 돌아볼 일이다.

    기득권자들이 굉장한 민족 전략이라도 되는 양, 좌니 우니 떠들어 대지만, 그대들을 정치에서 털어 내기 위한 사기적 언술에 지나지 않음을 안다면, 어찌 투표도 않고 한가롭게 놀러나 다니겠는가? 정치 혐오를 요리하는 좋은 재료가 거창하게 꾸민 이념이거나, 아니면 가시 박은 막말이다. 그대들 집을 짓고자 한다면 역사의 기둥부터 쳐라. 정치는 새집을 짓는 기둥으로 여전히 효용이 크다.

핵심은 보다 안전한 관계망을 짜는 것. 가치 생산과 배분을 위한 기술적 고민. 균형과 조화. 불확실성을 제거하고 가시성 높이기. 여기에 내가 참여함으로 정토를 장엄한다는 주인감이다. 스마트폰에서 시선을 거두고 하늘이라도 올려다보자. 눈물을 감추기 위해 하늘을 올려다보는 이웃도 있음을 보게 되리라. 낙오자를 밀어 올리며, 함께 시대의 강을 건너기 위해 어떤 배를 만들어야 하는지 수지독송해야 하리라.

수지는, 생각을 묻고 받아 지님. 독은, 읽고 다듬고 탐구함. 송은, 설득함이다. 정치 소비자에 머물지 않고 생산자로 올라섬으로 주인이다. 인터넷과 소셜 미디어는 정치 틀을 개조하는, 대의 민주제의 엉성함을 메꿀 좋은 기술적 도구다. 어쩌면 대의 민주제는 20세기 유물로 남겨질지도 모르겠다. 그대들이 주인 노릇 하는 날에는.

아직도 전륜성왕 같은 정치적 메시아를 기다리는가? 그대의 강은 그대들 배로 건너라. 소승을 부수고 대승으로 올라타라. 큰 탈 것, 나라고 하는 경계를 헐고 배를 설계해 보라. 손이 터지고 찢어지는 상처의 영광 없이 대승은 제작되지 못한다. 이것이 26분의 말씀이다. 지옥은 노예선을 탔을 때가 아니라, 탈출하려는 어떤 시도조차 않을 때 내리는 형벌이다. 투표조차 않으면서 투덜대는 그대의 입이 간지럽지 않은가?

용어 풀이

전륜성왕 : 바퀴를 굴리는 왕. 부처와 같이 32상을 구비한 이상적 제왕. 무력을 쓰지 않고 정법의 수레바퀴를 굴려 세계를 통일하고 지배한다. 법륜은 자유자재로 굴러다니며 적을 물리치는 수레바퀴처럼 무명을 깨는 법바퀴를 상징한다.

법집 : '상을 버려야 한다'처럼 불법을 규격화하고, 막무가내 고집함.

제 27 ― # 무단무멸분
단멸이 아님(끊음도 없고 멸함도 없다)

"수보리야, 네가 만약 '여래가 구족한 상을 쓰지 아니하는 연고로 아뇩다라삼먁삼보리를 얻었다' 생각한다면, 수보리야, 이런 생각을 하지 말지니라. '여래가 구족한 상을 쓰지 않는 연고로 아뇩다라삼먁삼보리를 얻었다'고. 수보리야, 네가 만약 '아뇩다라삼먁삼보리심을 발한 자는 모든 법의 단멸을 말함이라' 생각한다면, 이런 생각을 하지 말지니 어찌한 까닭이냐? 아뇩다라삼먁삼보리심을 발한 자는 법에 있어 단멸상을 말하지 않느니라."

행복의 원리와 삶의 이치를 설한다. '분별은 분별이 아니다. 그래서 분별이다.' 명예(돈)는 명예(돈)가 아니다. 이를 이름 하여 명예(돈)라 한다. 실체 없음을 꿰뚫어 보아, 치열한 생명성을 꽃피우는 것이 행복이다. 좋고 나쁨, 이것저것, 하나를 고집하면 분별이지만, 변화의 동력으로 추궁하면 분별을 초월하여 예쁜 꽃으로 피어난다. 똥이 더럽다 하면 피하기에 급급하겠지만, 거름이다 하면 밭으로 옮겨진다. 거름으로 분별되는 똥은 작물의 몸으로 거듭난다. 명예와 돈이 남과 구별 짓는 위용을 뽐낸다면, 우상의 오물을 뒤집어쓴다. 아상의 분별이다. 그러나 타자와 교통하는 바람이라면, 명예와 돈을 초월하여 교감의 매체, 인연을 매만지는 꽃으로 살아난다. 분별 아닌 분별, 거듭나는 생명이다.

'단멸이 아니다'를 『법화경』은 "태어나면 반드시 죽는다. 만나면 헤어지고 떠난 자는 또한 돌아오기 마련이다(생자필멸 회자정리 거자필반)"라 한다. 소중하다 하여 곁에 붙잡아 두면 헤어짐을 맞아 괴롭다. 떠나고 말면 그뿐, 대충 흉내만 내면 다시 만남을 당해 고통스럽다. 죽음이 두려워 목숨을 움키고 떼를 쓰면 삶이 궁상맞다. 이왕 죽을 몸, 탄식을 안고 허무를 조물거리면 살아 있으되 살아 있는 것이 아니다.

만남의 기쁨이 헤어짐임을 알면, 이 순간 사랑하지 않을 수 없어서 좋다. 끝내 돌아보지 못하는 석별의 눈물이라도, 만남을 약속하는 증표임을 알기에, 지금 여기 소홀하지 않아서 좋다. 죽음은 순서가 없음을 알기에 한시라도 미루지 않아서 알차다. 기왕 죽는 몸, 산 동안 목숨 값이나마 부끄럽지 않기를 소망하면 죽음으로 죽지 않는다. 어느 순간이고 죽음으로 가는 문을 닫아 걸 수는 없다. 그래도 살이를 허투루 할 텐가? 만남(태어남)과 헤어짐(죽음)이 한결같다면 열반의 도다. 행복의 문턱을 없앤 자다.

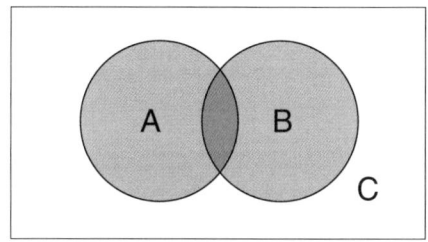

집합간의 관계를 나타낸 벤다이어그램이다. 나와 세계의 공통 요소가 교집합이다. 그 밖은 차집합이거나 여집합이다. 부부라도 이물질, 차집합은 있기 마련이다. 차집합을 내 것으로 소유하려 들거나, 무리하게 나를 밀어 넣는 것, 이해할 수 없다 하여, 나쁘다 금을 그으면 충돌을 피할 수 없다. 분별적 대치다.

두 사람 모두 단 음식을 좋아하면 교집합으로 의기투합한다. 단맛이 선이다. 담백한 맛은 밋밋하다, 매운 것은 자극적이다 배격한다. 상의 세계다.

그런데 한 사람은 달면서도 짭짤한 것을, 다른 이는 달콤하면서도 싱거운 것을 좋아한다면 교집합은 깨진다. 교집합은 특수한 조건에서 일시적인 가합이다.

반대로 한 사람은 단 음식을, 다른 이는 매운 것을 좋아한다면 서로에게 여집합이다. 그러나 둘 다 짠 음식을 좋아한다면 교집합으로 교합한다.

서로 같다고 하지만 다르고, 다르지만 같은 도리, 공의 세계다. 나와 너, 교집합·차집합·여집합이 고정되지 않는다. 서로 다르며 다르지 않은 빔의 여백이다. 교통하는 도로다. 없으면서 있음, 존재이며 비존재, 부분이며 전체다. 있다(유) 집착하여 바깥을 적으로 돌리지 않는다. 비었다(무) 하여 아무렇게나 내동댕이치지 않는다.

부분이 자유로우면 전체가 평등하다. 내 테두리를 걷어 내면 여집합은 오간 데 없다. 너를 박해하지 않는다. 세계는 하나로 어우른다. 중도의 분주함으로 빚는 고요다. 나를 비움으로 너를 초대하는 즐거움, 행복의 원리다. 뱀을 보고 '어쩜 저리도 흉물일꼬?' 편견이 휘두르는 미학적 만행이다. 뱀의 눈에 비치는 당신은 더 끔찍할 수 있다. '오, 아름다운 나의 신부여' 사랑의 하트라도 날린다면 뱀은 '내 다음 생은 당신의 어여쁜 각시로 나리오' 하지 않을까? 초대의 부유함이다.

가치 중립은 치우치지 않음으로 모든 잠재력을 담는 빔이다. '부富가 행복이다' 결정은, 8방으로 뻗는 즐거운 여백을 걷어 낸다. 나를 '부'라는 쇠창살로 동여맨다. ~이다, ~해라, ~해야 한다, 단정은 상의 독재, 분별의 고통이다. 중도의 다른 말은 '단정하지 마라'이다. 중도는 내게서, 경험과 지식에서 거리 두기다. 부를 실체시하여 움키려 애씀도 괴로움이지만, 부에 과도한 무게를 실어 줌으로, 기울어진 몸을 펴지 못함, 다름을 보지 못함이 더 큰 고통이다.

가치 중립은 풍요롭다. 빔의 생동, 개방으로 맛보는 행복, 천

수천안의 지혜다. 가치적 존재로 대접하며 행복을 발견한다. 가치란 무아, 무분별로 가로채는 생명의 신비다. 물을 차고 오르는 지느러미의 반짝임 같은 두근거림이다. 가치편재로부터 자유, 행복의 조건이다. 차집합과 여집합의 경계를 허무는 투명함이다.

'당신이 날려 버린 오늘은 어제 죽은 친구가 그토록 원하던 내일이다.' 에머슨의 말이 '단멸이 아니다'와 다르지 않다. 지금 이 순간보다 아찔한 것은 없다. 당신의 숨소리마저 저 달이 아로새기고, 밤이 귀를 세워 엿듣는다. 지금 여기는 다음 생과 짝하는 2모작, 끝과 끝을 잇는, 전체를 관통하는 무한대이다. 불화의 국경을 건널 때에 '나는 나다' 소리 칠 수 있다면 행복하게 살았다 할 만하다.

그림자 모양을 바꾸는 것은 몸이다. 그림자를 아무리 뜯어 옮겨도 몸을 고치지 못한다. 그림자를 뜯을 수나 있겠는가? 삐뚤어진 몸을 곧게 하고자 그림자를 안고 발버둥치는 것, 신을 부르짖는 것이 이와 같다. 빛이 그림자를 붙여 놓은 것은, 제 짓거리를 돌아보라는 우주의 당부가 아닌지? 내 행동을 당해 내는 신은 없다 한다. 지금 이 순간, 조그마한 행동도 다음 생명과 이어지지 않는 것이 없음을 본다면 가벼울 수 없다.

단멸이란 없다는 고집이다. 끊어지고 소멸하여 존재가 다한다는 생각이다. 죽으면 그만, 아무것도 없다 한다. 내가 있고 네가 있고, 행복이 있고 분노가 있다. 이 모두를 부정하면 단멸이다. 단지 있으되, '행복은 행복이 아니다. 그래서 행복이다' — 행복은 행복이라는 모양을 깨고 나온다. '고'가 고 아님을 보면 열반을 이루듯. '돈이 행복이다' 정지된 생각을 벗으면 살이는 다 행복의 모양이다.

불법의 '있음'은 '창조 가능함'이다. '돈이 행복이야' 돈을 긁어모으려 안간힘 쓰면 상주론의 집착이다. 재물로 상해를 입어 '돈이 원수야' 불행을 재물 탓으로 돌리면 단멸론이다. 행복이 돈에 있는 양, 또는 없는 양, 인과를 지어 확정하는 것이 상주론, 단멸론이다. 행복은 돈의 있고 없음에 있지 않다. 살이를 더듬는 촉수에 등을 다는 것. 관념적 분별을 불태우고, 몰입으로 나르는 희열이다. 잘 쉬는 것도 좋은 몰입이다. 비우고 다시 채움으로 대화하는 일체유심조다.

행복은 전망 좋은 집에 서는 것이 아니라, 서 있는 자리에서 전망 좋은 집을 짓는 것이다. 부처님이 무아와 공의 도리를 설한다 하여, '아무것도 없다' 단멸론에 빠짐을 경계한다. 소멸은 죽음이 아닌, 변화하는 생명의 한 면이다.

"해와 달이 비치지 않던 깜깜한 곳이 모두 밝아져서, 그곳에 있던 중생들이 서로 보게 되어 이렇게 말하였다. 이곳에 어찌하여 홀연히 사람들이 생겨났는가?"(『법화경』) 사람을 보는 눈, 거듭 남이다. 타인의 발견, 해탈이다. 어둠을 밝히는 광명, 깨어남이다. 혼자가 아닌, 너를 알아보는 눈으로 여백의 발견이다. 우주 만법을 아울러 한 송이 꽃이다 했던가? 비움의 더듬이에 불빛을 단다. 앎의 즐거움, 색으로 초월, 행복이다. 장롱에 박아 둔 행복은 고름이다. 행복은 눕지 않는다.

생명이 물질에 근거한다는 유물론은 단멸론이다. 물질이 사라짐으로 생명은 끝난다 한다. 상주론이나 단멸론은 생멸변화하는 우주 생기, 무아 연기를 외면한다. 참이 아니다. 고의 원인이다. 불법은 '모두 덧없다' 결코 염세를 말하지 않는다. 푸른 솔 깊은 계곡에 숨지 않는다. '세상은 마음이 풀어 놓은 헛것, 허망하다' 함은 불법을 모름이다. 쾌락이나 허무를 파고드는 것은 파괴적 탐닉, 단멸론의 습격이다. 불법은 유무, 만남과 헤어짐을 반복하는 고의 윤회를, 중도의 활기로 벗는다. 구속한 상이 있고 없음을 뛰어넘는다. 부처님은 '살이'로 완성하는 구원을 보인다. 생을 기적으로 만드는 것은, 살이 그것이다.

느끼는 것, 시선을 건네는 것, 나를 허물고 다시 쌓는 것, 한 호흡지간일지라도 감사하게 받드는 것으로 살이가 있다. 불법이 요구하는 것이 있다면, 감사하는 능력이다. 가족이 둘러앉아, 야채를 쫑쫑 썰어 넣고 만두를 빚는 맛이, 고대광실에서 캐비어를 씹는 맛보다 못하랴? 오손도손을 감사하는 능력이면 그보다 큰 기쁨도 없으리라.

승진에서 탈락해서 괴롭다고? 느끼는 괴로움이 행복임을 안다면? 일하는 하루가 있음을 감사한다, 승진에서 탈락할 직업마저 없는 사람을 헤아린다면, 감사는 배려다. 괴로움·슬픔이 기쁨과 똑같은 행복의 재료인 것은, 살이를 내 것으로 만드는, 느낌과 감사가 있어서다. 차별로 차별 않는 여유로움, 살이를 맞잡이 하는 용기, 감사하는 능력이라면 문제없다.『금강경』의 모든 열쇠는 보살에 있다. 불화를 건너 사람 몸 받음, 오고 감이 없는 여래, 나를 향상하고 구원하는, 살이가 열반이 되는 원리다.

'모든 중생을 구제하라.' 모든은 모두(all)라기보다, 계속하여(continue)이다. 살이가 열반의 질료다. '단멸이 아니다.' 그대가 쏘아 올리는 살이가 해탈을 엿본다. '행복은 행복이 아니다. 그래서 행복이다.' 맛깔 나는 음식으로 행복이 있지 않다. 이웃이 둘러앉아도 좋을, 음식을 차리는 것으로 행복이 문턱을 넘는다. 무엇보다 단멸을 부정함으로, 순환하는 생명과 멀리 떨어진, 천국 따위는 말장난에 지나지 않음을 증거한다. 불화에서 재생하는 업식은 핵심적 생명 원리다. 불화를 제도하는, 살이가 건지는 업이 있다. 행복이 있다.

용어 풀이

천수천안 관세음보살 : 천 개(한없는)의 손과 눈을 지니고 중생을 보살피는 보살. 모든 중생이 해탈할 때까지 성불하지 않겠다는 서원을 세웠다. 중생의 근기에 맞추어 33가지 몸으로 나툰다. 아미타불 또는 석가모니불의 왼쪽에서 협시한다. 당신이야말로 천 개의 손과 눈을 가진 관세음보살이다.

제28 — 불수불탐분
받지도 않고 탐하지도 아니함

"수보리야, 만약 보살이 항하의 모래수와 같은 세계에 가득 찬 칠보를 가지고 보시에 썼더라도, 만약 다시 사람이 있어 일체 법이 아我가 없음을 알아(일체법무아) 인忍을 얻어 이루면, 이 보살이 앞의 보살이 얻는 공덕보다 나으리라. 어떠한 까닭이랴? 수보리야, 모든 보살들이 복덕을 받지 않는 연고이니라."

"세존이시여, 어찌하여 보살이 복덕을 받지 않사옵니까?" 수보리가 부처님께 말씀드렸다.

"수보리야, 보살은 지은 바 복덕에 응당 탐하여 집착하지 아니하나니, 이 까닭에 복덕을 받지 않는다 말하느니라."

무아의 원리에서 삶의 이치를 설한다. 앞에서 '단멸이 아니다'

하니, 다시 상주론에 빠지는 것을 단속한다. 나에 대한 집착을 놓도록 한다. 사회 10년 친구라는 말이 있다. 공부를 마치고 사회에 발을 들여놓을 쯤이면 한 가정을 꾸릴 나이다. 나이 차가 크다 하더라도 마땅히 어른으로 대접해 주어야 함을 이른다. 나이와 권력 관계가 묻어난다. 사회에서 친구는, 나이로 맺어진다기보다 비슷한 가치관이나 생각이 만든다는 뜻이다. 그런데 저 말이 무아의 익명성으로 숨는 구실로 쓰인다. 이익을 공유하며 친구가 되듯, 이해관계가 변질하거나 타산이 빠지면 언제든지 틀어지기도 한다.

'10년 친구야. 언제 봤다고 반말이야?' 사소한 시비도 익명성으로 인해 부풀려진다. 익명성을 끌어와 자신을 감추는 방편으로 무아. 익명성은 나이에 씌인 권력을 무력화한다. 나이의 권력은 세월의 크기에 있다기보다 정서적 친밀감이 받쳐 준다. 도덕 감정으로 다진 안면이 있어야 한다. 동리 어른에게 무례하면 가족 얼굴을 먹칠한다. 이웃한테 손가락질당할 각오를 해야 한다. 나이의 권력 앞에 내 감정은 손질되어야 한다. 반면 연결감에서 자유로운 익명성은, 이익을 운반하지 않으면, '당신이 뭔데' 나이에서 권력을 제거한다.

죽마고우는 쉬 허물어질 수 없는 본원적 관계다. 같은 물에 먹을 감고, 체온의 각질 같은 사투리를 불고 성장하며, 끈끈하게 형성된 연대감과 동질감은 뿌리가 깊다. 친구라는 단어로 표현하기에 부족한, 근원적인 무엇. 신뢰·약속·정직 이러한 밀착 언어로 관계를 다 드러내기 어렵다. 원초적 기억으로 묶여 있는 양 이물 없다. 생각의 무게가 다르다고, 가치관이 같지 않다 해서 연결감을 손상하지 않는다. 가지가 부딪고, 바람에 쓸려 상처가 나더라도, 깊이에서 발원한 뿌리를 훼손하지 못한다는 믿음이 굳건하다. 언제 어디서나 서로 주인이다. 노출성으로 전체를 연결하지만, 연결을 별로 의식하지 않는다. 노출성은 연결을 당연하게 한다. 마치 건강한 사람이 몸에 붙어 있는 팔을 의식하지 않음과 같다. 자연스러움, 전체에 닿아 있는 무아 본성이다. 없는 곳이 없음으로 하여 있음을 차별하지 않는다. 나를 구별하여 돌출시킴이 오히려 낯설다. 수인으로서 덕성이다. 공동체 일원으로 대접받고 있다.

익명성으로 잘못 받아들이면 무아를 자신의 은신처로 삼는, 자아의 성곽이다. '나는 없다'가 내가 숨는 곳이자 무기다. 익명의 최대 적은 연결이다. 익명은 언제든지 관계를 파괴할 수 있다는 엄포다. 나를 돌출시키는 힘이 '나는 없다'이기 때문이다. 나는 유일한 터전, 언제나 달려가는 안식처다. 오로지 나만 있다. 흡사 팔에 장애가 있는 자가 항상 팔을 의식하고 집착하는 것과 같다. 내가 '팔만 성하다면'처럼, 자기를 이미 불구자로 내치는 꼴이다. 주인이 되지 못하는 외톨이. 열등감으로 뭉친, 패배자를 자인하는 꼴이다. 관계에 눈을 닫음은, 귀를 막고 방울 도둑질하는 꼴이다. 익명성으로 무아는 없다. 무아는 노출로 당당하다.

불법이 전하는 설화 한 토막. 흉칙하게 생긴 귀신이 눈물을 뿌리며 한 무더기의 유골에 몰매를 가한다. '이놈 때문에……' 유골은 과거의 자기다. 속세에 있을 때 온갖 못된 짓을 저지른 업보로 몰골 사나운 귀신이 되었단다. 자신의 뼈를 두들겨 패며 분풀이 한다. 다른 쪽에선 선녀 같은 여인이 자기 유골에 절을 올린다. '고맙구려……' 지난 생에 많은 공덕을 베푼 인연으로 죽은 후 좋은 몸을 받았다 한다. 무아의 엄정함을 말해 주는 이야기다. 내 안에 나는 없다. 지금 만들고 있는 것이 나다.

'지금 당장' 어떻게 사는가, 어떤 업을 짓는가는 현재와 다음을 결정하는 일이다. 누구도 대신할 수 없는, 무아의 무궁함이다. 나의 한없는 크기를 보여 준다. 작은 법으로 묶기엔 덩치가 아깝다 한다.

무아는 업의 삼엄함으로 윤리를 초월한다. 깃발로 내건 윤리는 권력의 통제 기술이거나, 시대 욕망이 표적을 만들어 시위를 당겨 놓은 화살인 경우가 많다. 무아는 나를 다듬는 기회를 준다. 불화가 비단 옷이냐 누더기냐, 가뿐한 걸음으로 소풍가듯 할까, 세사의 짐을 달고 도수장 끌려가듯 할까는, 지금 당장 행동이 정하기 때문이다. 무아는 스스로 동기다. 무아는 너그럽다. 그러나 그 아량에도 '다음에,' '나중에'는 없다. '다음에'는 게으름이 날려 버리는 '나'다. 가을에 못 지낸 제사 봄엔들 지내랴?

중심을 잃지 않음을 부동심이라 한다. 흔들리지 않음이다. 법성계는 이를 '법성원융 무이상, 제법 부동 본래적'(법은 성품이 원만해서 하나로 융합한다. 〔삶과 죽음이 둘이 아니요,〕 모든 법이 동요하지 않아 본디 고요하다) 하다 한다. '일체법 무아'는 무이상이다. 너와 내가 둘이 아니다. 우리 모두, 운명 공동체·생명 공동체·우주 공동체라 한다. 남의 염병이 내 고뿔만 못하다면, 다들 염병으로 죽을 것이요. 남 고뿔이 내 염병과 같이 무겁다면, 모두 건강한 목숨을 달성한다. 무아는 뿌리가 깊어 흔들림이 없다. 주인으로서 하나 됨이다.

삶은 깊다. 아득하다. 무아가 잔망스레 까집어 보이지 않음이다. 나눔은 부동심의 축을 단단히 하며 업을 완성한다. 따로 복덕을 탐착할 까닭이 없다 한다. 벌써 완전한 생명으로 업을 내어 놓기 때문이다. 흘러가는 물도 떠주면 공덕이 된다. 보시는 윤리적 요청에 앞서, 업식이 속마음을 적시는 청량함이다. 십시일반이라 했다. 한 숟가락씩 보태도 한 목숨을 건질만한 끼니를 채운다. 나눔은 궁둥이에 비파 소리가 요란한 일상에 쉼표를 놓는다. 무아 복원력이 쏘는 구제 신호 같은 것. '너는 뭐 땜시 그리 바쁜가?' 나를 돌아보게 하는 쑥스러운 미소다.

"햄버거는 어느 나라 음식인가?"

"미국이요."

"노우. 코리안 음식이야. 예부터 한국엔, 밥 안에 이것저것 넣고, 소금을 쳐서 뭉쳐 먹던 주먹밥이라고 있다. 양놈들이 주먹밥을 빵으로 흉내 낸 것이 햄버거야. 햄버거는 한국 음식이다. 알간?" 농담이긴 하지만 돌이켜보면 사물의 무아를 말한 듯싶다. 미움을 움켜쥐면 그것이 나다. 가능성으로 무아의 덕성이라면, 고집으로 부덕이다. 집착으로 마음을 닫는다. 마음은 외곬이어서 한꺼번에 두 가지를 채색할 줄 모른다. 불 같은 빨강으로 미움을 칠하면, 귀통이에 느긋이 파랑으로 화해의 물감을 들이면 좋으련만, 고집불통 마음은 뻣뻣하다. 단색으로 윽박지른다. 기회 비용으로 따져 보자. 평온을 저버리고 채택한 화가 그만한 가치가 있을 것인가? 화는 가장 효용이 떨어지는, 고비용 저효율이다. 한가지로 달리는 마음의 못된 관성이랄까?

사나운 개 콧등 아물 날 없다. 미움과 화로 채색하면 고름으로 살을 채운다. 눈을 뭉쳐 우물 메우기다. 노적가리를 불사르고 싸래기 주워 먹기 십상이다. 고름이 살 되지 않는다. 경제 원리로 보더라도 비움으로 다시 채우는 무아는, 가장 효과적이고 이상적인 처방이다. 분노를 비우고 나를 매만지는 손길로 채워 나를 넘는다. 그래서 무아는 태어남도 죽음도 없다. 고요하다.

'인을 이루다.' 인은 무생법인. 불생불멸이다. 일어남도 꺼짐도 없는 무생(태어남이 없다)이요, 생멸변화하며 생멸을 초월하는 무생이다. 오고 감이 없으니 무생이다. 참는다 함은 '드러내지 않음'이다. 없으며 있음이다. 원망이 남는다. 그러나 무아, 내가 없는데 무엇을 참는다 하겠는가? 참을 것이 없어서 인이다. 업은 아기 삼 년 찾는다 했다. 무아를 업고도 선입관으로 헝클어진 실타래나 고르고 있다면, 남이 친 장단에 궁둥이 흔들기요, 남의 떡에 설 쇠기다. 바늘구멍으로 태양 거르기다. 바늘구멍으로 하늘 보기. 고운 사람 미운 데 없고 미운 사람 고운 데 없다.

제 29 ─ 위의적정분

위의(차림새)가 적정함

"수보리야, 만약 어떤 사람이 말하기를 '여래가 혹 온다거나, 혹 간다거나, 혹 앉는다거나, 혹 눕는다' 한다면 이 사람은 내가 설한 바 뜻을 알지 못함이니라. 어떠한 까닭이냐? 여래는 어디로조차 오는 바도 없으며 또한 가는 바도 없으므로 여래라 이름 하느니라."

제29분은 짧지만 『금강경』을 종합한다. 먼저 마음의 원리를 보여 준다. '온다·간다·앉는다·눕는다 한다.' 바람 불고 물결 치는 마음의 부산함이다. 판별하고 모방하며, 학습하고 비교해서 무게를 매긴다. 보폭을 베끼고 걸음을 새긴다. 엄마 아빠가 툭하면 싸우는 집에서 자란 아이는 부정적인 쪽으로 마음을 뽑아 낸다.

행복은 이물감이 들고 불편하다. '결혼은 싸움이다.' 가정의 불행과 나를 동일시한다. 적대감 무기력 열등감. 거친 감정들과 연관 지어 나를 짠다. 그러한 기분이 자기를 지배하고 움직이도록 조종한다. 단풍을 보아도 괜스레 파괴적 충동으로 불이 붙는다.

반면 행복한 가정에서 성장한 아이는 향상하는 쪽으로 길을 놓는다. 여유가 있고 자존감 넘친다. 애정을 구걸하지 않고 당당하다. 남을 배려한다. 타협하는 간격을 알아, 자신을 조화로운 위치에 둘 줄 안다. 벗과 함께 보조를 맞추어 걸을 줄도 안다. 낙엽을 보기라도 하면 가슴에 알록달록 색깔이 옮는다. 아이들은 부모를 모아서 자기 몸집을 불린다. '온다·간다·앉는다·눕는다' 부모의 빛깔을 가늠해서 제 몸을 깎고 소리를 매만진다.

깊이를 알기 위해 호수에 돌멩이를 던지듯, 우리는 타인에게 말과 행동을 밀어 넣어 마음을 두드린다. 얼굴을 보고 싶어 호수를 들여다보듯, 남이 비추는 내 모습을 확인하려 든다. 비춤으로 관계다. 연결한다. 그러나 남의 시선으로 나를 채워 넣는다. 타인을 거울로 들고 내 얼굴을 하나씩 뜯어 고친다. '온다·간다·앉는다·눕는다.' 눈치를 세워 마음을 자르고 붙여 성형한다. 남의 옷에 제 몸을 끼우려 안간힘이다. 타인의 시선으로 분 바른 어릿광대, 신원 미상, 내 얼굴이다. 번지수 없는 골목. 내가 나를 찾아가지 못하는 주소 불명이다. 호수에 이는 물결은 돌멩이의 것인가, 호수 것인가? 마음에 퍼지는 물결은 누구 것인가?

29분의 핵심은 주관과 객관에 관한 언질이다. 존재는 객관의 자리를 차지하지 못한다. 내가 눈을 뜨는 순간 주관이다. 객관으로 마주하는 우주는 사라진다. '온다·간다·앉는다·눕는다' 하듯, 마음은 대상을 재고 견준다. 자기가 보고자 하는 것을 본다. 일체 만법(우주)은 '마음이 펼쳐 놓은 그림자'라고 한다. 12연기에서 '식-명색'이다. 인식 작용으로 정신과 물질, 개념과 세상이 일어난다. 의식함으로 세상이 생겨난다. 나와 세계는 주관이다. 의식이 판별하고 해석한, 대상의 자리를 내 얼굴이 차지하고 있다. 보는 것은 내 마음의 비춤인데, 객관적 사실인 양 '내가 본 것이 옳다' 우긴다.

'세상은 무언인가?' '모두 마음입니다.' '저 바위가 마음 안에 있느냐, 밖에 있느냐?' '마음 안에 있습니다.' '허허, 먼 길 떠나는 사람이 어찌 무거운 바위를 안고 가려는고?' 바위가 마음 안에 있다 해도, 밖에 있다고 해도 틀리다. 바위가 마음 안에 있다면, 밖의 저것은 무엇인가? 밖에 있다면, 마음을 누르는 그 바위는 뭐란 말인가? 본 적도 만져 본 적도 없다면 바위는 '알지 못함,' 무이다. 질감과 크기를 마음에 새김으로 바위가 존재한다. 마음 비춤이란, 바라보는 나, 생각하고 인식함으로 비로소 존재를 돌출시킨다. '본다'와 대상이 마주친 연기다. 안이 밖이요, 밖이 안이다. 주·객관을 명료하게 나누기 어려운 철학적 난제다. 그러나 보는 나, 주관이 없다면 애당초 세상, 객관은 있을 수 없다는 점에서, 객관은 주관에 종속된다.

온다·간다·앉는다·눕는다, 마음에서 그려 내지 않으면 너는 없다. 객관은 부재하다. 누군가 앉거나 눕는다면, 내가 그리는 앉고 누움이 아닌, 그만의 번민의 몸부림, 다른 모양을 나타낸다. '있는 그대로 그것'은 오로지 그것으로 있다. '나는 누웠다' 말해도 객관이 아니다. 자기 행동을 해석하여 드러내는 마음의 말미다. 언어를 드는 순간 주장이다. 주관, 내 생각의 고집이다. 내 우주는 태생에서부터 편견이다 — 이를 32분에서 '세상은 마음이 지어 낸 환영, 물거품이고 그림자다' 한다 — 그럼에도 객관에 대한, 아니 주관의 명료함에 대한 과도한 맹신은 무언가? '상'은 내 마음의 그림자, 상 아님을 보아야 한다. 상은 주관, 내 업식의 비춤이다. 남을 본다지만 자기를 보고, 자기를 보면서도 자기를 알아차리지 못한다. 주관의 무명이다. 부처님이 '마음 알아차림'을 먼저 내놓는 이유다.

내가 없는 세상은 있지 않다. 내가 지각함으로, 보고 듣고 감촉하고 생각하면서, 비로소 세계가 열린다. 바꾸어 말하면 존재하는 모든 것, 바위·나무는 감각을 지니고 생각하며, 자기 세계를 주장한다. 그들의 주관으로 펼친 세계를 가진다. 감히 바위나 나무가 '생각이 없다' 할 수 있는가? 그렇다면 그것은, 당신 마음에서나 일어나는 일일 뿐이다.

너를 본다고 하면서 너를 보지 못한다. 세계는 빌미다. 마음의 단초다. 객관적으로 있는, 절대적 진리란 애초에 없다. 참되고 고유한 마음 성품이 저 바탕에 있으리라는 생각은 우습다. 상구보리 하화중생. 위로는 깨달음을 구하고 아래로는 중생을 건진다? 구해야 할 깨달음이 따로 있는 양 하지만, 중생을 건지는 것이 깨달음의 실마리다. 아이는 부모에게, 나는 너에게 하나의 실마리다. 출산은, 엄마가 아이를 낳는 것이 아니라, 아이가 엄마를 낳는 것일 수 있다. 엄마의 위대함이 아기가 낳은 모성이라면.

보는 것은 각자 마음의 모양이다 ― 객관이 있다면, 존재는 서로에게 단서로서 틈새다. 나는 너에게 하나의 불씨다. 객관은 우주가 숨겨 놓은 수수께끼이다. 객관은 너를 알고자 다가가는 걸음에서 아주 조금 발견된다. 상대적 주관이 모여 창조된다. 번뇌는 최대의 주관이며, 객관이라 하는 진리는 상대적 주관이다. 우리는 끝없이 존재가 내어 주는 틈을 들추어 보아야 한다. 우주가 내어 주는 실마리를 쫓아가는 일상으로 깨달음이다. 깨달음은 종교적 신성이거나 낭만이 아니다. 남편이라는 주관을 닫고 보면, 그는 또 다른 신비의 세계로 안내하는 틈이다. 보고자 하는 마음을 내려놓으면 보이지 않던 것을 본다.

마음은 꼬투리를 잡으면 예상치 못한 새로움을 만들어 낸다. 남편이 아닌, 당신 눈을 간지럽히는 신기한 생명을 만난다. '마음은 마음이 아니다. 그래서 마음이다.' 주관의 그림을 객관의 도화지에 옮기면 아상이다. 마음은 마음이다 우기면 '번뇌'이고 '불통'이다. 당신이 부여잡은 마음의 그림은 '있는 그대로 그것'의 비밀을 조금 엿본, 또는 한마디의 오해에 지나지 않는다. 우리가 떠받드는 지식과 문명은 비밀의 한 조각이거나, 빠져나오기 힘든 함정일 수 있음을 말한다. 오직 모를 뿐 ― 객관으로 열림, 주관으로서 감당해야 할 몫이다. '이 뭐꼬?'는 인류가 영원히 던져야 하는 숙제다. 실마리로써 존재라면 그리 가벼우랴?

주관은 '정도의 차이,' '감각의 거리'다. 그 차이와 거리가 곧 세상을 이끌어 가는 힘이고, 표현의 모양이며, 갈등과 투쟁의 간격이다. 하나의 모습을 보고도 누구는 온다, 누구는 간다, 앉는다, 눕는다 하듯, 감각의 간격이 너와 나 사이의 틈새다. 나무는 빛을 감지하는 정도로 꽃 피울 시기를 겨냥한다. 그리고 다른 존재와 경쟁한다.(다른 존재는 나무뿐만 아니라, 곤충과 초식 동물이 포함된다.) 굼벵이는 몸의 접촉으로 다음 행동을 결정한다. 촉감으로 인지하는 세상은 그만의 질감 세계다. 굼벵이는 세상을 촉각으로 풀어 자기 방식으로 해석하고 행동한다.

라면 한 봉지 훔친 것과, 한 박스를 훔친 것은 도둑질로는 동일한 범죄다. 하지만 한 봉지와 한 박스는, 배고픔이 밀어 올린 막다른 선택이었냐, 수익을 얻고자 한 불온한 탐욕이었냐를 가늠하는 정도의 차이가 된다. 정도의 차이는 윤리와 범죄 사이를 번민하게 한다. 어디까지 용인하느냐, 사회적 허용 범주를 합의하도록 한다. 감각의 거리는 좀 더 복잡하고 다양하다. 라면 한 봉지와 한 박스를 같은 범죄로 여겨, 엄중하게 책임을 추궁할 수도 있고, 둘 다 가벼이 대할 수도 있다. 한 봉지 라면은 소외된 이웃에 대한 무관심을 자책하며 양심의 심줄을 퉁긴다. 연대에 관해 되돌아보게끔 신경줄을 건드리는 꺼끄러기가 된다. 훔친 한 박스 라면은 누군가의 생존을 박탈하는 살인적 폭거가 될 수도 있다. 한 봉지 라면으로도 추위와 더위를 느끼는 온도차는 사람에, 문화 양상, 집단 지성에 따라 천양지차다.

　스님이 당당하게 고기를 먹느냐는 계율로써 접근보다, 승복에 얼마나 떳떳하냐 하는, '저 스님은 그래도 돼' 아니면 '스님이 고기나 밝히고……' 스님을 바라보는 시선들의 감각의 간격이 답해 줄 것이다. 누구는 '스님이 고기나 밝히고……' 또 다른 이는 '스님을 비방해서 쓰나' 스님을 바라보는 감각의 거리가 갈등의 빌미가 된다. 그 격차가 싸움으로 번지는 도화선이다. 해소되지 않는 간격이 주장이며 투쟁의 발화점이다. 허물어지지 않는 성이다. 스님이 중생을 어루만지며 열심히 봉사한다면, 가사에 부끄러움이 없다면, 그까짓 고기 좀 먹는 게 대수겠는가? 스님을 우러르는 감각의 거리는 별 차이 없을 것이다.

　반야심경에 무안이비설신의 ― 눈·귀·코·혀·몸·뜻이 없다 한다.(불법의 시작이 눈·귀·코·혀·몸·뜻이다. 보고 들음이 무엇을 뜻하는지 아는 것이 도다. 고통과 죄악이 눈·귀·코·혀·몸·뜻에 있고, 구원도 거기에 있다. 바르게 보고 바르게 행동하는 것을 떠나 나를 구제하는 길은 없다. 팔정도가 그것이다.) 보고 듣는 것은, 각자 제 방식대로 얽은 감각의 간극일 뿐이다. 눈이 보는 것은 진실이 아니라, 인연을 모아 짜깁기한, 감각의 파편을 재구성한 마음의 그림이다. 객관적 사실이 아니라, 제 눈의 안경 ― 주관이다. 하나를 보고도 온다·간다·앉는다·누구는 눕는다 하듯 제 각각이다. 누구는 영구를 보고 멍청한 놈, 어리버리한 놈이라 하고, 또 누구는, 자기를 효과적으로 각인시키는 영악한 사람으로, 또 다른 이는 자격지심에 눌려 용수철처럼 튀어오르는 사람으로, 또는 속을 알 수 없는 음흉한 사람으로 본다.

한 사람을 두고도 보는 건 가지각색이다. 그를 바라보는 방향이 태도를 결정하는 기준이 된다. 멍청하게 본 사람은 영구를 업신여기고, 과격하게 본 자는 그를 자극하지 않기 위해 조심한다. 음흉하게 본 사람은 경계의 눈초리를 거두지 않는다. 우린 서로 외계인이다.

눈·귀·코·혀·몸·뜻이 없다는 것은, 감각 기능이 의미 없다는 뜻이 아니다. 보고 듣는 것은 내 생각의 조합임을 알라 한다. 자기만의 해석, 주관적 이해의 정도에 불과하다면, 눈·귀가 없다 할 만하다. 보고도 보지 못함과 같고, 귀가 있으되 듣고도 듣지 못함과 같다. 그래서 참선 묵상, 나를 닫고 고요히 경청해야 한다. 영구를 보고도 그를 알지 못하듯.

거기에는 바라보는 나와 대상 또한 인연으로 맺어진 임시적 가합물임을 나타낸다. 항구적 존재가 아니라 적절히 자신을 구사하는 표현이 있다. 무아 연기를 바탕으로, 세상은 눈·귀가 조건을 합성한 환영, 착각이 된다. 존재는 객관으로 '있음'이 아니다. 보기에 드러난다. 누군 집안 탁자를 보며 화목했던 가정을, 누군 탁자 위의 꽃을 보며 아리따운 여인을, 누군 탁자 너머 바구니에 담긴 빨랫감, 질편한 삶을 눈여겨본다. 각자 자기가 지각하는 세계를 살아간다.

주관적 치우침으로, 객관적 평형을 헤아린다는 것은 불가하다. 안이비설신의가 있으되 '없다'는 당연하다. 따라서 반야심경의 '무'는 '내려놓는다'는 실천을 동시에 담는다. '나를 내리다,' 감각의 간격을 좁히면서 나와 네가 만난다. 내가 다 옳음은 아님을, 내가 틀릴 수 있음을 받아들임. 서로 다른 유아독존이 감각의 거리를 좁히는 노력에 의해 객관이 만들어진다. 다들 '영구는 멍청해' 한다면, 일정한 보는 규칙에 의지해 감각의 거리를 좁힌, 만들어진 객관이다. 있는 그대로의 객관일 리 없다. 애초에 잘 갖추어진 타당한 세계란 없다. 진실은 주어지지 않는다. 너와 내가 마음의 틈을 메꾸면서 창조된다. 무, 없다는 더불어 최상의 객관을 찾기 위한 마음 모으기, 정토를 향한 열정이다. '상 없음'은 상을 완전히 도려냄이 아니다. 상은 서로 다른 '감각의 간격' 위에 떠 있는 불안전한 객관, 주관임을 인정한다면, '상 없음'은 생각의 차이를 좁혀가는 '다가섬'이다. 수행이다. 수행은 필생의 업이다. 천국은 만들어 가야 한다.(관계론)

'대상은 객관으로 서 있는 주관이다' — 분별은 객관적 실제가 아닌, 마음의 믿음에 불과하다. 본다는 것은 전체적 사태가 아니라 나의 시각에서 건진 일정한 좌표다. 나와 너는 분간 지음으로 동시성을 갖는, 찰나적 사건이다. '저것은 책이다,' 책을 분별함으로, 즉 보는 나와 보이는 책이 따로 떨어지지 않고, 동시에 마주하여 머무는 사건이 분별이다. 이것과 저것이 동시에 부딪쳐 일어나는 연기다. '분별하지 마라' 부처님 말씀은 '존재는 이미 분별이다'라는 점을 알라 한다. '옳다 그르다'는 객관적 사실이 아니라 내 주관에 불과하다는 것. 옳다 그르다를 버리고 다시 들여다볼 것. 분별을 떠남으로 '있는 그대로 그것'에 접근하는 실마리를 얻는다. 분별을 떠나 분별할 것을 이른다. 색안경을 내던지도록 한다. 그러나 분별하는 의식 작용으로, 나에 의해 창조되는 객관이다. 내 기준을 네게 강요하지 않음으로 다름을 용인하듯, 나의 '정도의 차이' '감각의 거리'가 네게 설득된다.

네가 추구하는 세계를 용인함으로 친구가 된다. 애정을 가지면 가족, 무관심하면 남남이 되고, 간섭하면 주종, 불용하면 투쟁이 된다. 너를 인정함으로, 나 혼자 서기가 가능하다. 개성으로 분출하는, 표현의 공간이다. 나만의 객관, 곧 주관이 존중되어야 하는 것은 주관을 떠나 존재가 있지 않기 때문이다. 그 주관의 비춤이 나이고 관계이고 객관이다. 우리는 연결로써 둘이 아니다. 하지만 같지도 않다. 나는 나다(존재론)*유아독존으로 나는 바다보다 크다. 그러나 땅을 모조리 삼키면 바다는 없다. 육지를 물러서서 바다이다.

부처님이 아무 생각도 없는 무분별을 던지는 게 아니라, 제대로 분별할 것을, 분별을 소유하지 않는 지혜를 귀뜸한다. 객관으로의 부재, 끝없이 진실을 찾아 캐묻는 존재로, 나를 무화하는 행동 원리로, 무아를 말한다. 자유란 자유롭게 질문할 자유이며, 의심할 자유다. 의심할 자유가 막히면 지옥의 암흑이 덮친다. 내 종교가 참인가 거짓인가를 가르는 명확한 증표가 '의심으로부터 얼마나 자유로운가'이다. 아무리 옳더라도 의심을 틀어막는다면 다 가짜다.

감각의 거리는 삶의 질을 저울하는 평등의 가늠자다. 거리가 멀수록 지옥에 가깝다. 데면데면 스쳐 지나는 한 덩이 빵이, 누구에겐 살을 에는 간절함이라면, 그 감각의 간극이 아무렇지 않게 유통되는 사회는, 가히 지옥이라 할 만하다. 불행을 당하여 느끼는 억울함과 분노. 투명하고 정의로운 사회일수록 감각의 괴리는 줄어든다. 감각의 거리를 n분의 1로 나눈 평균값이 투명성의 정도다. 대부분 1의 간격을 가지고 있더라도, 한 사람이 10이라면, 전체 1이 한 사람의 10쪽으로 얼굴을 돌리는 아량이 불법의 평균값이다. 전투적 배제가 아닌 포용과 활활의 숭도다. 1과 10을 더해서 나눈 물리적인 평균값 1.9는 죽은 수평이다. 누구나 수긍 가능한 간격으로 좁히는 일, 불법이 앞장선다.

참나가 고유명사라면 애시당초 글러 먹었다. 존재 자체가 주관인데 주관 속에 무슨 고정적인 객체가 있겠는가? 마음은 거울이 아니라 비춤이다. 나는 '동사적 사태로 존재'한다. 주식시장에서 사고파는 손놀림이 분주히 드나들며, 변동하는 가격과 같다. 보고 듣고, 마음이 들락거리며, 타자와 교통함으로 비로소 드러난다. 개체적 입자가 아니라 관계하는 상관물이다. 움직이지 않는 불교는 가짜다. 앉은뱅이 도는 죽었다. 참선, 마음의 고요는 결국 삶을 옮기면서 생명을 지닌다. 번뇌를 완전히 제거한다 함은, 삶에 진지하게 참여하고 있지 않다. 움직이지 않는 마음 성품이란 움직임에 있다. 세상은 나, 주관의 번데기를 뚫고 나온다. 이것이 6바라밀의 출발이다.

성철 스님은, 산은 산이요, 물은 물'이다' 한다. '이다'가 언어로는 주장이다. 실제 산일 수 있고 아닐 수도 있다. 산으로 보는 마음이 있을 따름이다. 산은 보는 자가 만든 관념, 견해다. '이다'는, 그의 생각을 드러내는 주관이다. 그러나 '이다'가 비언어일 때, 사물을 나타내는 수단적 기호로서, 언어를 빌려 썼다면, '이다'는 '있는 그대로 그것'을 표시하는 객관이다. '이다'가 =를 나타낸 기호로 보자. 영자는 여자다(A=B) 하면, 영자는 여자로서 의미를 지니는 존재다. A는 B라는 서술어로 밝혀지는 명제다. 반면 영자는 영자다(A=A), 영자는 오로지 영자로만 설명 가능한 객관적 고유성을 나타낸다. A는 다른 무엇으로도 해명 불가한, 존재 자신으로만 설명되는 객체성을 드러낸다. '있는 그대로 그것'을 '이다.='로 표시한다. 우리는 주장, 즉 개념으로 '~이다'는 무심코 동의한다. 하지만 '있는 그대로 그것' 법신은 보려 하지 않는다.

스님의 '산은 산이다'는 주객관이 혼재하며, 두루 통하는 관계를 보여 준다. 개념적 정의이거나 메시지 전달이 목적이라기보다, 세상에 접근하는, 너와 나 사이에서 번민하는 마음 작용을 보여 준다. 주관과 객관을 오르내리는, 마음 달음질을 나타낸다. 너와 나 사이가 얼마만큼 떨어져 있는가 하는 감각의 거리이며, 언어와 비언어로 실제와 주장 사이를 넘나드는 마음 움직임이고, 대상을 견주어 보는 정도의 차이를 나타낸다. '있는 그대로 그것(객관)'과 내 주장(주관) 사이에 벌어진 틈을, 깨어 있는 눈으로 보라 한다. 나는 너이고, 너의 비춤이다. 나는 안과 밖이 나뉘지 않는, 주관이며 객관이다. 우리는 서로 비춤으로 하나다. 그 사이에 틈이 있다. 틈을 고집하면 쪼개진다.

또한 언어가 만드는 마술, 감각의 거리는 말에 따라 얼마든지 조작될 수 있음을 보여 준다. 가령 두 사람, 젊은 아가씨! 늙은 보살! 이렇게 부르는 것과, 젊은 보살! 늙은 아가씨! 또는 순서를 바꾸어 늙은 아가씨를 먼저 부르고 젊은 보살을 나중에 부른다면, 듣는 이의 마음 간격은 차이가 크다. 언어를 풀어 놓는 순간 감각의 틈새는 벌어질 수밖에 없다. 언어 태도에 관해 반성하게 한다.

'오는 바도 가는 바도 없는 여래'란 절대무변하는 객관을 말함이 아니다. 상대적 주관에서 떨어져 자리하는 '있는 그대로 그것'으로 객관이다. 바라보는 자가 '앉는다 눕는다' 하는 것은, 보는 자가 마음에 새긴 그림이나, '있는 그대로 그것'으로선 그만의 질서를 보여 주는 행동이다. 그것은 기댐이나 놀람·절망·희열 또는 이들이 합쳐진 복합적인 모양일 수 있다. 진실은 '있는 그대로 그것' 안에 있다.

여래는 '진리로부터 온 자, 진리에 도달한 자'이다. 그런데 부처님은 여래를 오는 바도 가는 바도 없다 한다. 감각하는 주관적 존재로서 나는 태어나고 소멸하지만 '있는 그대로 그것' 법신의 나는 오는 바도 가는 바도 없는, 지금 이 자리에 항상한다. 사라진다 해도 어떤 모양이든, 새 생명으로 지금 여기를 돌아오므로 오는 바도 가는 바도 없다. 불화는 공이며 공즉시색이다. 새로움으로 깨어남, 부활이다. 기왕이면 다시 사람의 탈을 쓰고 오면 좋지 않겠는가? 보살처럼.『금강경』이 그 길을 가리킨다.

"기이하고 기이하도다. 여래의 구족한 지혜가 그대 몸속에 있건만 어찌하여 보지 못하는가."(『화엄경』) 부처님은 당신이 이미 부처임을 알려 준다. 나에 대한 믿음과 긍정을 버려서는 안 된다 한다. 절망은 시간이 매긴 환각이다. 환경에 굴복한다는 건 아직도 꿈결에 있다. 긴 잠은 해롭다. 눈을 뜨면 잠에서 깨기 마련이다.

죄무자성 종심기(죄는 자성이 없다. 마음을 쫓아 일어나니)
심약멸시 죄역망(마음이 사라지면 죄 또한 없다)
죄망심멸 양구공(죄가 사라지고 마음이 없어져 모두 공하면)
시즉명위 진참회(이를 일러 참된 참회라 한다) —『천수경』

정체가 없어, 마음 공한 이치를 알아 탐진치 물감에 물들지 않음, 유혹에 젖지 않음, 참회. 어디로 오는 바도 가는 바도 없는 생, 완전한 아름다움이다. 내려놓으면 하얀 도화지를 받아 든다.

용어 풀이

우바새 : 남자 재가 신자.

우바이 : 여자 재가 신자.

비구 : 남승.

비구니 : 여승.

제 30 __ 일 합 이 상 분
하나에 합한 이치의 모양

"수보리야, 만약 선남자 선여인이 있어 3천대천세계를 부수어 가는 먼지(미진)를 만들었다 하면 네 생각에 어떠하냐? 이 가는 먼지가 얼마나 많다 하겠느냐?"

"심히 많사옵니다. 세존이시여, 어떠한 까닭인가 하오면, 만약 이 가는 먼지가 실로 있는 것이라면 부처님께서 가는 먼지(미진)라 말씀하시지 않았으리이다. 까닭이 무엇인가 하오면, 부처님께서 말씀하시는 가는 먼지가 곧 가는 먼지가 아닙니다. 이를 이름하여 가는 먼지(미진)이옵니다. 세존이시여, 여래께서 말씀하신 바 3천대천세계도 곧 세계가 아니옵니다. 그래서 이름 하여 세계이옵니다. 왜냐하면 만약 세계가 실로 있는 것이라면 곧 이는 하나로 뭉친 모양(일합상)이오니, 여래께서 말씀하시는 하나로 뭉친 모양도 곧 하나로 뭉친 모양이 아닙니다. 이름 하여 하나로 뭉친 모양이옵니다."

"수보리야, 하나로 뭉친 모양(일합상)이라 하는 것은, 이는 말할 수 없는 것이어늘 다만 범부인 사람들이 그것에 탐착하느니라."

제30분은 우주의 천지 창조 원리와 삶의 이치를 설한다. '하나로 합한 모양'(일합상)을 과학적으로 규명함으로, 무아는 존재 원리에 있는 우주 방정식임을 보여 준다. 존재는 '하나로 합한 이치의 모양' 일합상이다. 존재는 인연이 조건으로 모이고 뭉친 연합체다. 공의 가능태를 기반하여, 우주 에너지가 결합하며 만물이 탄생한다. 우주는 다름의 합창이다.

다양성은 우주를 지탱하고 이끌어가는 제일의 요소임을, 일합상의 원리가 설명한다. 결핍은 결핍이 아니다. 채움을 청하는 빔의 성실함. 존재를 완성하는, 에너지를 끌어오는 인자다. 결핍이 결핍되면 삶이 썩는다. 결핍은 일합상의 방정식, 공이다. 유연함이다. 유연함은 생명의 탄력을 일으키는 순진함이다. 일방적 고집은 빔의 탄력을 부러뜨린다.

물이 더 이상 쪼개지지 않는 물 분자로 구성된 물질이라면, 일합상(물)은 물이라는 실체를 근본으로 한다. 물 분자는 존재의 진실을 설명하는 완전체다. 물은 물 밖 기능을 상실한다. 변화의 틈을 가질 수 없다. 쪼개도 물이요, 뭉쳐도 물 외의 모양을 지니지 못한다. 그러나 물은 수소와 산소로, 원자는 양성자와 중성자 전자로, 다시 쿼크와 랩톤으로 나뉜다 한다. 그것도 독립성을 구성하는 물질이 아니라, 상대적으로 의존하며, 속성을 나타내는 에너지(입자 파동)라 한다.

소립자(뮤온·전자·타우)는 자유롭게 형태를 바꿔 가며 변신한다 한다. 물이라 정해진 실체를 찾을 수 없다. 일합상(존재)은 공을 성질로 하여 조직한 무아임을 실증한다. 옷의 두께가 계절에 따라 달리 짜여짐과 같다. 계절은 일합상을 채우는 조건이며, 화합을 이끄는 성질이다. 열과 운동성이 창조의 주요 에너지원임을 알 수 있다.

공은 인연을 연결하고 얽는 일합상의 모태, 창조 방정식의 핵을 이루는 요소다. 우주는 공의 주머니를 찬 마법의 손이다. 부처님은 일합상의 이치를 미진으로 설한다. 물질의 최소 단위, 근원을 이루는 입자 알갱이를 미진이라 한다. '미진은 미진이 아니므로 미진이다.' 미진은 공하다. 경직된 실체가 아니므로, 만물을 조합하는 입자로 기능한다.

미진은 천지 창조의 방법론 관계론 인식론으로 과학이다. 존재는 빔의 터전에 세워진 임시적 가건물이라는 면에서 우연이다. 제한적이고 변화성을 지닌다. 성주괴공하는 변화는, 공의 얼개가 조건을 짜 맞추어 세운, 가건물이라는 한계성에 기인한다. 조건의 질서가 붕괴하면 존재는 무너진다. 탄생은 소멸의 불꽃이다.

우연이라 하지만, 일정한 요건과 원인으로 태동하므로 필연이다. 비슷한 환경을 가진 김씨·이씨·최씨·마이클·자오즈·다

나카 중, 한국에서 김씨 아이로 태어난 것은 우연이며, 지난 생에 쌓은 공덕과 선업으로 훌륭한 집안의 자손으로 났음은 필연이다. 난폭한 차와 마주쳐 죽음에 이르렀다면, 하필 그곳에 그가 있었음은 우연이고, 상대방의 과격한 운전은 사고의 필연이다. 어떤 모양으로든 다시 이생으로 돌아와야 하는, 오고 감이 없는 부동의 원리에서 보자면, 죽음 자체는 본디 좋고 나쁨, 선악이 없다. 자기가 지은 업식에 따라 새 몸을 받는, 필연이 기다리고 있기 때문이다. 불화의 원리에서도 무아가 확인된다.

다시 돌아오는 생명은 잡초·굼벵이·토끼 무엇으로든 열려 있다. 나는 부모·형제·가족에서부터, 이웃·국가 그리고 우주 전체로 확장하는 생명이다. 자식이니 남편이니 하지만 몸을 빌려 연줄을 타고 내려온 나그네다.

우리는 항상 우연의 횡포에 노출되어 있다는 점을 잊어선 안 된다. 태어남으로, 살이가 지녀야 하는 운명이라면 이것이다. 누가 어떻게 될지 아무도 모른다는 게 삶의 은밀한 속삭임이다. 비대칭이 가하는 압박이다. 삶의 불가사의는 우연이 비트는 비대칭에 있는 것이 아니다. 그럼에도 불가항력의 우연을 미루어 두지 않고, 불화의 과정을 지나며, 제 몫의 생명을 받아 지니는 대칭에 있다.

예고 없이 끼어든 우연은 불화에서 다시 필연으로 재조합한다. 횡포는 횡포가 아니다. 내 삶이 어디에 와 있는지, 어디로 가고 있으며, 어디로 돌아올 것인지 이 순간을 점검하라, 우연의 횡포가 일러준다. 업식을 매만지는 일은 한시라도 미룰 수 없는, 지금 당장에 있다. 천국은 멀리 있지 않다.

　삶은 지금 이 순간 어떻게의 문제다. 존재는 필연적 우연이며, 우연적 필연으로 가변적이다. 뉴욕의 회오리바람이 아마존 나비의 날갯짓에 연유하더라도, 바람과 나의 관계는 변덕맞다. 날아오르는 독수리에게 바람은 날개가 되지만, 땅을 헤집는 닭에게 바람은 발톱이 되어 주지 않는다. 가변성은 창조를 찌르는 유연함이며 독창성이다. 변화 기운은 새 집을 짓는 공의 초석이다, 빔을 설계하는 도면이다. 존재는 바탕에서 무아임을 현대 과학이 뒷받침한다. 이것이 공이며, 공의 정정함이다. 가능성이며 개방성이다. 공 가운데 어떤 차별이나 편견이 없다. 오직 자유와 평등의 에너지가 당신을 기다리고 있다.

　미진이 일정한 특질이라면 물리적 변형이나 화학적 결합이 불가하다. 생물체에서 화학반응 곧 생명 현상은 일어날 수 없다. 생명 활동 역시 공의 열림으로, 왕래하고 배합하는 운동임을 보여준다.

　실체로서 미진이라면 뭉쳐도 수많은 개수의 미진으로 멈춘다. 모래를 합쳐도 개수만 늘어날 뿐이다. 일합상으로 화학적 결합을 이루지 못한다. 원리적 수식을 이루며, 내부를 침투하는 움직임이 일어나지 않는다. 미진이 공함으로 합치고 뭉쳐 다른 복합물을 만든다. 미진의 공, 일합상의 원리에서 지금도 꾸준히 새 생명은 창조되고 있다. 새로운 바이러스를 생각하면 이해되리라.

　모래에서 유리 가공이 가능하다. 흙·나무·바위·풀·토끼·

사람의 일합상. 분노·기쁨·질투·사랑, 관념의 일합상도 같다. 공에서 가공한 집이다. 무아의 결집, 일합상은, 나·내 것이 억지임을 과학적으로 설명한다. 우주 표문에 나와 내 것은 없다. 잊지 말아야 할 것은 '나는 빔의 터전에 세운 가건물'이라는 점이다. 우연이며 필연으로 일합상은, 일시적 공의 연합이다. 그래서 일합상은 제 몸의 부실함을 돌보기 위한, 자리이타로 자기 확장을 꾀한다. 연기이고 표현이다.

존재는 특권으로 내가 있기 전에, 표현으로 드러난다. 신분으로, 권력으로, 재산으로 내가 있는 것이 아니라, 나를 표현하는 동작으로 살아난다. 갑질은 표현이 아니다. 권력으로서 나·내 것이 있다는, 착각이 만든 무지, 암흑에 갇히는 오줌이다. 공감과 배려는 좋은 표현 재료다. 나에게로 집중은 좋은 표현 재료다. '어떻게 살 것인가'는 표현 방식의 서사다. 나다움, 생의 몸통을 짜는 기술이며, 시간을 생산하는 지도다. 실존은 표현에 있다는 현실. '어떻게'는 존재에게 생명을 불어넣는 호흡이다.

지금 이 순간 '어떻게' 고민은, 채움으로 비우는 지혜를 축성한다. 채움은 곧 불화의 언덕에서 새 집을 지으며 비워진다. '어떻게'는 순간을 살며 영원을 건드리는 공의 말초 신경이다. 불가침 권리라면 방해받아선 안 될 표현의 신성이다. 가치적 존재란 표현적 존재다. 나의 살이와 몸은 표현에 있다. 타인의 시선을 따라다니는 몸짓은, 남의 다리를 긁고 시원함을 부리는 재롱이다. '나는 어디에 있는가' 뿌리에 대한 접근은, 지금 이 순간 '어떻게,' 몸가짐을 살피는, 사실적 접근이어야 함을 부처님이 눈짓한다.

일합상의 창조 원리에 일체유심조가 있다. 세상사 마음먹기에 달렸다 한다. 그런데 마음이 제 것이 아니고 주인이 따로 있다면, 제 심장이 품고 있는 마음은 가장 위험한 물건이다. 마음먹음은 남의 물건을 훔치는 도둑이 된다. 제 마음을 제가 감시하고 검열해야 한다. 종이 마음먹는다는 것은, 존재를 포기하는 일만큼 위험하다. 마음은 제 것이어선 안 될 일이다. 부처는 존재의 몸짓을 통제하는, 창을 겨누고 있는 제도 주의 종교를 괴물이라 한다. 마음에 들어와 주인 노릇하는 그것이 귀신이나. 재산·권력·신분을 주인으로 모시는 자도 다르지 않다. 마음을 버린 자, 종에게 괴물만 남는다. 그것이 괴물인지 모른 채.

일체유심조는 응당 마음을 제자리로 돌려주는 혁명이다. 마음을 제 것으로 하는, 경영자의 도가 중심을 세운다. 일체유심조는 표현하는 존재로 원위치시킨다. 오고 감이 없는 불화의 도에서, 중생이냐 부처냐, 결정은 내가 한다. 마음이 내 것으로 하여 세계가 몸을 일으킨다. 마음은 자기 구제의 열쇠다. 주인으로서 마음, 일체유심조다.

불토는 마음먹은 만큼 잡는 성취에 있다기보다, 마음먹음을 가능케 하는 열림에 있다. 닫아 놓고 '세상사 마음먹기에 달렸다' 소리치는 것은, 실패의 인과를 개인의 의지나 자질 부족으로 돌린다. 한계를 학습시킨다. 마음먹음은 키 맞추기 자기 검열이다. 공업의 제일은 열림이다.

지혜와 자비는 표현의 미진이자 전부다. 사회는 누구에게나 공평하게, 손을 흔드는 자에게 돗자리를 깔아 주어야 한다. 인연의 그물코를 담당하는 주인으로서 일체유심조가 말한다. 실체가 없다, 고정하지 않는다 함은, 숙명적 결정론이 발붙이지 못하도록 한다. 지혜는 머뭇거리지 않음이다. 나를 보고자 하면 나를 깨야 한다.

공을 기반하는 일합상은, 우주에 절대란 없다 한다. 시공간도 상대적으로 연기한다 ― 아인슈타인의 일반 상대성 원리가 밝히고 있다. 중력에 의한 공간의 휨, 공간 팽창, 속도에 따른 시간 차이는 시공간이 연기함을, 시공간은 우리들 의식에서나 머무는 허상임을 설명한다. 상대적이라 함은, 세계는 보는 자에게 비춰지는 '상태'임을 의미한다. 보는 자가 없으면 세계는 문을 닫아 건다. 특정 조건, 특수한 상황에서 감지하는 감각의 조합임을 나타낸다.

보는 자가 세상을 연다 ― 세상은 관찰자의 시각으로 건져 올리는 창조물이다. 자기가 생각하는 방식으로 세상을 읽는다. 천상천하 유아독존이다.

세상은 바라보는 자의 수만큼 존재한다. 독창성을 지닌다는 것은, 보는 자마다 독점적 유일함이다. 창호는 창호의 세계를, 누구도 대신하지 못하는 세상을 생산하는 고귀한 존재다. 고유함은 절대가 아니라 불가침이다. 시간과 공간은 보는 자 각자의 것으로, 유아독존이다. 불일불이不一不異다. 우린 다르지 않지만, 그렇다고 하나이지도 않다. 존재의 유일성과 상대성, 표현으로 드러나는 차별적 개성. 일합상의 공성이요, 유동성이다. 유연성, 탄성이다. 융통성이다. 이것이 우주 천지 창조 골격이다.

    우주는 단 한순간도 창조를 멈추지 않는다. 우주 천지 창조 원리, 일합상의 공은, 저 하늘의 천국, 불멸의 신, 절대·불변·영구·영생·종말·단정·고정·정지는 모두 가짜다 한다. 나를 우주와 분리하는 망상이다. 진실이라 말하는 대게는 일면의 시각에서 끌어올린 조건적 상황이거나 변덕의 파편이다.

    또는 나에 대한 강박이 만든 환영이다. 세상은 다방면으로 시선을 유혹하는, 표현의 눈부심이다. 상이 상 아님을 보는 노리가 공의 일합상 이치, 천지 창조의 원리에 연유하고 있다. 진리는 하나의 모양이 아니다. 다방면의 눈짓, 상대적 가면이다. 상황의 신축성이요, 임시적 변통성이다.

    아이가 주인 몰래 색종이를 들고 나오다가 들켰다. 이는 도둑질인가? 술주정뱅이 아버지한테 대화를 트는 방식이거나, 엉뚱하게 신경질적인 엄마에게 자기를 설명하는 충격 요법일 수도 있다. 다짜고짜 도둑으로 모는 것은 위험하다. 일합상은 공의 조합, 실체 없는 미진 덩어리, 다양한 요소가 섞여 있음을 나타낸다. 독단적 단정은 절대적 폭력. 절대적 외침은 절대적 허구다.

    법률은 사회의 열림 정도를 표시한다. 사회가 존재에게 다가가는 보폭의 크기를 짐작케 한다. 개방성과 연결성을 측정하는 도구다. 민중의 눈물을 타고 흐르지 않는다면, 법은 그들만의 주사위 놀음일 뿐이다. 죄는 공평함의 정도를 가늠하는 지표다. 어느 누구도 굶지 않는, 사회 보장으로 생계를 어루만지는 곳에서 밥을 훔치는 죄는 발생하지 않는다. 밥을 훔치는 죄가 많다는 것은 돌봄이 없음을 나타낸다. 공업을 짜는 일합상을 생각하게 한다. 도덕은 인문학의 이해 수준을 나타낸다. 보다 근본적으로 존재 원리에 대한 이해 정도를 보여 준다. 인연을 연결하는, 더불어 얽음 정도를 보여 주는 관계 지표다. 연결을 튼튼히 짠 사회 기구는 범죄로부터 해방한다. 악업의 위험에서 구한다. 복덕을 탐착하며 요행을 구하지 않는다. 보다 존재의 표현에 집중한다. 불법의 제일 관문이 불이(둘이 아님)문이다. 불법은 도피하지 않는다.

무아 일합상은 다름이 주는 선물이다. 그러나 다름을 '달라야 한다' 가둠은, 고정 관념이 주무르는 패악이다. '여자는 여자다워야 한다,' '영구다움은 이것이다,' 다움을 표현으로 강요하면 편견과 탐욕이 가하는 채찍이다. '다움'을 존재의 고유함으로 굳히면서, 무엇이라는 일정한 형식, 곧 불통하는 절대의 꼬리표가 조립된다. 미진의 결합을 표현으로 드러내는 나다움에 자유가 있다. 나다움은 유아독존을 뽐낸다.

미진의 빔은 일합상의 모든 자질을 가능케 한다. 일합상 곧 존재는 태생적으로 자유를 모태로 하고 있음을 보여 준다. 정의라면 표현의 자유를 존중하는 것이겠다. 표현의 물감으로 자유와 평등은, 도덕적 규범에 앞서 일합상의 우주 얼굴이다. 부처님이 천지 창조 원리, 일합상의 이치를 들어 전하는 말씀이다. 자유와 평등은 부처가 아상으로 치켜 올린 깃발이 아니라, 우주 작동 법칙이 손을 청하는 악수다.

부처는 다양성·자유·평등이 우주에 보편하는 진리임을 이미 2600년 전에 밝혀 놓았다. 일합상으로서 존재는 특별한 형식을 고집하는 고형물이 아니라, 무아를 모태로 하는 미진의 합성물이라는 자각. 여전히 '나는 나다' 외치고 싶다면 나를 두드리는 미진의 속삭임을 조용히 경청해 보자. '누구냐, 넌?' 나도 그것이 알고 싶다.

삼천대천은 거시적 세계다. 우주는 성간 물질과 중력 에너지를 주고받으며 생명을 유지한다고 한다. 태양과 지구, 행성과의 관계가 그러하고 별과 별, 은하와 은하의 작용도 다르지 않다. 아무리 크다 해도 '하나의 실체'라면 변화 가능성은 사라진다.

별들이 관계하며 안정을 추구한다면 근본적 실체가 없음을 입증한다. 세계가 실체로 존재하는 결정체라면 둘로 쪼개질 수 없다. 쪼개진다 해도 동일한 특성을 유지해야 한다. 주위 환경에서 자유롭다. 그러나 별은 성주괴공 하는 단계에 따라 성격이 다르고 특질에서 차이를 보인다. 변화한다 함은 실체 없음을 증명한다. 거대한 3천대천세계라도 미진의 일합상임을 드러낸다.

무아의 대범함이다. 상호 의존하며 유기적이고 역동적인 수수 관계를 맺음으로 탄생과 보존, 변화 소멸하는 창조 과정을 밟는다. 유기적으로 의존하고 있다는 것은 평등을 나타낸다.

화엄세계(꽃으로 장엄한 세계. '세계는 한 송이 꽃이다.' 모든 존재가 인연을 맺으며, 세계는 한 송이 꽃으로 피어난다. 하나의 생명으로 만발하는 지금 여기, 우주다)를 법계 연기로 설명한다. 이법계는 원리를 이루는 본체다. 평등하다. 사법계는 독립성을 띠고, 개개로 나타나는 현상계다. 개성과 차별로 특징을 표현한다.

이사무애 법계는 이와 사, 본체와 현상이 분리되지 않고, 걸림 없이 상호 관계하며 유기적으로 연결되어 있다. 사사무애는 존재와 존재가 서로 통섭하는 현상계가, 그대로 진리의 세계임을 말한다. 이법계의 본체가 무아 공이다. 사법계는 '하나로 합친 형태,' 일합상이다. 이사무애는 공의 미진이 하나로 뭉쳐 일합상을 발현하는 이치이다. 그 이치에 응답하여 드러나는 존재다. 평등에 기초한 차별을 보인다. 차별로써 평등을 구현한다. 무아 이치에서 미진은 만들지 못할 우주(일합상)가 없다. 이는 무한 세계로 열린 자세를 지향한다. 세상은 상상하는 만큼 빚음 가능한 마음임을 뜻하기도 한다.

사사무애는 미진이 단독자로서, 독립적으로 활동하지 않음을 말한다. 자성이 없어 서로 교통한다. 인연을 맺고 끝없이 이어감을 보여 준다. 두 사물이 본체에서 하나의 관계에 있음을 상즉이라 한다. 무애, 막힘이 없다는 것은 본체와 현상이 하나로 돌아가는 일원론이다. 물이 파도이고 파도가 물인 관계와 같다. 존재는 존재함으로 서로의 생명이며 거울이다.

존재와 존재 간에 걸림이 있다면 이는 생명으로부터 차단이요, 생명성의 왜곡이다. 빛과 흙, 식물과 동물, 인간과 자연은 서로 막힘없이 융통함으로 생명을 이어 간다. 흙이 오염되면 상통은 막힌다. 동식물은 시들고 병든다. 공기가 더럽혀지면 견디어 낼 생명은 없다. 무애는 공의 혈관이다. 인연 화합은 한 군데라도 삐끗하면 전부가 다침을 보여 준다. 이 우주는 일합상자, 곧 창조자로 가득 채워져 있다. 모든 존재는 공의 도리에서 행동을 나투며, 자기를 확장하고 자신의 세계를 만들어 간다. 그 지음으로 서로 연결하는 손을 내민다. 이것이 불성이요, 사사무애다.

한 존재의 건강은 인연의 견고함을 나타내는 지표다. 내가 건강하다는 것은 그만큼 감사해야 할 대상이 무궁함을 뜻한다. 타자의 창조가 닿지 않는 즉시 나는 무너져 내린다. 당장 빛이 달린다는 행을 중단하면, 어느 생명인들 버티랴? 나뭇잎이 동화 작용이라는, 자기를 개척하고 확장하는 창조행을 멈춘다면 누가 목숨을 부지하겠는가? 사회 제도는 사사무애로 내통하는 핏줄이어야 함을 가리킨다.

부처님은 극히 작은 미시 세계(미진)와 대천의 거시 세계(일합상)를 꿰뚫어, 우주 작용을 삶의 도리로 범용토록 한다. 우주 일원으로서 당연하고 자연스럽다. 존재는 지수화풍 그 이전, 공의 미진으로 배합한 일합상이라는 점에서 무아다. 서로 일정한 영향을 주고받으며 존재를 유지하므로 평등하다. 미진의 규합으로, 공통의 조상과 규범을 근거하는, 서로 연통하는 한 몸이다. 우주 에너지를 공유하고 나눈다는 점에서 의무적 연합체다.

법성계는 '일즉일체 다즉일, 일미진중 함시방'이라 한다. 하나가 전체며 전체가 하나다. 한 톨의 티끌이 세계를 품는다 한다. 나

안에 나 없다. 나 안에 너 있다.

　나를 경계 지어 밖을 남이라 한다. 무아 원천을 쏘아 본다면, 나라는 금을 어디에 그어야 하는지 난감하다. 공의 실타래, 걸림 없이 이어진 동맥과 정맥. 너와 나. 일합상과 천지 창조의 원리에서 너는 내 실존을 지탱하는 뿌리다. 세계는 일합상의 합종연횡이다. 나무고 나무 이파리다. 가지를 오르내리는 물관이다. 무아의 더 넓음이요, 벽 없는 덕성이다. 무아는 무애 상통한다. 일합상의 나무에 배척의 독과는 열리지 않는다 한다. 자연도 마찬가지다. 따돌림당한 자연의 부아를 어찌 인간이 감당하랴? 겸양은 인간이 생존을 방비하는 최고 요새다. 까불지 마라. 한방에 훅 간다 한다.

　'하나로 뭉친 모양이라 하는 것은 말할 수 없는 것이어늘' 일합상을 이름으로 가두는 것(책상·나무·분노·성공 등)은, 언어의 광기로 존재를 질식시킨다. 존재가 언어의 감옥에 갇혀 빠져나오지 못하면서, 생명성이 시든다. 무아 군무를 전부인 양 이름으로 결박함은, 마치 뼈라는 언어에서 뼈를 발라 내는 것과 같다. 인연이 껴안고 뒹굶으로 일어나는 불꽃을 광주리에 담는 것과 마찬가지다.

　"부처의 말이라 해도 무조건 믿지 마라. 자신의 지성과 지혜로 점검하고 믿어라" 하신 부처의 뜻을 새겨 보자. 현란하게 혓바닥을 치장하고 구원을 홀리며, 미끼를 놓는 사특한 사람을 경계하는 말이다. 또한 언어에 대한 반성을 주문한다. 의사 전달의 방편으로 사용하는 언어가 개념의 옻칠을 입으면서 딱딱하게 굳는다.

언어는 죽은 썩박이다. 바람을 이고 몸을 숙이는 나무의 들숨과 날숨은 달아난다. 통명 맞게 바람을 맞잡고 선 고목과 같다. 무아 일합상은 개념으로부터 자유를 일깨운다.

'하나로 합한 이치의 모양,' 일합상은 유무를 상통한다. 존재의 행위와 지은 바를 곧장 업이라는 공의 테로 얽는다. 공은 다시 색으로 연결한다. 존재와 비존재를 초월하는 도리다. 일합상은 무아의 합체로써 존재가 아니며, 인연의 접합이므로 존재 아님도 아니다. 중도는 안주하지 않는다. 나에 대한 고집, 아상을 집착하는 것은, 낳긴 길을 놓고 도는 맴돌이다. 인연이 안내하는 이정표를 부러뜨린다. 업식을 분식회계한다. 생명의 분절이다.

존재와 우주에 관한 그릇된 이해는 업식의 눈알을 빼 버린다. 탐진치가 대표적 분식회계다. 탐욕과 아집은 제 모가지를 비트는 철딱서니 없는 손이다, 업식이 말한다. 나·가족·동창·고향 사람·우리 학교·우리 종교…… 생존 기술이라 여겨 왔던 우리라는 외딴섬은 종종 바다의 표적이 되곤 한다.

제 31 — 지견불생분

지견을 내지 아니함

"수보리야, 만약 어떤 사람이 말하기를 '여래가 아견과 인견, 중생견과 수자견을 말하였다' 하면 수보리야, 어떻게 생각하느냐? 이 사람은 내가 말한 바 뜻을 아는 것이냐?"

"아니옵니다, 세존이시여. 이 사람은 여래께서 설하신 바 뜻을 알지 못하옵니다. 어떠한 까닭인가 하오면, 세존께서 말씀하신 아견과 인견, 중생견과 수자견은 곧 아견·인견·중생견·수자견이 아니옵니다. 이를 이름 하여 아견·인견·중생견·수자견이라 하옵니다."

"수보리야, 아뇩다라삼먁삼보리심을 발한 자는 일체법에서 응당, 이와 같이 알며 이와 같이 보며 이와 같이 믿고 이해하여, 법의 상(법상法相)을 짓지 말지니라. 수보리야, 말한 바 법상이라는 것도 여래가 곧 말하기를 법상이 아니요, 이를 이름 하여 법상이라 하느니라."

31분을 시작하기 전에 사과부터 해야겠다. 화무십일홍을 거론하며 '꽃이 열흘 붉으면 지겨워서 못 본다' 했다. 이는 지견이다. 무명의 공습이다. 무기력하게 기억에 유린당하는 처참함이다.

이 분의 핵심은 '경이'다. 삶은 기적이다. 신령스런 달빛을 듣는다면, 지견을 닫는다면 말이다. 지금 그렇고 그런 일상이거나 시들하다면, 행복이 감기에 걸려 기침하고 있다. 경험은 살이가 퍼올리는 경이를 덜어 낸다. 기억은 '아는 듯' '본 듯' '있은 듯'한 과거의 통명스러움을 더듬는다. 지견이다. 삶은 새로운 미지를 끊임없이 옮겨 오는데, 생각은 차고에 처박아 둔 고장 난 차처럼, 녹슨 부품을 끄집어내어 '음, 그렇군' 대충 말아서 던진다. 일합상의 춤사위를 기억으로 퉁쳐, 규격의 단조로움으로 밀쳐놓는다. 기억은 권태롭다. 개념은 덕장에 걸린 동태같이 매가리가 없다. 사소함이 사소하지 않을 때 생은 웅장한 현을 뜯는다.

대부분 위대한 발견은 사소함에서 건진다. 주전자 뚜껑을 들썩이는 수증기를 의심하면서 증기기관을 만들고, 산업혁명을 불러온다. 사소함을 탐험하는 호기심이 모험으로 인도한다. 일상에 염증이 돋는 자는 삶을 산다기보다 생각을 산다. 익숙함의 마취에서 깨어나지 못한다. 차고의 고장 난 부품으로 차를 움직이지 못하는 건 당연하다. 운전대를 잡아보지 않은 자다. 지견은 생각 속 관념을 달리기 때문이다. 살이의 범람하는 물결을 알아차리지 못한다. 누구를 탓하랴? 기억을 때려라. 모험은 기억의 동굴을 빠져나와 공을 마주하며 시작한다. '그러하다·당연하다·익숙하다'는 앎의 나른함이다. 그러하다를 모른다, 당연하다를 이상하다, 낯익음을 낯섦, 익숙하다를 새롭다, 평범하다를 기이하다, 심심하다를 엉뚱하다로 찔러 보자. 춘향이 뛰던 그네에서 아폴로 우주선을 만난다. '공'은 낯선 손에서 일어나는 불꽃이다. 찔러 보지 않고 공즉시'색'에 닿을 수 없다. 눈으로 읽는 낡은 문장이, 손으로 젖히면 꿈틀대고 기어 나온다. 다 안다고 생각하면서, 그것은 당신 앞에 주검으로 널브러진다. 안다는 건 포기하는 것이다.

설거지하는 아내. 당신이 예사로움을 거두면 '저 여인은 누구일까? 누구시길래 나를 위해 밥을 하고 설거지를 할까?' 신기하지 않은가? 아내라는 이름으로 매질하는 생은 어디서 왔을까? 전생의 빚쟁이일까, 원수일까? 어떤 길을 밟아서 여기까지 왔을까? 여기는 종착일까, 간이역일까? 시작일까? 처녀적 손금이 그린 것은 무엇일까? 배에 들어간 알곡은 저 여인의 기쁨일까 염증일까? 그도 아니면 무심일까? 바싹 들여 깎은 손톱은 여인의 체념일까, 삶의 무장일까? 손을 적시는 물은 담담할까, 무덤덤할까? 물씬한 몸내를 들추는 물빛은 무슨 색일까? 파랑일까 빨강일까? 까칠함일까 누긋함일까?

낯선 두 우주가 한 접시에 있다. 씰룩거리며 반짝이는 빛. 지켜보는 날카로운 빛. 서로를 비추며 빛이 띈다. 접시가 춤춘다. 이 순간 기적이지 않은 만남이 없다. 안이비설신의 색성향미촉법, 접촉은 멈칫하고 날렵하다. 부딪침은 뜨겁고 아리다. 가맣고 생생하다. 진하고 말갛다. 출렁이고 잔잔하다. 씩씩하고 우울하다. 놀랍지 않은가? 안이비설신의는 없다. 보는 것은 보는 것이 아니다. 늘 그러한 보는 것은 생각의 마비, 마음이 만든 남루함이다. 그 놀람으로 다시 바라보는 삶이 기적이다. 아득함이다. 같지 않게 보기. 기억의 뒷마당을 구르지 않는다면, 사소함을 들추어 보는 것으로도 삶은 넘친다. 어찌 설거지하는 저 몸동작을 읽고만 있으랴. 살포시 안아, 생명의 한 페이지를 젖혀 보지 않으랴? '경애하는 장 여사!' 목소리가 떨리고 가슴이 아르르 저며 오리라.

'주장은 주장이 아니다. 그래서 주장이다.' 삶을 버리고 진리가 있지 않다 한다. 보고 듣고 행하는 그것으로 진리임을 알아라 한다. 문제는 태도. 고집과 집착을 버린다면 아견인들 아견으로 남지 않는다. 주장에 눌러앉지 않으면 주장이 아니다. 지견이란 앎을 말뚝 치는 고집이다. '그건 아견이야.' '이건 중생견이야.' 진리로 말뚝 쳐 들이밀면 법상이다. 경직성이 문제다. 언어는 달을 가리키는 손가락이지 달이 아니다. 이정표일 수 있어도 길이 아니다. 앎으로 옭아 매지 않고, 진리로 세워 들지 않는 유연함으로 진리를 만난다. 주장이 '나도 좀 봐 줘'이듯.

지견을 허문다 함은 관념으로부터 해탈이다. '해는 밝다,' '풀은 초록이다'는 관념이다. 어제의 밝음이 다르고 아침에 툭툭 치며 달려드는 빛깔이 다르다. 살갗에 앉아 쉬고 있는, 명료한 따스함이 다르다. 나·너·남녀·잘났다·그르다 견해는 기억의 배설물, 관념의 똥찌꺼기다. 생각은 생각일 뿐이다는 늘 참이어야 한다. 견해는 물을 잃고 덕장에서 말려지는 동태다. 너라는 기억을 버리면 너는? 여자라는 견해를 버리면 너는? 거기에 기적이 있다. 관념의 투구를 벗으면 세상은 살갗을 차고 오르는 더듬이다. 느낌으로 요동친다. 신선함으로 고요하다. 기억의 뻘을 캐는 삶은 무디다. 따분함으로 요란하다. 알수 없음, 궁금증으로 갉아 대는 촉수가 마법을 찌른다. 미지의 손이 잡아 끈다. 액자에 끼워진 그림과, 물살을 치오르는 꼬리의 가려움증과 같은 차이다. 최고의 승자는 기억을 이긴 자다. 그러나 '관념을 버려라' 법으로 붙들고 놓지 않으면 법상, 지견이다. 관념은 관념이 아니다. 머물지 않으면 생을 깁는 실이다. 의미를 짜는 정신의 힘이다.

기적은 사소하다. 풀포기의 푸르름이든 찌르레기의 서러움이든, 살이를 채우는 물컹함으로 기적이다. 기적은 인과의 톱니바퀴가 엇나지 않는다. 인과법을 비껴난 이적은 해괴망측한 장난이다. 삶을 벗어나는 이적은 없다. 업이 불화에서 해탈하여 다시 여기로 돌아온다. 삶은 삶이 아니다. 우주 끝을 가로지르는 여행. 기적이다. 살이로써 이 언덕과 저 언덕이 하나가 된다. 오고 감이 없는 생명의 도. 삶이 열반이다. 삶을 품는 것, 자비다, 지혜다. 누구나 힘껏 삶을 껴안아야 하는 도리다.

사문유관. 석가가 동문을 나서, 굽은 허리를 지팡이에 싣고 비틀거리는 백발노인을 본다. 서문으로, 자기 배설물을 깔고 누운 병자를, 남문으로 장례 행렬을, 북문으로, 조용히 걸어가는 출가승을 만난다. 동서남북 4문은 생로병사, 삶의 여로다. 그것은 고통과 불안, 문득문득 생의 낟알을 허뜨리는 공포다. 부처는 으레 그러한,

살이의 냉담함에 묻히지 않고 비밀의 현을 당긴다. 사소한 일상을 사소하게 지나치지 않음으로 석가는 부처를 이룬다. 부처가 캐 낸 '고즉 열반.' 생의 따분함을 밀쳐 내고, 신비의 가락을 쫓아 일군 우주 체온이다. 부처의 위대함은 깨달음 못지않은, 살이에 대한 자세다. 생을 '고'로 진단했다는 건, 바라보는 삶이 아니라 품어야 하는 살이다. 아는 데서 넘어 느끼기이다. 개간하고 가꾸어야 할 밭으로 삶이다.

고방 깊숙이 고통을 밀폐한다고(아버지 정반왕은 석가가 고통을 알지 못하게, 슬픔과 비극을 차단한 환경에서 양육했다) 낙원이 아님을, 고통에서 도망친다고 정토가 아니라는 자각은, 고통과 맞잡이하여 담판 짓는다. 집중과 억척스러움. 아상의 견해를 꺾어 버리고, 낯설게 하기. 새로움을 긁적여 낚아채는 기적. 살이의 한 기둥으로 고통을 껴안는 용기. 『금강경』을 마감하며 부처님이 강조하는 말씀은 살이의 불가사의다. 손가락이 쏙 들어가도록 찔러 보는 생의 오묘함이다.

부처는 삶의 경이를 "구하라. 하면 얻으리라"(『약사경』) 한다. 익숙함의 뒤꼍으로 숨기에 생은 너무 간지럽다. 구하는 자에게 생은 파랗게 돋는다 한다. 얻고자 하면, 봄바람을 젖히고 님의 베게인들 꺼내지 못하랴? 계절을 휘저어 진달래 입술을 훔쳐 보자. 삭은 나뭇잎으로도 부처를 듣는다. 돌멩이며 풀 포기·산과 들 그리고 당신은 우주가 씻겨 놓은 부처 얼룩이다. 순간순간이 기적이다. 축복이다.

'실체가 없다'의 다른 말은 '정답이 없다'이다. 그래서 나는 정답이다. 정답이 없어서 정답이다. 정답은 실패냐 성공이냐 가르지 않는다. 구하는 자의 손에 쥐어 주는 '가능함'이다. 세계는 당신이 구함으로 만드는 답이다. '이 뭐꼬?' 의심은 절반의 답이다. 내가 붙이는 의문 부호로 시간이 기어 나온다. 호기심으로 쑤시지 않는 삶이는 권태로 시간을 닫는다. 길이 길인 것은 그럼에도 미로이기 때문. 누구나 그 길을 가지만 누구도 똑같이 이르지 않는다. 계절을 도는 세월도 같은 길을 밟지 않는다. 지난 봄을 환하게 밝히던 벚꽃 대신, 못다 핀 봉숭아 스러지던 바다를 건너 이번 봄이 왔듯이. 답이 정해졌다면 그 길은 막다른 골목. 발 디딜 수 없을 만큼 이미 꽉 차 있다. 알 수 없음, 미궁에 발을 놓으며 드디어 시간은 길을 뚫는다. 지금 여기는 아무도 밟지 않은 미답지. 수풀을 헤치면 길이 된다. 내가 답이다.

아프리카 속담에 '빨리 가려면 혼자 가고 멀리 가려면 함께 가라' 한다. 빨리는 목표적이다. 속도는 있으나 걸음이 없다. 늘 저 언덕에 당도하는 마음은 지금 여기를 어둠으로 뭉갠다. 다 왔다 하고 되돌아보지만 정작 나는 보이지 않는다. 그에 비해 멀리는 목적적이다. 속도는 없을지라도 걸음걸이로 출렁인다. 어울림으로 어깨가 들썩인다. 발을 올리고 내림으로, 한 걸음의 울림을 듣는다. 부산함으로 고요하다. 어디쯤일까 돌아보면 이미 당도하고 있다. 멀리라고 하지만 돌이켜 보면 지름길인 경우가 많다. 빨리 가고자 작은 웅덩이에 발목을 삐어, 멀리 바다가 있음을 보지 못한다면 가엽지 않은가?

"광야를 여행할 때의 길동무처럼, 가난한 가운데서 나누어 주는 사람은, 죽어 가는 사람들 사이에서도 멸하지 않는다"(『육방예경』) 한다.

마음을 가난에 대입해 보자. 마음이 빈약한 자, 견해로 마음을 덮는 자, 싫증으로 호기심이 마른 자 가운데서 나누어 주는 사람은, 기억 속으로 죽어가는 사람들 사이에서도 멸하지 않으리라. 광야를 여행할 때의 길동무처럼. 나눔은 지혜와 자비다. 살이가 주는 경이다.

머리를 깎고 가사를 걸쳤다고 출가라 않는다. '나'라는 집을 나서, 삶의 진면모에 도달하고자 하는 발심이 출가다. 빨리 가고자 혼자 뛰지 않는다. 먼 길을 두고 서로 손 잡는다. 그것으로 이미 길을 건너고 있다. 행복을 향한 구도심이다. 구하고자 하면 먼저 나라는 집을 떠나라. 나라는 분모가 사라지면 행복은 크기를 따질 수 없다 한다. 행복에 관한 불법의 방정식이다. 불법에 기본 상수가 있다면 살이를 업고 있는 아상의 분모다. 분모가 클수록 살이는 쪼그라든다.

우리는 우주 출가에 빚지고 있다. 햇발이, 물이, 집을 나서서 만물이 집을 짓는다. 풀이 그렇고 동물이 그렇다. 행복으로 삶을 추궁하고자 하는 자. 그대여, 썰룩이는 우주 궁둥이 장단에 맞추어 출가라도 해 보자. 나의 옷을 훌훌 털어 보자. 어렵지 않다. 아견을 놓는 것으로도 이미 출가다. 못났다는 그 생각 하나 놓는 것으로.

소리·억양·비명·울부짖음, 말에 음률과 선율을 증폭하여 가락으로 토한 것이 재즈다. 말이라는 개념에서 해방하면 훌륭한 음악, 놀이 도구다. 애수의 폭포, 자유의 춤판으로 살아난다. 무아의 창조 원형을 보여 준다. 그런데 '이게 재즈야,' '재즈는 이러해야 한다,' 재즈를 고형 양식으로 묶으면 재즈가 아니라 소음이 되고 만다. 존재는 일탈하고 변화를 모색하며 진화한다. 재즈는 재즈 아님으로 멋진 재즈가 태어난다. 분방함으로 규칙을 양생한다. 분방함이 아니다. 무아의 개방으로 음률이 꿈틀거리며 기어오른다. 자기 확장은 자기를 부정하는 모험. 호기심으로 도발. 의심의 촉수로 찍으며 나를 개간한다. 일반 용어는 도전이다. 견해로 의식의 사체를 안고 쓰러지지 않는다면, 기억의 골짜기에 숨지 않는다면 언제나 도전이다. 무견이 바른 이해라 함은, 행복으로 가는 길목에 '알 수 없음'이라는 푯말이 걸려 있어서다. 무견은 전체로 열려 있는 앎이다. 생명의 숨결을 따라 흔들리는 마음이다. '이것이 진리다.' '우리 종교만이 길이다'는 아상의 묘비명이다. 집착으로 촉을 세운 화살이 쏘는 것은 나다.

용어 풀이

4문유관 : 태자 시절 석가가 가비라성 밖으로 나갔다가, 동서남북 문에서 생노병사의 괴로움을 보고 출가를 결심한 일.

제 32 _ 응화비진분
응화신은 참이 아님

"수보리야, 만약 어떤 사람이 무량한 아승지 세계에 가득 찬 칠보를 가지고 보시에 썼더라도, 만약 보살심을 발한 선남자 선여인이 있어 이 경을 지니며, 내지 4구게 등이라도 받아 지니고 읽고 외우며 다른 사람을 위하여 풀어 말하면(수지독송 위인연설) 그 복이 저보다 나으리라. 어떻게 사람을 위하여 풀어 말할까? 상을 취하지 아니함으로 여여如如하여 동하지 않느니라. 어떠한 까닭이랴?

일체 함이 있는 모든 법은 꿈이며 환영이며 물거품이며 그림자 같으며, 이슬과 같고 또한 번개와도 같으니 응당 이와 같이 관할 지니라.(일체유위법 여몽환포영 여로역여전 응작여시관)" 부처님께서 이 경을 설하여 마치시니, 장로 수보리와 모든 비구 비구니와 우바새 우바이와, 일체 세간의 천상과 인간과 아수라 등이 부처님께서 말씀하신 바를 듣고 모두 크게 환희하여 믿고 받아 받들어 행하니라.

삶이라는 게 별다르지 않다. 이웃이 어루만져 주는 손길이 있어 상처는 아물고, 따뜻한 말 한마디로 힘을 얻고, 작은 것이나마 나누며 삶을 토닥인다. 너와 내가 마음 뒹굶으로 살이 오르는 삶이다. '옆집도 모르는데' 하지만 한 하늘을 덮고 자며, 같은 해를 먹고 산다. 내가 한순간이라도 보시받음 없이 목숨을 연명하랴, 제 처지를 헤아려 보라 한다. 하늘과 해와 달, 땅이 베푸는 음식을 당연하게 챙기면서, 나눔을 저어하는 당착은 어디서 온 무례인가 돌아보라 한다. 우주 섭생을 내던지고 고개를 들 수 있는 자 누구랴 묻는다.

배고픈 자에게 자유란 밥 한 그릇을 넘지 못한다. 한 그릇의 밥이 진리고 목숨이다. 보시는 소망한다, '만인에게 자유를, 그리하여 내게도 자유를 허락하소서.' 인연을 밀쳐놓고 제 볼따구니가 터지도록 쑤셔 넣는 몰염치는 누가 남긴 유산인가 자문하라신다. 굶주리는 네 옆에서 배부름을 두드리는 자유를 만끽한다면 지옥이 아니랴? 보시가 던지는 질문이다. 존재 주머니가 차고 있는 업식한테 물어보자. 그래도 모르겠거든 『금강경』 귀를 빌려 들어 보라 한다. 곱씹어 보라신다. 4구게라도 행동으로 꿰매면 여여부동이다. 여여는 같고 같다, 있는 그대로 그것, 한결같다, 생사의 분별마저 끊은 평화로움이다.

"일체 함이 있는 유위법은 꿈이요, 허깨비다." 유위법은 인위적이고 만들어진, 조건이 만나고 흩어져 형성한 것, 원인에 의해 결과가 모인 인연 세계다. 생멸변화하는 우주의 살결이자 겉모양이다. 이들은 다 뚱딴지고 물거품처럼 무상하며 그림자같이 공허한 유령이다. 이슬처럼 소리 없이 스러진다. 번개와 같은 찰나다. 한때의 잠꼬대요, 밀고 오는 뒷물에 형체도 없이 꼬꾸라지는 앞물이다. 나를 앞세우고 상이 요란하게 방울을 흔든다. 분별의 세계 유위법에서.

그러고 보니 함이 없는 무위법이 남는다. 이곳과 저곳이 나뉘지 않는, 아집을 내려놓은, 있는 그대로의 세계. 오고 감이 없는 우주의 맨얼굴이다, 그렇다. 부처님은 무위법, 우주의 속살, 법신을 드높이기 위해 유위법을 들고 있다. 분별을 거두면 몸과 그림자, 허공과 이슬 번개가 둘 아님을 본다. 무위법으로 간다고 하여 유위법을 떠나지 않는다. 상을 걷어찬 이 언덕이 곧 청정한 저 언덕이다. 무아의 물보라가 흩날리는, 인연이 일렁이는 일합상의 바다. 이 언덕이 열반이다. 열반은 구해야 할 무엇이 아니라 망상을 떼어 낸 세계다.

부처님이 『금강경』을 마치며 내놓는 화두는 '가치'다. 꿈·그림자·번개로 보여 주고자 하는 것은 '함'의 덧없음이다. 함은 그릇된 분별, 곧 관념으로 뭉친 상을 전부라 믿는 어리석음이다. 무위법의 실천지침으로 응무소주 이생기심이다. 하되 머물지 말라 한다.

욕망은 무아의 자기 지향이다. 재즈가 만발하는 과정을 연상해 보자. 재즈는 정형화된 틀이 없다. 살아남기 위해선 끊임없이 자기 계발이라는 욕망의 증폭을 거쳐야 한다. 재즈를 창시한 자가

'이것이 재즈 규칙이다,' '재즈는 내 것이다' 했다면 재즈의 생명은 트럼펫의 한 템포를 넘지 못했으리라. 생김새가 없음으로, 누구의 것도 아님으로, 재즈는 다양한 울림으로 고막을 터트리며 만인의 가슴을 친다. 만인의 것으로 생명을 얻는다. 자기 확장의 창조, 함이 없는 보시다. 자기 확장은 내 것을 쌓음이 아니라, 나를 보양함으로 타자를 살찌운다. 나눔으로 서로서로 잇는다. 보시가 소유의 다른 형태임을 보여 준다.

'거짓말하지 마라'라는 계율이 있다. 거짓말이 자기 확장의 일환이라면 선악을 넘어선다. 실은 확신하지 않지만, '영자는 맵시 있다' 말한다면 거짓말이다. 그러나 그 말이 영자에게 활기를 주고, 우정을 돈독히 하며 삶을 매만진다면, 기적을 일구는 햇살이다. 선의의 거짓말을 뛰어넘는다. 참과 거짓을 초월해 생동하는 삶, 집중하는 생, 관계를 보양하는 보시다. 맵시는 다시 창조된다. 가령 자치기 놀이는 작대기가 길다 짧다, 길이에서 해탈한다. 쓰임이나 가치 행위는 존재의 외형을 초월한다. 공즉시색으로 튀어오르는 중도다. 무위법이다.

'살생하지 마라'도 마찬가지다. 살생으로 고기를 취함이 자리이타의 질서에 있다면 자기 확장이다. 사자가 말을 잡아먹음은 악해서가 아니다. 선악 개념을 초월한다. 사자가 먹잇감을 고르고 모는 능력. 날렵한 뜀뛰기, 낮은 포복. 많은 창조성을 지니고 있으나, 그것을 지혜롭다 말하기 어려운 것은, 오로지 먹음만을 집중하기 때문이다. 그러하므로 자기 확장의 중도다. 따라서 지혜롭지 않다 말하기도 어렵다. 인간의 살생이 살생인 것은 그것이 먹음을 넘어, 나·내 것을 쌓는 부의 축적에 있기 때문이다.

불법에서 악이라면, 불화의 가마에서 낮은 생명으로 구워지는 나쁜 업이다. 영자에게 '날씬하다' 해 주면 좋은 선물을 한다거나, 부탁을 거절하지 않는다는 것을 알고, 그것을 얻기 위한 것이라면 악이다. 삶을 돌아보면 참과 거짓, 구분이 무의미할 정도로 거짓으로 가득하다. 보통 내가 옳다 믿으면 참되다 한다. 하지만 그 믿음으로 거짓을 알아채지 못한다. 옳음에 대한 믿음은 불순한 거짓이 섞일 리 없다 확정한다. 또는 언어 습관에 섞어 거짓을 의식하지 못한다.

'이 수박은 내가 농사 지은 거야.' 실은 하늘과 햇빛, 바람과 구름, 비가 은혜로운 생명을 쏟아 부어, 지렁이가 땅을 헤집어, 참새가 벌레를 솎아 이룬 소출이다. 우주 만물이 애써 거둔 수확에 내가 조금 힘을 보탰을 뿐이다.

'짜게 먹는 것은 건강에 해롭다. 싱겁게 먹자' 의사가 말한다. 한국과 미국에서 30년간 추적한 음식 습관과 건강 관계를 보면, 혈압·당뇨 등 소금과 밀접한 연관이 있다는 질병에서조차 똑같이, 짜게 먹는 사람이 가장 건강하고 다음으로 아주 짜게 먹는 사람, 그 다음이 보통, 가장 나쁜 경우가 싱겁게 먹는 사람이었다 한다. 의사는 인체에서 작용하는 소금의 생물학적 기능에 주안점을 두고 연구한 내용이 진실하다 믿기 때문에, 그 말을 거짓이라 의심하지 않는다. 하지만 사람 몸속엔 소금만 있는 게 아니다. 각종 채소와 곡식, 무기물과 단백질이 함께한다.

　소금이 인체에 미치는 영향을, 사람이 일상적으로 섭취하는 음식과 연관 지어 탐구했다면 다른 결과가 나왔을 것이다. 채소나 해산물이 소금을 중화한다거나 배출을 촉진한다면 짜게 먹어야 이롭다. 채소의 태도에서 보는 소금은 우리 몸에서 정반대의 말을 한다. '사랑하고 싶다면 자존감을 키워라'라는 선언 역시 마찬가지다. 사랑의 애정 전선에서 자존감이 차지하는 위상은 보기에 따라 다르다. 진실이란 자기가 보는 방향에서 옳음이다. 반쪽 진실, 절반의 거짓. 정답이 아니다. 내가 따르면 정답이 되고, 외면하면 답은 내가 다시 만든다. 언제나 답은 내가 쥔다.

　자존감에 기대기보다 나를 비워 냄으로, 열등감의 실체가 나에 대한 집착이 자아낸 물거품임을 뚫어 보는 무심으로, 더 큰 나를 이룬다. 시선을 바꿈으로도 자존감 따위는 한 방에 날려 보낸다. 우리는 보고자 하는 것을 보는 습관에 익숙하다. 내가 '해석하는 틀'에 끼워 넣어 가위질한다. 본다는 의식은 자기 입장이다. 그러나 우리는 그러한 거짓말을 거짓이라 추궁하지 않는다. 거짓에 무신경해서가 아니라, 자기 이득을 위한 소유의 자세에서 멀기 때문이다. 우리를 이롭게 한다는 믿음이 있다. 선악을 초월해 있다.(학문적 연구나 언론이 대개 그렇다. 그래서 학문과 언론이 이익과 결탁하면 무서운 결과를 자아낸다. 조회 수를 위한 흥미꺼리 기사, 과거의 우지 라면 파동, 가습기 살균제가 대표적이다.)

　따라서 우리네 삶이 참이냐 거짓이냐 구분하는 것은 의미 없다. 거짓은 거짓이기 때문에 문제되는 게 아니다. 거짓의 실체는 어디에도 없다. 공하다. 거짓은 나를 쌓는 행동에서 살아난다. 나·내 것이란 기준을 세우면서 옳고 그름을 만든다. 선악은 내 입장에 기대어 선다. 부처는 이를 무실무허라 한다. 실하고 허함, 좋고 나쁨이 없다.

참이냐 거짓이냐를 넘어서 있음에도, 옳다 그르다 분별은 선악을 가르며 대치한다. 환영과 물거품을 놓고 다툰다. 단정은 '그것이 전부'인 가치 태도를 짓는다. 바꾸지 않겠다는, 내가 옳아야 한다는 자세다. 세상을 재단하는 바늘구멍을, 그 구멍으로 보지 않으면 모두 거짓이다 한다. 감정과 행동을 재촉하며 습관을 굳힌다. 애꾸눈을 가진 자가, 사람들이 의식하지 않음에도, '너는 내가 애꾸라서 그렇다 하지?' 애꾸를 들먹이지 않으면 설명이 불가한 세상 중심에 선다. 제자리를 맴돌이한다. 윤회다. 윤회에 빠지면 나를 탐색할 기회를 잃는다. 교정하고 성장하며 다른 차원에 다다르지 못한다. 분별의 잠결, 유위법이다.

참·거짓의 구분이 의미 없는 것처럼 전체에 닿는 것, 무소유다. 전체가 소유함으로 아무도 소유하지 않음. 없는 곳이 없음으로 있음을 분별하지 않음. '즉석식품은 해롭다,' 모두 공유함으로써 즉석식품에 의지하는 자들을 배려하는 것. 그들의 건강을 위해 힘을 모으는 것, 무소유다, 보시다. 참·거짓 이전의 '더불어'이다. 무소유는 소유하지 않음이 아니라, 소유를 구별하지 않음이다. 창조적 중도다. 모두에게 닿아 있음으로 함께 고민한다. 태양과 공기를 내 거야 하고 쌓지 않듯이, 보시는 만인의 가슴을 파고드는 재즈 음률이다. 무소유의 소유다. 인연의 몸뚱이를 끌어안고 무위법 고향으로 돌아가는 귀환이다.

좋다 나쁘다, 분별은 나를 이방인으로 튕겨 낸다. 허깨비를, 하늘이 아닌 이슬과 번개를 맴돌게 한다. 우주적 크기에서 달아나 몸통의 얼룩, 그림자를 기웃한다. 우주가 가꾸는 활활함을 버리고, 참 거짓으로 나누어 진선미를, 도덕적 명제로 의식의 귀퉁이에 처박는다. 존재가 켜는 재즈 음률을 벗어나 교환과 효용의 덩치를 매긴다. 내 것을 축적하고 신분으로 금을 긋는다. 본말이 뒤집히고 전도몽상한다. 물의 소꿉장난 물거품에 매달린다. 상통은 마음 나눔이 되지 못하고, 제멋대로 값을 매긴 물거품을 사고파는 거래가 된다. 본류를 벗어나, 이상하고 엉뚱한 환영을 파먹으며 생명을 부러뜨린다. 가치 태도는 곧장 싸움의 빌미가 된다. 아상이 휘날리는 유위법에서.

보시는 우주 배꼽을 연결하는 탯줄이다 한다. 불화로 보자면, 지금 여기를 환원하는 가장 좋은 투자다. 욕망의 원시성을 회복하여 소유에서 해탈한다. 소유 경계가 사라지면 있는 그대로 강물로 흐른다. 업을 아름답게 새김은 궁극의 자기 창조다. 어려울 것 없다. 사랑의 손길 ARS 전화 한 통이라도 좋다. 보시는 자리이타의 연대로, 주관적 착시의 개별성과 입자성, 찰나성과 관념성을 극복케 한다. 머물지 않는 무위법에서, 존재 본래를 쫓는 무위법에서.

4구게라도 열심히 전해야 하는 이유는, 집단의 각성 정도가 사회 지성이기 때문이다. 문명을 야만에서 떼어 놓는 것은 사회 지성이다. 사회 지성이 높을수록 표현의 폭은 크고, 감각의 거리는 적다. 차별로 관용적이고, 공감으로 동지적이다. 공감은 나 아님이 없는 각성으로 네게 다가가도록 한다. 사회 지성은 투명도를 높인다. 불운과 억울함을 감내하고 수용하도록 설득한다. 문명 수준을 결정하며, 행복을 끌어올린다. 사회 지성이 낮은 곳일수록 권력과 종교가 음흉한 장막을 치고 마술을 부린다. 무지의 광기가 날뛴다. 군 의문사가 본보기다.

"너 창조주를 기억하라." 구약 전도서의 일언이다. 창조주가 절대자로 의인화하면서 신과 종교라는 관념으로 빠진다. 죽음은 삶과 분리되며 결승점에 걸린다. 인간은 졸지에 도구로 전락하며 종을 자처한다. "헛되고 헛되니 모든 것이 헛되도다."(『전도서』) 내 뜻과 욕망과 행위는 무의미한 물거품이 됨으로 신의 영광을 빛낸다. 탄식의 줄을 타고 내려오는 신을 쫓아, 허무의 입김을 터트리며 삶을 뭉갠다.

알 수 없는 저 세계가 지금 여기 행복을 옴켠다. 삶은 임시방편에 지나지 않는다. 저곳을 향한 집념은 종종 존재를 광기로 물들인다. 저곳은 관념 속에 있으므로 의식을 꽉 잡지 않으면 어느새 새어 나간다. 믿습니다, 내맡김의 독에서 빠져나오지 못한다. 유위법이다.

신이 다 책임져 준다? 저토록 터무니없고 무모한 신이 있다 믿는 것도 신기하지만, 우주가 사람 꼴이나마 잃지 않고 살아가도록 부여한 수치심을 몰수하고, 뻣뻣하게 버팅기고 선 마음을 견딘다는 것이 더 기이하지 않은가? 종살이의 기쁨? 백화점 직원이 재미 삼아, 팔리지 않는 옷 가격표에 0을 하나 더 붙였더니 불티나게 팔렸다 하듯, 존재 가치는 타자가 나에게 붙여 주는 가격표의 동그라미다.

"나무는 꽃을 버려야 열매를 맺고, 강물은 강을 버려야 바다에 이른다."(『화엄경』) 불법의 창조주, 우주 만물은 결승점이 없다. 강을 건너는 살이가 있다. 목표를 쏘는 도달자가 아니라, 살이 그것을 목적으로 뗏목을 젓는 노꾼이 있다. 무엇을 하느냐로 무엇이 되느냐를 초월한다.

결승점이 있다면 지금 여기다. 꽃이니 강물이니 분별로 안달하지 않으므로 버릴 수 있다. 버림이라는 한 동작은 하나의 살이를 완성하는 매듭이다. 전체를 이루는 완전함이다. 꽃이 꽃을 떠나며 열매를 맞는다. 물은 바다를 떠남으로 다시 강을 만난다. 순간은 한 세계를 인도하는 문이다. 부처님은 이를 "생과 사는 한 호흡 지간에 있다"(『42장경』) 한다.

새싹을 틔웠으면 새싹으로 완성하는 살이다. 녹음은 녹음으로, 꽃은 꽃으로, 열매는 열매 그대로 완전한 생이다. 녹음을 기어드는 풀벌레와 새를 품고 여름이 안전하다. 겨우내 쟁였던 열증을 봄은 온 힘을 토해 꽃을 피웠다. 그것이면 충분하다. 벌과 나비의 몫을 남겨 두었다는 것이 어디랴? 새싹부터 열매까지 완결해야 일생이 아니다. 이 순간 행동 하나가 불화를 건너는 데 부족함이 없다. 당신의 행동 하나로 아이가 까르르 웃고, 이웃이 씨 뿌릴 밭을 고르고, 다람쥐가 편히 잠들면 됐다. 꽃이 꽃을 버림으로 열매가 당황하지 않듯, 당신이 저지른 행동을 부둥키지 않음으로, 쥐가 호시탐탐 쌀독을 넘본다. 쥐가 창고 밑을 구멍 내는 빈틈으로 생은 헐지 않는다. 이것이 불법이 가리키는 살이요, 인연이다. 무위법이다.

홍위병이 밤낮으로 꽹과리를 두드리며 참새를 몰아내자, 벌레가 창궐하여 전례 없는 흉년이 든다. 참새에게 한 톨 곡식도 용납하지 않겠다는 인간의 탐욕과 무자비가 수천만 명을 굶겨 죽였다. 나, 내 것을 감으려 들다 전부를 잃음을, 우주 인연 연기가 말해 준다.

나는 '지금 여기'를 도달하는 행위로 '지금 여기'를 돌아오는 우주의 주인이다. 자기를 창조하는 유아독존의 고귀함이다. 불법은 살이가 건지는 생을 말한다. 지금 이 순간이 살이의 시작이요 끝이다. 당장의 삶을, 나를 만든다. 다음 생명을 창조한다. 하나의 행동은 생을 완성하는 최종 결정이다. 유위법의 괴로움이냐, 무위법의 즐거움이냐, 지옥으로 떨어지느냐, 천국을 오르느냐, 오직 이 순간에 달려 있다.

나는 내가 아니다. 내가 나라면 존재는 내 것에 한정된다. 내-몸·감정·생각·의지·판별이 나다. 나를 벗어난 거리만큼 고통도 가깝고 다양하다. 저것이 내 것이 아니어서 속상하고, 네가 이뻐서 질투 난다. 보통 가족까지 나를 확대한다. 나를 민족까지 확대하면, 겨레의 아픔을 치유하고자 기꺼이 나선다. 이웃을 돕는 조그만 봉사도 기쁘다. 나라는 고통의 크기는 보잘것없게 된다. 외계인이 지구를 쳐들어 오면 지구인은 하나가 된다. 너와 나, 네것과 내 것이 따로 있을쏘냐? 조그만 벌레라도 외계인에게 짓밟히면 울분을 참지 못할 것이다. 지구 전체가 나다. 나를 우주까지 펼쳐 놓으면 나 아닌 것이 없다. 다 내 아픔이고 행복이다. 풀포기가 다르며 저 별을 떠도는 구름 조각이 다르랴? 이것도 내 자식, 저것도 내 자식이다. 내 것이라는 조그만 분별의 키를 훌쩍 넘는다.

나는 공하다. 뭐든 가능한 우주다. '나는 내가 아니다'를 달리 하면 '나는 나다'이다. 이것도 나고, 저것도 나다. 저것이 문제가 아니고, 네가 문제가 아니다. 문제는 나다. 내 것에 코를 박고 작은 도랑이나 파뒤질 것인가, 우주 배꼽을 연결해서 바다와 통신할 것인가? 무아 실천이란 어렵지 않다. 비움에서 진입하는 새로운 궤도의 탐험. 이전과 다른 나를 마주할 용기라면 그것이 정답이다. 무위법이다.

죽음은 죽음이 아니다. 생은 죽음의 자국이다. 여여함으로 고요하다. 죽음은 내가 이끄는 다음 생명의 조력자. 업의 터널이다. 생명의 자궁이다. 생명은 모든 죽어 가는 것들이 내는 마지막 불꽃이다. 삶도 아니요 죽음도 아니다. 중도의 연소물이다. 공이요, 공즉시색의 무한함이다. 무위법이다.

부처님이 진짜 말씀하고자 한 것은 유위법의 유령이 아니라 무위법의 찬란함이다. 번개와도 같이 허무한 삶이 아니라, 번개같은 찰나라도 전 우주와 내통하는 결정적 크기임을 증거한다. 유위법의 여몽환포영은 덧없다. 무위법의 여몽환포영은 눈부시다. 유위법 거짓을 뚫고 천국이 건설된다. 천국은 신이 시여하는 축복의 세례가 아니다. 반야지혜로 건축하는 우리들 손에 달려 있다. 유위법이 곧장 무위법이 되는 원리다. 상이 허망함을, 상에서 상 아님을 보는 것은 여래를 만나는 조건이다. 주안점이 견여래, 무위법에 있음을 이제 눈치채리라. 견여래, 불국토를 달성하기 위해선 응당 '범소유상이 여몽환포영'임을 알아야 한다.

연이 진흙 밭에 뿌리를 내렸어도 찬연한 꽃을 피운다. 염화미소—부처님이 말없이 연꽃을 들어 올리자, 가섭존자가 그 뜻을 알아채고 지긋이 웃음—를 보통, '연이 더러운 흙탕물에 뿌리를 내리지만 꽃은 더러움에 물들지 않는다' 한다. 사바를 번뇌 가득한 부정한 곳, 흙탕물로, 열반은 아름다운 피안, 연꽃으로 갈라 놓는다. 부지런히 수행해서 사바를 해탈하여 열반의 천국으로 건너가자는 소리다.

어림없다. 진흙 밭이 감추어 둔 청정함이 연꽃으로 만발한다. 연꽃(열반)은 진흙(사바·번뇌·고통)에서 길어 올리는 샘이다. 진흙에 청정함이 없다면 연꽃의 빛깔은 찬란하게 낭떠러지로 추락했을 것이다. 예토의 사바가 열반의 속 깊은 얼굴이다. 파도가 일렁이는 바다에 생명이 넘친다. 번뇌를 떼어 놓고 열반이 없듯, 생은 사로, 사는 생에 의해 몸매를 다듬는다. 생이 길을 잃지 않음은 죽음이 등불을 들고 있어서다. 죽음이 비추지 않는 생은 등대를 잃은 배와 같다. 음양이 있다 함은, 오름과 내림이 있음으로 삶이리라. 삶은 파도다. 생사를 초월한다 함은 생사 밖으로 탈출하는 게 아니다. 파도를 헤치며 배를 밀고 가는 힘으로 생사에 꺼당기지 않음이다. 생과 사는 배를 젓는 노에 의해 조립된다. 무위법은 유위법 안에 있다. 불토는 예토 안에 있다. 열반은 번뇌 안에 있다. 무아는 나 안에 있다. 이와 저가 둘이 아니다.

불법의 가치란 행위가 엮는 그물, 업이다. 내 손과 발에서 불어난다. 이미 있는 진리란 없다. 공즉시색 ─ 색의 실을 뽑는 공이 최상의 터전이다. 인연을 결속하는 보시는, 유위법으로 내동댕이 친 물거품과 그림자를 새로이 꽃 피운다. 불법은 부정에 머물지 않는다 했다. 대 긍정하며 비상한다. 무위법은 분별로 고착된, 이동이 차단되어 딱딱하게 굳은, 편견의 암 덩어리를 덜어 낸다. 헌 집을 파괴하여 빈 터로, 빔의 지평에서 수놓는 가옥이며, 그 무늬마저 허물 준비가 되어 있는 파도이고, 지운 도면에서 재차 그리는 집이다.

분별 세계 ─ 현상계(속제·주관) ─ 유위법＝그림자·물거품
무분별 세계 ─ 참세계(진제·객관) ─ 무위법＝몸·물

우리는 분별 세계에 머물며, 곧 그림자를 견주어 가며, 무위법 몸통에 접근할 수밖에 없다. 즉 정답이 없다는 것이 누구에게나 살아가야 할 힘이고 이유다. 답이 없음을 위안 삼아, 답을 찾는

노력을 멈출 수 없다. 부처는 무위법을 인류의 영원한 숙제로 남긴다. 지금 여기는 언제나, 진리를 들추는 가치의 장, 풀어야 할 천국의 안내서다. 공의 아름다움, 출발점에 서는 용기로 걸음을 만든다. 진공묘유 — 공 가운데 묘하게 '있다' — 있는 상태가 아니다. 드러냄이다. 찾아 내지 않으면 없다.

'깨어 있음'은 불법의 핵이다. 내가 슬퍼하고 있구나, 화내고 있구나, 눈치 보고 있구나 — 형편을 안다는 것은 그 상태가 곧 나임을 깨닫는다. 존재는 움직임이다. 무엇을 준비하고 있는가, 무엇을 하는가가 나를 구성한다.

내 상태를 알면 '알맞는 나'를 조각한다. 성불이다. 깨어 있음은 나를 받아들이는 솔직함이고 화해다. 나를 재창조하는 치료다. 존재에게 공기를 불어넣는 풀무다. 공에서 색으로 열반이다. 화내고 있음을 알아차림은, 그것이 어디에서 왔는가, 무엇 때문인가, 지나온 길을 되묻기에 앞서, 내가 '화가 남'이라고 받아쓰고 있구나. 나를 힘들게 하는 것이 너(화)로구나. '음, 내가 화내고 있단 말이지. 네가 나에게 위험 신호를 보내고 있구나.' 화로부터 지배당하지 않도록 한다.

'왜 이리 늦었어?' 늦은 것을 문제 삼는 것이 아니라, 사랑이 식어서, 바람 피워서, 딴짓하지 않았나 하는 지레짐작이 닦달하고 있음을 본다면, 감정에서 놓여야 솔직하게 대화의 장에 앉는다. 넘겨 짚음의 위험에서 벗어나 새로운 관계를 탐색한다. '내가 후회하고 있구나' 깨어 있음은, 가당치 않은 과거의 불구덩에 들어가는 자신을 화들짝 놀라, 지금 여기로 달려오게 한다. 무위법이다.

　부처님은 변화무쌍한 부침 가운데 젖지 않는 고요, 한결같은 중심, 불생불멸·불구부정(더러움도 깨끗함도 없는)·부증불감(늘지도 줄지도 않는)의 무위법을 보여 준다. 유위법과 무위법은 실제의 세계라기보다, 우리들 태도에 따라 드러나는 세계임을 알게 한다. '있는 그대로 그것'을 여실히 보면 무위법이요, 상을 앞세우고 세상을 마름질하면 유위법이다. 유위법 살이는 강물에 이르기도 전에 물거품의 수렁에 빠져 허덕인다. 무위법 세계에선 물거품조차 신비하고 거룩한 생명이다. 불을 뒤집어쓰고 나온 도자기라 해도 좋다. 한글을 창제한 세종대왕의 붓끝이거나, 교류 전기로 인류에게 빛을 선사한 테슬라의 땀방울이라 해도 괜찮다. 하나의 우주로서 나라고 해도 무방하다. 무위법 열반은 고통 없이 반죽되지 않는다.

　꿈이, 미로를 더듬는 아이의 등에 붙어 있는 출구라면 생은 얼마나 아련한가? 몸은 오색영롱한 그림자의 투정을 달고 다닌다. 그림자는 우주가 달아 놓은 배꼽인지도 모르겠다. 내 그림자를 보고 몸뚱이에 묻은 때를 닦도록 속삭인다. 이슬은 통통하게 살이 오른 달빛에 매달린 젖꼭지를, 번개는 배앓이하던 빗방울의 속 트림이거나, 하늘이 발길질하는 산통이다. 무위법은 잠깐일지언정 반짝이는 빛살로 수놓는다. 꽃망울이 하품하듯, 물거품이라도 태양을 안고 배부르다. 분별의 상에 넘어지지 않는 무위법의 우렁참이다. 생명의 기적을 긁적여 보는 기쁨이다. 물거품에서 태양을 꺼내듯, 사소함의 발랄함이다. 찰나라도 칠보로 빛난다.

안에 도사리고 있는 적막한 군중을 불러내지 않아도 된다. 경험과 기억이 그려 놓은 나침반을 항해하지 않아도 된다. 대신 낯선 길에서 만나는 두근거림을 즐길 차례다. 부처님은 말한다. 생은 맛난 음식으로 가득 차려진 밥상이다. 세상은 칠보를 캐내는 금강 광산이다. 더불어 둘러앉아도 모나지 않을 진수성찬이다 한다. 우주 자궁을 빌려 한 탯줄로 일어난 핏줄로서.

서구 유럽은 사회 연대를 강화하며 '더불어'를 완성해 간다. 아승지 세계에 가득 찬 칠보를 보시한다 함은, 혈관을 타고 피가 돌 듯, 관계망을 촘촘히 엮어 이탈자를 용납 않는 관용으로 숨 쉬는 유기체를 뜻한다. 불법은 이를 인드라망이라 한다. 무수한 구슬로 꿰어진 그물이다. 구슬과 같이 자기 빛깔을 갖추되 서로 비추어 주는 거울이다. 개체이며 연결된 전체. 최상의 보시는 '더불어'를 그물망으로 꿰는 사회 구조에 있음을 보인다. 무위법은 구성원이 지혜를 모으는 제도로 완성도를 높인다. 별업의 차원을 높이 이끄는 제도와 관습에서 눈초리를 떼어선 안 되는 까닭이다.

공업을 맑히는 곳엔, 예고 없이 돌격해 오는 우연의 가학, 불가측성을 줄인다. 예측 가능한 사회, 안전한 공동체를 만든다. 우리 사회의 높은 범죄, 특히 세계 최악의 사기와 살인(자살도 엄밀히 보면 사회가 저지르는 살인인 경우가 많다)은 관계망의 찢어짐, 나를 강하게 돋우는 자의식, 자기애로 타는 심지가 빚는 비극이 아닌가 한다. 아상은 나를 절대의 신으로 섬기는 망상이다. 그 연장선에 신과 천국이 있다. 자기를 위안하도록 고안한, 정체를 알 수 없는 얼굴이 하늘을 떠돈다. 유위법의 물거품이다.

우주는 인과법이다. 원인 없는 결과는 허깨비다. 자신이 농사지은 업 작물만큼 수확을 약속한다. 질경이·싸리나무·잠자리·두꺼비·토끼·사람, 그 많은 목숨 중에 누가 나 될까? 존재는 어떤 형상으로든 이 자리, 삶의 중앙으로 다시 와야 한다. 이 다음엔 '무엇이 되어 다시 만나랴?' 생각만 해도 오싹하지 않은가? 업은 말한다. 살이를 떠나 있는 진리는 모두 거짓이라는 것을. 자기가 남긴 행위는 자신이 짊어져야 함을, 만물이 자기 행위를 짊어짐으로, 우주가 생명을 잇고 있음을. 천지 창조 법칙이 그것을 증거하고 있음을. 『금강경』이 보살을 삶으로 투입하여 전하는 소리는 이것이다.

별업(인)은 공업(연)의 치마를 들치고 나온다. 공업은 별업의 발자국이다. 집단 업은 개인 업을 굽는 가마다. 개인 업은 집단 업을 다듬는 조각도다. 공업은 토양이다. 아무리 좋은 씨앗도 황무지에서 싹을 틔울 수 없다. 좋은 열매는 기름진 토양에서 얻는다. 부처님이 4구게 전법을 강조하는 것은, 열반이 개인적 차원의 승화라기보다, 집단 업 닦음으로 도달하는 것임을 보인다. 그래서 '인·연'이다.

모두의 이익과 행복을 위해, 불교는 사회 참여로 도를 구한다. '한량없는 보시의 복덕' 또한 공업의 해탈을 통해 나를 구원하는 도다. 전체를 향한 욕망과 열정을 발원이라 한다. 소승의 계율은

'~하지 마라' 금지와 경계로 짜인다. 나의 완성에 초점을 맞춘다. 대승은 '~하라' 적극적으로 중생 구제를 촉구한다. 서원과 발원은 대승의 최고 도다. 공업이 도다.

사회라는 집을 어떻게 짓는가는 각자 업의 테두리를 결정하는 것과 직결한다. 사회 보장으로 업이 격려받는 곳, 행복의 질감을 높인다. 공업이 별업을 어루만지는 정도가 정의의 수준이다. 노예에겐 편안한 하루가 최대 허용치의 삶의 의미이다. 주인은 살이가 곧 삶의 의미다. 누구나 주인으로서 집을 짓도록 하는 제도, 따듯한 마음이 넘실대는 사회, 차별로써 차별하지 않는 곳, 거기에 불법이 있다.

배고픔의 인, 주인이 눈을 비운 틈이 연이 되어, 훔침이 일어난다. 서로 배고픔을 다독이는 사회라면 주인은 가게를 비우고도 마음을 졸이지 않을 테다. 연기법은 공업과 별업이 둘 아님을 말한다.

"부처님, 좋은 벗들과 함께하니 도의 절반은 되겠지요?"
"그것은 도의 절반이 아니라 전부이니라"(『아함경』)

좋은 벗이 본래부터 있지 않다. 내가 손을 내밂으로 벗이 손을 잡는다. 불토가 멀리 있지 않다. 좋은 벗으로 다가감에 있다. '부처 눈에 부처가 보이고, 돼지 눈에 돼지가 보인다.' 타인을 부처로 비춤으로 내가 부처를 달성한다. 돼지가 달리 있으랴? 남을 돼지로 대접하는 자가 돼지다.

내가 찡그림으로 네가 고단한 마음줄을 고른다면 살생이요,

내 미소로 네가 흥건히 젖는다면 방생이다. 생물학적으로도 스트레스 호르몬은 세포를 교란하고 수명을 단축시킨다 하니 분명 거짓이 아닐 테다. 너와 나, 공업의 시작이다. 좋은 벗이 훌륭한 제도를 만든다. 훌륭한 제도는 좋은 벗을 만든다. 좋은 벗들과 함께하는 것. 살이의 전부다. 생의 찬가! ― 불법의 봄·여름·가을·겨울이다. 마음은 쓸수록 커지고 비울수록 넓다. 마음에 둑을 치면 조그만 둠벙에도 꼬꾸라진다. 상이 놓는 덫이다. 무아의 작은 씨앗으로 거두는 수확은 살이의 즐거움, 행복이다.

멀리 있는 것이나 가까이 있는 것이나
이미 태어난 것이나 앞으로 태어날 것이나
살아 있는 것은 다 행복하라 ―『숫타니파타』

수행자는 행복을 연마하는 자다. 행이라는 사소함으로 즐기는 거대함. 아기 울음은 엄마 젖통을 키운다. 자기 확장, 행복으로의 신호다. 고즉 열반. 아기 울음은 울음이 아니다. 수행의 몸짓이다. 고통은 엄마 젖샘과 잇는 열반의 몸부림이다. 하나의 세계는 다른 세계로 들어가는 문이다. 어둠의 반쪽은 빛이다.

헐벗은 시절엔 배부르고 등 따시면 최고인 줄 알았다. 오늘날 먹을 건 넘치고 유행을 쫓아 패션도 매번 바뀌지만 불행하다는 사람이 훨씬 많다. 미디어와 문명이 부추겨서인지도 모른다. '다른 사람은 이런 거 몰고 다니는데' '이런 거 끼고 폼 잡는 것 안 보이니!' '너만 왜 아직도 그 모양이지?' 상대적 빈곤을 들쑤신다. 신경줄을 건드리며 약 올리고 비웃는다. 불행팔이해서 돈을 버는 기술은 내 열등감을 진화시킨다. 거기에 어둠이 깃든다. 그러나 어둠은 어둠이 아니다. 평균치의 강박이 만든 고통을 붙들지 않으면 어둠은 없다. 타인의 동의로 확인하려 들지 않으면, 나는 다른 세계의 문이다. 타인의 시선을 극복한다는 건 자기 결정권을 회복함이다. 결정당하는 것이 아니라 결정한다. 타인을 사는 대신 나를 산다. 행복은 '내 있음'을 아는 것, 나를 보는 능력이다.

삶이라는 재료를 요리하는 것. 짠지 싱거운지 요량하고 간을 맞추는 것. 맛난 국을 끓이기 위해 정성을 쏟고 있음을 아는 것. 깨어 있다는 건 젖샘을 불리는 아기 울음과 같다. 어떤 것을 먹어야 할까, 음식이 맛있고 없고는 먹는 사람의 몫이다. 먹는 이의 혀까지 간섭할 일이 아니다. 맛난 음식을 위해 열심이었다는 것. 내가 무언가 했다는 것. 의지와 노력을 투입했다는 것으로, 내 살아 있음을 확인하고, 더불어 살아감을 안도한다면 생은 완성을 이룬다. 행복의 실체가 없다는 말은 어디에나 행복이 깃든다는 뜻. 당신이 있는 곳, 행복이 있다. 행복은 과거형이 아니라 현재형이다. 짹짹 쪼옥 쫑, 새소리에 젖는 귀. 그 순간이 완전한 행복이다.

"부루나여, 사람들이 욕을 하면 어찌 하겠느냐?"

"때리지 않는 것으로도 다행으로 알고 감사하겠습니다."(『잡아함경』)

이 순간의 복됨을 아는 것. 행복이 거기에 있다. 불법은 결정론과 목적론을 거부한다. 부모가 다투는 모습을 보고 자랐다고 폭력적인 남편이 되는 건(결정론) 아니다. 폭력을 쓰기 위해, 가정불화라는 과거 아픔을 불러오는 것(목적론)도 아니다.

화가 나서 폭력을 휘두른 것이 아니라, 폭력을 쓰려는 목적으로 분노를 일으켰다면, 세상은 온통 이유 없는 무덤으로 가득한, 해독 불가다. 병들어 죽은 것이 아니라, 죽기 위해 병을 만들었다는 얘기와 같다. 목적론은 우연이나 돌발을 설명하지 못한다.

폭력을 쓰기 위해 반드시 분노 감정을 필수로 하는 건 아니다. 강도는 분노 없이도 일어난다. 마음먹었다고 다 폭력으로 이어지지도 않는다. '목적 없는 행동은 없다.' 뻔한 것이라면 하나마나한 얘기다. 이렇듯 목적론은 또 다른 결정론에 불과하다. 폭력 아버지를 보고 반면교사로 삼아, 난 저런 가장은 안 될 테야 할 수 있다. 사람의 명운은 과거에도, 목적에도 있지 않다. 목적을 위한 표현만 있다면, 그 뻣뻣한 생을 견딜 자는 없다. 무심코 달을 향해 던진 돌멩이. '그건 달을 빠개려는 의도야' 하면 얼마나 공허한가?

불법의 업은 태도론이다. 과거나 미래가 아니라 '지금 어떻게'를 묻는다. 세계는 여기에 와 있다. 그 순간 그곳에 내가 있다는 보장이 없다는 것이 여기 '생활 기능 보유자'이어야 하는 이유다. 내가 앉을 의자는 내가 고른다. 지금 어디에 앉느냐, 무엇을 보느냐가 실존을 구성한다. 희망을 말하지 말라. 내가 희망이다. '이 정도로도 다행' 또는 '이것밖에 안 돼' 어디에 나를 두느냐가 생의 맛을 결정한다.

빵을 슬쩍한 것을 훔침으로 보면 경찰서로 가고, 배곯음으로 보면 손에 우유를 쥐어 준다. 공하다 함은 내 태도에 따라 '가치 모양'이 달리 완성됨을 나타낸다. 경찰서로 가면 그는 도둑이 되고, 우유를 쥐어 주면 인간 존엄에 대한 경배가 된다. 식품회사 사장이 주부 입장에 서면 안전하고 영양가 있는 음식을 우선한다. 경영자를 군림하면 돈과 권력을 생산하고자 안달한다.(관계론)

전철에서 자리 양보를 처음으로 받은 초로의 여자. '내가 벌써?' 하면 헬스장으로 가고 '내가 어느새?' 하면 갑자기 들이닥친 경로 우대에 늙음의 불구를 본다. 혼자 서지도 못하는 늙음을 물어뜯는다. '그럼 그래야지' 하면 어험 고개를 치켜들고 꼰대의 권력에서 달콤함을 찾고 '고맙다' 하면 늙음이 주는 관용과 화해하려 노력한다. 무덤덤하다면 별 의미 없는, 그저 우연이 참견한 사건이다. 늘 그래 왔듯, 감동이 메마른 살이다.(존재론)

부처님이 제시하는 태도가 무아·연기·중도다. 그것이 우주 숨소리이기 때문이다. 나를 내려놓으면 가장 넓게, 가장 정확하게, 가장 크게, 태도를 가진다. 무아의 적극적 중도는 자유이고, 연기의 적극적 중도는 정의다. 타자를 배려하고 존중함으로 내 행위는 존중받는다. 자유의 획득이다. 정의의 바탕은 평등과 공정이다. 공업에 대한 관심이다.

빵 훔침이 자의적 결정이 아니라, 배곯음으로 결정당한 것. 돈이 없어 치료조차 못 하고 무기력하게 누워, 고통을 빨고 있는 사람. 삶이 강요하는 굴욕과 모멸감을 곱씹는다. 자살은 선택이 아니라 선택당한 것이다. 인간의 주체성과 존엄이 박살나는 건 과거의 트라우마도, 용기가 없어서도 아니다. 우리의 태도가 답을 쥔다. 서로를 잇는 그물을 어떻게 짜느냐에 달려 있다. 존재와 관계, 이 둘을 상승시키는 태도가 무아·연기·중도다.

『금강경』은 살이의 아름다움을, 괴로움의 끝자락을 호미질해서 행복을 캐낸다. 있는 그대로를 눈뜸으로 존재의 신비를 들춘다. '사는 게 뭐 별건가. 내 신명 내가 만드는 게지.' 근래에 들은 최고의 법문이다. "인간극장"에서 시골 할머니가 하신 말씀이다. 할머니는 김이 모락모락 오르는 감자를 마루에 올려놓고 이웃을 손짓한다. 어깨가 연신 덩실거린다. 마음을 비움으로 무아의 불성이다. 가슴을 따듯이 데움으로 연기의 불성이다. 심장을 지피는 흥으로 중도의 불성이다.

'왜 사는가?' '어떻게'가 표현으로 설명하는 존재됨이라면, '왜'는 궁극을 찌르는 시선이 질문으로 찾아 가는 존재됨이다. '이 뭐꼬' 거듭 의심하는 간절함으로, 내가 네가 얼굴을 마주한다.

무아. 내가 없다는 것만큼 너를 그리고 나를 '설득하는 힘'을 지니는 것은 없다. 빔은 최상의 지혜요, 자비다. 채움을 남겨 두는 것, 그래서 빔은 언제나 시작이다. 아직 늦지 않았다. 난 아무것도 시작하지 않았다.

'나는 내가 아니다. 그래서 나다.' 새는 알에서 나온다. 알과 새의 경계는 '품다'이다. 껍질은 문이다. 신호다. 나를 떠나지 않고서 껍질을 보지 못한다. 자기 껍질을 보는 자가 새를 본다. 날개를 얻고자 하는 자, 껍질을 품어야 한다. 껍질은 빛과 어둠의 중간에 있다. 품는다는 것, 어둠은 어둠이 아니다. 껍질은 껍질이 아니다. 안과 밖은 없다. 알은 새다. 그리고 인연의 둥지로서 내가 있다면, 나를 초월하는 무위법의 삶이. 나는 불국토에 와 있다 소리칠 만하다.

생야일편 부운기(옴은 한 조각 이는 구름이요)
사야일편 부운멸(감은 한 조각 구름이 흩어짐이다)
부운자체 본무실(구름은 본디 실체가 없거니)
생사거래 역여전(오고 감 또한 이와 같다네)

옛 선사의 시를 끝으로 긴 여정을 마무리합니다. 구름이 일고 사라져도 청정한 하늘은 언제나 제자리를 지키듯, 생사의 모양에 이끌리지 않고, 마음 중심을 잃지 않는다면 오고 감이 없는 그 자리는 늘 있는 그대로 고요합니다. 지금 눈을 뜸으로.

(『금강경』을 제 나름의 소견으로나마 풀어 쓸 수 있었던 것은 도올 선생님, 법륜스님, 덕현스님의 『금강경』 강의에 은혜를 입은 바가 큽니다. 감사 말씀 올립니다. 『금강경』을 옮기는 두 손의 부끄러움을 감출 길이 없습니다. 널리 혜량해 주시기 바랍니다.)